TAGEBUCH EINES JERUSALEM PILGERS

Impressum

Johannes Maria Schwarz
Otto-von-Freising-Platz 2
A-2532 Heiligenkreuz
www.4kmh.com

Eigenverlag
Buchdruckerei24.de

ISBN 978-3-200-03977-3
2. korrigierte Auflage

Meinem Vater,
der mich immer ermutigte, in die Welt hinauszuziehen
&
meiner Mutter,
die mich den Wert des Heimkommens lehrte

HINWEG
RÜCKWEG
Strecke:
Hinweg: 7937 km
Rückweg: 6032 km
Gesamt: 13969 km
Dauer:
Hinweg: 230 Tage
Rückweg: 164 Tage
davon Ruhetage: 42 (-8) Tage
65 (+8) Tage in Jerusalem
Gesamt: 459 Tage (1.5.2013 bis 2.8.2014)
SLOWAKEI
LIECHTENSTEIN
DEUTSCHLAND
ÖSTERREICH
SCHWEIZ
FRANKREICH
ITALIEN
BOSNIEN U. H.G.
MONTENEGRO
VATIKAN
KROATIEN
ALBANIEN
GRIECHENLAND

Weiteres:
Höhenmeter gesamt: 250.000 m
Durchschnittliche Tageskilometer: 41 km
Längste Tagesetappe: 75 km
Höchster Punkt: Aragats (Armenien), 3985 m bzw. 4008 m
Niedrigster Punkt: Totes Meer (Israel), -428 m

Vorwort

Ich zwängte mich vorbei an zwei rundlichen Damen, die mit ihren Tüten die mittelalterliche Gasse einnahmen. Als sie die von mir verschobenen Einkäufe wieder zurechtrückten, war ich bereits um die nächste Ecke gebogen. Was die plaudernde Blockade über die seltsame Erscheinung, die plötzlich mit einem „*Perdon*" vorbeigerauscht war, gedacht hat, kann ich nicht sagen. Aber überall sonst wäre ein junger, bärtiger, riechender Mann mit schmutziger Kutte, Sandalen und einem knallroten Sonnenbrand vielleicht polizeilich gemeldet worden. Hier nicht. Hier war man so etwas gewohnt. Hier war man in Santiago de Compostela und ich nur einer von dutzenden Pilgern, die an jenem 17. Juli im Jahre des Herrn 1998 zwischen rundlichen Damen und ihren Einkaufstüten Slalom liefen.

Warum ich es nach fast 3.000 Kilometern so eilig hatte, weiß ich nicht mehr. Aber seit den frühen Morgenstunden an diesem letzten Tag meiner Pilgerreise war ich praktisch nur mehr laufend unterwegs. Ich wollte ankommen. Ich wollte mein Ziel sehen. Euphorie. Knisternde, freudige Anspannung.

Und dann, ein paar Ecken weiter, nach hastigen Schritten über die Steinplatten des *Praza do Obradoiro*, drehte ich mich um, hob langsam den Kopf und blickte zum ersten Mal auf die großartige Steinfassade der Jakobskathedrale. Das Gefühl war unbeschreiblich. Das heißt, eigentlich ließ sich das Gefühl ganz gut beschreiben. Das Gefühl war … Schock.

Die Schuld dafür lag freilich nicht beim Architekten der verschnörkelten, barocken Wand. Fernando de Casas Novoa hatte sich im 18. Jahrhundert alle Mühe mit der Umgestaltung dieses Gotteshauses gegeben. Nein, was mich in jenem Augenblick schockierte, war nicht die imposante Kirchenfront, sondern dass an der Stelle, wo ich nun stand, mein Pilgerweg zu Ende war. Hinter mir lagen neun Wochen Gottvertrauen ohne Rucksack und ohne Geld; Nächte in Klöstern, Pfarrhäusern, Schulen, Fußballstadien, Schafställen, auf Bahnhöfen und unter dem funkelnden Sternenzelt; Begegnungen mit Menschen, glücklichen und unglücklichen, lebensfrohen und sterbenden.

Damals, am westlichen Ende der mittelalterlichen Welt, den Staub der weiten Reise noch zwischen den Zehen, flüsterte ich leise: „Ich will zu Fuß nach Jerusalem."

Vierzehn Jahre später, nach Studium, Priesterweihe, Seelsorge und arbeitsintensiven Medienprojekten, wiederholte ich diese Worte. Ich saß im beigefarbenen Polsterstuhl des Gesprächszimmers im liechtensteinischen Schellenberg und fügte hinzu: „... natürlich nur, wenn Sie es erlauben, Exzellenz.“ Dann versuchte ich, das gütige Gesicht meines Erzbischofs zu lesen. Stille. Das Ticken einer Uhr.

Nach einer Weile und ein paar Fragen nickte er nachdenklich: „Und die Lage im Nahen Osten?“ „Ich werde versuchen, keinen Blödsinn zu machen“, versprach ich. Dezember 2011.

November 2013. Ich stand mit erhobenen Händen im syrisch-türkischen Grenzgebiet. Zwei Soldaten hatten Maschinengewehre auf mich gerichtet. „Runter mit dem Rucksack ... langsam“, bedeutete mir der Offizier. „Ben bir ... rahip“ (Ich bin Priester), versuchte ich in meinem armseligen Türkisch zu erklären. Unbewegte Gesichter. Ich legte meine Ausrüstung ab und trat einen Schritt zurück. War ich jetzt mitten drin im „Blödsinn“?

* * *

Das vorliegende Buch beschreibt den ersten Teil meiner fünfzehn Monate und 14.000 Kilometer langen Pilgerreise nach Jerusalem und wieder zurück. Eine Reise auf Umwegen. Mein Weg ins Heilige Land führte nicht über die klassischen Routen in Italien oder auf dem Balkan, sondern nördlich des Schwarzen Meeres über die Ukraine, Russland, durch den Kaukasus bis in den Iran und von dort zurück in den Westen. Mein Ziel war Jerusalem, aber mehr noch der Weg selbst: einfaches, reduziertes Leben, Begegnungen, Stille, Gebet.

Ich habe mich entschieden, auf den folgenden Seiten die Struktur eines Tagebuchs beizubehalten und war auch sonst bemüht, die Eindrücke möglichst roh und unpoliert von meinen ersten, ursprünglichen Aufzeichnungen zu übernehmen. Auf diese Weise hoffe ich, dem Leser einen „echten“ Einblick in das Leben eines Jerusalempilgers zu geben; einen Einblick ohne die Verklärung, die am Ende jeden Abenteuers einsetzt; einen Einblick, aus dem bisweilen auch die körperliche und emotionale Müdigkeit spricht; einen Einblick, der hoffentlich spannend und humorvoll ist.

Jene, die nur zu diesem Buch gegriffen haben, weil der Untertitel Geschichten über Hunde verspricht, mögen zu den Einträgen aus Osteuropa vorblättern. Bis Rumänien gab es nur ein paar vereinzelte Episoden mit Vierbeinern und dann meist über den Gartenzaun hinweg.

Bei jenen hingegen, die neugierig waren, wie ein katholischer Priester eine solche Reise erlebt und die auf den folgenden Seiten stets geistigen Tiefgang erwarten, entschuldige ich mich schon jetzt für die infantilen Dialoge mit meinen Sandalen, die politischen Streitgespräche mit Rindern und die Einblicke in mein gestörtes Verhältnis zu Stechmücken. Aber damit für den so geneigten Leser der geistige Nutzen nicht ganz verloren geht, habe ich meine Aufzeichnungen durch dreiunddreißig kurze Texte ergänzt – für jede Woche einen. Ihr Gegenstand sind die Antworten auf jene Fragen, die mir als Priester unterwegs zum Glauben gestellt worden sind. Diese kleinen – wie soll man es von einem Geistlichen auch anders erwarten – Predigten wurden passenderweise an den Beginn der sonntäglichen Einträge gestellt. Mir ist bewusst, dass der eine oder andere fromme Gedanke manchmal im Kontrast zu meinem eigenen hier beschriebenen Verhalten steht. So wisse der Leser, dass auch ein Priester nur ein armer Sünder ist. Die Vollkommenheit hat er sich vielleicht zum Ziel erklärt, aber den Weg dorthin geht er mit aller menschlichen Schwachheit. Er geht ihn als Pilger.

2. Februar, Darstellung des Herrn 2015

Johannes Maria Schwarz

Tag 1 – 17 km: Erster Tag, zweites Land

Ein Gebirgsbach rauscht vor meinem Zelt. Der erste Tag liegt hinter mir. Es war mühsam gewesen, sich die letzten Kilometer durch den tiefen Schnee herüber ins Gampbachtal zu kämpfen, aber wirklich müde bin ich nicht. Dazu bin ich viel zu aufgeregt. Ich bin nun wirklich unterwegs. Waren über die letzten Monate nur die Finger über das Kartenmaterial geglitten und die Vorstellung träumerisch vorausgeeilt, brachte ich heute endlich die ersten Kilometer unter die Beine. Und nun, eingehüllt im Winterschlafsack, zwischen Schneefeldern und Tannenbäumen, denke ich an die letzten Stunden zurück. Ich kann kaum glauben, was ich heute begonnen habe.

Noch gestern Vormittag hatte ich in der Schule ausgeholfen, eine Nähmaschine für Flickarbeiten gesucht, mein russisches Visum abgeholt, auf Handwerker gewartet und war für letzte Erledigungen umhergeeilt. Dann, am Nachmittag, war endlich Ruhe eingekehrt. Das Haus war ausgeräumt, das Auto verkauft, mein Leben in Umzugskartons verpackt. Alles war verstaut, geregelt, abgeklärt.

Um kurz nach 16.00 Uhr fuhr ich mit dem Bus nach Malbun. Dort, im liechtensteinischen Berggebiet, wo auf 1650 Metern eine Marienkapelle mit kleiner Einsiedelei liegt, wollte ich die letzte Nacht verbringen. In den achteinhalb Jahren als Vikar in Triesenberg war ich oft hier herauf zum letzten „Außenposten“ der Pfarrei gekommen. Aber diesmal war es anders. Es war ein eigenartiges Gefühl, den Zustand der Route für den morgigen Tag zu erkunden. Ich war dabei, ein Stück gewordene Heimat zurückzulassen. Ein Abschied von Vertrautem und Liebgewonnenem. Auf altbekannten Wegen war es ein Aufbruch ins Unbekannte.

Nachdem ich auf meinem Spaziergang ausgiebig die Stirn über die vielen Schneefelder gerunzelt hatte, kehrte ich auf die Sonnenbank vor der Kapelle zurück. Dort saß ich zwei volle Stunden und tat … nichts! Nach den letzten sehr arbeitsreichen Jahren fühlte sich das Nichtstun großartig an: sich die Sonne auf das geschorene Haupt scheinen lassen; blau glänzenden Käfern beim Glänzen zusehen; den Erkundungsflug einer dicken Hummelkönigin beobachten. Ein letzter Besucher. Dann kam die Nacht.

Voller Erwartung stand ich am heutigen Morgen auf und feierte die Messe in der kleinen Kapelle. Es war eiskalt. In der Stille des Gebets stieg mein Atem wie Weihrauch empor. Im Anschluss ließ ich den größeren Teil meines Gepäcks in Malbun zurück und brach zum Gemeindegottesdienst in der Triesenberger Pfarrkirche auf. Abschied. Ein letzter Blick in das Kirchenschiff.

Ich danke meinem Erzbischof von Herzen für seinen Zuspruch, den Reisesegen und das ganz besondere Geschenk einer Kreuzesreliquie. Ich werde den winzigen Splitter Holz in einigen Monaten dorthin bringen, wo er einst Zeuge der Erlösung wurde. Er überreichte ihn mir mit einem Wort des hl. Bernhard von Clairvaux: Das Kreuz ist eine Last von der Art, wie es die Flügel für die Vögel sind. Es trägt uns aufwärts.

Danach hieß es Lebewohl sagen, den vielen lieben Menschen, die gekommen waren, mich zu erinnern, „keinen Blödsinn" zu machen, „gut zurückzukommen" und um mich mit kleinen Geschenken noch schnell „reisefertig" zu machen. So war es bereits halb zwei, als ich mit fünf neuen Taschenmessern, vier Rosenkränzen, etlichen Karten, Brieflein und Gebetsanliegen meinen Pilgerweg begann.

Ich ging nicht allein. Ministranten und Gläubige begleiteten mich in einer Staffel die ersten zehn Kilometer zurück zum Kirchlein von Malbun. Dort

verabschiedete ich mich von den letzten Weggefährten – unter ihnen mein langjähriger Chef, Pfarrer Georg Hirsch, dem ich an dieser Stelle für seinen Einsatz und sein priesterliches Vorbild danken möchte. Ein letztes Mal winkte ich und bog dann in den schneebedeckten Weg zum Sassfürkle ein. Allein.

Abschiede und Aufbrüche brauchen immer ein bisschen Theatralik. Damals, am Beginn meines Pilgerwegs nach Santiago, hatte ich mir die schulterlangen Haare geschoren und sie mit pathetischer Gestik in die Donau geworfen. „Hinfort, o alter Mensch", hatte ich dabei feierlich gemurmelt. Und während mein blonder Schopf in Richtung Schwarzes Meer entschwand, blieb mir nur die Hoffnung, dass meine Ex-Frisur bei der nächsten Brücke nicht für einen Ertrinkenden gehalten würde.

Diesmal überließ ich die Theatralik der Natur. Und diese sorgte bereits beim ersten Übergang ins nächste Tal mit einem spektakulären, schwarzen Himmel, brennenden Wolkenrändern, eisigen Windböen und waagrechtem Graupelschauer für einen dramatisch-wilden Einstand im neuen Pilgerleben.

Im tiefen, nassen Frühjahresschnee querte ich Bergflanken und Hänge. Mühsal. Ich war froh um die Schneeschuhe, die ich für den ersten Teil der Reise mitgenommen hatte. Nach zwei Stunden machte ich Pause unter einer Latschenkiefer. Viel Schutz vor dem einsetzenden Regen bot sie nicht. Dann arbeitete ich mich wieder langsam zur österreichischen Grenze vor.

Weit bin ich an diesem ersten Tag zwischen hüfthohen Schneeverwehungen nicht mehr gekommen. Nach 17 Kilometern fand ich einen kleinen, grasigen Flecken neben dem Weg und errichtete in der Abenddämmerung mein Zelt. Hier lausche ich nun dem Bach und dem Wind in den Wipfeln. Die Minestrone aus der Fertigpackung wirft kulinarische Schatten auf die nächsten Monate voraus. Aber das ist Teil des Pilgerlebens und stört mich nicht.

Rauschen. Wipfelwinde. Es ist unbeschreiblich. Nach so langer Zeit der Planung bin ich nun endlich auf dem Weg.

Tag 2 – 39 km (56 km): Schwere Entscheidungen

Nach meiner ersten Nacht streckte ich den Kopf aus dem Zelt und blickte in den wolkenverhangenen Himmel. Grautöne. Aber Grautöne waren nicht die einzigen Töne. Ich war durch den Gesang der Vögel geweckt worden. Herrlich war er hier im Wald – weit weg von der Rheintal-Autobahn, die über die letzten Jahre mit den Amseln im Garten konkurriert hatte.

Ich packte zusammen und lud die Dinge auf den Carrix – meine geländetaugliche Hi-Tech-Schubkarre. Das Gestänge mit Vollgummirad und Zuggeschirr soll den Rücken auf der langen Reise entlasten.

Nach einer Stunde begann sich die Wolkendecke langsam aufzulösen. Heiterkeit unter heiterem Himmel. Die ersten zwölf Kilometer klapperte ich über Forststraßen im Rhythmus der sie regelmäßig querenden Regenrinnen stetig bergab. An den steilen Hängen riss die kräftiger werdende Sonne Nebelschwaden in die Höhe.

Ein Lied auf den Lippen ging ich durch das herrlich frische Grün des jungen Buchenwaldes. Alles war – im übertragenen Sinn – lieblich und rosarot. Dabei ist es normalerweise beim Wandern nicht so wie bei Partnerschaften. Während Liebende zu Beginn alles nur im besten Licht sehen, ist die erste Zeit einer längeren Tour mit neuer Ausrüstung eher ein unsicheres Abtasten und aneinander Gewöhnen. Es ist ein bisschen so, wie wenn man sieben Mitbewohner in seine 30 m² Wohnung bekommt und man nicht weiß, ob einer schnarcht.

Dann, gerade als alles besonders lieblich und rosa schien, meldete sich der erste dieser neuen „Mitbewohner". Der rechte Karabiner der Aufhängung für den Carrix brach und das schwere Gepäck krachte auf meinen Knöchel. Schmerzen. Eine kleine Schwellung. Für den Karabiner hatte ich provisorisch Ersatz, aber mich beschlich das leise Gefühl, dass ich vielleicht doch ein bisschen schwer geladen hatte. Dazu muss man verstehen, dass meine Ausrüstung um einiges mehr wiegt als die des durchschnittlichen Pilgers. Zwei Posten fehlen nämlich in den meisten Rucksäcken: zum einen meine kleine Reisesakristei, die alles beinhaltet, was ein Priester für die Messfeier braucht; zum anderen habe ich technische Ausrüstung für Filmaufnahmen und eine autarke Stromversorgung bei mir. Mit Schneeschuhen, Winterausrüstung, dem Eigengewicht des Carrix und dem kleinen Rucksack ziehe und trage ich mehr als 30 Kilo durch die Landschaft.

Im Laufe des Tages sollte sich jedoch nicht das Transportvehikel, sondern vor allem ein anderer „Mitbewohner" zum Sorgenkind entwickeln: mein Habit. Die grobe Pilgerkutte, die ich mir nach den positiven Erfahrungen auf dem Camino auch für diesen Pilgerweg gewünscht hatte, wurde – einmal nass – einfach nicht mehr trocken. Und schwer war das mönchische Kleidungsstück auch ohne Feuchtigkeit. Ich hatte dieses Problem beim Testen geahnt, aber im warmen Sonnenschein noch optimistisch weggewischt. Jetzt war das Problem akut. Würde ich so gesund über die Berge kommen? Der Wetterbericht für die nächsten Tage verhieß nichts Gutes.

Bei Nenzing querte ich die Autobahn und begann auf der Via Alpina ins Große Walsertal einzusteigen. In der schwülen Mittagshitze war der erste steile Hügel eine schweißtreibende Angelegenheit. Oben in Thüringerberg angekommen, musste ich wegen Winterschäden an diversen Brücken meinen Weg auf der engen Bundesstraße fortsetzen. Dass ich dabei wie ein fetter Maikäfer auf der Windschutzscheibe eines rasanten Golf GTI enden könnte, war wohl der ausschlaggebende Grund für meine erste Polizeikontrolle. „Ausweis, bitte!“

„Na, wo geht es denn hin?“, fragte der Gesetzeshüter, während er seinen Blick vom Reisepass zu meinem Gesicht und wieder zurück schweifen ließ. Vorhang auf für einen erwartungsgemäß peinlichen Dialog. „Wo es hingeht? Naja. Richtung … Jerusalem“, antwortete ich zögernd. Pause. „Und sind Sie schon lange unterwegs?“ fragte er prüfend. „Seit gestern. Ich komme von Triesenberg“, musste ich erwidern und deutete zu den gut sichtbaren Gipfeln der Liechtensteiner Alpen. „Aha. Na, da haben Sie ja noch ein ganzes Stück vor sich“, meinte der nette Uniformierte und gab mir lächelnd mein Dokument zurück.

Für jene, die sich das Lächeln des Beamten vorstellen wollen, beschreibe ich es vielleicht am besten so: Klein-Ewald sitzt mit seinen Bauklötzen auf dem Wohnzimmerboden. Vor ihm steht ein wackeliger, 42 Zentimeter hoher Turm. „Der wird hundert Meter hoch!“, erklärt er seiner Mutter voller Stolz. Die Mutter lächelt gütig. Genauso wie mein Polizist.

Bald nach der Amtshandlung begann ich, auf beiden Fußballen eine Reizung zu spüren. Bis zum Abend, als ich die Sandalen von den Füßen zog, waren daraus große Blasen geworden.

Vor der letzten Steigung hinauf nach Buchboden war ich körperlich und geistig schon ziemlich abgekämpft. 39 Kilometer lagen hinter mir. Ich war bereit für eine geruhsame Nacht im Gasthof Kreuz. Nur war der Gasthof nicht bereit für mich. Als ich die steilen Meter gemeistert hatte, stand ich vor dem Schild: Betriebsferien.

Hätte mich nicht die freundliche Familie Martin in ihrem Bastelzimmer zwischen den Kurven einer Spielzeugrennbahn untergebracht, wäre zur Liste meiner heutigen Leiden auch noch das Gewitter gekommen, das eben durch die Ortschaft zieht. So sitze ich müde, aber trocken auf dem PVC-Boden mit grauem Schachbrettmuster und blicke aus dem Fenster. Blitze zucken über dem Himmel. Umrisse tauchen auf und unter. Donner kracht. Dramatischer Hintergrund für eine schwere Entscheidung. Ich transportiere zu viel Gewicht. Anfängerfehler eines Routiniers. So komme ich nicht weiter. Ich werde Teile meiner technischen Ausrüstung und alles, was ich nicht brauche, nach Hause schicken. „Dich auch", nicke ich zögernd dem Pilgergewand zu. Meine Schwester hatte die Kutte eigens für mich angefertigt. Ich hing daran. Der schweißnasse Stoffberg am Stuhl neben mir war stets Teil meiner träumerischen Vorstellung für die nächsten Monate gewesen.

Loslassen. Ist dies nicht ohnehin der Grundsatz eines Pilgers? Vorbei ist die Romantik. Willkommen in der Wirklichkeit.

Tag 3 – 25 km (81 km): Schrecken statt Schröcken

Heute ging es von Buchboden über die Biberacher Hütte nach Schröcken – in der Theorie. Ich hatte den Polizisten gestern nach dem Passübergang gefragt und er hatte verhalten optimistisch geklungen. Das Urteil meiner Gastfamilie in Buchboden fiel skeptischer aus: „Es könnte gehen, aber das letzte Stück wird wirklich schwer. Der Hang hängt steil weg und ist voller Schnee. Da sieht man weder den Weg, noch seine Tücken." Familie Martin sollte Recht behalten.

Ich hatte wegen der Blasen auf die geschlossenen Schuhe gewechselt und humpelte nach Messe und Frühstück den Fahrweg talaufwärts. Zwischen frühlingshaften Buchen stürzten sich großartige Wasserfälle in das enger werdende Tal. Immer wieder waren Bachläufe mit Lawinenkegeln verschüttet und stellten bei der Überquerung eine besondere Herausforderung dar. Denn wie dick die vom Wasser ausgehöhlte Schneedecke war, ließ sich kaum sagen. Wollte ich nicht plötzlich in den darunter fließenden, eisigen Bach einbrechen, galt es, den Fuß vorsichtig zu platzieren. Und zu hoffen.

Bis zur Ischgarneialpe ging es gut voran und das Wetter war zunächst herrlich. Dann begann am Talverschluss der Einstieg in schwierigeres Gelände. Tiefe

Erdrinnen und zahlreiche Felsbrocken machten es notwendig, den Großteil des Gepäcks zu schultern und den Carrix fast leer über die Unwegsamkeiten zu ziehen. Langsam ging es bergauf. Wolken zogen über die Gipfel ins Tal und Nebel legte sich auf die Hänge. Kein Problem, solange der Weg zwischen den Schneefeldern erkennbar blieb. Nach der Überquerung eines Gebirgsbaches stand ich vor einem langen, ungewissen Anstieg über ein steiles Schneefeld. Weg war von hier aus keiner mehr auszumachen. Mit Hilfe des GPS-Empfängers konnte ich den weiteren Verlauf des Steigs vermuten, aber ganz sicher war ich nicht. Ich schnürte die Schneeschuhe vom Wagen und justierte mein Gepäck. Oh, nein! Richard!

Richard? Das bedarf vermutlich einer Erklärung. Wichtige Ausrüstungsgegenstände bekommen immer einen Namen. Normalerweise geschieht das erst nach Monaten der Einsamkeit mit dem allmählichen Verfall sozialer Kompetenz, aber die Blasenepisode des gestrigen Tages hatte schon eine heftige und nicht unproblematische emotionale Bindung zu meinem Schuhwerk entstehen lassen. Darf ich vorstellen: die Sandalen Richard (rechts) und Ludwig (links).

Richard! Dieser untreue Treter versuchte nach der Blase nun schon ein zweites Mal, meine Wallfahrt zu sabotieren. Ich ließ alles auf dem Schneefeld zurück und machte kehrt. Unter Anrufungen des hl. Antonius, dessen Zuständigkeit sich auch über abtrünnige Sandalen erstreckt, suchte ich die nächste Viertelstunde den Weg nach Richard ab. Ganz unten, am Beginn des letzten Anstiegs, fand ich ihn. Er lag dort verloren und irgendwie reumütig, sodass ich ihn vergebungsvoll an mich nahm, statt ihn mit einer Wurfbewegung wütend in den Abgrund zu schleudern.

Zurück zum großen Schneefeld. Es wurde bald klar, dass nun, etwas mehr als einen Kilometer vor der Biberacher Hütte, eine Entscheidung zu treffen war. Das Wetter hatte sich verschlechtert, Wegmarkierungen waren vom Schnee zugedeckt und der eigentlich schwierige Teil sollte erst hinter der nächsten Felskante auf mich warten. Was tun? Einen Moment zögerte ich. Dann schien mir Umkehren die einzige vernünftige Antwort.

Gescheitert, aber nicht niedergeschlagen, ging es zurück. Was war schon ein „verlorener" Tag auf einer Reise wie dieser? Wenigstens war das Wetter trocken geblieben … Naja, bis ich wieder in Buchboden durchkam. Von dort an goss es aus Eimern den ganzen restlichen Weg hinauf nach Fontanella.

Nass, kalt und zitternd trat ich in den kleinen örtlichen Supermarkt. So klein der Supermarkt, so klein auch die Welt. Denn die freundliche Verkäuferin wusste sofort, wen ich meinte, als ich zwischen Müsli- und Brotregal den Vornamen einer Bekannten nannte, die irgendwo im Ort verheiratet sein musste. Ein Telefonat und wenige Minuten später saß ich im Wohnzimmer von Anke und Mario und wärmte mich am Tee. Regen klopfte an die Scheiben. Ein schönes, unerwartetes Wiedersehen.

Tag 4 – 31 km (112 km): Durchs wilde Vorarlbergistan

Vor mir dampft ein Steak mit Bratkartoffeln. Ich blicke hinauf zu den steilen Hängen unter dem Schadonapass. Ich denke an mein gestriges Scheitern und den langen Umweg, der mich mit einem Tag Verspätung hierher nach Schröcken gebracht hat. Schnee, Geröll und Lawinenkegel sind zwischen den Nebelschwaden und Regenschleiern zu sehen. Ich glaube nicht, dass ich dort sicher herunter gekommen wäre.

* * *

Anke und Mario hatten mich gestern für eine bessere „liturgische Infrastruktur" beim örtlichen Pfarrer untergebracht. Von dort war ich am Morgen nach der Messe zum Faschinajoch aufgebrochen. Regen. Steile Wege. Die ungeschönte Bergwelt der „Zwischensaison" machte einen rauen Eindruck. Schmutziger Schnee, Sumpf und Schlamm auf braunen Wiesen. Willkommen im wilden Vorarlbergistan.

Auf der Nordseite des Passübergangs musste ich meinem Kartenmaterial das erste Mal die Vertrauensfrage stellen. Bei der Bödmenalpe hatte ich eigentlich gehofft, den Krumbachgraben zu überwinden, aber ich fand an der markierten Stelle keinen Abstieg. Den rutschigen Wildpfad, den ich zwischen ein paar Büschen entdeckte, ging ich vorsichtig zehn Meter entlang, ehe ich kehrt machte und die Hoffnung aufgab. Das rauschende Schmelzwasser in der Schlucht tief unter mir konnte ich hier nicht queren. Ein Blick auf die Karte. Ein Blick in den grauen Himmel. Ein Blick über die dunklen Tannenwipfel. Ich seufzte. Vier Kilometer Umweg; das rechte Seitental hoch.

Dort war im Schatten der Bergflanken viel Schnee liegen geblieben und kleine Bäche, angeschwollen durch den Dauerregen, hatten den Weg ausgespült.

Oben im Tal passierte ich ein Schild mit der Aufschrift Sackgasse und murmelte trotzig: „... aber nicht für mich!“ Ich marschierte durch eine letzte sumpfige Kurve und danach die ganze Strecke auf der anderen Seite des Grabens wieder bergab. Nach einer Stunde war ich zurück am Ufer des Krumbachs, nur wenige hundert Meter von meinem Ausgangspunkt entfernt. Von hier ging es auf Feld- und Radwegen meinem Tagesziel entgegen.

Ein paar Kilometer vor Schröcken versprach ein kleiner Umweg natürlichen Belag unter den Sohlen. Dass die starken Schneefälle der letzten Wochen mir und meinem Gefährt auf dieser Strecke ein paar Bäume in den Weg gelegt hatten, wusste ich da natürlich noch nicht. Für Anrainer mit hellem Gehör war deshalb ein paar Minuten später lautes Keuchen, Ächzen und ein ganz klein wenig Schimpfen aus der Schlucht zu hören.

Ich war froh, als kurz darauf der Kirchturm auftauchte. Starker Regen hatte wieder eingesetzt. Es war kalt. Meine Gedanken galten einem Bier und einer heißen Dusche – nicht zwingend beides zur gleichen Zeit. Im örtlichen Gasthof wurde mein erster Wunsch prompt vom belgischen Kneipenchef erfüllt. Und auch bei der Unterkunft half mir der freundliche Wirt weiter.

Eine Stunde später. Ich sitze vor dem mittlerweile leeren Teller und blicke immer noch die Berge hoch. Einen Tag später als geplant bin ich also in Schröcken. Aber manchmal führen im Leben nur Umwege zum Ziel.

1. Sonntag – Von Menschen und Staubsaugern

Sie lachte unsicher und schob die Haarsträhne aus dem Gesicht: „Manchmal frage ich mich schon, wozu das Ganze ist. Hat das alles einen Sinn?“

Auf die Frage nach dem Sinn des menschlichen Lebens kann man seufzend mit den Achseln zucken. Oder man blickt auf einen Staubsauger. O wundersamer Staubsauger, exotischster Bewohner der Abstellkammer: Rüssel eines Elefanten, Kopf eines Hammerhais, Beutel eines Kängurus, Rumpf eines Wombats.

Wie hilft ein Staubsauger bei der Sinnfrage? Er hilft indirekt. Er hilft, dass wir die richtigen Fragen stellen. Das wird deutlich, wenn wir dieses Gerät jemandem geben, der noch nie zuvor einen Staubsauger gesehen hat, Erhard zum Beispiel. Student Erhard lebt in einer Männer-WG. Damit kann es als ziemlich sicher gelten, dass er noch nie einen Staubsauger gesehen hat.

Drücken wir Erhard also den Staubsauger in die Hand und lassen ihn damit 30 Minuten alleine. In diesen 30 Minuten wird Erhard zunächst herausfinden, dass man mit dem Staubsauger keine Tiefkühlpizza zubereiten kann. Das wird ihn enttäuschen, aber auch neugierig machen. Er wird die Teile untersuchen und die Knöpfe drücken.

Wenn wir 30 Minuten später wiederkommen, wird Erhard wahrscheinlich entdeckt haben, wozu dieses fantastische Gebilde dient. „Das ist ein Tiefkühlpizzabröselschlucker" wird er stolz erklären. Und damit ist Erhard an der Wahrheit ziemlich nahe dran.

Wie uns das jetzt hilft? Nun, wenn wir wissen wollen, wozu etwas ist, dann ist es eine gute Idee, sich die Teile und Funktionen einer Sache anzusehen. So finden wir heraus, wozu etwas ist. Und wenn wir wissen wollen, wozu der Mensch ist, dann können wir es genauso machen.

Ganz grundlegend einmal ist der Mensch ein Körper mit Ausdehnung und Gewicht wie ein Stein auch. Der Mensch eignet sich als großer Briefbeschwerer. Aber da ist mehr. Der Mensch ist ein Lebewesen, das wächst und Nährstoffe aufnimmt wie eine Pflanze. Genau wie Tiere hat er Sinne, mit denen er seine Umwelt wahrnimmt. Schokolade, Palestrina und Caravaggio erfreuen ihn.

Aber er hat noch etwas, das ihn besonders macht und von anderen Lebewesen unterscheidet – selbst von sehr intelligenten: Er hat eine rationale Vernunft und einen Willen. Mit diesen zwei Kräften kann er erkennen und das Erkannte lieben. Das ist, was den Menschen besonders macht.

Und damit können wir nun versuchen, über den Sinn des Lebens eine erste vorsichtige Antwort zu formulieren. Wenn Erkennen und Lieben die besonderen Fähigkeiten des Menschen sind, dann muss die Antwort lauten: Der Mensch ist auf Erden, um die Wahrheit zu erkennen und das Gute zu lieben.

Das hat auch etwas mit Religion zu tun. Denn die höchste Wahrheit und das höchste Gut sind nichts anderes als Gott selbst. Von daher überrascht es nicht, wenn der katholische Katechismus auf unsere Frage sinngemäß antwortet: Der Mensch ist auf Erden, um Gott zu erkennen und Ihn zu lieben. Wer Gott erkennt und Ihn liebt, wird Ihm dienen und so in die Fülle der himmlischen Gemeinschaft mit Ihm gelangen – einer Gemeinschaft, die dank Vernunft und Willen schon hier auf Erden beginnen kann und soll.

Tag 5 – 33 km (145 km): Ich bin im heiligen Land ... Tirol

Heute Morgen ging es die Serpentinen zum Hochtannbergpass hinauf. Der Wetterbericht hatte eine Mischung aus Regen und Sonne vorhergesagt, aber

als ich zur Türe hinaustrat, grüßte mich perfektes Wanderwetter. Nur kalt war es. In meinen Atemwolken stapfte ich den Berg hoch.

Es gab Apfel- und Topfenstrudel zum Abschied vom Ländle im letzten Restaurant Vorarlbergs. Dann kehrte ich auf die kurvenreiche Straße zurück. An diesem schönen Sonntagvormittag waren mittlerweile viele brausende Zweiräder unterwegs. Der allgemeinen Straßenverkehrsordnung folgend, bewegte ich mich brav auf der linken Seite. Nur so sieht man bekanntlich den Gegenverkehr – wobei ich zugeben muss, dass ich manchen Verkehrsteilnehmer lieber nicht ganz so genau gesehen hätte. Wenn man nämlich die Sommersprossen eines Motorradfahrers zählen kann, dann ist der Sicherheitsabstand etwas gar schmal berechnet. Mehr als einmal flüchtete ich deswegen bereits beim ersten leisen Kreischen der Motoren in die betonierten Regenrinnen am Straßenrand.

Unten im Tal wechselte ich auf schöne Wanderwege entlang der Lech und folgte diesen bis Obergiblen. Eine nette Pension mit typischem Tiroler Fassadenschmuck war der Endpunkt der heutigen Etappe.

Die Füße gewöhnen sich langsam an den neuen Rhythmus und bei normalem Streckenverlauf machen die Blasen keine Probleme mehr. Auch die Verspannung am rechten Außenrist hat sich etwas gelöst. Morgen wird es den

ganzen Tag sanft talabwärts gehen. Wenn das Wetter hält, wird es ein weiterer guter Tag, um sich an das neue Leben zu gewöhnen. Ganz durchgesickert ist es noch nicht bei mir, dass ich die nächsten Monate so verbringen werde: jeden Tag etwas Neues sehen und jeden Tag woanders mein Haupt zur Ruhe betten. Dieser Gedanke ist doch ein bisschen fremd. Der Begriff der „Heimat" ist für die kommenden Monate ausgesetzt und ich merke, dass „Zuhause-sein" für mich heute mit 35 Jahren mehr bedeutet als mit zarten zwanzig auf dem Camino. Ein Zeichen, die himmlische Heimat wieder vermehrt in den alltäglichen Blick zu nehmen. Wir sind nur Gast auf Erden.

Tag 6 – 33 km (178 km): Nudeln zum Frühstück

Es gibt alte Häuser und dann gibt es wirklich alte Häuser. In wirklich alten Häusern gibt es auch noch wirklich alte Betten und in einem wirklich alten Bett, das kurz ist, knarzt und über ein hohes Bettende verfügt, liege ich jetzt. Hohe Bettenden gepaart mit fehlender Länge bedeuten für 188 Zentimeter große Bauchschläfer die Suche nach kreativen Wegen, sich in das Bett „hineinzufalten." Die Antwort liegt, wie Kenner des Problems wissen, in der Diagonale. Und so liege ich nun schräg im Bett, während meine Füße seitlich hinaus in den unbeheizten Raum meines rustikalen Obergemachs ragen.

Ich bin in Namlos, einem winzigen Ort mit 86 Einwohnern. Das kleine Nest abseits der großen Verbindungsstraßen zieht im Sommer ein paar ruhesuchende Urlauber an. Aber an diesem Montag Anfang Mai war Namlos praktisch bettlos. Wo Gasthöfe und Pensionen nicht ohnehin geschlossen hatten, wurde ich schnell an die Nachbarn verwiesen, und diese verwiesen mich an den nächsten Nachbarn, und dieser an den nächsten. So ging es durch das ganze Dorf hindurch, bis ich schließlich am Zaun des vorletzten Hauses der Siedlung stand. Durch die kleinen Fenster schien schwaches Licht in die Abenddämmerung. Halbresigniert und innerlich schon bereit für den Gang zum nächsten, zum allerletzten Haus, trat ich durch das Gartentor. Ich drückte den Klingelknopf und winkte freundlich durch die Scheiben. Große, bärtige Gestalten müssen nämlich durch heftiges Winken und besonders breites Lächeln in der Regel die Unbedenklichkeit ihrer Gestalt nachweisen.

Ein paar Augenblicke später öffnete sich die Tür. Vor mir stand eine freundliche Dame, die allen gängigen Klischees einer Großmutterfigur entsprach. Frau

Gritsch. Sie muss in ihren 85 Lebensjahren einiges gesehen haben, denn ohne jede Furcht vor meinem wilden Bart nahm sie mich auf und führte mich ins Gästezimmer. Dann kehrte sie ins Wohnzimmer zurück, wo gerade Margaret Rutherford als Miss Marple über den schwarz-weißen Bildschirm flimmerte.

Das mit dem alten Krimi ist natürlich Spekulation, aber es würde absolut ins Bild passen. Ich konnte mich mit dieser Frage ohnehin nicht lange aufhalten. Schließlich stand ich zu diesem Zeitpunkt ja vor dem Rätsel: Wie passe ich in dieses Bett?

* * *

Beim Sonnenaufgang in Obergiblen hatte ich noch andere Sorgen. Nachdem ich meine Pension schon vor der offiziellen Frühstückszeit verlassen hatte, suchte ich unterwegs nach einer frischen Mahlzeit. Nur einen Laden fand ich nicht. Nach 13 Kilometern und dem letzten erfolglosen Versuch, an einem geschlossenen Campingkiosk etwas Essbares zu finden, hielt ich am Ufer eines Baches. Dort schöpfte ich Wasser und baute meinen kleinen Kocher auf. Wildromantisch war der Rastplatz nicht. Dicke Betonrohre und andere Baustoffe lagerten rechts und links vom Weg. Als wenig später ein Jogger um die Kurve bog und meine improvisierte Gaststätte sah, hingen aus meinen Mundwinkeln bereits thailändische 3-Minuten-Nudeln. Es geht nichts über eine ausgewogene Ernährung mit den E-Nummern 147-528.

Eine Stunde später fand ich doch noch zu einem kleinen Supermarkt und setzte mich nach meinen Besorgungen mit einer Tafel Schokolade auf die Stufen des Gebäudes. Sonnenstrahlen wärmten. Vor mir lag eine Häuserreihe. Garten an Garten. Das nervöse Kreischen eines Pendelmähers war zu hören, der das erste frische Grün des jungen Frühlings zurück in den Boden kürzte. Ein Traktor bog um die Ecke, ertränkte alle Geräusche in der Flut seines Lärms und verschwand zwei Straßen weiter in Richtung der Felder. Er war nur mehr leise zu hören, als mich ein junger Mann ansprach.

Eine halbe Stunde später bog ich mit einem Kloß im Hals in eine kleine Gasse. Der Asphalt verlor sich als Feldweg am Horizont. Ich sah das Gesicht des Mannes vor mir; seine Augen, seinen Schmerz, seine fröhliche fünfjährige Tochter. Vor dem Eingang des Ladens hatte mir der junge Vater seine Geschichte erzählt; vom Selbstmord seiner Freundin, der Mutter des gemeinsamen Kindes; vom Leben im Dorf, wo sich jeder kennt; vom Urteilen; von der Ratlosigkeit eines

Lebens, das so anders gekommen war, als man es sich ausgemalt hatte. Dann war seine Tochter aus dem Kindergarten gekommen, ihrem Vater um den Hals gefallen und hatte mich neugierig gemustert. Dieser Blick hat mich getroffen. Ich bin Seelsorger. Menschen kommen zu mir für Antworten. Und dann stehe ich da in meiner ganzen Hilflosigkeit. Denn ich habe keine Antworten. Ich habe nur eine einzige Antwort: Christus. Wie schwer ist es manchmal, die heilende Bedeutung dieser Wahrheit in ein paar einfache, verständliche Worte zu pressen.

Am Abend im Martinskirchlein von Namlos ging mir die Frage nochmals durch den Kopf: Wie kann ich der Welt Christus bringen? Für gläubige Menschen lag die Antwort direkt vor mir auf dem Altar. Unter den getrennten Gestalten von Brot und Wein, in Leib und Blut, war Christus wahrhaft gegenwärtig; gegenwärtig als der, der sich am Kreuz in einem vollkommenen Akt der Liebe dem himmlischen Vater hingegeben hatte. Die Messe ist das bleibende Monument dieser Liebe. In dieser Liebe liegt die Erlösung des Menschen. In dieser Liebe liegt die Antwort auf unsere Wunden, unser Leiden, unser Leben.

Doch wie einer Welt Christus bringen, die von Christus weiß und ihn doch nicht kennt? Vielleicht durch jeden noch so kleinen Akt der Liebe. Denn echte Liebe ist ein verweisendes Abbild ihrer ersten Quelle in Gott. Damit kann dort, wo verkopfte Theologen versagen, selbst ein kleines Kind die Antwort bringen. In der kindlichen, vertrauensvollen Liebe seiner Tochter war dem Vater bereits ein Hinweis auf Gott geschenkt. Vielleicht nur ein Senfkorn. Aber wenn man Senfkörner wachsen lässt, wachsen sie bekanntlich in den Himmel.

Tag 7 – 29 km (207 km): Es wurde Abend ...

... und es wurde Morgen, siebter Tag. Das erste Buch der Bibel berichtet für den bedeutsamen siebten Tag der Schöpfung, dass Gott ruhte. Alles war sehr gut. Am siebten Tag des Pilgerweges war zunächst auch alles sehr gut; im weiteren Verlauf war es jedoch vor allem eines: sehr nass!

Nur fahles Licht kam an diesem wolkenverhangenen Morgen in Namlos durch die Stubenfenster. Ich saß zu Tisch, löffelte einen Joghurt und unterhielt mich mit meiner Gastgeberin. Zwischendurch blickte ich über den Weihnachtskaktus hinweg aus dem Fenster und hoffte, dass durch meinen angestrengten Blick das Wetter besser würde. Erfolglos. Irgendwann wurde es Zeit, in das Grau

und die Kälte des neuen Tages hinauszutreten. Ein bisschen leichter fiel der Schritt dank des Langarmshirts, das ich am Vortag gekauft hatte – und das bringt mich zu einer Geschichte, die ich beim gestrigen Eintrag ausgelassen habe.

Als ich bei Stanzach das Lechtal verließ, um in Richtung Namlos zu marschieren, hörte ich rechts über mir Stimmen und schelmisches Gelächter. Ich sah nach oben. Dort auf der Böschung zwischen grünenden Büschen saßen, nach 41 Ehejahren, zwei grinsende Tiroler. Tochter Sonja kam wenig später hinzu. Nach einem humorvollen Gespräch und ein paar Geschichten vom Weg ließ es sich Sonja nicht nehmen, mich schnell ins 20 Kilometer entfernte Reutte zu einem Sportgeschäft zu fahren. Seit ich meine Pilgerkutte heimgeschickt hatte, war meine Garderobe ziemlich reduziert. Etwas Langärmeliges sollte mir über die kalte Zeit in den Bergen hinweghelfen.

In Reuttes Sportgeschäften war allerdings schon der Sommer eingezogen: Badehosen überall. Ich will nicht behaupten, dass Schwimmanzüge bei diesem nassen Wetter wertlos waren, aber zum bisher Erlebten waren die Auslagen ein klimatisches Kontrastprogramm. Erst im dritten Anlauf fand ich etwas Warmes. So trug ich heute unter meiner Regenjacke ein neues knallblaues Funktionsgewebe mit neon-orangen Zierstreifen hinaus in die graue trübe Welt.

Über Schneefelder auf dunklen Waldwegen kam ich am Vormittag nach Berwang. Nebelfetzen zogen über die Anhöhe. Zähneklappern. Besuch in einem ungeheizten Restaurant. Lauwarmer Apfelstrudel.

Die Sehnsucht nach Wärme blieb das Leitmotiv des restlichen Tages. Es war kalt unter der dünnen Regenhaut – trotz meiner neuen Kleidung. So blieb mir nur, mit kräftigen, schnellen Schritten, meinen Körper warm zu halten, den Kopf gebeugt, die Kapuze gegen Wind und Regen tief ins Gesicht gezogen.

Ziemlich ausgekühlt kam ich abends in Ehrwald an, wo ich mich nach dem Bezug eines günstigen Privatzimmers und einer heißen Dusche auf die Suche nach dem Ortspfarrer machte. Ich sollte ihn nicht im Pfarrhaus finden. Man hatte dem Geistlichen vor einigen Tagen einen Unterschenkel abnehmen müssen. „Er ist unverwüstlich und guter Dinge. Er plant bereits sein Comeback“, erklärte mir eine Dame, die ihn gerade im Spital besucht hatte. Ich blickte nachdenklich auf meine Füße. Mit Gottes Hilfe werden sie es

vielleicht nach Jerusalem schaffen. Doch den Pilgerweg unseres Lebens gehen wir, wie dieser Geistliche zeigte, mit dem Herzen.

Tag 8 – 35 km (242 km): Weißbier und „a Brezn"

Ich verließ mein Quartier in Ehrwald und ging im dichten Nebel die Straße hoch zur Bäckerei. Schüler standen Schlange für ihr Pausenbrot. Ich selbst verließ die duftende Verkaufsfront der Backstube mit einer riesigen Nussschnecke. Diese kauend, kämpfte ich mich aus dem Jammertal des Nebels hinauf in den Glanz himmlischer Herrlichkeit – meint natürlich: was an himmlischer

Herrlichkeit abglanzhaft im Irdischen zu sehen ist. Das klingt sehr blumig, aber anders lassen sich die ersten Kilometer kaum beschreiben. Vor allem an der Nebelgrenze gab es spektakuläre Lichtspiele.

Nach 650 Höhenmetern über steile Fahrwege dankte ich still den Arbeitern, die erst kürzlich mit der Schneefräse den Durchstoß zum dahinter liegenden Gaistal vorgenommen hatten. Ich konnte trockenen Fußes durch das Schneemeer schreiten, das rechts und links wie eine Mauer stand.

Das Gaistal war mir durch meinen ersten langen Pilgerweg nach Spanien vertraut. Damals hatte ich im jugendlichen Eifer die erste Woche täglich 50 Kilometer und mehr

zurückgelegt. Diese ungewohnte Belastung hatte Spuren hinterlassen. Der Hausarzt des Franziskanerklosters in Telfs konstatierte in jenen Tagen: „Junger Mann, das wird eine Sehnenscheidenentzündung. Sie machen jetzt ein, zwei Wochen Pause." Das aber kam nicht in Frage. Meine Ferienzeit war begrenzt. Würde ich es dann noch nach Santiago schaffen? Drei Tage wickelte ich mir Sauerkraut als altes Hausmittel gegen Entzündungen um den Knöchel und schmollte rebellisch. Dann winkte ich den Mönchen und stieg leicht hinkend über die Berge zum Gaistal hinauf. Im eiskalten Wasser des Baches kühlte ich regelmäßig meinen Fuß und ein paar Tage später war auch das letzte Ziehen abgeklungen.

Das schöne Tal durchquerte ich diesmal ohne medizinische Zwischenstopps. Sorgen machte mir nur der viele Schnee auf den Hängen. In welche Richtung sollte ich morgen meinen Weg fortsetzen? Beim Mittagessen in Leutasch fiel die Entscheidung. Für morgen war nochmals gutes Wetter angekündigt, aber danach sprach man neuerlich von Regen und Schnee. Die ursprünglich geplante Route durch das Karwendelgebirge war nicht machbar und so wollte ich versuchen, diese Berggruppe nördlich zu passieren und über niedrigere Lagen Kufstein zu erreichen.

Nach einem feuchten Nachmittag, aber einer schönen Wanderung durch die Geisterklamm, sitze ich nun zu den Klängen einer Amsel am Balkon einer kleinen Pension und studiere meine Karten. Ich bin in Mittenwald gleich über der blau-weiß karierten Grenze und habe das dritte Land dieser Reise erreicht.

Tag 9 – 33 km (275 km): Über Löcher in Kirchen und Karten

In Mittenwald besteht der schöne Brauch, am Fest Christi Himmelfahrt durch das Heilig-Geist-Loch in der Kirchendecke eine Christusfigur über den Köpfen der Gläubigen entschweben zu lassen. In zehn Tagen, am Hochfest von Pfingsten, wird dann – und daher hat das Loch auch seinen Namen – eine geschnitzte Taubenfigur auf die Menschen niedergelassen. Barocke Special Effects, sozusagen.

Meine Messe in den Morgenstunden war im Vergleich dazu eher schlicht. Später als gewöhnlich schaffte ich es vor die Tür und begann die Sachen auf den Carrix zu laden. Als ich gerade die letzten Dinge justierte, bemerkte ich zu meinem großen Entsetzen, dass eine tragende Schraube bei der Radaufhängung fehlte. Sie musste gestern über die letzten steilen und hohen Stufen gebrochen sein. So konnte ich nicht weiter. Baumarkt? Feiertag!

Norbert, der freundliche Pensionsbesitzer, half aus. Er führte mich in seine Kellerwerkstatt und gemeinsam wühlten wir durch das Schraubensortiment. Zu kurz. Zu lang. Zu dünn. Passt? Nein. Passt? Passt! Mit ein bisschen Getüftel und Improvisation war die Konstruktion bald wieder fahrtauglich. Ich brach auf, mit ein bisschen Bauchweh. Erster technischer Defekt schon nach nicht einmal neun Tagen? Da werde ich bis Israel wohl noch jede Menge Norberts oder Norberte brauchen.

Am Ortsausgang von Mittenwald begann ein sanfter Anstieg zur Aschaualm. Die schroffen Kalkspitzen des Karwendel, zwischen denen die Feuchtigkeit wie Rauch aufstieg, waren eine dramatische Kulisse für den Weg. Und dieser Weg wurde steiler. Immer wieder blickte ich sorgenvoll zurück zum geflickten Wagen, doch die Reparatur schien zu halten. Es war anstrengend, das Gewicht über die vielen Stufen zu ziehen, aber problematisch wurde die Sache erst beim Abstieg von der Brandelalm. Meine Karte zeigte eine Lücke im Weg. Ein Kartenfehler, ganz bestimmt.

Kein Kartenfehler. Der Steig, auf dem ich landete, war arg in Mitleidenschaft gezogen und nicht länger unterhalten. Ein veritables Loch zwischen den Wegen. Alle 200 Meter kam ein Bach die steilen Felsen runter und hatte jeden Übergang und jede Befestigung zerstört. Mehrmals ließ ich den Carrix stehen und lief ohne das Gefährt nach vorne. Blockierte einer der vielen Erdrutsche den Weg? Langsam ging ich. Vorsichtig.

Nach einer halben Stunde kam ich endlich zurück auf einen breiteren Pfad, der schließlich in die Straße nach Vorderriß mündete. Sonnenschirme, Maßkrüge und Gerüche aus der Küche lockten mich dort in einen Biergarten. 25 Tageskilometer. Abendessen. Das Schnitzel im Bauch und die Gabel noch in der Hand wurde ich dann unter neugierigen Zurufen im bayrischen Dialekt zum Stammtisch nebenan gebeten. Erwartungsgemäß war man zwei Minuten später mitten in den Kreuzzügen und kurz vor der Hexenverbrennung. Diese Themen kommen immer, wenn Menschen auf einen Priester treffen. Unerwartet war, dass im Anschluss auch noch die Qumran-Texte über Bier- und Schnapsgläser hinweg diskutiert werden sollten. Und das, wo es doch so viele andere Klassiker gibt. Den Zölibat zum Beispiel.

Zum unvermeidlichen Thema Zölibat hatte ich vor ein paar Tagen eine besonders skurrile Konversation. Entlang des Weges hatte ich mich aufwärmen wollen. Als ich die Gaststube betrat, fragte die Wirtin: „Ja, wo kommst du denn her und wo gehst du hin?" „Von Liechtenstein. Nach Jerusalem", gab ich zur Antwort. „Oh, ein frommer Mann", kam es zurück. „Hoffentlich. Von Berufs wegen wäre das wohl besser", erwiderte ich und verriet, dass ich Priester war. Kurze Stille. Ich zog meine triefende Jacke aus. Die Dame holte Luft. „Also, eines stört mich an der katholischen Kirche schon gewaltig: dass Priester nicht heiraten dürfen …" Während ich innerlich seufzte und den Mund zur Antwort öffnete, hatte sie noch zwei weitere Informationen hinzugefügt: Sie selbst sei geschieden und wolle um nichts in der Welt mehr heiraten. Hmm. Aber wir Priester sollen unbedingt heiraten … ? Ich schloss den Mund, öffnete ihn und schloss ihn wieder. Ich überlegte einen Moment und sagte dann: „Einen Apfelstrudel, bitte."

Tag 10 – 37 km (312 km): Die Preiselbeermarmelade und das Schnitzel

Ich war gestern nach den abendlichen Stammtischgesprächen in Vorderriß nochmals aufgebrochen, um mein mageres Tagespensum aufzubessern. Die Nacht hatte ich acht Kilometer weiter in Fall am Stausee verbracht. Die Entscheidung war gut gewesen. Die Strecke, die ich gestern in der Dämmerung trocken absolviert hatte, wäre heute eine sehr nasse Angelegenheit geworden. Als ich am Morgen vor die Türe trat, erwartete mich nämlich neuerlich starker Regen. Ich zog meine grasfroschgrüne Kapuze tief ins Gesicht und folgte dem Ufer des Sylvensteinspeichers. Autoscheinwerfer tauchten regelmäßig wie blasse Augen aus dem dichten Nebel auf und bedeuteten mir, in den Straßengraben zu wechseln. Fontänen, Spitzwasser und noch nassere Hosenbeine. Ein dunkler Schleier lag über dem Land. Der malerische Isarwinkel versuchte heute, mit einer dunklen Graupalette auszukommen.

Bald schon komplett von Regen und Schweiß durchnässt, stapfte ich eine Forststraße hoch, bis mir der Dachvorsprung einer alten Almhütte Unterschlupf bot. Eine imposante Kollektion von Spinnweben zierte den Türrahmen, unter dem ich Platz nahm. Ich wechselte die Kleidung und machte mich daran, ein warmes Essen zuzubereiten. Nudeln.

Regen tropfte rhythmisch vom Dach herab in kleine Pfützen. Tap. Tap. Tap. Zwei Stunden verharrte ich und wartete vergebens auf Besserung. Tap. Tap. Tap. Dann zurück in die nasse, kalte Kleidung zu schlüpfen, gehört zu den tapfersten Leistungen meines bisherigen Weges.

Drei Stunden kämpfte ich mich weiter bis zur Gufferthütte. Dort bückte ich mich und öffnete die Tür zum Trockenraum. Die Kleidungsstücke anderer Wanderer verbreiteten eine feucht-tropische Schwüle. Nur beim Geruch dachte man nicht zwingend an einen blühenden Regenwald. Nachdem meine eigene Garderobe an einer Wäscheleine baumelte, betrat ich den Gastraum. Alle Tische waren besetzt. Ein paar Kartenspieler blickten kurz auf. In der Ecke beschwerte sich ein Kind über die Preiselbeermarmelade auf seinem Schnitzel. Jemand bestellte heißen Tee.

Ich fand einen freien Stuhl bei drei jungen Deutschen und setzte mich. Zwei Münchner Studenten hatten eine Kollegin aus Thüringen in die Alpen mitgenommen. Hier genoss sie nun Nebel und Regen statt Aussicht und Alpenglühen. Es war ihr erster Ausflug in die Bergwelt. Vielleicht auch der letzte. Zwei Stunden plauderten wir über Gott und die Welt und des Menschen Reise zwischen beiden. Als der Kaiserschmarrn serviert wurde und man kulinarisch versuchte, das Abenteuer „Alpentour" für den Wanderneuling noch irgendwie zu retten, verabschiedete ich mich und ging zurück in den Trockenraum. Meine Sachen waren lauwarm und „anders nass". Ich trat hinaus in den Regen und blickte auf den Wegweiser zur Erzherzog-Johann-Klause. „Bring it on", lachte ich und lief mit langen Schritten durch das nasse Gras.

Jetzt, kurz vor Mitternacht, dampfen meine Schuhe beim Kachelofen. Meine Kleidung trocknet auf den Stangen darüber. Es ist angenehm in der gemütlichen Stube. Draußen immer noch Schnürlregen.

Tag 11 – 30 km (342 km): Papa, meine Haare schwitzen!

5:45 Uhr. Es war kein Regen zu hören. Bis zum Weckerläuten hatte ich noch eine halbe Stunde. Ich drehte mich um und schloss die Augen. Als ich neuerlich erwachte, trommelte es wieder auf das Dach. „Muss ich da jetzt wirklich raus?" Vom kämpferischen Geist des Vortags war nicht mehr viel geblieben. Die Nacht war kurz gewesen und so beschloss ich, vorerst abzuwarten. Gestern hatte man gesagt, es solle heute besser werden. Aber besser war es 90 Minuten später nur für Bachforellen und Nacktschnecken. Ich stand auf und machte mich trotzdem bereit für den Abmarsch. Zu Tagesbeginn warteten nur 500 Höhenmeter auf mich. Aber heute lief es irgendwie nicht. Mehr als einmal erhob ich meine Faust gegen die Wolken.

Müde – auch innerlich – kam ich zur Hütte auf der Ackeralm und presste mich für die nächsten zwei Stunden gegen den lauwarmen Kachelofen.

Zur Mittagszeit fanden noch andere Wanderer den Weg in die Stube, darunter zwei Väter und vier Kinder. Sie setzten sich und es dauerte nicht lange, da bahnte sich eine physiognomische Sensation am Nachbartisch an. Beim Abziehen seiner Mütze bemerkte einer der Jungs erstaunt: „Papa, schau, meine Haare schwitzen!" Ich musste lachen und wir kamen ins Gespräch.

„Wo ist Jerusalem?", fragte eines der Kinder, nachdem ich mein Vorhaben erläutert hatte. Als der Vater seinem Sohn erklärte, dass der Weg dorthin zu Fuß eine sehr, sehr lange Reise von vielen Tagen sei, fragte der Kleine fassungslos: „Ja, aber hat der denn kein Auto?!"

Wir kamen auch auf ernste Themen. Eine der Töchter litt unter einer Autoimmunerkrankung und die Familie wollte sich zu Pfingsten mit der Bitte um Heilung selbst auf Pilgerschaft begeben. So sehr wünsche ich ihnen, dass Gott ihr aufrichtiges Gebet erhört.

Ich verabschiedete mich, schulterte den Rucksack und ging zurück in den Nebel hinaus. Durch das mir anvertraute Anliegen hatte mein Weg wieder ein Ziel, meine Schritte wieder Richtung gewonnen. Mit neuer Kraft erduldete ich den Regen, den Verkehr, die Widrigkeiten, bis ich am Abend nach langer Herbergssuche in Kufstein auf das Bett im eiskalten Notzimmer einer Unterkunft sank. Der tiefe Bass eines Open-Air-Konzertes brummte durch die Gassen.

2. Sonntag – Das Hörgerät des lieben Gottes

„Was muss ich denn noch tun, damit Gott mich erhört? Ich bete und bete - und es hat doch keinen Sinn." Die Frau im mittleren Alter blickte auf und sah mich an. Etwas Herausforderndes war in ihren Augen – und ein wenig Verzweiflung.

Es ist nicht leicht, auf diese Frage eine Antwort zu geben. Der Mensch vermag von seiner Warte aus nicht hinter die Kulissen dieser Welt zu blicken. Ich habe keine profunde Einsicht zu den Plänen Gottes. Alles, was ich habe, ist eine sehr banale Geschichte von meiner ersten großen Pilgerreise.

Am Weg nach Compostela, irgendwo im Süden Frankreichs, wanderte ich völlig dehydriert bei 42 Grad durch die Landschaft. Durst. Leere Straßen. Dann endlich sah ich eine Frau im Garten, lief zu ihr hin, streckte ihr meine Flasche über den Zaun entgegen und bat sie um etwas Wasser. „Non!", war ihre knappe Antwort. Verwirrt und irritiert wiederholte ich meine Frage, doch sie schüttelte den Kopf, ging ins Haus und die Türe fiel ins Schloss. Ich stand da und schluckte. Um was hatte ich denn gebeten? Doch nur um etwas Wasser! Ich ging weiter und unterdrückte die aufkeimende Wut.

Fünf Minuten später sah ich einen Mann aus dem Auto steigen. Ich galoppierte die Straße runter und trug ihm keuchend meine Bitte vor. Er lächelte. Ich werde den Anblick nie vergessen, als er ein paar Augenblicke später aus dem Haus zurückkehrte. Auf meiner Getränkeflasche, die er in der linken Hand hielt, kondensierte die Feuchtigkeit der schwülen Luft. Das Wasser war eiskalt. In der rechten Hand hielt er Schokoladenkekse. Ich lachte kauend auf dem weiteren Weg und bröselte fröhlich in meinen Bart. Meine erste Bitte war unerhört geblieben – und ich hatte deshalb mehr erhalten.

Wenn wir Gott bitten, ist er dann wirklich taub? Oder will er uns tatsächlich Größeres bereiten? Wie oft bitten wir für unseren Leib, der nach 30, 50, 80 Jahren zu Staub zerfällt und erkennen doch gerade erst in der körperlichen Zerbrechlichkeit den Wert des wahrhaft Unvergänglichen. Welches Leben erfährt nicht gerade im Leid eine neue innere Ausrichtung? Hat Gott dann all unser Flehen ignoriert? Oder hielt er lediglich etwas Kostbareres bereit?

Im Angesicht des Leides mögen solche Gedanken für manche zynisch wirken. Die Welt verflucht den Gott, an den sie nicht glaubt und dem sie doch vorwirft, sie nicht zu hören. Und der Christ? Glaubt er nicht an einen Gott, der gelitten hat unter Pontius Pilatus, der gekreuzigt und begraben wurde? Blickt er nicht auf zum Kreuz auf Golgotha? Sieht er nicht unsägliches Leid und erkennt doch genau darin, in der liebenden Hingabe bis ins Äußerste, das seltsame Werk der Erlösung?

Wir können wütend am Zaun des Lebens stehen und enttäuscht unsere Fäuste ballen. Oder wir setzen unseren Weg in Vertrauen und in Liebe fort. Bitten wir getrost um Wasser, aber bleiben wir nicht stehen. Sonst übersehen wir zuletzt die Schokoladenkekse.

Tag 12 – 30 km (372 km): Von Rindern und Pilgern

Wie hypnotisiert starrte mich die Herde Jungvieh an und ich musste laut über die großen Rinderaugen lachen. Wenig später fror mir das Lächeln auf den Lippen. Beim Durchqueren einer weiteren Weide setzte sich eine gehörnte halbe Tonne in Bewegung und galoppierte geradewegs auf mich zu. Da schwand dann doch etwas vom Gleichmut. Vor meinem Carrix bremste die Kuh. Ich stand mit dem Rücken zu Zaun und Bach. High Noon irgendwo zwischen Kufstein und St. Johann. Zwei weitere Rinder rannten herbei. Ich versuchte, auszuweichen, sie zu verscheuchen, aber nichts half. Sie kreisten mich ein. Meine ruhigen und salbungsvollen Worte wurden nur mit Starren und Schnauben beantwortet. Und dann begannen sie im Akkord den Regenbezug des Carrix abzuschlecken. „Hey!" Ich fuchtelte. Für die Beobachter am Straßenrand muss es ein unterhaltsames Schauspiel gewesen sein: ein Pilger bedrängt von Ludmilla, Milka und Flöckchen. Langsam drückte ich mich weg und arbeitete mich zum Gatter vor, den Carrix samt Schleckermäulern im Schlepptau. Mein alpiner Pilgerwagen wurde anscheinend für Bauer Erwins Futter-Schubkarre gehalten.

Am Vormittag war die Sonne kurz zu sehen. Für ein paar Augenblicke dampften die regennassen Straßen und ein Wolkenloch gab den Blick zum Wilden Kaiser frei. Nach dem Mittagessen in Ellmau zog jedoch neuerlich Regen durch das Land. Ich beschloss, das Schlechtwetter für fromme Indoor-Aktivitäten zu nutzen und pochte an die Tür des Pfarrhauses. Wenig später schritt ich die Stufen zum Michaelsaltar empor. „Aufer a nobis, quaesumus, Domine, iniquitates nostras: ut ad Sancta sanctorum puris mereamur mentibus introire." (Nimm weg von uns, so bitten wir, o Herr, unsere Sünden, damit wir ins Allerheiligste mit reinem Herzen einzutreten verdienen.)

Nach der Messe und einem Plausch mit dem Ortspfarrer über einer Tasse Tee, brach ich am Abend nach St. Johann auf. Als ich den Pfarrhof verließ gab ich einem anderen Pilger die Klinke in die Hand. Martin, ein 26-jähriger Oberösterreicher, war vor neun Tagen aufgebrochen, um am Jakobsweg seine Grenzen zu testen. „Ultreïa!", rief ich ihm zum Abschied zu und nahm mir den alten Pilgergruß (zu dt. „Auf, Weiter!") selbst zu Herzen. Im Nieselregen folgte

ich der Straße nach Osten. Es war kühl. Frischer Schnee lag auf den Hängen über sattgrünen Wäldern. Gleichmäßig setzte ich einen Fuß vor den andern.

Tag 13 – 32 km (404 km): Erleichterung

Nach einer ruhigen Nacht im Haus Grabler in St. Johann führte mein erster Weg am heutigen Morgen zu einer Werkstatt. Ich stand vor einem Regal Autoreifen, als mich ein Mitarbeiter nach meinen Wünschen fragte. „Eigentlich brauche ich weder Felgen oder Räder", erklärte ich vor einem Stapel 16-Zöller. „Ich bräuchte nur den Karton, in dem diese da geliefert wurden." Dem fragenden Blick begegnete ich mit einer kurzen Erklärung und spazierte nach fünf Minuten mit einer großen Schachtel zurück zu meinem Quartier. Ich wollte heute einen weiteren Teil meiner Ausrüstung nach Hause schicken und „erleichtert" den Weg über die Alpen fortsetzen. Eine Stunde später wanderten meine Schneeschuhe, die Kufe für den Carrix und ein paar Kleinteile in einem fünf Kilo schweren, leicht schiefen Rhomboid zur Post. Dann setzte ich im Grau des Vormittags meine Reise fort.

Mein erstes Tagesziel war der kleine Weiler bei Waidring namens Strub – für mich ein besonderer Etappenort. Vor 15 Jahren auf meinem mittellosen Jakobsweg hatte ich an vielen Orten mein Haupt gebettet. Einmal sogar im Hotel. Das war hier in Strub gewesen, wo mich Besitzer Martin am Abend herbeigewunken und mir prompt und ohne Bezahlung ein Zimmer zugewiesen hatte. Als ich heute, kurz nach Mittag, in die Gaststube trat, saß ich bald zwischen Stammgästen und passionierten Bogenschützen bei einem Bier und erzählte von meinem bisherigen Weg. Martin erinnerte sich noch an die damalige Begegnung. Und auch heute verweigerte er meine Zahlung. Vielleicht kann ich es ja bei der nächsten Wallfahrt gutmachen.

Auf geschichtsträchtigem Boden, wo die Tiroler Verbände einst Napoleon besiegten, ging es abwärts nach Salzburg ins dritte österreichische Bundesland. Dann führte mein Weg von Lofer über St. Martin hoch zur Wildenalm, wo ich freundliche Aufnahme am Migglgut fand. Ob ich noch irgendwo die Heilige Messe feiern dürfe, fragte ich meine Gastgeber in der gemütlichen Runde am Küchentisch unter dem Herrgottswinkel.

Eine halbe Stunde später. „Dominus vobiscum" (Der Herr sei mit euch). Ich faltete die Hände und drehte mich zurück zum Altar der winzigen Hofkapelle. Im Türbogen, unter den abgewitterten Holzschindeln des Vordachs, gab Familie Hagn in der Abenddämmerung andächtig Antwort: „Et cum spiritu tuo" (Und mit deinem Geiste). Der Jahrtausende alte jüdische Segensgruß fand hier in der stillen römischen Liturgie ein Echo. Die Stimme Jerusalems in den Salzburger Bergen.

Tag 14 – 38 km (442 km): Bilderbuchtag

Ich trat ins Freie. Die Loferer Steinberge leuchteten in der Morgensonne. Auf ihren schroffen, felsigen Häuptern aus geschichtetem Kalk trugen sie gestreifte Mützen aus frischem Schnee. Weiter unten im Tal schwärmten Bienen um blühende Bäume.

Wir alle haben Vorstellungen von zukünftigen Dingen. Freilich stimmt dann die Wirklichkeit nicht immer damit überein. Bei Pilgerreisen ist das nicht anders. Heute jedoch war ein Tag, wie ich mir eine Alpenetappe auf dem Weg nach Jerusalem immer vorgestellt hatte. Es war ein langer Marsch von knapp 38 km und 1.800 Höhenmetern. Aber unter dem herrlich klaren Himmel tief ins Bergland zu blicken, machte alle Anstrengungen vergessen.

Zunächst stieg ich hinauf zum Hirschbichl, dem letzten Haus vor der bayrischen Grenze, und folgte auf deutscher Seite den Alm- und Uferwegen bis zum Zauberwald. Der märchenhafte Flecken im Berchtesgadener Land entstand nach einem gewaltigen Bergsturz vor 4.000 Jahren. Die überwachsenen Felstrümmer entlang des kristallklaren Baches präsentierten sich am heutigen Tag in einem fantastischen Licht-und-Schatten-Spiel.

„Wo geht es denn hin?", fragte eine Gruppe von Wanderern und blickte interessiert auf meinen Pilgerwagen. Nach zwei Wochen und über 400 Kilometern konnte ich nun schon ein wenig glaubwürdiger das ferne Ziel meiner Reise nennen. Statt Lächeln gab es anerkennendes Nicken und fromme Wünsche für den Weg.

Dieser führte mich zunächst weiter nach Ramsau. Nach einem gediegenen Mittagessen steuerte ich von dort den Königssee an. Es war kurz vor 17 Uhr, als ich in den steilen Fußweg zum Carl-von-Stahl-Haus einbog. 1.100 Höhenmeter lagen noch vor mir. Mit zahlreichen, kurzen Atempausen stieg ich in die Berge und wechselte kurz vor der Königsbachalm auf einen steinigen Alpweg. Die Sonne sank langsam in den Westen und begann die Landschaft in warme Farben zu tauchen. Immer wieder gab der Weg wunderbare Panoramablicke auf Watzmann und Hochkönig frei, bis ich im letzten Licht die Hütte erreichte.

Ich füllte die Lungen mit der kalten, klaren Luft und genoss noch einen Moment lang den tiefen Blick in die österreichische Bergwelt auf der anderen Seite. Die ersten Sterne funkelten am blassen Firmament. Dunst stieg aus den Tälern. Dort im Osten lag mein Weg in ferne Länder. Ich war erfüllt von Dankbarkeit.

Tag 15 – 30 km (472 km): Was, da runter?!

Um 5.00 Uhr morgens schlich ich auf leisen Zehen vom Matratzenlager in den Flur hinunter und zog mir die Sandalen an. An der Türe kratzte etwas. Ich öffnete vorsichtig und wurde von Susi überfallen. Susi, vom Besitzer auch liebevoll „Ratte" genannt, war der sechs Monate alte Hüttenhund, den ich die nächste Viertelstunde am Hosenbein hatte. Der Sonnenaufgang, für den ich meinen Schlafsack so früh verlassen hatte, interessierte das freche, schwarze Energiebündel nicht. Susi flitzte zwischen Latschenkiefern und meinen nackten Zehen hin und her. Beim Abmarsch musste ich den Hüttenwirt um Hilfe bitten, sonst hätte ich wohl eine übermotivierte Reisebegleitung gehabt.

Aber auch ohne Hund zwischen den Beinen wurde der Abstieg vom Torrener Joch erlebnisreich. Auf der Hütte hatte man mir gesagt, ich solle abkürzen und über das erste große Schneefeld direkt nach unten rutschen. Dort käme ich dann wieder auf den Weg. Also rutschte ich. Und rutschte. Und brach ein und rutschte auf dem Hosenboden weiter. Schließlich stand ich am Ende eines

Lawinenkegels, zwischen ramponierten Büschen, entwurzeltem Gestrüpp in einem Bachbett, mit dem Carrix und einem nassen Hinterteil. Weg war dort keiner. Ich blickte kritisch zurück die steile Piste hoch. Es muss das falsche „erste Schneefeld" gewesen sein.

Nach einigen Minuten blindem Kampf durch Wasser, Sträucher und über Felsen war ich zurück auf einer Spur, die schlussendlich im richtigen Weg mündete. Ich traf erste Wanderer an diesem schönen Morgen und ging stetig zwischen imposanten Kalkfelswänden bergab. Im Talboden gab es beim Bärenwirt eine kleine Erfrischung.

Die Gemeinde Golling erreichte ich zur Mittagszeit. Ich machte meinen Einkauf und setzte mich anschließend in den schmalen Schatten neben dem Eingang des Supermarkts. Ob ich mit dem Verzehr eines Literkübels Joghurt die anderen Einkäufer beeindruckte oder schockierte, war beim Blick in die Gesichter schwer zu sagen. Gestärkt spazierte ich anschließend das Lammertal entlang, bis zu den Lammeröfen. Diese tiefe Schlucht mit dem Carrix zu durchwandern war nicht einfach, aber Bild und Ton des letzten Stücks, der sogenannten „Dunklen Klamm", machte es in jedem Fall der Mühe wert.

Auf die Idylle folgte Schwerverkehr. Richtung Abtenau musste ich für einige Kilometer auf die Straße. Anstatt dort aber dann wie geplant nach dem Abfahrtsweltmeister von 1974 und Jerusalempilger David Zwilling zu suchen, landete ich auf der Terrasse von Bea und Chris. „Wo David

Zwilling genau wohnt, weiß ich nicht. Aber wir gehen zur Lammer Beach und grillen, wenn du mitkommen willst", schlug Bea mir als Alternative vor. „Und du kannst bei uns deine Sachen waschen." Offensichtlich hatten die letzten 470 Kilometer (Geruchs-)Spuren hinterlassen. Meine Gastgeber waren Teil einer Outdoor Event Agentur. So saß ich eine Stunde später zwischen Raftern, Schluchtenläufern, Hochseilgärtnern und Kajakfahrern. Es wurde ein netter Abend. Bier, Wurst, Brot, Glaube, Kirche und das Thema Sex. Einen Priester hat man schließlich nicht jeden Abend am Lagerfeuer.

Tag 16 und 17 – 35 km und 33 km (540 km): Der Tod

Gestern am 16. Tag ging es hoch, runter und wieder hoch. Für meinen Pilgerwagen war vor allem das steile Mittelstück hinunter zum Gosausee ein polternder Härtetest. Als ich am Abend von einem Bergrücken ins fantastische Abendrot blickte, machte ich mir leise Sorgen. Wird mein Gefährt in den Alpen und Karpaten so leiden, dass es dann auch sprichwörtlich hinüber ist? Das Wasser im Topf des Campingkochers brodelte und dampfte. Ich gab zwei Teebeutel hinzu. Das Zelt flatterte ein wenig. Der Föhnwind rauschte durch die Gipfel. Nichts ist für die Ewigkeit, schon gar nicht meine alpine Schubkarre. Und damit sind wir beim Leitmotiv des heutigen Tages: dem Tod. Dieses Thema zog sich als schwarz gefärbter roter Faden durch den ganzen Tag. Das klingt sehr ernst und ein bisschen morbide, aber ich verspreche ein „Wilhelm-Buschiges" Ende.

Des Todes erster Teil. Von meinem Lagerplatz ging es in der Früh nach Hallstatt hinunter. Der Abstieg durch die nassen Wiesen und Hochmoore wurde bald mühsam. Wohlmeinend hat die örtliche Wandersektion diese Abschnitte mit Baumstämmen begehbar gemacht – wenigstens für Spaziergänger

mit Steigeisen. *Suicide Stairs* war der einzig würdige Name für die nassen Holzringe. Denn das, was eigentlich für trockene Füße verlegt worden war, wurde im nassen Zustand – und es soll in Mooren bekanntlich öfter feucht sein – zur Schleuderplattform. Mehrmals wurde ich auf diese Weise beinahe ein tragisches Opfer der Wegplaner. Glücklicherweise bin ich nur gestrauchelt, nicht gestürzt. Dem Tod entronnen also.

Des Todes zweiter Teil. Hallstatt ist alt. So alt, dass mein Weg über antike Gräberfelder führte. Manche Bewohner der bronzezeitlichen Salzmetropole haben es am Ende ihres Lebens jedoch nicht einmal bis auf das Gräberfeld geschafft. So wie der berühmte, mumifizierte „Mann im Salz", der 1734 im Bergwerk gefunden wurde. Vor 3.000 Jahren soll er bei einem Grubenunglück umgekommen sein.

Des Todes dritter Teil. Die heilige Barbara, überall abgebildet an den Bergwerksstollen, starb den Martertod mit 29 Jahren. Die letzten drei Jahre ihres Lebens wurde sie in einen dunklen Turm gesperrt. Ihren christlichen Glauben konnte der Kerker nicht erschüttern. Die Zeit im lichtlosen Verließ machte die hl. Barbara später zur Patronin der Bergleute. Damit nicht genug. Die traditionelle Bergknappenuniform zählt ihretwegen auch genau 29 Knöpfe. Drei davon ließ man immer offen. Drei Knöpfe für Freiheit in Unterdrückung; für Treue zum Glauben bis in den Tod.

Des Todes vierter Teil. In Hallstatt angekommen, bahnte ich mir den Weg durch das Meer fernöstlicher Besucher bis zur Michaelskapelle. Zugegeben, der kleine Kopf, der Monsterhelm und das Riesenknie des Erzengels am Gemälde des Barockaltars konnten mich nicht entzücken. Aber ansonsten tat der Erzengel, was er immer in solchen Bildern tut – die Dämonen in die Finsternis stoßen. Und in diesem Fall tat er es genau über dem berühmten Hallstätter Beinhaus. Darin ruhen seit 600 Jahren all jene, die man aus dem kleinen Friedhof zwischenzeitlich wieder ausgegraben hat. Mit schöner, blumiger Schrift stehen ihre Namen auf den Totenschädeln.

Des Todes fünfter und letzter Teil. Nach dem Mittagessen folgte ich der Koppentraun flussaufwärts Richtung Bad Aussee bis Kainisch. Am ersten Teil des Weges las ich die zahlreichen Hinweistafeln über die Gefahren der Holzarbeit in früheren Jahrhunderten. So alltäglich muss der Tod gewesen sein, dass man sich weigerte, ihn ganz ernst zu nehmen. So stand auf einem Bildstock mit der Darstellung eines frivolen Sensenmannes: „Der

Tod ritt auf dem schweren Stamm, als er dem Sepp das Leben nahm." Der Schöpfer von Max und Moritz hätte diesen tragischen Unglücksort wohl mit ähnlich salopper Dichtung markiert.

Tag 18 – 32 km (572 km): Voll weit!

Der heutige Morgen begann auf schönen Waldwegen. Im Blick immer die Nordseite des Grimming. Ich mag diesen Berg. Ich kann mich noch gut erinnern, wie ich vor 15 Jahren nach einer Italienreise mit Studienkollegen im legendären, tannengrünen Mitsubishi Van auf der anderen Seite des

Bergs entlang fuhr. Seine steilen Flanken waren in das feurige Licht der untergehenden Sonne getaucht. „Das ist Österreich", habe ich mir damals gedacht und das Bild nie mehr vergessen.

Am Fuße dieser Felsikone setzte ich mich heute beim Ortsausgang von Bad Mitterndorf auf eine Bank und kaute ein „Schottisches-Hochlandrind-Cabanossi." Das hatte ich zuvor auf dem Bauernmarkt erstanden. Als ich mich gerade wieder für den Weitermarsch fertig machte, fuhr und stolperte ein Mädchen mit Rollerblades auf meine Bank zu – in der Hand einen blauen Schlecker, so groß wie ein Tennisball. Désirée – so hieß das Mädchen – übernahm meinen Platz und schaute mir beim Justieren meiner Ausrüstung zu. „Was bist du?", piepste sie plötzlich hinter meinem Rücken. Ich drehte mich lächelnd um und antwortete: „Ein Pilger." Und weil der Gesichtsausdruck verriet, dass „Pilger" nicht im Vokabular der jungen Dame aufschien, fügte ich erklärend hinzu: „Weißt du, was ein Pfarrer ist?" „Na klar!" „Also, von Beruf bin ich so etwas wie ein Pfarrer und jetzt habe ich mir ein Jahr Zeit genommen und gehe dorthin, wo die Menschen gelebt haben, die du vielleicht aus der

Bibel kennst." Ihre Kinnlade klappte nach unten. „Ähh. Das ist doch voll weit!" „Stimmt", gab ich lachend zu, „aber das ist es, was ein Pilger macht. Ein Pilger geht weite Wege zu heiligen Orten." Ich winkte und wünschte Désirée einen schönen Tag. Keine zwanzig Meter weiter hatte sie mich eingeholt. „Gehst du jetzt nach Zauch?", fragte sie. „Ich weiß nicht. Ich gehe einfach in diese Richtung", entgegnete ich und deutete mit der Hand nach Osten. „Du gehst

nach Zauch", stellte die 9-Jährige fest. „Ich auch." Und auf den nächsten paar hundert Metern erklärte sie mir, dass sie letztes Jahr bei der Erstkommunion gewesen sei, die Laura nicht mehr ministriere, ihre Schwester zur Firmung ein viel cooleres Geschenk bekommen habe als sie ... „Stimmt nicht!", zwickte ich ein. „Bei der Erstkommunion hast du ja zum ersten Mal Jesus in der Hostie empfangen. Etwas Kostbareres gibt es nicht." „Ja. Stimmt. Aber ...", und meine Begleitung war zurück bei den Vorzügen des besagten Firmgeschenks. Bis Désirée schließlich winkend und, immer noch um das Gleichgewicht auf den Rollen kämpfend, in eine Seitenstraße abbog, waren wir thematisch bei meiner Reisesakristei gelandet und der Frage, welche Seite meines zweifärbigen Messgewandes ich wann benutzen würde.

Nach dieser freundlichen und lebhaften Begegnung wurde es wieder still auf meinem Weg. Narzissen tauchten die Wiesen in Weiß. Ich ging in Gedanken versunken. „Wenn ihr nicht werdet wie die Kinder, werdet ihr nicht ins Himmelreich kommen." Dieses Wort Jesu hat mit dem kindlichen Vertrauen zu tun. Vielleicht auch mit den ungenierten Fragen. Denn Antworten gibt es im Leben nur für den, der keine Scheu hat, seine Unwissenheit durch Fragen offen zu legen. Auch das verlangt Demut; die Demut eines Kindes.

3. Sonntag – Glauben heißt nicht „nicht wissen"

Der Mann mit kurzen Bartstoppeln und runden, blauen Brillengläsern grinste verschmitzt: „Du glaubst also an Gott, aber du weißt nicht, ob es ihn gibt."

Mit einem geflügelten Wort sagt man „glauben heißt nicht wissen." Etwas brutaler, wie es eben seiner Art entsprach, formulierte es der Übermensch-Erfinder Friedrich Nietzsche: „Glaube heißt nicht wissen wollen, was wahr ist." Diese Sprüche eignen sich zwar dazu, von pubertierenden Schülern im Religionsunterricht in das Pult geritzt zu werden, aber sie verpassen, was religiöser Glaube eigentlich ist. Was ist er also, der religiöse Glaube?

Wir können drei Dinge unterscheiden: meinen, wissen und glauben. Eine Meinung äußere ich, wenn ich sage, dass ein bestimmter Skifahrer Weltmeister werden wird. Ein anderer hat eine andere Meinung. Aber wer weiß, in Wirklichkeit gibt es einen Überraschungssieger. Meinungen können Gründe haben, aber als Aussagen sind sie ziemlich unsicher.

Wissen ist ganz anders. Es gilt als sicher. Wissen muss für andere überprüfbar sein. Zwar muss auch hier manchmal nachjustiert werden, wenn es weitere Forschungsergebnisse gibt, aber der Prozess der Wahrheitsfindung lässt sich vermitteln und kommunizieren. Wissen muss eine „objektive Erkenntnis" sein, wie man sagt.

Was nun ist glauben? Glaube im religiösen Sinn ist mehr als eine Meinung. Denn eine Meinung ist ungewiss. Glaube hingegen drückt eine Gewissheit aus. Wenn man sagt: „Ich glaube an Gott, den Vater, den Allmächtigen" will man damit nicht sagen, dass man der Meinung sei, es gäbe vielleicht einen Gott, den Vater, den Allmächtigen … Nein. Wer glaubt, ist sich sicher. Er hat eine Gewissheit und er baut sein Leben – und Sterben – auf diese Gewissheit. Ein Beispiel: Im KZ Dachau waren über 2500 katholische Priester inhaftiert. Als gegen Ende des Krieges die Situation im Lager katastrophal wurde und Seuchen ausbrachen, weigerten sich die kommunistischen Funktionshäftlinge in Hinblick auf die nahende Rettung, die Krankenstation weiter zu betreuen. So war es ein Dutzend Priester, das sich nach Jahren der Haft und so kurz vor der Befreiung durch die Alliierten freiwillig für den Dienst an den Kranken meldete und damit einem fast sicheren Tod durch Typhus ins Auge blickte. Sie folgten dem Ideal ihrer Religion, nicht weil sie eine „Meinung", sondern einen „Glauben" hatten.

Was ist nun der Unterschied zwischen „wissen" und „glauben?" Wissen, haben wir gesagt, ist überprüfbar. Glaube hingegen – und das ist der Unterschied – lässt sich nicht so leicht überprüfen. Warum? Weil Glaube mit Dingen zu tun hat, welche die Möglichkeiten der Vernunft übersteigen. So ist es durchwegs vernünftig, eine erste Ursache der Welt anzunehmen, aber dass diese Ursache ein dreifaltiger Gott ist, dessen Ewiges Wort in Jesus Fleisch angenommen hat, ist etwas, das sich nur im Glauben erschließt. Glaube steht dabei nicht gegen die Vernunft, sondern einfach über der Vernunft. Religiöser Glaube ist also vorrangig eine Gewissheit über Dinge, die unsere Vernunft übersteigen.

Woher der religiöse Glaube seine Gewissheit nimmt, ist das Thema für einen anderen Sonntag.

Tag 19 – 37 km (609 km): Mönche

Heute, am Pfingstsonntag, wurde ich gleich zweimal sportlich gefordert. Am Vormittag lieferte ich mir ein langes Wettrennen mit einem Nordic Walker; am Nachmittag hingegen hatte ich dunkle Gewitterwolken im Nacken. Dass ich dann am Abend hinter zwei Meter dicken Mauern zufrieden auf einen grünen Lehnstuhl sank, hatte aber nur bedingt mit meinen kindischen Triumphen von unterwegs zu tun. Ich war zufrieden, weil ich mich zuhause fühlte; zuhause als Gast bei den Söhnen Benedikts. Der große Heilige aus Nursia, dessen Regel wie kaum ein anderer Text Europa über 1.500 Jahre geformt hat, hinterließ seinen Mönchen nämlich auch das Wort: „Der Fremde soll aufgenommen werden wie Christus." Im Kloster Admont hielt man sich daran.

Ich blickte aus dem Fenster auf die Bergkette jenseits des Klostergartens und der nassen Straßen. In der inneren Stille hallte der pfingstliche Gesang der Mönche wieder. „Da tuis fidelibus, in te confidentibus, sacrum septenarium" (in der deutschen Fassung: Gib dem Volk, das Dir vertraut, das auf Deine Hilfe baut, Deine Gaben zum Geleit).

Tag 20 – 37 km (646 km): Benni und der Federball

Heute Morgen vor die Tür zu gehen, war nicht leicht. Wasser fiel vom Himmel. Martin, ein Gast des Stifts, entschloss sich, trotz des miesen Wetters, mich für ein paar Kilometer zu begleiten. Wir unterhielten uns auf der engen kurvigen Straße, immer wieder vom Verkehr unterbrochen, der uns in den Graben nötigte. Tief unter uns rauschte und schäumte die Enns in einer Schlucht. „Gesäuse" nennt man diesen Abschnitt, wo die wilden, schier unbändigen Fluten auf wenigen Kilometern 150 Meter an Höhe verlieren. Mit langen, gleichmäßigen Schritten wanderten wir durch den Regen. Meine nackten Zehen in den Sandalen waren kalt. Tausend Tropfen zogen ihre Kreise auf dem dünnen Wasserfilm, der über der Straße lag.

Als Martin schließlich nach sieben Kilometern völlig durchnässt in ein Auto stieg, um zum Kloster zurückzukehren, verließ mich auch der Regen. Bald fand sogar die Sonne ein paar Wolkenlöcher und Nebel stieg die schroffen Kalkwände im Durchbruchstal der Enns empor. Eine Weile konnte ich im Trockenen marschieren.

Beim Ortseingang von Hieflau erreichte mich eine neue Regenfront. Ich betrat leicht frustriert den ersten Gasthof, den ich fand, bestellte mein Mittagessen und saß den Regen aus. Erst als es vor dem Fenster wieder heller wurde und ein misstrauischer Blick in den nunmehr fast blauen Himmel keine Sorgenfalten nach sich zog, machte ich mich auf für die letzten elf Kilometer bis Gams. Dort angekommen, wurde ich vom Kirchenwirt an das einzige Haus mit freien Gästezimmern verwiesen. Es lag ein Stück zurück in der Richtung, aus der ich eben gekommen war.

Ich stapfte den kleinen Berg hoch und kam zu einem Bauernhaus. Benni, der kastanienbraune Labrador, begrüßte mich stürmisch. „Hier!" Dieser Befehl galt nicht dem Hund, sondern mir. Ein Junge in einem schwarzgrau gestreiftem Pulli, der, wie ich lernen sollte, passenderweise einen gelben aufgenähten Blitz über dem Herzen trug, hielt mir einen Federballschläger unter die Nase. Seine Großmutter, meine Gastgeberin, lachte und nutzte die Gelegenheit, sich von der Sportstunde zu erholen. Dann lachte sie noch mehr, als mich ihr Enkel Dominik über den Vorplatz hetzte. Hund Benni immer zwischendrin.

Tag 21 – 37 km (683 km): Beruf und Berufung

Der heutige Weg führte von Gams über die wildromantische Nothklamm hinauf zum Lärchkogel und Torsattel. Dann stieg ich zwischen tiefen Furchen und Narben, welche die Holzarbeit im steilen Gelände hinterlassen hatte, zu einer Forststraße ab. Unzählige Windungen brachten mich hinunter nach Wildalpen, bevor ich, begleitet von pechschwarzen Gewitterwolken und gleißenden Blitzen, die Abgeschiedenheit des Schneckengrabens erreichte.

„Könnte ich vielleicht hier übernachten?“, fragte ich einen Herrn und deutete auf den Schuppen neben dem Haus. „Das sollte schon gehen“, antwortete er. „Wir sind selber hier nur eingemietet, aber das ist sicher kein Problem.“ Zwei Mädchen liefen spielend um das Haus. Ich schob einige Paddel zur Seite und begann, mich auf dem Erdboden der Baracke einzurichten. „Hast du Hunger?“, lehnte sich kurz darauf ein Schatten durch die Türöffnung. „Immer“, lächelte ich und saß wenig später mit fünf deutschen Kajakfahrern am Lagerfeuer. „Was macht ein Kaplan?“, fragte mich eines der Mädchen in einer Essenspause neugierig. Ich beschrieb meine Aufgaben: die Feiern in der Kirche, das Besuchen der Alten und Kranken, den Unterricht in der Schule, die Begleitung von Menschen in verschiedenen Lebenslagen. „Und du? Weißt du schon, was du einmal werden möchtest?“, fragte ich zurück. Nach kurzem Überlegen erhielt ich die Antwort: „Ich werde vielleicht auch Kaplan!“

Tag 22 – 36 km (719 km): Gott im Regal

Der gestrige Abend am Lagerfeuer hatte sich bis in die Morgenstunden mit Gesprächen über den Glauben hingezogen. Man hatte mir in der nächtlichen Runde um die glühenden Kohlen unter anderem die beschämende Frage gestellt, ob Kirchgänger denn wirklich besser leben würden als andere. Die Frage und die Antwort zwischen Anspruch und Wirklichkeit begleiteten mich am Vormittag durch das Salzatal. In Gedanken und im Regen stapfte ich auf Forststraßen durch saftig grüne Wälder. Die spürbare Nähe zu meinem ersten großen Pilgerziel, dem Heiligtum von Mariazell, ließ meine Schritte bald länger werden. Und am frühen Nachmittag blickte ich von einer Lichtung erstmals auf die ungleichen Türme der Basilika. Ein Stück Heimat. Ich war als Student oft hierher gepilgert und hatte nach meiner Priesterweihe am Gnadenaltar eine Nachprimiz gefeiert.

Heute jedoch gab es kein freies Zeitfenster mehr am Schrein der Gottesmutter. Ich wurde zur kleinen Michaelskapelle geführt und begann, mich für die Messfeier vorzubereiten. Als ich auf der Suche nach den liturgischen Geräten eines der Fächer des niedrigen Sakristeischranks rechts vom Altar öffnete, blieb mir der Atem weg. Ein gefülltes Ziborium. Das Allerheiligste. Der Heiland im Regal mit Büchern, Tüchern und Messweinflaschen. Entsetzen füllte mich. Dann Wut. Dann Traurigkeit. Gott mag so groß sein, dass Er in die Niedrigkeit der Krippe zu Bethlehem gekommen ist. Aber wie klein sind wir, wenn wir Seine allerheiligste Gegenwart einfach neben anderen Dingen im Schrank verstauen? Ist uns nichts mehr heilig?

Tag 23 – 45 km (764 km): Tief

Ich blickte zurück. Kalter Nebel zog durch den Ort. Die Kirche lag still im Tal zu meinen Füßen. Traurig zupfte ich meine Handschuhe zurecht. „Magna Mater Austriae." Mariazell war eine Jugendliebe. Nun erkannte ich sie kaum. In dialogaler Einsamkeit hatte ich heute Morgen die Messe zelebriert. Das lärmende Reinigungspersonal hätte nicht deutlicher machen können, dass es mit seinen Besen die Ehrfurcht aus den Hallen kehrte.

Ich drehte mich um, zog meine Kapuze zurecht und stapfte unglücklich durch den Regen – auf Wegen, die ich schon so oft zuvor mit Freude beschritten hatte. Ich habe kein idealisiertes Bild meiner Kirche. Vor allem, weil ich kein idealisiertes Bild von mir selbst besitze. Ich weiß um mein eigenes Versagen, meine Schwächen und Sünden. Ich weiß, dass wir auch ohne böse Absicht manchmal fehlen. Und dennoch trug ich meine Enttäuschung den ganzen Vormittag wie einen bleiernen Mantel vorbei an singenden Pilgergruppen auf dem Weg zum Heiligtum.

Enttäuschung ist das seltsame Privileg des Hoffenden. Und sie ist ein Korrektiv. Denn wo ist die wahre Quelle unserer Hoffnung? Ich seufzte tief, richtete mich neu aus und ließ den Ballast am Wegesrand zurück.

Tag 24 – 45 km (809 km): Traumtänzer

In den Gutensteiner Alpen zwischen Hegerberg und Jochart liegt ein uralter Pass. Seit dem 11. Jahrhundert treffen sich Pilger und Reisende an dieser wichtigen Kreuzung. Wie aus dem urkundlich verbrieften Namen „Kasten Khuen" (Sommerweide) die heute gebräuchliche Bezeichnung „Kalte Kuchl" wurde, ist mir nicht bekannt. Aber als ich dort heute Morgen mein Quartier verließ, schien alles der Sprachentwicklung recht zu geben. Nichts da mit warmen Weiden. Es war grau und eisig kalt.

Mein Weg führte zunächst durch eine nasse Wiese. In Sandalen bedeutete das, dass ich schon nach kurzer Zeit „etwas flüssiger" im Schuh stand. Und so ging es dann bergab in einer Rinne im Wald. Meine modifizierte Standfestigkeit, kombiniert mit ausreichend Humus, Schlamm und Wurzeln machten den nächsten Abschnitt unvergesslich – für mich, mein rechtes Kreuzband und die vormals sauberen Hosen. Mit artistischen Einlagen und Überdehnungen ruckartigen Tanzbewegungen gleich, ging es talwärts. Oft gefallen bin ich nicht, möchte ich festhalten, aber würdevoll sah die Sache bestimmt nicht aus.

Wer nun denkt, ich hätte meine Lektion gelernt und für den Rest des Tages alle Waldwege gemieden, der denkt etwas Vernünftiges. Allein so vernünftig war ich nicht. Ich bog noch mehrmals in Waldwege ein. Warum? Selektive Verdrängung vielleicht.

Damit die dabei gesammelten Daten für die weitere Erforschung der „nach-einer-Woche-Dauerregen-wiederholt-in-Waldwege-Abbieger" einem breiteren wissenschaftlich interessierten Publikum zugänglich werden, habe ich mich entschlossen, meine Handlungsprozesse hier kurz psychographisch aufzuschlüsseln.

Phase 1: Ein Waldweg wird freudig wahrgenommen. Er bietet weichen Untergrund und oftmals eine kürzere Route. Das macht ihn anziehend. Ausschüttung von Glückshormonen und Endorphinen.

Phase 2: Das Subjekt biegt in den Waldweg ein. Optimismus liegt in der erdigen Luft. Alles sieht gut begehbar aus. Der weitere Fortgang wird als „Spaziergang" eingestuft.

Phase 3: In der Person sind erste Anzeichen emotionaler Instabilität erkennbar. Sie äußern sich in Zweifeln und Gemütsschwankungen. Hoffnung und Unsicherheit wechseln einander, je nach aktueller Wegbeschaffenheit, ab. War es die richtige Entscheidung? Noch könnte man umkehren. Aber vielleicht war nur dieses Stück so schlimm …

Phase 4: Verpassen oder leichtsinniges Ignorieren des Umkehrpunkts. Es ist nicht besser, sondern schlimmer geworden. Das Subjekt rutscht, reißt Verrenkungen und befindet sich in einem körperlichen Ausnahmezustand. Aber die Investition in Strecke und Zeit rechtfertigt nunmehr allein die Flucht nach vorne.

Phase 5: Leichte Besserungen des Streckenzustandes. Hoffnung keimt. Realitätsleugnung und Zweckoptimismus sind typische Symptome dieser Phase.

Phase 6: Mit der neuerlichen Zunahme von Widrigkeiten und Schlamm weicht der Optimismus der vorangegangenen Phase einer starrköpfigen Irrationalität. Verhärtung des Willens. Viele Betroffene formulieren in diesem Abschnitt seltsame Kampfparolen: „Eher im Schlamm stecken und verrecken als umzukehren!“ Urschreie lösen sich aus der Kehle – ein Phänomen bekannt von Höhlenmenschen und Tennisspielern.

Phase 7: Glücksgefühle. Das Subjekt sieht das Ende des Waldweges, sieht Licht und festen Boden. Oftmals werden die letzten Schritte begleitet von Triumphgebärden. 82 Prozent der liechtensteinischen Jerusalempilger nutzen dafür geballte Fäuste oder kindisch hochgerissene Arme. Auf die kraftgeladenen Gesten folgt tiefes Durchatmen.

Phase 8: Das Subjekt vergisst in der Euphorie alles, was eben passiert ist und wiederholt die Schritte 1 bis 8 bei der nächsten sich bietenden Gelegenheit.

Wenn man nun ein paarmal hintereinander die eben aufgelisteten Punkte liest, dann muss ich eigentlich nicht mehr viel zu meinem heutigen Weg bis Berndorf erklären. Morgen habe ich die letzten zwei Hügel vor mir. Sie sind alles, was von den Alpen geblieben ist. Dann kommen das Wiener Becken und meine ersten Ruhetage.

Tag 25 – 27 km (836 km): Sisi und ihr Löffel

Nach den letzten zwei langen Märschen von mehr als 45 Kilometern stand für heute nur mehr eine kurze Strecke auf dem Programm. Entsprechend spät startete ich in den Tag und ließ Berndorf hinter mir. Die jüngere Geschichte der Stadt ist eng mit dem wirtschaftlichen und sozialen Aufstieg des Industriellen Arthur Krupp verbunden. Als Abkömmling der deutschen Krupp-Dynastie avancierte er mit der Berndorfer Metallwarenfabrik zu einem bedeutenden Besteckhersteller. Selbst Kaiserin Sisi und ihr Franzl löffelten im Achilleion auf Korfu die Suppe mit den Erzeugnissen aus dem Triestingtal.

Dass er als konservativer und streng religiös erzogener Protestant „für den Eifer in der Verteidigung der katholischen Religion" von Papst Pius X. zum Komtur des Gregoriusordens ernannt wurde, zeigt entweder, dass in der österreichischen Monarchie selbst Protestanten sehr katholisch waren, oder aber, dass man ihn für den Bau der Margarethenkirche würdigen wollte, die er der mehrheitlich katholischen Bevölkerung in Berndorf errichten ließ.

Von der Geschichte zur Kultur. Schon gestern zwischen Gutenstein und Pernitz war auf jedem Denkmal, jedem zweiten Platz und jedem dritten Straßenschild der Name Ferdinand Raimund zu lesen. Der Pate des Wiener Raimundtheaters endete weit tragischer als viele seiner Volkstheaterstücke. Nachdem er 1836 von einem Hund gebissen wurde, glaubte er fälschlich, sich mit der Tollwut angesteckt zu haben, versuchte sich zu erschießen und erlag sechs Tage später seinen Verletzungen.

Mir blieb am heutigen Tag glücklicherweise ein Hundebiss erspart. Dabei schienen zahlreiche Vierbeiner hinter den Grundstückszäunen an meinen Waden interessiert. Zwischen den Häuserreihen mit ihren bellenden Bewachern wurde mir erstmals bewusst, wie sich das Landschaftsbild hier änderte. Es wurde urbaner. Häuser, Hunde, Rasenflächen.

Schließlich stand ich am letzten flachen Hügelrücken der einst so mächtigen Alpen. Ich drehte mich um zu all den Gipfeln und Tälern, die hinter mir lagen. Ich blickte wieder nach vorne. Ich atmete die frische Luft des Föhrenwaldes und ließ mich von meinem Pfad hinunter ins Wiener Becken spülen. Auf Wegen entlang gebändigter Flüsse, über denen Schwalben ihre fantastischen Manöver flogen, ging es Richtung Traiskirchen und weiter nach Trumau.

4. Sonntag – Die Moral von Herrn und Frau Kirchgänger

Das Feuer knisterte und Funken stoben in den Himmel, als der Familienvater ein neues Holzscheit in die Flammen schob. „Jetzt mal ehrlich, sind Kirchgänger wirklich bessere Menschen als andere?", fragte seine Frau.

Mit dem Wort „besser" werden Dinge miteinander verglichen. So kann ich fragen, ob Heinzi oder Rudi besser Rad fährt und muss dann auswerten, wer von beiden schneller ist, wer mehr Ausdauer hat, und wenn ich will, auch wer windschlüpfriger auf dem Fahrrad sitzt. Vergleichen kann ich Heinzi und Rudi, weil es mit den Kategorien Geschwindigkeit, Leistungsdauer und Aerodynamik Bezugspunkte gibt, an denen man ihre Werte messen kann.

Wenn es nun in unserer Frage darum geht, welcher Mensch „besser ist", dann vermute ich, dass es nicht darum geht, welcher Mensch den besseren Apfelstrudel zubereitet. Die gestellte Frage möchte wohl Auskunft darüber, ob Kirchgänger denn moralisch besser seien als andere; also, ob sie besser leben.

Antworten kann man darauf nur, wenn man auch hier einen Bezugspunkt, eine Messlatte hat. Woran messe ich also die Moral eines Menschen? Was gilt als sein Ideal? Ein guter Muslim, zum Beispiel, wäre ein grauenhafter Materialist; ein guter Materialist ein fürchterlicher Christ; ein guter Christ ein lausiger Buddhist; und ein guter Buddhist ein entsetzlicher Humanist. Was also macht einen Menschen gut? Was macht ihn besser? Was ist das Ideal, an dem wir ihn messen?

Als Christ bin ich überzeugt, dass Christus dieses Ideal verkörpert und verkündet hat. Und als Christ weiß ich, dass ich hinter diesem Ideal zurückbleibe – obwohl ich in die Kirche gehe. Es ist daher nicht absurd, dass ein Nicht-Kirchgänger in diesem oder jenem Punkt moralisch viel integrer ist, als ich es bin.

Aber wenn es stimmt, dass Christus die Messlatte des menschlichen Lebens ist, und wenn ich auf der alten Kniebank unter den Engeln aus Stuck nicht nur teilnahmslos eine Stunde pro Woche absitze, sondern den Gottesdienst bewusst vollziehe, dann habe ich als Kirchgänger einen Vorteil. Denn wenigstens einmal wöchentlich richte ich mich am wahren Ideal des Menschseins aus und prüfe mein Leben. Ich erfahre Heilung (Beichte) und empfange Stärkung (Eucharistie). Mag ich auch dann immer noch fehlerhaft sein, so bin ich doch auf einem Pfad der Verwandlung, der mit der Taufe begonnen hat; einem Pfad, den ich nicht aus eigener Kraft, sondern mit Gottes Gnade und Hilfe gehe.

Tag 28 – 45 km (881 km): Zaungast

Nach zwei Ruhetagen in Trumau mit Freunden, Familienbesuch und einer Einkaufstour für „Sommerkleidung" brach ich heute mit einem neuen

Fleecepulli und warmen Socken auf. Denn Badehosenwetter war für die kommenden Karpaten leider nicht vorhergesagt. Frischer Schnee bedeckte laut Wetterbericht die Gipfel der Niederen Tatra. Neu im Gepäck war ebenfalls eine halblange, leichte Leinenkutte, die meine Schwester als Ersatz für das schwere Pilgergewand geschneidert hatte. Dieses Stück wird sich später auch problemlos in islamischen Ländern tragen lassen, wo Priesterkleidung verboten ist.

Die ersten Kilometer ging ich heute den Radweg entlang nach Münchendorf. In der Morgensonne inszenierte sich der wilde Mohn wiederholt als 70er-Jahre Retro-Schlafzimmertapetenmotiv. Felder und die metallischen Riesenskelette der Stromleitungen säumten für die ersten Stunden meinen Weg. Dann bog ich ein in kleine Straßen Richtung Gramatneusiedl; *Richtung* Gramatneusiedl. Mehr lag zunächst nicht drinnen. Denn zum ersten Mal auf dieser Reise wurde ich mit weiträumigen Absperrungen und Zäunen konfrontiert. Meine Wege endeten immer wieder an den Gittertoren von Hochsicherheitsschrebergärten – Festungen für Tomaten und Krautköpfe am Baggersee. Sackgassen. Umwege. Aus dem bislang meist einfachen Querfeldein wurde im Wald der Verbotsschilder ein frustrierendes „Hier nicht – Da nicht – Dort nicht."

Am Nachmittag verlief meine Route etwas geradliniger. Entlang der Bahnstrecke, wo ich nun ging, wuchsen langsam Kirchtürme und Getreidespeicher in den Himmel, bevor sie hinter meinem Rücken wieder in den flachen Horizont schrumpften. Kilometer um Kilometer folgte ich

meiner geosteten Nasenspitze und ließ mir in regelmäßigen Abständen von vorbeifahrenden Zügen den Bart zerzausen. Später nahm der Wind auch abseits der Schienen zu. Schwarze Wolkentürme zogen sich zusammen.

Bei Trautmannsdorf musste ich vor Blitz und Donner unter das Bahnhofsdach flüchten und saß den kurzen, heftigen Regen aus. Ein paar Stunden später, nach 45 flachen Kilometern, erreichte ich mein Tagesziel in Bruck an der Leitha. Hier verbringe ich nun meine letzte Nacht in Österreich.

Tag 29 – 39 km (920 km): Spuren von Nüssen

Ich sitze im zweiten Stock einer Jugendherberge in Bratislava, blicke auf den „Forest-Fruit-Cheesecake"-Eisbecher in meiner Hand und vergleiche die tschechischen und slowakischen Inhaltsangaben. Irgendwo unter „Informácia pre alergikov" steht gewiss: „Kann Spuren von Nüssen enthalten." Das steht nämlich auf allen Dingen: Müsli, Schokolade, Vollmilch, Sushi, Polstermöbeln und Glühbirnen. Das Eis mit den mutmaßlichen Spuren von Nüssen gönnte ich mir, weil ich heute eine wichtige Grenze überquert hatte. Ich war jetzt im Osten – wenigstens kulturell.

Bratislava hat immer noch viel von diesem besonderen Charme, auf den man von hier bis zum chinesischen Meer immer wieder trifft. Der legendäre sowjetische Bodenbelag gehört natürlich dazu. Nach meinen letzten österreichischen Kilometern zwischen Windmühlen, Feldern und Sturmböen wandelte sich gleich nach der Grenze der glatte Asphalt des Donauradwegs zu einer rauen Betonplattenpiste. In ihren Zwischenfugen behauptete sich das Gras und hatte, allen früheren Verordnungen der Partei zum Trotz, offensichtlich schon lange die dünnen Streifen kolonialisiert. Mit einer knisternden, freudigen Anspannung schritt ich darüber hinweg.

Ich bin nun also tatsächlich, rund fünfzig Kilometer Luftlinie von Wien, im Wilden Osten angekommen. Hier geht die Pilgerreise nochmals los. Vieles ist hier anders. Vieles ist hier fremd. Und auch meine Muttersprache ist mir nicht länger dienlich – nicht einmal beim Etikett von Waldfrucht-Topfencreme-Eisbechern.

Tag 30 – 31 km (951 km): Wandern im Aquarium

Unter einem bleigrauen Firmament brach ich heute auf. Bald hatte ich die Straßen und den Verkehr der slowakischen Hauptstadt hinter mir gelassen und den Hügel mit dem Fernsehturm erklommen. Von hier ging es auf weichen Waldwegen den Höhenzug der Kleinen Karpaten entlang. Die Wegmarkierung war vorbildlich. Neues Land, neues Gebirge, neues Glück. Dass es nach der ersten Stunde auch im vierten Land dieser Reise wieder heftig zu regnen begann, konnte meine Stimmung nicht trüben – noch nicht. Das Blätterdach von Buchen und Eichen hielt für eine Weile dicht.

Dann wurde ich feucht, dann nass, dann klitschnass, dann … und hier verlieren sich die Steigerungsformen für Nässe in der Armseligkeit der deutschen Sprache. Regen kannte ich zwar schon von den letzten Wochen, aber die Intensität, die ich heute erlebte, war neu. Ich passierte kleine Teiche und sah die Fische grinsen, als die Grenze zwischen dem Wasser unten und dem Wasser oben mehr und mehr verschwamm. Karpfen auf dem Weg zur Weltherrschaft.

Meine Anlaufstelle in all dem Nass sollte Baba werden. 31 Kilometer nördlich von Bratislava lag dieser kleine Weiler. Trotz der machbaren Distanz wurden die letzten Kilometer auf den aufgeweichten Wegen zur Tortur. Dazu kam ein neuerlicher Schraubenbruch am Carrix – wieder an der gleichen Stelle. Mit einer schon fast beängstigenden Ruhe führte ich im strömenden Regen die Reparaturen durch. Erst drei Tage zuvor hatte ich mir sicherheitshalber Ersatzschrauben in einem Baumarkt besorgt. Wasser lief über mein Gesicht den Hals hinunter. Ich war völlig durchnässt. Schließlich machten auch die Schuhe schlapp. Die Funktionsmembran kapitulierte. Ich mache ihr keinen Vorwurf. Über Kilometer war der Weg zu einem Bach geworden und beim Ausweichen kam das Wasser über das Gras von oben in die Schuhe.

Nass und ausgefroren kam ich in Baba an. Und hier liege ich nun unter dem Dachvorsprung einer kleinen, hölzernen Hütte. Das Restaurant mit

Schlafmöglichkeit nebenan hat nämlich zu – auch wenn am Schild dort „otvorené“ (offen) steht. Der Besitzer muss sich gedacht haben, dass bei diesem Wetter niemand kommt. Und niemand kam, bis auf einen verhärmten Pilger, der ein paar Minuten erfolglos an die versperrte Türe pochte. So breitete ich mein Lager aus, auf den Waschbetonplatten in unmittelbarer Nachbarschaft und kroch, zunächst bibbernd und erschöpft, für eine Stunde in den Schlafsack. Dann kochte ich, aß und schrieb diese Zeilen.

Ich blicke hinaus in die dunkler werdende Nebelwand. Es ist Ende Mai. Das Thermometer zeigt zwei Grad über Null.

Tag 31 – 38 km (989 km): Nur mehr vier Kilometer

Heute war – wenn ich die Vergangenheit nicht stark verkläre – mein schlimmster Tag in Wanderschuhen. Das will etwas heißen. Schließlich bin ich in Queensland die 64 Kilometer und 1.700 Höhenmeter von Babinda zum Mount Bartle Frere, hin und hoch, runter und zurück, bei tropischer Schwüle, subtropischem Unwetter, arktischem Sturm, mit 189 Blutegeln, zahlreichen Schlammrutschen und gefährlichem von-Steinblock-zu-Steinblock-Gehopse in 30 Stunden. Aber auf emotionaler Ebene war all das trotzdem kein Vergleich zum heutigen Tag.

Die Nacht über hatte der Regen kaum nachgelassen und wenn, dann hatte der Wind den Nebel in meinen Unterstand getrieben. Trocken waren meine Sachen also nicht geworden – nur etwas kälter. Schon vor dem Aufstehen wurde damit klar, dass der heutige Tag einige besondere Herausforderungen bringen würde. Um das Ganze erträglich zu gestalten, beschloss ich, nur 13 Kilometer auf dem Höhenweg zu gehen und dann zum Dorf Sološnica abzusteigen. Ein Zimmer mit warmer Dusche und die Trocknung der Ausrüstung war mein erklärtes Tagesziel. Damit ich es jedoch überhaupt so weit schaffen würde, wollte ich den Zustand meiner Kleidung von nasskalt auf feuchtwarm reduzieren. Eine Stunde lang hielt ich Shirt, Fleece und Schuhe abwechslungsweise über die Flamme meines Gaskochers und sah dem resultierenden Wasserdampf bei seinen Pirouetten zu. Die Sachen anzuziehen war auch dann noch eine harte Bußübung.

Ich brach auf und folgte dem Wanderweg weiter durch den dichten Nebel. Nach zweihundert Metern querte ich eine Straße und stand vor einem neuen Motel. Ein Motel! Licht schien aus dem Gastraum des angeschlossenen Restaurants. Ein Motel! Ein Motel! Ich war fassungslos. Ich hatte eine harte Nacht im Kalten verbracht und fünf Steinwürfe weiter saßen Gäste in wohliger Wärme und

schmierten sich Marmelade auf das Brot. Kurz musste ich mit dem Gedanken kämpfen, gleich hier einzukehren. Dann biss ich die Zähne zusammen und stapfte den nächsten Hügel auf meinem Kammweg hoch. Tief hängende Äste streiften ihr Wasser an mir ab.

Eine Stunde später. Fallendes Wasser überall, allein meine Trinkflasche war trocken. Durstig im Jahrhundertregen. Oben am Grat gab es keine Bäche oder Quellen, so filterte ich nach einer Weile das Wasser einer Regenpfütze.

Wie am Vortag ging es stetig auf und ab. So gut die slowakische Wegmarkierung ist, so direkt ist manchmal die Wegführung. Zwei Abstiege waren durch ihre steile Geradlinigkeit besonders schwierig, da einmal nasse Felsen, ein andermal aufgeweichter Lehmboden die Lage verschärften. Beinbruch durch unkontrollierte Beschleunigung schwebte als greifbares Schreckgespenst über mir. Und da sich auch in den anderen Streckenteilen der Waldboden zunehmend verflüssigte, war ich wirklich erleichtert, als ich wohlbehalten in Sološnica ankam. Rehydrieren im örtlichen Laden.

Dann begann ich nach einer „Penzión" oder „Ubytovanie" zu suchen. „Gibt es nicht!", kam mehrmals die Antwort mit Bedauern. Klingeln und Warten beim Pfarrhaus brachte auch kein Ergebnis. Ich musste weiter. Ich nahm die Straße nach Norden und probierte es im Dorf unter der beeindruckenden Burgruine von Plavecký Hrad. Im Ort, der zu Deutsch Blasenstein hieß, wurde ich an den Agropartner am Ortsausgang verwiesen. Tatsächlich gab es Zimmer in der ehemaligen Kolchose – nur frei war keines mehr. Ich wurde sechs Kilometer zum nächsten Ort geschickt. „Kein Zimmer hier!“, war die Antwort, als ich dort nach einer Bleibe fragte.

Eine Weile lehnte ich mich an die Kirchenmauer und ließ meine völlig aufgeweichten Füße trocknen. Sie sahen aus, als sei ich acht Stunden in der Badewanne gesessen. Nichts dergleichen hatte ich getan. Ich war acht Stunden durch eine veritable Badewanne gewandert. Der Tag war nun schon fast doppelt so lang geworden, wie ursprünglich geplant. Und nicht nur nasse Waldwege haben ihre Tücken. Auf der engen Straße musste ich ständig in den Graben, um den Autofahrern zu entgehen.

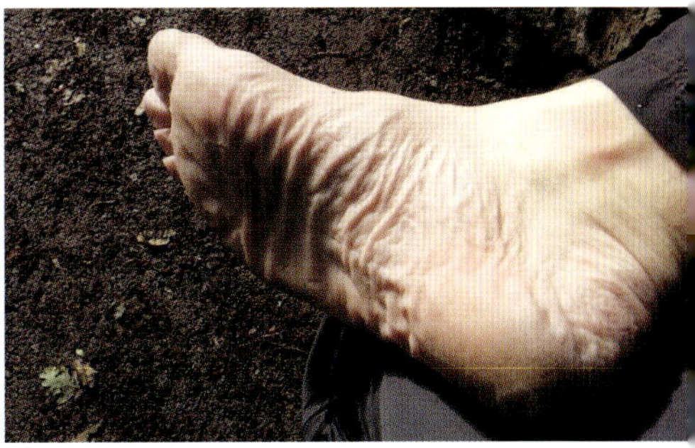

Man hatte mich also weiter nach Plavecký Peter geschickt. Es war mittlerweile Abend geworden und ich ging kraftlos mit gebeugtem Haupt den Straßenrand entlang. Als ich den Ort erreichte, dessen Wappen einen Schlüsselträger zeigte, schien sich alles zum Guten zu wenden. Ich folgte einem großen Pfeil mit der Aufschrift „Ubytovanie“, der mir eine Unterkunft versprach. Ein paar Straßen weiter stand ich erleichtert vor der Tür. Ich drückte die Klinke runter. Die Tür war verschlossen. Daneben ein Schild mit einer Telefonnummer. Ich bat den Mann im Nachbarhaus, der gerade in seinem Keller werkte, um Hilfe. Er telefonierte und kam mit ein wenig Kopfschütteln und viel Slowakisch zurück. Hier konnte ich nicht bleiben. Im „Dorf des Schlüsselträgers“ scheiterte ich an einem Schloss. Mir fehlte die Kraft, über die Ironie zu lächeln.

„Kein problema“, versicherte mir mein Helfer. „Vier Kilometer. Ubytovanie!“ Er deutete fröhlich mit der Hand den Weg in den Wald hinauf. Mein emotionaler Zustand an dieser Stelle kann nicht kinderfreundlich beschrieben werden. Der Tag hätte vor 20 nassen Kilometern enden sollen. Jetzt nochmals vier Kilometer? Ich lachte mehr hysterisch als ermutigt, biss die Zähne zusammen und begann brummend meinen letzten Gang. An einem schönen Tag wäre es ein reizvoller Weg gewesen. Nun hatten die Niederschläge den Pfad an vielen Stellen überflutet. Ausweichrouten mit dem Carrix auf steilem, rutschigem Gelände verlangten mir alles ab. Und die letzten 200 Meter ging es dann nochmals durch bauchnabelhohes nasses Gras. Ich schwamm in meinen Schuhen. Alles egal. „Zimmer, Dusche, heiße Mahlzeit ... Zimmer, Dusche, heiße Mahlzeit ... Zimmer, Dusche ...“ Ich kletterte die letzten Stufen über einen Damm und stand nun am Ufer eines Sees. Die letzten Sonnenstrahlen sorgten für wunderbare Farben. Auch die Fransen der Regenwolken schimmerten in zarten warmen Tönen.

„Zimmer, Dusche, heiße Mahlzeit. Ubytovanie? Ubytovanie!?“ Natürlich gab es keine. Was hatte ich auch gedacht. Ein paar Camper standen am anderen Ufer, wo Fischer ihre Rute ins Wasser hielten. Privathütten säumten den Wald auf dieser Seite.

Ich war zu müde, um mich aufzuregen. Warum hatte mich der Mann hier herauf geschickt? Wegen der Stechmücken, die nun begannen, durstig auf meinem Arm zu landen? Ich war erledigt und beschloss niemanden mehr anzusprechen. Sonst hätte ich womöglich erfahren, dass „nur vier Kilometer weiter“ ganz sicher eine Unterkunft zu finden sei. Ich steuerte die Wiesenfläche auf der gegenüber liegenden Seite des Sees an und errichtete mein Lager unter dem Dach eines geschlossenen alten Kiosks. Meine nassen Sachen verteilte ich auf den Tischen und Bänken um mich herum.

„Misericordia.“ Ich bin müde. Ich bin erschöpft. Ich bin fertig. Aber nichts ist hoffnungslos. Ich hoffe. Ich hoffe, dass das Wetter besser wird. Ich hoffe, dass der Hund am anderen Ufer aufhört zu bellen, der Frosch sein Quaken einstellt und die zwei Betrunkenen im Wohnwagen neben mir die Musik leiser drehen und aufhören, falsch mitzusingen.

Tag 32 – 36 km (1025 km): Guten Rutsch

Als ich vor zwei Stunden in Brezová pod Badlom vor der einzigen – und geschlossenen – Herberge stand und auch mein Besuch beim verwaisten Pfarrhof erfolglos geblieben war, begann ich in Gedanken bereits düsteres Vokabular für die heutige Retrospektive zu sammeln. Aber nun sitze ich geduscht und wohlgenährt auf einem bequemen Bett. Meine Kleidung rotiert in der Waschmaschine. Mir ist warm. Ich bin milde gestimmt.

Als es gestern endlich still geworden war am See von Buková, schien sich meine Hoffnung auf Wetterbesserung zu erfüllen. Die Wolken verzogen sich. Sterne leuchteten am Himmel. Es wurde eine klare und damit auch sehr kühle Nacht. Aufgewacht war ich dann trotzdem wieder zu grauem Nebel und Nieselregen. Seufzen und Spaghetti zum Frühstück. Dann wurde die nasse Kleidung in bewährter Weise über dem Bunsenbrenner aufgewärmt und widerstrebend angezogen. Vorhang auf für Tag drei meiner slowakischen Odyssee.

Die ersten Meter waren asphaltiert und es ging gut voran. Bis das kleine Sträßlein in einen Waldweg mündete. Zum Rhythmus des Jesus-Gebets versuchten meine Füße auf den Steigungen Halt und im Rutschen Kontrolle zu finden. Es erforderte Technik, Akrobatik und viel Glück, damit der Dreck und Schlamm nicht über den Unterschenkel hinaus Spuren an Körper und Kleidung hinterließ. Als ich eine Weile später „gezeichnet“ in der Talsohle ankam, hoffte ich wieder auf festen Boden. Eine enttäuschte Hoffnung. Auf

mich wartete flüssiges Erdreich, welches das Gehen praktisch unmöglich machte. Dicker, lehmiger Schlamm blockierte das Rad des Carrix. Ich zog Furchen mit 25 Kilo totem Gewicht. Jeder Meter auf dieser Strecke dauerte eine Ewigkeit. Aber weil es nun endlich zu regnen aufgehört hatte, war es fast erträglich; fast schon lustig. Der Fokus lag nicht beim weit entfernten Tagesziel, sondern bei den nächsten zwei Schritten. Wo finde ich Halt? Wo geht es sich aus? Die ganze Pilgerreise über war ich bislang noch nie so im „Hier und Jetzt“ wie heute um die Mittagszeit.

Als ich schließlich eine feste Straße erreichte, überwog bei all der seltsamen Abenteuerlust des Vormittags dann doch die Dankbarkeit. Ein paar Kilometer ging es auf dem brüchigen, geteerten Güterweg weiter. Die Sonne kam zwischen den Wolken hervor. Wärme auf der Haut! Ich zelebrierte den Moment euphorisch, ließ mich am Straßenrand nieder und begann, meine nasse Kleidung rundherum auszubreiten.

Nach einer halben Stunde hatte sich das Wolkenloch am Himmel geschlossen. Und auch auf Erden bot sich wieder das gleiche Bild: ein Pilger, der mit jedem Schritt rutschte, taumelte und nur ganz langsam vorwärts kam. Als ich gerade besonders eifrig rutschte und taumelte, kam ich zu einer riesigen Pfütze. Zeitgleich traten am anderen „Ufer" zwei Pilzsammler mit ihrem großen, schneeweißen Kampfhund aus dem Wald. Der Vierbeiner blieb vor dem Engpass regungslos stehen. Ich erwartete jeden Moment wildes Gebell und das Bemühen des Herrchens, den Hund zurückzuhalten, aber es kam anders. Als ich mit meinem Gefährt den nächsten Schritt in ihre Richtung machte, sprang der Hund mit Furcht und Feigheit geschlagen in die mannshohen Brennnesseln und zog sein etwas überraschtes Herrchen hinterher. Leider habe ich nichts von dem empörten Slowakisch verstanden, das den plötzlichen Austritt in die Botanik begleitete, aber gelacht haben wir dann alle drei.

Der Weg hinunter nach Dobrá Voda verlangte mir noch einmal alles ab. Wenn tagelanger Regen das lehmige Erdreich der Felder in die Vertiefungen des Wegs spült, dann steht und geht man als Pilger in 20 Zentimeter tiefem Schlick. Und damit stellte auch das Rad des Carrix wieder jegliche Drehtätigkeit ein. Schlamm ist das Kryptonit meines Pilgerwagens.

Das letzte Teilstück des heutigen Tages ging ich auf einer älteren, aber weitgehend asphaltierten Variante des Weitwanderwegs E8, Dusche und Zimmer vor dem geistigen Auge.

Dass nicht nur das geistige Auge fast zu tränen begann, als ich dann einige Stunden später in Brezová pod Badlom vor der geschlossenen Herberge stand, kann aufgrund der Vorgeschichte verstanden werden. Auch der Pfarrhof war, wie eingangs gesagt, verwaist. Mit meinem armseligen Russisch und vier Worten Slowakisch sprach ich ein paar Passanten an. Die Antwort? „Vier Kilometer von hier gibt es eine Unterkunft." Hmm. Vier Kilometer. Sicher? Vier Kilometer? Wo nur habe ich so etwas schon mal gehört?

Aber ich bin die vier Kilometer nach Košariská gegangen und habe dort tatsächlich in der Penzión Holotéch víška freundliche Aufnahme gefunden. Der nasse Schrecken hat ein Ende.

5. Sonntag – Warum Max Mustermann glaubt

„Warum glaubst du an Gott? Die meisten glauben doch nur, weil sie so erzogen worden sind."

Als ich ein Kind war, hat man mir beigebracht, mein Bett nach dem Aufstehen zu machen, zu grüßen, Nachkommenden die Türe aufzuhalten und nicht zu fluchen. Diese und ähnliche Dinge mache ich in der Regel auch heute noch; manche davon, weil sie zur Gewohnheit geworden sind, andere, weil ich mir ihren tieferen Sinn zu eigen gemacht habe. Erziehung spielt eine wichtige Rolle, aber bei aller Bedeutung, die ihr zukommt, denke ich, dass echter Glaube jenseits des „religiösen Brauchtums" zu aktiv ist, als dass er einfach anerzogen sein könnte. Irgendwann steht auch der, der eine religiöse Kindheit genossen hat, vor der Frage, ob er selbst glaubt. Wie nun ein Mensch, ob religiös erzogen oder nicht, zu diesem persönlichen Glaubensentscheid kommt, ist unterschiedlich, aber ich denke, Manuela und Max Mustermann fallen dabei meist in eine von drei Gruppen.

Die einen haben das Wirken Gottes in ihrem Leben selbst erfahren. Sie sind sich sicher, dass sie von Gott berührt worden sind. Sie hatten eine persönliche Gotteserfahrung. Das ist der Grund, warum sie glauben. Andere erkennen in der Lehre des Glaubens die beste Antwort auf die Fragen der Welt, und auf das, was sie im Innersten zusammenhält. G. K. Chesterton, um ein Beispiel zu nennen, hat so vom Atheismus in die katholische Kirche gefunden. Und C. S. Lewis hat über das „Licht", das ihm der Glaube schenkte, einmal gesagt: „Ich glaube an Christus, so wie ich glaube, dass die Sonne aufgegangen ist; nicht nur, weil ich sie sehe sondern weil ich durch sie alles andere sehen kann." Wieder andere glauben, weil sie den Menschen vertrauen, die ihnen den Glauben überliefert haben – und zwar nicht als bloße Theorie, sondern weil der Glaube im Leben dieser Menschen sichtbar geworden ist; weil er diese Menschen ausgefüllt hat.

Ich denke, dass in dieser letzten Kategorie noch etwas hinzukommt. Im Leben eines Glaubenszeugen muss etwas Bestimmtes „durchscheinen", denn auch ein Sektenguru kann ja konsequent einer Botschaft folgen. Ich meine, dass ein echter Glaubenszeuge in seinem Leben „durchlässig" und „transparent" geworden sein muss für die göttliche Wirklichkeit und Wahrheit, die dahinter steht; für etwas, das andere in ihrem Innersten trifft und berührt, eben weil es von Gott und nicht von diesem Menschen selbst ausgeht.

Tag 34 – 48 km (1073 km): Fallende werden leicht ausfällig

Gestern war Ruhetag. Mein Plan sah vor, stündlich heiß zu duschen und dazwischen die Füße hochzulegen. Stattdessen bin ich bei herrlichem Wetter mit Peter, dem Besitzer der Penzión, und Hund Bubo zu einer Wanderung aufgebrochen, zur Ruine des Klosters Svätá Katarina in Dechtice. Hier soll vor einem halben Jahrtausend die Heilige Katharina erschienen sein. Ein

frommer, junger Nobelmann mit Namen Ján Apponyi kam deshalb als Einsiedler hierher. „So was gehört sich doch nicht!", musste er sich auf Slowakisch oder Ungarisch von seiner Familie sagen lassen und sie holten ihn mit Gewalt nach Hause zurück. Dort starb er tags darauf an Kummer. So hatten sich das die herrschsüchtigen Eltern nicht vorgestellt. An der Stelle der Einsiedelei wurde noch im selben Jahr ein Kloster errichtet und den Franziskanern übergeben. Es blühte, bis Kaiser Joseph II., in einem Akt kühner Aufgeklärtheit, die heilige Stätte zusammen mit hunderten weiteren Klöstern in seinem Herrschaftsbereich aufhob. Wertlos schien ihm diese ganze Beterei. Die Kirche sollte seinen Untertanen Moral predigen. Viel Moral und möglichst wenig Gott. Joseph II. war vielleicht kühn, aber ein Pilger war er nicht. Sonst hätte er wohl gemerkt, dass es wenig Sinn macht, sich nur über die mechanischen Teile des Bewegungsapparates zu unterhalten, ohne je zu fragen, ob die Reise nach Rom oder nach Stockholm führt. Deshalb hat er Klöster wie Svätá Katarina aufgehoben. Geblieben sind Ruinen, gebrochene Steine und Mauern. Aber ungebrochen sind sie stumme Zeugen wider eine Welt, die Gott nur Raum geben will, wo Er ihr nützlich scheint. Religion im Kalkül der Menschen. Religion als soziales Instrument des Staates. Existiert Gott für die Schöpfung oder die Schöpfung für Gott? Verkehrte Ordnung. Verkehrte Welt.

* * *

Als ich dann heute Morgen aus dem Fenster blickte, war wenigstens eine Ordnung wieder hergestellt: Es regnete. Buß- und Pilgerwetter wie schon vor meinem sonnigen Ruhetag. Mit der stark reduzierten Gefahr eines Hitzschlags startete ich in den kühlen Morgen. Nebel und Wolken hingen tief. Was nicht von oben tropfte, kam über das lange nasse Gras am Wegrand in meine Schuhe. Und die sechs Stunden Dauerregen setzten mir im Tagesverlauf immer mehr zu. Als sich am Nachmittag mein Wanderweg im Schlamm verlief, weil ein Bauer sein Feld um drei Meter bis zur Böschung verbreitert hatte, war ich kurz davor die Contenance zu verlieren.

Zwei Minuten später. Ein Schwarm Stare flatterte aufgeschreckt aus den drei Kilometer weit entfernten Kirschbäumen. Ein Reh und sein Kitz ergriffen panisch die Flucht.

Ein Urschrei hatte sich aus meiner Kehle gelöst und dann leises Schluchzen (ein bisschen literarische Freiheit im Pilgerdrama sei erlaubt). Ich lag im kalten Schlamm. Kleine Sonnenblumenpflänzchen zitterten, wo meine Hüfte eingeschlagen hatte. Ich kämpfte mich hoch und sah zu meinen Füßen hinunter. Rotbrauner Schlick zerrann im Regen und begann als schmutziges Rinnsal meine rechte Seite hinunterzulaufen. Ich war sauer. Und zehn Meter weiter war ich wieder am Boden.

Zentimeterweise rutschte ich unter abwechselnd selbstmitleidigem und wütendem Selbstgespräch in das nächste Tal hinunter. Mit der inneren Ruhe war es dahin. Ich war emotional an meine Grenzen geführt worden – und war gescheitert. Demütigend, im Nachhinein.

Die Gelegenheit, über diese Schwäche zu triumphieren, kam eine Stunde später. Der Blick auf die Karte hatte ob der vielen eng zusammengepressten Höhenlinien bereits beim Anmarsch ein paar Zweifel aufkeimen lassen, aber der eingezeichnete Wanderweg war in Wirklichkeit der einzige Weg vorwärts. Fünf Kilometer Umweg lagen nicht drin. Das mehr als hüfthohe Gras beim Zustieg ließ meine Hose in acht Grad kaltem Wasser schwimmen – sorgte so jedoch für die Reinigung meiner komplett verdreckten Kleidung. Dann kam der Anstieg. 200 Höhenmeter. Drei neue Stürze. Einer davon hinterließ den rechten kleinen Finger kurzzeitig ohne Gefühl. Dieser Kilometer bergan war ein Kraft- und Willensakt auf allen Vieren – immer nur auf den nächsten Schritt und Halt konzentriert. Dann war es geschafft.

Die letzte Stunde, nach mehr als 40 Kilometern in Regen, Kälte und Schlamm, war ich leer. Kraftlos. Ein Schritt vor den anderen. Einmal kurz verirrt. Dann kam ich nach Nové Mesto und schritt die Stufen des einzigen Hotels hoch. Geschlossen. Telefonanruf. Keine Antwort. Ich irrte durch die Straßen. Ein Schild. Hotel in drei Kilometern. „Was, nicht vier?", zischte ich sarkastisch. Es war nach 19.00 Uhr und ich folgte dem Pfeil.

Schließlich stand ich vor dem angepriesenen Gebäude und hielt den Kopf schief. Der letzte Gast dieser Ruine muss Genosse Lenin gewesen sein. Fenster und Türen waren mit Brettern zugenagelt.

Es folgte ein Parcours um Zelená voda. Zäune. Geschlossene Quartiere. Einmal um den halben See und zurück. Zwei bis drei Kilometer war ich so gewiss umhergeirrt, ehe ich im überteuerten Hotel Perla auf das Bett sank. 48 Kilometer. Ein langer Tag – und das nicht nur aufgrund der absolvierten Strecke.

In verdemütigender Selbsterkenntnis gewachsen, werde ich morgen meinen Weg fortsetzen – im Regen, wenn man dem Wetterbericht glaubt. Scherzhaft habe ich manchmal vor meiner Abreise gesagt, dass ich vielleicht aufhöre, wenn es sechs Wochen regnet. Fünf regnerische Wochen – mit keiner Handvoll trockener Tage – liegen nun schon hinter mir. Keine Besserung in Sicht. Ich bin müde. Wirklich müde.

Tag 35 – 40 km (1113 km): Mudsurfing

Im Alter von 15 Jahren bestanden meine Jeans zu 60 Prozent aus einem Patchwork bunter Stoffflicken. Neil Young hatte es in den 70ern vorgemacht. Ich saß mit meinen Fleckerljeans als Ökohippie mit langem, wallendem, blondem Haar im hippen Programmkino und sah mir den Woodstockfilm an. Dort ging es um Musik, Peace und irgendwelche anderen Dinge. Auch in Woodstock hatte es geregnet und die Leute waren fröhlich in der Sauerei herumgerutscht. Der Sumpf in Woodstock? Alles Kinderkram! Heute bot die Slowakei einen schlammigen Schnupperkurs für Fortgeschrittene.

Dabei hatte alles sehr entspannt begonnen. Der Weg am Vormittag verlief großteils trocken und bequem entlang eines Flusskanals Richtung Trenčín. Dort angekommen, schien mich die kleine Stadt mit ihren zahlreichen offenen Unterkünften geradewegs zu verspotten. Ich wollte trotz des Überangebotes nach Trenčianske Teplice weitergehen. Dorthin war man schon zu Kaisers Zeiten zur Kur gefahren. Und es war nicht mehr weit.

Eine Weisheit, die ich nun eigentlich schon verinnerlicht haben sollte, lautet: Ist der Weg auch nicht mehr weit, sagt dies nichts zur Gangbarkeit. Ich aber schritt arglos in den Wald und einer ungeahnten Herausforderung entgegen.

Bergauf. Nicht einfach, aber es ging. Bergab. Huuuuuiiiiii. Zwischen den Buchen auf dem rutschigen Blättergrund sah ich nach wenigen Kilometern so aus, wie die Kurgäste meines Tagesziels, denen eine Schlammpackung verordnet worden war – mit dem kleinen, aber bedeutsamen Unterschied, dass ich dabei meine Kleider noch am Leibe trug. In diesem Zustand in ein Hotel zu spazieren? Und wären alle Zimmer frei, man würde mich wegen „Überfüllung" weiterschicken.

Ich musste mich vor der Herbergssuche reinigen. Ein Fürstentum für eine Autowaschanlage! Gab es nicht. Unter den argwöhnischen Blicken jener Generation, die zu Woodstocks Zeiten gewiss selbst im Schlamm herumgesprungen war, flanierte ich die Fußgängerzone entlang. Gab es hier keinen Trink- und Waschbrunnen, wie sie in alten Dörfern oft zu finden waren? Zwischen zierlichen Gebäuden aus der Kaiserzeit und sowjetischen Wellnessbunkern ließ ich meinen Blick durch die Gassen schweifen. Das Einzige, was ich schließlich fand, war ein moderner Kunstbrunnen auf dem Hauptplatz, aus dem das heiße, heilende Schwefelwasser der Therme sprudelte. Ich blickte mich um. Pensionisten schleckten ein Eis. Ein Kind lief mit seinem Luftballon dem leeren Kinderwagen voraus. Was hier gefragt war? Improvisation im Rampenlicht. Drei Meter neben dem Brunnen stand ein Baum in einem Flecken Grün. Also nahm ich mein „Häferl", schöpfte Wasser, ging zum Baum und begann über dem Rasen mit der Grundreinigung. Das warme Wasser lief angenehm meine Füße hinunter. Dann zurück zum Brunnen. Wasser schöpfen und zum Baum. Diesen Vorgang wiederholte ich rund zwanzigmal und wurde für eine kurze Dauer zu einer kleinen Touristenattraktion. „Mama, schau mal! Was macht der Mann da?", kam es sicher öfters auf Slowakisch aus den Kinderkehlen.

Ich war fast sauber, als das Wasser des Brunnens versiegte. Ob es an der Uhrzeit lag oder ob man im Kurhaus nebenan mein seltsames Treiben bemerkt hatte, kann ich nicht sagen. Als jedoch drei Minuten später eine Frau mit Flasche zum Brunnen kam und sah, dass da nichts mehr sprudelte, wandte sie sich hilfesuchend in alle Richtungen. Sie erblickte mich und die nassen Spuren zwischen Baum und Brunnen. Ich habe ihre Bemerkung nicht verstanden, aber ich meine, sie hat mich für die aktuelle Wassernot verantwortlich gemacht.

Um einiges sauberer und nun leicht nach Schwefel riechend fand ich im dritten Anlauf eine Unterkunft. Geduscht habe ich dort gleich zweimal. Einmal mit Kleidung und einmal ohne. Dann legte ich entspannt die Füße hoch. Heute war ein weiterer anstrengender Tag in der Slowakei gewesen. Aber ich war selbst in den Widrigkeiten gleichmütig geblieben. „Gott Lob und Dank!", hätte eine fromme Seele meiner Pfarrei an dieser Stelle gesagt. Und sie hätte recht gehabt.

Tag 37 – 48 km (1161 km): Abgeblätterter Charme

Seit meiner Reise nach Kirgisien und Kasachstan bin ich bekennender Bewunderer sowjetischer „Worteheisl". Für jene, die das nordostösterreichische Dialektwort vergeblich im Duden suchen: Ich spreche von Haltestellen-Wartehäuschen. In Zentralasien war jede dieser Konstruktionen ein verblassendes Statement des alten Parteiprogramms; ein kunstvoller Schöpfungsakt für das Proletariat. Vielleicht dienten die reichhaltigen Verzierungen der Indoktrination. Vielleicht versuchte die triumphale Ausgestaltung auch nur die Verspätungen im real existierenden Sozialismus zu überbrücken. In jedem Fall konnten Herr und Frau Genosse hier nicht nur auf den Bus warten, sondern andächtig verweilen in einem Tempel auf dem Weg zum Fortschritt.

In der Westslowakei gestalteten sich solche Unterstände am Straßenrand bisher schlichter und funktionaler. Aber auch sie erzählen Geschichten. Und viele davon habe ich mir heute „angehört". Denn so manche Stunde verbrachte ich im Tagesverlauf unter rostigem Wellblechdach.

Der Morgen begann zunächst noch trocken – ja sogar mit Aussicht auf etwas Sonnenschein. Von Trenčianske Teplice ging es ostwärts zum Talschluss und über einen Sattel hinauf zur Station eines lokalen Skilifts. Der war natürlich nicht mehr in Betrieb, aber die offene Ausschank bescherte mir ein stärkendes Pivo (Bier). Auf neuem Straßenbelag ging es dann auf der anderen Seite wieder hinunter. Der eigentliche Wanderweg E8 lag dabei stets zu meiner Linken. Aber die Rutschpartien der letzten Tage hatten mich vorsichtiger in der Routenplanung werden lassen. Wer hätte das gedacht: Ich gehe freiwillig auf Asphalt!

Begegnet ist mir auf dieser Strecke das erste nicht-nostalgische Pferdefuhrwerk im regulären Arbeitseinsatz. Der Fuhrmann lief neben dem Wagen – und alkoholbedingt etwas aus der Spur. Ich überholte links und wollte die Stimmung aufheitern. Mit einem „Kolega“ versuchte ich, auf die Ähnlichkeit zwischen dem Pferd und mir zu verweisen, da wir beide mit Zuggeschirr und Wagen unterwegs waren. Lächeln bekam ich keines. Im Gegenteil. Als ich weiterging, folgten mir für eine Weile ein gefluchtes „nemecký“ (deutsch) und Wortschöpfungen mit „kurva“. Nun bin ich früher lange genug mit slawischstämmigen Arbeitern auf dem Bau gewesen, um zu wissen, dass das K-Wort nichts mit Biegungen in der Straße zu tun hat. Ob die Schimpftirade mir gegolten hatte, weiß ich nicht, aber eine freundliche Begegnung kam diesmal nicht zustande.

Ganz allgemein scheint sich die hiesige Bevölkerung nicht ganz leicht mit mir zu tun. Zugegeben, ich bin derzeit meist eine schlammige, wüste Erscheinung, die unvermutet aus dem dunklen Wald hervortritt und sich dann mit Vorliebe am Stadtbrunnen mit Heilwasser wäscht, aber bei all dem winke, lächle und grüße ich immer. Trotzdem kommt nur selten etwas zurück. Hätte ich nicht viele, sehr zuvorkommende, slowakische Freunde und die eine oder andere sehr nette Begegnung auf dem Weg, würde ich die Menschen dieser Gegend eher als distanziert einschätzen. Oder es lag am schlechten Wetter.

Und dieses schlechte Wetter holte mich schon ein paar Kurven weiter in der Form eines gewaltigen Gewitters wieder ein. Für eine Stunde bot mir ein blaues „Worteheisl“ Schutz. Dann kehrte ich im ausklingenden Regen und einsetzenden Amselgesang auf die Straße zurück. Der Belag dampfte in der hervorbrechenden Sonne.

Die folgenden Stunden waren ein fröhlicher Wechsel von dampfenden Straßen, gewittrigem Regen und „Worteheislpausen“. In den teils abenteuerlichen, alten Konstruktionen am Straßenrand studierte ich fasziniert die symbiotischen

Gemeinschaften von Lack, Rost, Plakatresten und Moosen. Wenn diese „Worteheisl" reden könnten! Nun ja ... vielleicht wären sie auch dann besser still.

Schließlich ging es hinauf zum letzten Bergrücken, dem Seldo Obšiar. Die Gewitterwolken im Nacken, kam ich bei der Antoniuskapelle oben an und beeilte mich, zur drei Kilometer entfernten Unterkunft zu kommen. Auf den letzten 600 Metern steil bergan gab es kein „Worteheisl" mehr, als die ersten schweren Tropfen fielen. Ich rannte. Und innert 100 Metern war ich trotzdem völlig nass. Egal. Ich war ja beim Quartier angekommen.

Hundert Betten, eine Schulklasse und ein leerer Parkplatz. Nur für mich war kein Zimmer mehr frei. Man schickte mich ohne Anteilnahme in das Gewitter

zurück. Es seien ja nur zehn Kilometer zum nächsten Ort. Hier vermisste ich etwas, was ich eigentlich noch in allen Ländern auf meinen Reisen erlebt hatte: den Versuch, irgendeine improvisierte Lösung zu finden. Oder wenigstens ein empathisches: „Tut uns wirklich leid." Oder mangels gemeinsamer Sprache ein mitleidiger Gesichtsausdruck. Nichts. Ich, der nasse Fremde, war nicht ihr Problem. Das wurde mir deutlich gemacht. Das stimmte zwar, aber es tat auch weh. Oder war ich nach der letzten Woche und den bisherigen 37 Kilometern einfach zu sensibel? Ich hatte auf den nächsten elf Kilometern bis Nitrianske Pravno Zeit, darüber nachzudenken.

Tag 38 – 27 km (1188 km): Herr Steinhübl und der Limbotänzer

Ich trat aus dem Torbogen der wehrhaften Pfarrkirche von Nitrianske Pravno in den neuen Morgen und rannte vor dem Gotteshaus beinahe Josef Steinhübl, den Mann der Messnerin, um. Ein „Josef Steinhübl“ mitten in der Slowakei? Ich hob die Augenbrauen. Nun, der freundliche Herr mit rundem, offenem Gesicht war, wie er mir erklärte, einer der wenigen verbliebenen Karpatendeutschen, die sich nach der Mongoleninvasion des 14. Jahrhunderts hier niedergelassen hatten. Deutschproben ist der alte Name dieses Dorfes.

Es war nett, sich mit ihm zu unterhalten und zugleich eigenartig. Schriftdeutsch verstand er nämlich nicht. Er sprach nur tiefen Dialekt. Dass mein wildes, mühlviertlerisches Spracherbe so weit von seinem natürlichen Habitat nochmals einen kommunikativen Beitrag leisten würde, hatte ich nicht gedacht. „Na daun. Pfiatsi Got und sogns ira Frau bittsche an liabm Gruas!“ (Zu Deutsch: Nun denn. Möge Gott Sie behüten. Und bestellen Sie Ihrer Gemahlin doch bitte liebe Grüße.) Mit diesen Worten verabschiedete ich mich, winkte und wanderte die Straße nach Turčianske Teplice hinunter.

Nicht lange und ich kam den gleichen Weg wieder zurück. „Suizidär“ ist ein Hilfsausdruck für den Versuch, auf einer Strecke ohne Bankett zu gehen, auf der „Tempo 50“ vom Schwerverkehr nur als bedeutungslose Empfehlung gewertet wird. Damit war klar, dass es trotz der letzten nassen Tage wieder auf Pfaden in die Berge gehen würde. Und mit dem ersten Anstieg begannen auch die alten Schwierigkeiten. Nur wurde heute der Weg glücklicherweise mal nicht schlechter, sondern besser. Eine Stunde ging ich bequem im Schatten des frühsommerlichen Waldes.

Dann kamen meine Abzweigung und der Gang in zugewachsenes Terrain. Als ich mit meinen Sandalen durch Gras und Büsche streifte, dachte ich unweigerlich an das Gespräch mit einer Ärztin vor ein paar Wochen zurück: Thema Zecken. Perfektes Wetter und idealer Lebensraum. Wäre ich einer dieser blutsaugenden Parasiten, dann hätte ich hier wenigstens einen Zweitwohnsitz. Und vor ein paar Tagen hatte ich meinen ersten „Gemeinen Holzbock“ entfernt – gemein und dumm, denn die Zecke versuchte, sich in meinen Hüftknochen zu bohren. Von Adersuche keine Ahnung.

Brennnesseln. Man hatte mir als Kind gesagt, die würden gegen Gicht helfen. Wenn´s keine Mär gewesen war, dann bin ich nach dem heutigen Tag nun bis ins Alter von 130 Jahren beschwerdefrei.

Kurz vor dem Sattel gab es dann noch einen völlig tauben oder in Gedanken versunkenen Marder, der wie eine Elfenfee den Hang herunterhopste. Ich

stand da und wartete darauf, dass er mich entdeckte. Als er drei Meter vor mir war und keine Anstalten machte, mich für etwas anderes als einen Baum zu halten, räusperte ich mich, um ihm weitere Peinlichkeiten zu ersparen. Er blieb stehen, schaute mich an und hopste dann in eine andere Richtung weiter. Viel schneller wurde er dabei nicht. Ich blickte der seltsamen Kreatur lachend hinterher.

Der Abstieg in das nächste Tal war im Vergleich dazu recht ereignislos, wenigstens was das Bodenleben betraf. In dem Himmelssphären kündigte sich ab Mittag hingegen neuerlich eine sehr dramatische Inszenierung an.

Cumuluswolken türmten sich zu allen Seiten auf. Ich schaffte es gerade noch vor der Entladung der Gewalten bis nach Turčianske Teplice.

Tag 39 – 38 km (1226 km): Woomkaraboombum

Mein Tag begann um 4.30 Uhr. Der Sonnenaufgang ließ den aufsteigenden Frühnebel am Stadtrand spektakulär in Brand geraten. In kürzester Zeit hatte ich fünfzig Motive für einen Kitschkatalog geknipst. Dann ging es im Schatten der Berge hoch, vorbei an Schwammerlsuchern zum Pass, der zwischen Teplice

und Banská Bystrica liegt. Grüne bewaldete Bergrücken in allen Richtungen. Von dort waren es rund zwölf Kilometer auf Schotterwegen bis zur Kráľova studňa, einer viel frequentierten Berghütte auf 1.300 m. Um 10.30 Uhr trat ich dort unter das Dach. Der Tag war 6 Stunden alt. 25 km und 1.000 Höhenmeter lagen hinter mir.

Mittags entluden sich, wie angekündigt, die gewaltigen Wolkentürme, bevor es gegen 14.00 Uhr wieder blauer am Himmel wurde. „Da geht noch was", sagte ich mir und brach auf. Einen Kilometer weiter, als ich jenseits des Bergrückens freien Blick nach Nordwesten hatte, zweifelte ich an der Weisheit dieser Entscheidung. Schwarz wie ein Priesterrock zogen sich gerade neue Unwetter zusammen und wurden vom Wind gegen den Berg getrieben. Ich duckte mich instinktiv auf dem nackten Gipfelplateau, als wenig später die ersten Donner krachten. Ich nahm die Beine die Hand, tauchte ein in Wolken und Nebelschwaden. Gleißendes Licht erhellte das Grau für einen Wimpernschlag. Bald zitterte der Fels im Echo von nunmehr zwei Gewitterfronten, die sich hinter mir zu einem wütenden Wolkenmeer vereinigt hatten. Ich war einen Schritt voraus. Einen Schritt.

Nachdem ich den höchsten Punkt überschritten hatte, lief ich den Weg steil hinunter zu einem grünen Sattel, wo Schafe unbeeindruckt vom Grollen hinter ihren Rücken grasten. Als ich die Herde im schnellen Schritt passierte, wurde ich offensichtlich als priesterlicher Hirte erkannt und der Haufen Wolle schickte sich an, mir unter lautem Geblöke zu folgen. Dass ich am Ende des Tages das Zelt ohne romantische, pastorale

Kulisse aufbauen musste, lag am schnell herbeigeeilten (echten) Hirten, der seine Tiere mit viel Einsatz und Mühe zum Verbleib bewegen konnte.

Ich stieg weiter ab bis zu dem Punkt, an dem laut Karte ein Biwak oder ein Unterstand für Wanderer sein sollte. Gefunden habe ich nur eine alte verschlossene Hütte, noch mehr Schafe und zehn Hunde, die ringsum an Bäume gekettet über die Herde wachten. Dass mein Auftritt von leidenschaftlichem Bellen begleitet wurde, muss ich sicher nicht erklären.

Weil nun starker Regen einsetzte, flüchtete ich unter das Hüttendach, schob die Spinnweben an der Tür zur Seite und presste mich mit angezogenen Beinen gegen das trockene Holz. Das wütende Bellen ebbte ab – nur ein kleiner vierbeiniger Koloratursopran, mit direktem Blick auf meine zusammengekauerte Gestalt, kläffte unablässig. 30 Minuten lang. Regentropfen. Hundekläffen.

Hier wollte ich nicht bleiben. Als der Regen nachließ, ging ich einen Teil des Weges zum Grat zurück und wanderte noch eine Stunde gen Osten. Nun liege ich mangels gerader Flächen in der weiten Kurve einer Forststraße. Es ist still geworden rund um mein Zelt. Tee dampft in der Blechtasse, die meine Hände wärmt.

6. Sonntag – O Heiliges Irgendwas

„Ich glaube schon", sagte die Frau und stieß mit dem Ellbogen ihren Ehemann, der eben seine Zweifel geäußert hatte. „An irgendetwas muss man schließlich glauben", sagte sie und nickte mir wohlwollend zu.

Ich denke nicht, dass der Glaube an „Irgendwas" möglich ist – wenigstens nicht in dem Sinn, wie ich den Satz „Ich glaube (an Gott)" verstehe.

Vielleicht hilft es, kurz zu betrachten, was mit dem Wort „glauben" in diesem Zusammenhang eigentlich gemeint sein kann. Hier sind drei Beispiele:

Erstens, ein Arzt sagt: „Ich glaube, dass Ihnen diese Tabletten helfen werden." Das Wort „glauben" steht hier für eine Überzeugung. Der Arzt hat sich die Sache angesehen und ist überzeugt, dass das Medikament helfen wird.

Zweitens, ein Wanderer sagt: „Ich glaube dem Bergführer, dass es noch zwei Stunden bis zum Gipfel sind." Hier steht das Wort „glauben" für „Vertrauen." Der Wanderer vertraut den Angaben des Bergführers, weil sich dieser gut auskennt.

Drittens, ein Fußballspieler sagt: „Ich glaube an meine Mannschaft." Er will damit sagen, dass er sich ganz auf sein Team verlassen kann; dass er ihm den Sieg zutraut.

Diese drei Arten „zu glauben" gibt es auch in der Religion.

Erstens: Jemand, der sagt, er glaube an Gott, ist der Überzeugung, dass es Gott gibt. Wie im Beispiel mit dem Arzt ist damit eine Gewissheit gemeint, die – wie wir bereits wissen – verschiedene Gründe haben kann: eine Gotteserfahrung, eine Einsicht oder das Zeugnis anderer.

Zweitens: Wie im Beispiel mit dem Wanderer und seinem Bergführer kann „glauben" eine Art von Vertrauen bedeuten. Ein gläubiger Mensch vertraut der Botschaft des Glaubens, die ihm von anderen überliefert wird. Ist dieses Vertrauen gerechtfertigt? Es ist wie mit Bergführern. Wenn man sieht, dass ein Bergführer sich auskennt, und man weiß, dass er den Weg schon oft gegangen ist, dann vertraut man seinen Angaben. Analog dazu kann man nun das Leben Jesu, seiner Jünger und der Heiligen betrachten, ihre Botschaft und Predigt, ihre Hingabe und ihre Anspruchslosigkeit. All das ist für viele ein guter Grund, zu vertrauen.

Drittens: Wie der Fußballer an seine Mannschaft glaubt, glaubt auch ein gläubiger Mensch an Gott. Das bedeutet, dass er sich auf Gott verlässt und sich bei ihm geborgen weiß.

„An Gott zu glauben" hat mit allen drei Arten zu tun. Aber erst die dritte Form führt uns wirklich zum Kern von dem, was religiöser Glaube eigentlich bedeutet: eine lebendige Beziehung mit Gott, den ich liebe und von dem ich mich geliebt und getragen weiß. Das ist kaum möglich, wenn ich an „irgendwas glaube", denn man kann nur lieben, was man kennt.

Tag 40 – 24 km (1250 km): Vierzig

„Da stand er auf, aß und trank und wanderte, durch diese Speise gestärkt, vierzig Tage und vierzig Nächte bis zum Gottesberg Horeb. [...] Elija sagte: Mit leidenschaftlichem Eifer bin ich für den Herrn, den Gott der Heere, eingetreten, weil die Israeliten Deinen Bund verlassen, Deine Altäre zerstört und Deine Propheten mit dem Schwert getötet haben. Ich allein bin übrig geblieben und nun trachten sie auch mir nach dem Leben. Der Herr antwortete: Komm heraus und stell dich auf den Berg vor den Herrn! Da zog der Herr vorüber: Ein starker, heftiger Sturm, der die Berge zerriss und die Felsen zerbrach, ging dem Herrn voraus. Doch der Herr war nicht im Sturm. Nach dem Sturm kam ein Erdbeben. Doch der Herr war nicht im Erdbeben. Nach dem Beben kam ein Feuer. Doch der Herr war nicht im Feuer. Nach dem Feuer kam ein sanftes, leises Säuseln. Als Elija es hörte, hüllte er sein Gesicht in den Mantel, trat hinaus und stellte sich an den Eingang der Höhle. Da vernahm er eine Stimme, die ihm zurief: Was willst du hier, Elija?" (1.Könige 19:8-13)

Ein großartiger biblischer Text. Vierzig Tage bin auch ich jetzt unterwegs. Vermutlich habe ich dabei etwas mehr Schokolade als Elija konsumiert, aber wie beim Propheten führte mein Weg heute auf einen Berg, samt Sturm und Säuseln und einer Stimme, die da sprach „Was willst du hier?"

Letzteres kann ich nicht zweifelsfrei belegen, denn die Stimme sprach Slowakisch. Sie gehörte einem Bauarbeiter, der hier auf dem Joch einen Hochspannungsleitungsmast montierte. Aber so etwas Ähnliches muss er gesagt haben, als ich unter das schützende Dach des „Pristresok" (Unterstandes) trat, wo er mit Kollegen gerade seine Jausenpause machte.

Dieser vierzigste Tag war einer der kürzesten meiner bisherigen Reise – nicht einmal 24 Kilometer lang.

* * *

Um 4.00 Uhr war ich aufgewacht, als ein Rehbock mein Zelt besuchte – ein Besuch, der dem von Bären zweifelsfrei vorzuziehen war. Als ich mich im Schlafsack drehte und räusperte, floh der Geweihträger schnell und geräuschvoll in das Unterholz.

Das Wasser für das Frühstück kam aus einer Regenpfütze und tropfte durch den Wasserfilter, während ich mein Zelt verstaute. Dann ging es los. Der Weg war steil, steinig und voller Wurzeln. Dazu kamen einige

Höhenmeter im steten Hoch und Runter. Ein Schleier feiner Wassertröpfchen lag in der Luft. Die ersten Sonnenstrahlen im Buchenwald zeichneten lichtvolle Konturen und Strahlenkränze.

Aufgrund der Ungemütlichkeit des nassen Terrains beschloss ich, nach einem Blick auf die Karte, ins Tal abzusteigen. Im zweiten Anlauf, nach einem schmerzhaften Irrweg durch ein forstwirtschaftliches Wirrwarr, klappte es dann auch. Vorbei ging es an traditionellen, zebragestreiften Karpatenhäuschen hinaus ins Haupttal.

Die folgenden sieben Straßenkilometer waren lästig. Wer denkt, am Sonntag um 7.00 Uhr morgens sei es ruhig, der irrt. Hier in der Slowakei lebt ein Volk von Frühaufstehern. Wer in diesem Land zum Sonnenaufgang Spargel und Spülmittel einkaufen möchte, dem stehen die Ladentüren in vielen Dörfern schon um 6.00 Uhr offen.

Auf der Passhöhe in Donovaly hob ich die Blutzuckerwerte mit Cola, Bier, frittiertem Kümmelbrot und zwei Stücken Kuchen. Unter Spaziergängern und Wochenendausflüglern verließ ich dann die Straße in Richtung der grünen Graskuppen des Nízke Tatry Höhenwegs. Kleine Quellwolken stiegen in den blauen Himmel. Windböen zauberten Wellen in das noch kurze Halmenmeer. Ein samtig weicher Pfad auf dem Hügelrücken führte mich durch ein herrliches Wanderparadies bis zum Hiadeľské sedlo, wo ich früher als gewohnt meinen Tag beschloss. Genuss und Vorsicht. Denn während ich am Nachmittag die nackten Zehen zufrieden in die Sonne streckte, zogen sich, wie angekündigt, auch heute wieder Wolkentürme zusammen, die dunkler wurden und sich gegen die Gipfel hinter meinem Rücken warfen. Aus diesem Grunde wollte ich den hohen Teil der Kammüberschreitung erst morgen in Angriff nehmen. Bis Mittag soll es schön sein. Sonnenaufgang 4:38 Uhr. Geplante Tagwache eine Dreiviertelstunde vorher.

Ich liege auf dem warmen Bretterboden unter den Dachbalken des Unterstands, genieße die Stille, bete den Rosenkranz und lausche in die Nacht. Der Wind pfeift hohl und doch melodisch durch die Metallverstrebungen des halbfertigen Leitungsmastes. Ein Echo im Säuseln fragt: „Was willst du hier?“ Ich antworte: „Sein.“

Tag 41 – 19 km (1269 km): Der Enzian von 1953

Im fahlen Licht der Morgenstunden knirschten die Steine unter meinen Schuhen. Der schmale, steile Fußpfad trat nach ein paar hundert Höhenmetern aus dem Wald und führte in die mannshohen Latschenkiefern. Aussicht in die Ferne. Dunst lag in den Tälern zwischen graublauen Hügelrücken. Dahinter verblasste die Landschaft in Pastelltönen am Horizont. Ein paar letzte helle Streifen Himmelsblau. Dann schlossen mich Wolken und Nebel ein. Schweiß tropfte von meiner Stirn. In den kurzen Atempausen schüttelte ich die Arme aus. Wurzeln und Äste zerrten am Carrix. Nasse Nadeln schlugen mir ins Gesicht.

So erreichte ich den ersten Gipfel. Sturmböen fegten über die niedrigen Heidelbeersträucher hinweg. Zitternd zog ich meine Handschuhe an. Für die ersten winterlichen Alpenetappen hatte ich sie mitgenommen und sie seither öfter als meine Sonnencreme benutzt.

Die ersten Kilometer auf dem Kamm waren spektakulär. Wolkenfetzen wurden über den Bergrücken gepeitscht. Alle paar Minuten öffnete sich für wenige

Sekunden ein Fenster in der Nebelwand. Ausblicke in die Ferne. Gefahr, sich zu verirren, bestand nicht. Meterhohe Stangen, für Tourengeher im Winter aufgestellt, markierten den Weg.

Beim Abstieg von den ersten beiden Buckeln, während ich eine kurze Essenspause einlegte, besserte sich das Wetter leicht. Die Wolken zogen nach wie vor hastig über das Firmament, aber nun einige hundert Meter über den Gipfeln. Damit kam auch die Sonne zum Vorschein, wenngleich sie ob des Windes kaum zu wärmen vermochte. Mein Blick wanderte über die alpine Landschaft, die erst vor kurzem aus dem letzten Schnee zum Vorschein gekommen war. Das frische Grün hatte gerade begonnen, das herbstliche

Goldbraun zu überdecken. Insekten überzogen die Grasberge mit Leben. Mutig spreizte ein großer, blau schillernder Käfer die Flügel. Ich hoffte, er könne Polnisch, denn der nächste Windstoß nahm ihn in Richtung Hohe Tatra mit.

So schön ein solcher Höhenweg ob seiner Aussicht in beide Richtungen ist, so problematisch ist die Wasserversorgung. Meist muss man einiges an Wasser mittragen und viele Höhenmeter absteigen, um die Flaschen wieder zu füllen. Zur Überbrückung hatte ich heute an einem Schneefeld Wasser „eingespeist", aber mein Ziel zu Mittag war eine Quelle unter dem felsigen Gipfel des Ďurková. Dass ich dort dann nicht nur eine Quelle, sondern zudem eine Hütte vorfand, ließ mich freudig einkehren.

In der gemütlichen Útulňa Ďurková wurde ich herzlich von Tomáš und Ivanka aufgenommen und mit Flüssigkeit versorgt. Dazu gab es die wohl berühmteste slowakische Waffelkreation: „Horalky". Seit 1953 ist die Süßigkeit mit dem Enzian auf der Verpackung die unumstrittene Nummer eins in diesen Breiten.

Zwei Stunden saß ich in der Hütte, unterhielt mich und stärkte mich für den Weitermarsch zur 2.000 Meter hoch gelegenen Hütte am Chopok. Doch in der Zwischenzeit waren die Wolken wieder dichter geworden. Erste Gewitter gingen nieder und ich zögerte den Abmarsch hinaus.

Um 16.00 Uhr blickte ich ein letztes Mal auf eine schwarze Wolkenwand im Südwesten und beschloss, für die Nacht in der schützenden Hütte zu bleiben.

Tag 42 – 26 km (1295 km): 100 Millionen Liter

Hagel, Blitz und Regen. Nach dem gestrigen Wetterbericht war ich heute auf alles eingestellt. Als ich um 6.00 Uhr aufstand und die Nase an das kleine, milchige Fenster presste, war es grau und Regen trommelte sanft auf das Blechdach über mir. Ich war allein im Schlafsaal, der mit seiner Isolation aus Aluminiumfolien ein bisschen aussah wie ein großes, zu einem Raumschiff umgestaltetes Kinderzimmer. Ich kehrte zurück auf meine Matratze und beschloss, weiterzuschlafen.

Um 7.00 Uhr vernahm ich im Halbschlaf … Stille. Und es war heller. Sonne?! Eilig aus dem Schlafsack gesprungen und alles Zeug in dem Rucksack gestopft stand ich wenige Minuten später vor der Hütte. So begannen die zwölf

Kilometer und 800 Höhenmeter zum Chopok. Der vorhergesagte Kampf mit den Elementen fand nicht statt – vorerst. Es war eine großartige Nebel-, Wolken-, Wind- und Sonnenstimmung, die alle 30 Sekunden die Ausblicke

völlig veränderte. Ich liebe Grasberge. Ein Hauch der schottischen Highlands in Zentraleuropa. Das raue Wetter verstärkte nur den Eindruck. Vier Stunden blieb ich trocken. Erst auf den letzten Metern vor der nächsten Hütte (Kamenná chata), wurde ich nochmals bis auf die Haut durchnässt.

Gebackenen Käse gab´s zu Mittag und Kofola. Kofola? In den 1960er Jahren standen ein paar Damen und Herrn eines tschechoslowakischen Pharmaunternehmens in ihren weißen Kitteln um den Labortisch und kratzten sich am Kinn. Wohin mit all dem Koffein, das bei der Kaffeeröstung entstand? Nun. Zucker rein. Aromen rein. Kohlensäure rein. Fertig war das Cola der Arbeiterklasse, das zehn Jahre nach der Wende eine neue Renaissance erlebte und nun im Bereich von 100 Millionen Litern jährlich in slowakischen und tschechischen Kehlen verschwindet. Nicht erst am heutigen Tage habe ich meinen Beitrag zu dieser Produktionsmenge geleistet.

Nach einem kurzen Abstecher zum bislang höchsten Punkt der Route, dem Gipfel des Chopok (2024m), setzte ich den Höhenweg nach Osten fort. Wieder blieb es weitgehend trocken, aber aufgrund von hartnäckigen Nebelschwaden verzichtete ich auf die „aussichtslose" Besteigung des Ďumbier (2043m), des höchsten Bergs des Massivs.

Auf den letzten Kilometern zum Pass von Čertovica genoss ich die tolle Abendstimmung. Mit der Sonne im Rücken ging ich an der Nebelgrenze im Nieselregen von Regenbogen zu Regenbogen. Nicht einmal die Gemeine – und bisweilen sehr gemeine – Latschenkiefer konnte mir mit nassen Zweigen das Lächeln aus dem Gesicht schlagen.

In Čertovica endete der alpine Teil der Tatraüberschreitung. Morgen geht es dann wieder in den Wald. Es ist mein frommer Wunsch, dass der Untergrund mehr steinig als schlammig bleibt. Dann wird es zügig Richtung Ukraine weitergehen. Zufrieden trinke ich mein sechstes Kofola des Tages und male mir im Zuckerrausch die Dinge aus, die kommen werden.

Tag 43 – 31 km (1326 km): Tugend ohne Motorsäge?

Von Wegbeschreibungen aus dem Jahr 2009 war ich über ein „Baumproblem" auf den nächsten 50 Kilometern informiert. Stürme und ein sterbender Waldbestand hatten die Strecke angeblich stark in Mitleidenschaft gezogen. Nun, in vier Jahren kann viel passieren. Stimmt. Es können noch mehr Bäume auf den Weg stürzen.

Der Weg begann allerdings zunächst sorgenfrei auf einer sanft ansteigenden Forststraße. Unter einem überwiegend blauen Himmel landete ich nach einigen Kilometern auf einem schmalen Fußpfad. Knorrige Wurzelschlaufen. Hereinragende Äste. Trostlose Baumruinen. „So schlimm ist es gar nicht", sagte ich zu mir selbst. Kaum gesprochen, schon bereut. Zwei Kurven weiter stand ich vor etwas, das aussah, als hätte jemand mit dem Wald „Mikado" gespielt. Stämme lagen kreuz und quer – bevorzugt jedoch mitten über dem Weg. Ich ging in Gedanken meine Packliste durch. Nein, eine Motorsäge hatte ich leider keine dabei.

Nur mit einem Rucksack wäre die Kletterei schon sehr anstrengend gewesen; mit dem Carrix jedoch war es eine schweißtreibende Strapaze. 500 Meter wurden zur schmerzhaften Aufgabe einer ganzen Stunde und irgendwann gegen Mittag verließen mich die Kräfte. Ich ließ mich erschöpft auf den

Weg sinken, kramte nach dem Kocher und bereitete mir aus meinen letzten Vorräten etwas zu essen.

Nach den Nudeln kämpfte ich mich noch zwei Stunden weiter. Wind, Nebel und schließlich wieder Regen lösten für eine Weile die Baumstämme als Plage ab. Dann zeigte die Karte eine Abstiegsmöglichkeit. Ich war bereit, auf der Straße im Tal mein Glück zu versuchen. Genug Buße für einen Tag. Acht, zum Teil sehr steile Kilometer später kam ich am Fuß des Berges in Pomolka an. Hier erlaubte ein kleiner Dorfladen den ersten Besuch in einem Geschäft seit sechs Tagen. Schokolade!

Zwei Stunden weiter grüßte mich in Heľpa, nach knapp 31 Kilometern, ein Schild mit „Ubytovanie" und damit endete dieser anstrengende Tag. Wenn mich nun jemand fragen sollte, was die größte Schwäche des Carrix ist, dann kann ich nach Schlamm, Felsen und Bäumen wahrheitsgemäß antworten: die Slowakei.

Tag 44 – 43 km (1369 km): Blau

Ich blickte aus dem offenen Dachfenster und holte meine Schuhe vom Sims. Selbst unter dem blauen, wolkenlosen Morgenhimmel atmeten die abgewitterten Eternitplatten und fahlgrünen, rostigen Blechdächer von Heľpa eine seltsame Traurigkeit. Die grauen, fleckigen Fassaden einen Stock tiefer seufzten still. Zeugen waren sie des Verfalls hier in der Mittelslowakei. Zeugen waren sie einst auch von der Brutalität des kommunistischen Regimes – und des Heldenmuts seiner Gegner.

1949 beschlossen die Machthaber, mit der Operation „Katolíckej akcii", den Einfluss der katholischen Kirche in diesem Land zu brechen. Auch in Heľpa rückten Polizei und Soldaten an. Als man den Priester verhaften wollte, strömte das Dorf zusammen. Zwischen 300 und 400 Bewohner umstellten schützend und betend das Pfarrhaus. Der erboste Einsatzleiter ließ vom fahrenden Auto aus auf die Menge schießen. Verhaftungen. Folter. Drei Verletzte. Fünf Tote.

Ähnliches geschah in jener Zeit in 60 weiteren Dörfern der Slowakei. Nachdenklich und berührt vom Glauben und der Zivilcourage ließ ich die graue Siedlung und seine Bewohner am Ufer der Hron zurück.

Ich folgte der Straße über die Muránska planina mit ihren Dotterblumen und gelben Teppichen aus Hahnenfuß. Am späten Vormittag, hinter Telgárt, ging es wieder zurück in den Wald. Schöne Forststraßen und Waldwege wechselten sich ab. Und dann war es endlich soweit. Nach sechs Wochen, der Himmel blau, das Gras trocken, konnte ich mich zum ersten Mal in eine Wiese fallen lassen und völlig entspannt zum leisen Surren der Schwebefliegen ein Mittagsschläfchen halten. Seligkeit. Dann noch ein paar Kilometer bis knapp über die Marathondistanz zum Ufer des Palcmanská Maša. Ein Tag wie aus dem Wanderbilderbuch.

Tag 45 – 41 km (1410 km): Wo ist meine Couch?

Gestern Abend bekam ich eine abschätzige Nachricht. Ihr Verfasser, der mich in wenigen Zeilen für geisteskrank erklärte, empfahl mir eindringlich statt meiner Pilgerreise die Psychiatercouch. Nett war das nicht. Aber Entgleisungen gibt es eben nicht nur im Bahnverkehr.

Als ich mich heute durch den Wald kämpfte, musste ich über die Sache lachen. Nicht hysterisch – damit ich dem unflätigen Schreiber keinen Anlass gab, sich in seiner Diagnose bestätigt zu sehen. Ich lachte wie ein Kind, das in seiner blühenden Phantasie eine neue Wirklichkeit entdeckte. Denn der Gedanke an eine Couch schien bei der Überwindung des 398sten über den Weg gefallenen Baumes plötzlich wie die Erfüllung einer Sehnsucht. Warum nicht die Couch eines Psychiaters? Das müssen doch die bequemsten sein.

Vor meinem geistigen Auge sah ich mich entspannt auf einem Canapé aus edlem, braunem Leder, mit geschnitzten Füßen aus Ebenholz. Neben mir auf einem Tisch stand eine Tasse Lindenblütentee und der Herr Doktor fragte mit sonorer Stimme, die Pfeife in der linken Hand: „... wie haben Sie sich dabei gefühlt?“ Und wie ich beschrieb, erklärte und erzählte, nickte der gelehrte Mann sanft, während der dünner werdende Tabakrauch sich in Wirbeln zur Decke hoch schwang.

Der Herr Doktor holte Kärtchen aus dem Kabinett, nannte Begriffe und notierte akribisch meine Antworten. Katze. Lampe. Berg. Tunnel. Kofolapfandflaschenabgabeautomat. Dann sagte er: Baum. Ich war gelähmt. Eine Blockade. Keines meiner Glieder folgte den Impulsen des Nervensystems. Dann, mit purer Willenskraft, riss ich mich hoch und aus der trockenen Kehle entfuhr der erbärmliche Schrei: „Tot! Die Bäume sind alle tot. Sie türmen sich auf. Sie … nein, das Grauen!“ Bei diesen Worten stürzte ich ins Vorzimmer hinaus, wo mich die entsetzten und ängstlichen Blicke der Wartenden zurück zur Besinnung brachten. Schluchzend brach ich im Türstock zusammen.

Ernst, unbewegt und mit Sorgenfalten schrieb der Herr Doktor in sein Buch. Noch über seine Aufzeichnungen gebeugt, rief er seiner Sekretärin zu: „Frau Müller, machen Sie bitte nächste Woche … am Mittwoch … für Herrn Schwarz etwas frei … und verschieben sie alle anderen Termine danach.“

Ja, in der grünen Welt des Waldes gehen die Gedanken auf Reisen … und suchen sich eine Couch. Wie an den vorangegangenen Tagen hieß es heute klettern, kriechen, keuchen. Immer neue Körperstellen wurden durch Äste, Wurzeln oder Splitter schmerzlich berührt. Allein bei den Zehen war die Anzahl der Schadensereignisse konstant hoch. Bedingt durch die einladende Offenheit der Sandalen war dies der Klassiker: Der rechte Fuß tritt auf das eine Ende eines toten Zweigs. Der tote Zweig folgt den physischen Gesetzen und wird bei diesem Vorgang am anderen Ende angehoben. Nun befindet sich das angehobene Ende in etwa 17 Zentimetern Höhe. Der linke Fuß befindet sich zeitgleich in der Vorwärts-Abwärtsbewegung und trifft dabei auf den angehobenen Zweig. Vorzugsweise wird dabei das splitterreiche Ende des Astes zwischen die Zehen, in das Nagelbett oder in Sonderfällen auch unter den Zehennagel getrieben. Lautes Aufschreien war die einzige therapeutische Sofortmaßnahme. Und wie gesagt, waren heute aus den mittelslowakischen Wäldern viele Schreie zu hören.

Nach 17 Kilometern auf dem Schlachtfeld wüster Stürme und noch wüsterer Forstarbeiter war ich froh um eine Abstiegsgelegenheit. Länger, aber ungefährlicher war es, dem Fluss im Tal zu folgen.

Am Nachmittag kam ich nach Nálepkovo. Hier im Osten des Landes liegt der Anteil der Roma in den Dörfern höher. Dabei habe ich sehr Unterschiedliches erlebt: Einen alten Roma, der von zwei aufgebrachten Frauen wie ein Hund verjagt wurde; freundliches und höfliches Miteinander; und alle Schattierungen dazwischen. In jedem Fall sind die Roma-Kinder absolut von meinem Carrix begeistert. Wäre das Gewichtslimit nicht schon ausgereizt, ich hätte wohl manches von ihnen unter lautem Gelächter um die Berge ziehen müssen. Fröhliche Kinderaugen. Ungewisse Zukunft. Manchmal ist es, als würde ich gleichzeitig durch zwei Länder pilgern.

Tag 46 – 37 km (1447 km): Der Holzweg und die U-Bahn

Um 5.05 Uhr steckte ich den Kopf aus dem Zelt und grüßte den neuen Tag. Und ich grüßte Martin, der unerwartet ein paar Meter neben meinem Eingang an einem Picknicktisch saß. Der freundliche junge Tscheche hatte mir gestern den Rasen vor dem sowjetischen Freizeitbunker als Quartier vermittelt, so dass ich unweit einer megalomanischen, rostenden Blechdachkonstruktion mein Zelt errichten konnte. Wegen der slowakischen Schüler-Biologieolympiade, die an diesem Wochenende hier stattfand, hatte er es gestern am Abend leider nicht mehr geschafft, bei mir vorbeizuschauen, erklärte er und rieb sich den Schlaf aus den Augen. Zum Frühstück gab es Politik, Kapitalismus, Sozialismus, die Frage, warum ich Priester geworden sei, was das Problem der Kirche heute sei, was passiere, wenn das westliche System ohne Werte kollabiere und ein gewagtes Vanille-Schokoladen-Couscous. Kurz vor 7.00 Uhr und rechtzeitig zum Abschied kam Martins Freundin Hana hinzu. Dann klapperte mein Gestell auch schon wieder über den lokalen Patchwork-Asphalt. Nach zwölf Kilometern ging es zurück in den Wald.

Ich bin nun wirklich einiges gewöhnt und will bei meiner Wegbeschreibung nicht schon wieder Superlative bemühen, aber heute war wirklich der extremste Baumsalat der Reise. Vorsichtig präzisiere ich: der bisherigen Reise. Mehr Festmeter Holz hätten physisch eigentlich gar nicht mehr auf meinen Weg gepasst. Wie ich durch dieses Trümmerfeld sollte, war mir ein Rätsel. Und weil der ganze Wald umgepflügt war, gab es auch kaum mehr Anhaltspunkte für den eigentlich Wegverlauf. „Wohin soll ich mich wenden?“, hatte einst Franz Schubert kompositorisch gefragt; heute fragte ich – ohne jegliche Poesie.

Nach gefühlt endloser und bisweilen sehr brutaler Kletterei kam in mir eine nostalgische Erinnerung an den Schlamm vergangener Wochen hoch. Der war so weich gewesen. Schon eine halbe Stunde später, als sich der nicht nur

sprichwörtliche Holzweg dank fehlgeleitetem Bächlein in eine schmutzige Rutschpartie verwandelte, war dieser Gedanke wieder verflogen. Den eigentlichen Wanderweg hatte ich zu diesem Zeitpunkt schon lange verlassen. Ob er sich über sanfte, trockene Wiesen schlängelte? Ich wollte nur runter ins Tal – und da war auch der Holzweg recht. Schließlich wurden die Stämme zum weiteren Abtransport hier herunter geschleift, was bedeutete, dass irgendwo da unten eine Straße sein musste.

Als ich etwas später beim Holzlager dreckverschmiert aus dem Wald trat, schreckte ich einen Naturphotographen auf. Einen Moment lang schien er nahe daran, ein schnelles unscharfes Bild von mir zu machen, um mit dem Foto eines „ungeheuerlichen Waldmenschen“ an die Sensationspresse zu gehen. Wir blickten uns an. Ich winkte. Er winkte. Dann gingen wir unserer Wege; er zu den Schmetterlingen und ich Richtung Jasov. In Jasov steht der größte Klosterkomplex der Slowakei. Seine barocke Gestalt verdankt er dem österreichischen Architekten Franz Anton Pilgram, der im damaligen Habsburgerreich für viele kleine, fette, nackige „Engerl“ in Rosa und Gold gesorgt hatte. Aus lauter Dank dafür hat die Stadt Wien eine Gasse, eine Brücke und indirekt später auch eine U-Bahn-Station nach ihm benannt.

Weit von dieser bunten, barocken Lebensfreude entfernt waren die Eindrücke auf dem Weg dorthin. In zwei völlig heruntergekommenen Sowjet-Apartmentblocks hausten große Roma-Familienverbände. Statt Eingangstüren sperrten Löcher im Plattenbau wie schwarze Mäuler den Rachen auf. Kinder verschwanden im dunklen Treppenhaus. Alte Frauen sortierten Gemüse. Jugendliche verkauften am Straßenrand Pilze aus Plastikeimern. Ich kenne Armut aus Indien und anderen Ländern, aber hier nahm man Euromünzen in die Hand. Jasov ist nicht weit weg. Jasov ist näher an Wien, als Liechtenstein es ist.

Zwei Straßen weiter war ich zurück in der slowakischen Parallelwelt im 50er-Jahre-Haus-mit-Garten-Stil und stand bald vor dem Kloster. 1950 hatten die Kommunisten Besitz und Gebäude beschlagnahmt, die Gemeinschaft aufgehoben und die Prämonstratensermönche interniert. Erst nach der Wende konnten einige Ordensleute zurückkehren und hatten seither begonnen, das Anwesen wieder instand zu setzen. Als ich an der Pforte läutete und durch die staubigen Fenster spähte, sah ich kein Leben. Der Ort blieb verschlossen. So schlug ich unweit davon mein Zelt auf einem Campingplatz auf.

Neben mir im Wohnwagen lagert ein 81-jähriger Holländer. Vor zehn Jahren starb seine geliebte Marianne. Nun fährt er alleine durch die Lande. Nach Jasov komme er schon seit 1984 „wegen der bunten Feste der Gypsies", schwärmte er mit leuchtenden Augen. Und ich stellte ihn mir vor mit seiner Frau, tanzend im Kreis ausgelassener Roma. Zweifellos ein Kontrastbild zu dem, was ich heute gesehen hatte.

7. Sonntag – Das gepredigte Wasser und der gesoffene Wein

„Fällt es dir nicht schwer, zu glauben, bei all den Skandalen in deiner Kirche, von der Vatikanbank bis zu den Missbrauchsfällen?"

Die Geschichte der Kirche ist eine Geschichte nicht nur von Gott, sondern auch von Menschen; eine Geschichte mit Höhen und Tiefen, mit Licht und Schatten. Es ist eine Geschichte von Sündern und Heiligen. Das war schon immer so und das wird auch immer so sein – leider.

Wenn wir im Glaubensbekenntnis von der „einen, heiligen, katholischen und apostolischen Kirche" sprechen, dann nicht deswegen, weil die Mitglieder der Kirche alle so heilig wären. Nein, wir tun es erstens, weil Jesus ihr Haupt und Ursprung ist. Alle, die mit Ihm durch die Gnade tatsächlich verbunden sind, sind auch lebendige und geheiligte Glieder an seinem Leib. Zweitens ist die Kirche heilig, weil das Ziel der Kirche die Gemeinschaft mit Gott ist; die Herrlichkeit des Himmels, wo alle, die zu Christus gehören, heilig und vollendet vor Gott stehen. Drittens ist die Kirche heilig, weil man in der Kirche alle Mittel findet, um heilig zu werden. Die Mittel zur Heiligkeit sind vor allem die sieben Sakramente. Durch die Sakramente werden wir enger mit Christus verbunden und dadurch geheiligt.

In diesem dreifachen Sinn ist die Kirche tatsächlich heilig – und das, obwohl es in ihr mehr als genug schwache, sündhafte Menschen gibt. Sollte ich deshalb an ihr Anstoß nehmen?

Wenn ein Arzt einem Patienten erklärt, dass Rauchen ungesund sei und er damit aufhören solle, ist dann der medizinische Rat falsch, nur weil der Arzt selber raucht? Der Herr Doktor mag ein schlechtes Vorbild sein, aber deswegen wird Rauchen für mich nicht gesünder. Die Frage, ob eine Botschaft stimmt, hängt nämlich nicht davon ab, ob sich der Überbringer der Botschaft auch selber daran hält.

So ähnlich ist es nun auch mit der Botschaft der Kirche. Freilich schadet es ihrer Glaubwürdigkeit, dass jene, die sie verkünden, schwache Menschen sind. Man kann Anstoß nehmen an den Unvollkommenheiten, an den zahlreichen und schlimmen Sündern im geistigen Gewand. Man kann aber auch auf jene blicken, welche die Botschaft tatsächlich zu leben versuchen oder auf die vielen Heiligen, die sie gelebt haben. Wenn man will, kann man auch sie zum Vorbild nehmen. Wenn ich die Botschaft Jesu über Bord werfe, weil ich Menschen in der Kirche sehe, die sie klar übertreten, dann beraube ich mich nur selbst. Schließlich werde ich kein bisschen besser, weil ich auf Leute zeigen kann, die mir schlechter scheinen, als ich es bin.

Tag 47 – 35 km (1482 km): Heimatgefühle

Absätze schleifen über den alten Fliesenboden im Vorraum. Quietschen. Dann schwingt die Türe zurück und pendelt sich mit dumpfem Knarren wieder ein. So beheimatet sind diese Geräusche am hinteren Ende dieses gewölbten Raums, dass sie die besondere Stille nicht zu stören vermögen. Langsam und mit kurzen Pausen kommen die Schritte meinem Sitzplatz in der letzten Reihe näher. Dann wenden sie sich nach links und wechseln über den Mittelgang. Der schwere Atem, der sie begleitet, entfernt sich. Aus dem Augenwinkel sehe ich eine alte Dame, die Platz nimmt – erschöpft. Sie verweilt einen Augenblick, steht dann mit Mühe auf und trägt ihr Leid nach vorne. Sie beugt sich über die Marienikone und verehrt sie mit einem Kuss.

Ich bin in der griechisch-katholischen Hauptkirche von Košice, eine halbe Stunde vor der Abendliturgie. Vor mehr als zehn Jahren war ich zuletzt in diesem Gotteshaus, als ein lieber Freund hier seine Primiz gefeiert hat. Ich mag Košice. Ich mag seine bunten, barocken Gassen, seine nostalgische Pferdestraßenbahn, seine Theater, seine Kirchen und seinen herrlichen Dom der heiligen Elisabeth. Dieser ist das größte Gotteshaus der Slowakei. Hoch oben unter dem Dach strecken sich 52 Wasserspeier in unzähligen Tiergestalten in den Himmel – nur in der Ecke im Südwesten erkennt das scharfe Auge ein Frauengesicht. Es soll die Frau des königlichen Baumeisters darstellen, erzählt man sich, und das war keine Schmeichelei. Frau Baumeister sei dem Wein zugeneigt gewesen. „Dann soll wenigstens ihr Ebenbild nur Wasser spucken", verfügte ihr Mann und legte hämisch grinsend den Meißel an den Sandsteinblock. Heute, 500 Jahre später, blicken Paartherapeuten vom Kopfsteinpflaster auf und seufzen leise. Aber so war das damals.

Wie gesagt, mag ich Košice. Und so waren die heutigen 30 Kilometer begleitet von Vorfreude. Es gab viele kurze, nette Begegnungen und Händeschütteln unterwegs. Keine Spur von Distanziertheit mehr, seit ich in der östlichen Hälfte des Landes bin. Vielleicht ist es auch einfach nur das schöne Wetter. Und mittlerweile kann ich auch ein paar slowakische Wortfetzen, um Sinn und Ziel meines Weges zu erklären. Gibt es weitere Rückfragen, dann muss ich mit einem Lächeln auskommen. Aber auch das versteht man hier.

So bin ich heute bei sommerlicher Hitze über Waschbeton durch die Vorstadtviertel und um 13.00 Uhr in der Altstadt eingelaufen. Gleich am Ende

der Fußgängerzone bezog ich ein nettes Quartier unter dem Dach. Leider war es nur für eine Nacht zu buchen, sonst hätte ich hier gerne meinen morgigen Ruhetag verbracht.

Tag 48 – Ruhetag: Holunder, Heidi und das Drogendezernat

Das „Hostel over Club Madrid" verbreitet uriges Flair in einem kreativen Ambiente und liegt – wie der Name sagt – im Stock über dem Club Madrid. Man bewirbt keck den hauseigenen Sandstrand im Hinterhof, wo man speisen und auf zwölf Quadratmetern Muscheln suchen kann. Zugegeben: Bei der

einen oder anderen Wandmalerei muss sich der Blick eines Priesters stirnrunzelnd senken – und natürlich nicht nur seiner –, aber ansonsten ist diese Einrichtung ein Ausdruck gelungener ostslowakischer Gemütlichkeit.

Viel habe ich am heutigen Ruhetag nicht unternommen. Nach meinem Umzug in die neue Bleibe traf ich zunächst vier Linzer Städtereisende: Konrad, Mandi, Markus und Michi, die über das Wochenende hierher in die diesjährige Kulturhauptstadt Europas geflogen waren. Mandi, gelernte Ergotherapeutin, war nun wieder zurück an die Uni gewechselt, Markus verkaufte indische Stahlwerke – oder verkaufte Indern Stahlwerke … oder beides … oder so etwas Ähnliches. Michi half an der Volkshochschule Menschen, den Hauptschulabschluss nachzuholen. Bleibt Konrad. Er machte etwas mit feuerfesten Steinen zum Auskleiden von

Hochöfen, das ich nicht genau verstanden habe, aber viel interessanter war ohnehin seine wahre Leidenschaft: die Perfektionierung des Holunderblütensirupherstellungsverfahrens. Dankenswerterweise haben die vier mir auch gleich großzügig ihre Vorräte des süßen Saftes mit auf den weiteren Weg gegeben.

Später unterhielt ich mich mit Caro und Luise aus dem Allgäu, beziehungsweise Rosenheim, die derzeit beide Design in Bratislava studierten. Und dann war noch die Japanerin „Emilia" (Emiko), die seit 18 Monaten durch die Welt gondelte. Als ich beim Abendessen neugierig ihren Pass studierte, musste ich laut lachen. Neben den Stempeln von Chile und anderen fernen Ländern lachte Heidi von Seite einundzwanzig des Reisedokuments. Vielleicht nicht zu unrecht. Das Heididorf ob Maienfeld entspricht all den weithin bekannten Bildern und Klischees der Eidgenossenschaft. Es ist eine kleine Schweiz innerhalb der Schweiz.

Und was habe ich heute sonst noch gemacht? Einkaufen war ich – Lebensmittel für die nächsten Tage und kleine Päckchen Weihrauch, die ich als Proben für die Pfarrei heimschicken wollte. Auf dem Weg zum Postamt begab sich Folgendes: Die Weihrauchkörner waren in ein weißes Pulver gerollt. Da stand ich nun an einer Ampel und nahm, während ich auf das grüne Männchen wartete, ein paar Körner aus der kleinen Plastiktüte und roch daran. Mmmm. Jasmin. Betörend. Ich nickte anerkennend, gab die Körner zurück, ließ das Säckchen verschwinden und blickte auf zur Ampel. Da merkte ich, dass an der Kreuzung mir gegenüber ein Polizeiwagen stand. Ich wischte das Pulver verstohlen vom Finger und lächelte. Beide Polizisten hatten ihren Blick auf mich gerichtet. Diesmal war es wohl nicht mein Outfit, nicht mein Bart. Es wurde grün. Langsam – sehr langsam – fuhren die Ordnungshüter an mir vorüber. Der Beifahrer ließ mich dabei nicht aus den Augen. Ich grinste immer noch und erwartete jeden Augenblick Blaulicht, Sirene und meine erste Drogenrazzia. Passiert ist nichts. Vielleicht kommt das dann in Triesenberg, wenn mein Pfarrer das Päckchen in Empfang nimmt.

Tag 49 und 50 – 55 km und 42 km (1579 km): Matt – aber nicht Schachmatt

Ich habe bisher meistens versucht, für jeden Tag einen Eintrag zu verfassen. Aber das, was sich in den letzten 36 Stunden auf 97 Kilometern abgespielt hat, kann man nur als unglaublich kräftezehrende Einheit verstehen, die mich einmal mehr – und ganz neu – an meine Grenzen geführt hat.

Der Morgen nach meinem Ruhetag in Košice begann früh. Um kurz nach 4.00 Uhr wanderte ich durch die verschlafenen Straßen. Lautlos malte ein Flugzeug seinen Kondensstreifen in den blauen Himmel. Auf einer digitalen Anzeige blinkten 25° C in roten Pixeln. Die Nacht war tropisch warm geblieben.

Über leere Zufahrtsstraßen verließ ich die Stadt und hatte in der schwülen Luft bereits den ersten Hügel erklommen, als die Sonnenstrahlen das Tal hinter mir fluteten. Ich schwitzte. Und heute sollte es richtig heiß werden. Die slowakischen Wetterredaktionen hatten sich gestern für die Prognosen vorsichtshalber schon einmal Graphiken mit den Rekordwerten der letzten hundert Jahre gebastelt. Diese Vorhersagen waren auch der Grund für meinen frühen Aufbruch. Bis Mittag wollte ich die ersten 30 Kilometer unter den Sandalen haben.

Ich marschierte mit gleichmäßig schnellem Schritt über die sanften Hügel Richtung Osten. Kurze Pausen im Schatten von Bäumen und Sträuchern. Schmetterlinge. Trinken. Immer wieder Trinken. Um kurz vor 12.00 Uhr legte ich mich nach erfülltem Soll in den Schatten der Bäume am Friedhofsparkplatz von Kalša. Ameisen und eine riesige Versammlung rot-schwarzer Feuerwanzen am Stamm nebenan waren das Einzige, was die nächsten Stunden gelegentlich mein Dösen unterbrach. Allzu dreiste Insekten bekamen eine Verwarnung und wenn nötig einen schnippenden Platzverweis.

17.00 Uhr. Es war zwar nicht merklich kühler, aber ich wollte den Weg unter den länger werdenden Schatten noch ein paar Stunden fortsetzen. Ich blickte auf die Karte und markierte geistig eine freie Fläche zwischen zwei Dörfern als meinen Zeltplatz.

Zwei Stunden nach dem Aufbruch entwickelte sich mein Feldweg zur Tugendprobe. Der in der Hitze zu Stein erstarrte umgepflügte Schlamm drückte sich unbarmherzig durch die durchgelaufenen Sohlen der Sandalen. Der Carrix schepperte über die rauen Unebenheiten. Drei Kilometer. Dann war plötzlich Schluss. Auf der Karte führte der Weg gerade weiter ins nächste Dorf; vor meiner sonnengeröteten Nasenspitze endete er jedoch in einem Rapsfeld. Mannshoch stand das widerspenstige, verblühte Gestrüpp. Rechts davon schloss eine Baum- und Buschreihe an. Ich blickte mich hilflos um und folgte dann mangels Alternative dem schmalen Streifen zwischen Feld und Hecke. Die Richtung stimmte. Irgendwo auf der anderen Seite würde ich sicher auf einen Weg oder eine Straße treffen.

200 Meter weiter. Mein Streifen war zu einem Spalt geworden und hatte sich dann ganz aufgelöst. Ich stand in brusthoher Botanik. Brombeeren streckten ihre dornigen Triebe weit in das Feld hinaus und damit direkt vor meine Füße. Ich kämpfte, verstrickte mich, blutete, hatte beißenden Schweiß in den Wunden. Auch der Carrix sammelte Ranken, die sich zwischen dem Haupt- und kleinen Steigrad verfingen. Bald blockierte das Gefährt. Ludwig – die linke Sandale – erwischte es böse im zähen Raps. Dabei wurde der vordere Riemen aus dem Fußbett gerissen.

Ich hielt kurz an. Umkehren machte keinen Sinn. Es wurde schlimmer, aber ich musste weiter. Halt. War da vorne nicht ein Jägerstand? Ich kniff die Augen zusammen und murmelte mit aufkeimender Hoffnung: „Wo Jägerstand, dort Wegesrand!" Schließlich mussten auch die Waidmänner irgendwie dorthin gelangen. In der Tat. Zerkratzt und zerschunden traf ich nahe der Holzkonstruktion auf eine Traktorspur. Sie führte weg vom Feld hinein zwischen die Bäume.

Etwa zu diesem Zeitpunkt begann ich, ein enthusiastisches Gefolge zu sammeln. Stechmücken, Bremsen und alles, was sonst noch beißen, saugen oder quälen kann, hatte es nun auf mich abgesehen.

Ich lief kurze Strecken, um meine Peiniger abzuschütteln, aber der Wald war voll von Quälgeistern. Vor allem die Hände waren, solange sie den Carrix führten, ein leichtes Ziel. Ich wehrte mich, so gut ich konnte, wollte nur mehr raus aus diesem unseligen Landstrich.

Als der Wald endlich hinter mir lag, verschnaufte ich kurz, griff zurück zur Wasserflasche und … griff ins Leere. Ich verzog das Gesicht. Ich brauchte Flüssigkeit. So stellte ich Carrix und Rucksack ab, nahm mich zusammen und lief zurück in die Hölle. „Heiliger Antonius! Heiliger Antonius!", keuchte ich inmitten der Pferdefliegen. Und der Heilige mit den meisten Überstunden half. Ein paar Minuten später war ich, wild um mich schlagend, wieder in die andere Richtung unterwegs – mit der Flasche in der einen Hand. Dabei musste ich noch versuchen, irgendwie meine rutschende Hose festzuhalten, die mir in den letzten Wochen zu weit geworden war. Ein armseliges Schauspiel ohne Publikum. Der erste Akt.

Nach einem Hydrierungsstop im nächsten Dorf hieß es: Vorhang auf für den zweiten Akt. Kleine Straßen führten in der Dämmerung nach Osten. Ich begann, aktiv einen Zeltplatz zu suchen, fand aber zwischen den Feldern und hartgebackenen Fahrspuren auf dem Weg keinen geeigneten Flecken. Ich fand nichts; aber wurde gefunden – von der nächsten Wolke Stechmücken. Nach einer halben Stunde im Laufschritt endete dann auch dieser Feldweg im Nirgendwo. Ich ging zurück, versuchte die letzte Abzweigung. Erfolglos. Dunkelheit legte sich über das Land. Ich studierte zappelnd die Karte und wurde trotzdem überall am Körper angebohrt. Blutspendenaktion.

Zwischen zwei Feldern war die einzige Möglichkeit, um vorwärts zu kommen. Ich stolperte und humpelte zwischen dem Mais zur Linken und dem frisch geeggten Boden zur Rechten, steinharte Erdklumpen im Fußbett. Ich verzerrte das Gesicht. Vor mir musste eine Straße sein. Ich sah die Lichter, kam langsam näher und erreichte schließlich den Graben neben der Trasse. Ein LKW fuhr vorüber und wirbelte einen Moment lang „meine" Stechmücken durcheinander. Dann neuerlicher Aderlass.

Hier war kein Platz für das Zelt. Es reichte. Ich schlug um mich, ließ den Carrix zu Boden fallen und kramte hektisch in meiner Ausrüstung.

Zwei Minuten später stand ich in der schwülheißen Sommernacht mit Fleecepulli, Thermohandschuhen, einem Moskito-Kopfnetz und einer Stirnlampe neben der Fahrbahn und rief herausfordernd in die Finsternis: „Stecht da mal durch!"

Dann tastete ich mich langsam am schmalen Straßenrand vorwärts. Es war fast ein Blindflug. Das Moskitonetz reflektierte nämlich einen Teil des Lichts der Stirnlampe zurück in die Augen und blendete. Schweiß rann die Wirbelsäule hinab.

23:00 Uhr. Mitten im ostslowakischen Feuchtgebiet. Immer noch kein Schlafplatz.

Ich passierte das Ortsschild von Zemplínske Hradište. Da, um die Kirche war eine eingezäunte Rasenfläche. Mit einem Blick in den Himmel holte ich mir Erlaubnis vom „Besitzer" und schloss das quietschende Gartentor hinter mir. Wildes Hundebellen. Ich hielt inne. Dann atmete ich auf. Es kam vom Grundstück nebenan.

Immer noch umschwärmt von unbarmherzigen Kreaturen baute ich mein Zelt zwischen zwei Büschen auf und lag schließlich völlig fertig, zerstochen und ohne Heilige Messe auf dem dünnen Plastikunterboden. Ich war nicht allein. Ein paar Mücken waren mit eingezogen. Ich fuhr mir mit der Hand über die unzähligen Schwellungen auf der Schädeldecke. Dann verabschiedete ich mich einzeln von meinen „Gästen". Ich war zu müde, um zu essen. Nur eine weitere Flasche Wasser habe ich geleert und durch das Krachen des Plastiks den Nachbarhund wieder zum Bellen gebracht. 55 Kilometer. Ich rollte die Unterlagsmatte aus und streckte mich in meinen verschwitzten Kleidern aus.

Richtig ruhig wurde es auch nach Mitternacht nicht. Immer wieder Hunde, mehrmals ein seltsames Klappern.

* * *

Nach gefühlten zehn Minuten Halbschlaf krähte ein Hahn und fand Antwort in jedem Hühnerstall des Dorfs. 2:51 Uhr. Wieder Hundebellen. Eine Stunde lag ich bei dieser Geräuschkulisse noch wach. Dann stand ich auf, packte mein Zelt zusammen und brach um kurz nach 4.00 Uhr gerädert auf. Schräg über mir war ein Storchennest gewesen. Daher das Klappern.

Heute würde kürzer werden … Ein frommer Wunsch. Waren in der Westslowakei die Karten manchmal unvollständig gewesen, galten die farbigen Linien hier offensichtlich nur als ein Ausdruck großer Kreativität. In Zemplínske Hradište sollte es eine Brücke über den breiten, schlammigen Kanal geben. Gab es aber nicht. Vier Kilometer streifte ich auf und ab, um einen Übergang zu finden. Dann die Einsicht: Mein neues Tagesprogramm war ein langer Umweg. 42 Straßenkilometer. Matt und etwas niedergeschlagen begann ich meinen Gang – zunächst zurück in die Richtung, aus der ich gestern unter Leiden gekommen war.

Ich döste in den vielen Pausen. Manchmal döste ich im Gehen. So schleppte ich mich bis nach Veľké Kapušany, wo ich am späten Nachmittag ankam.

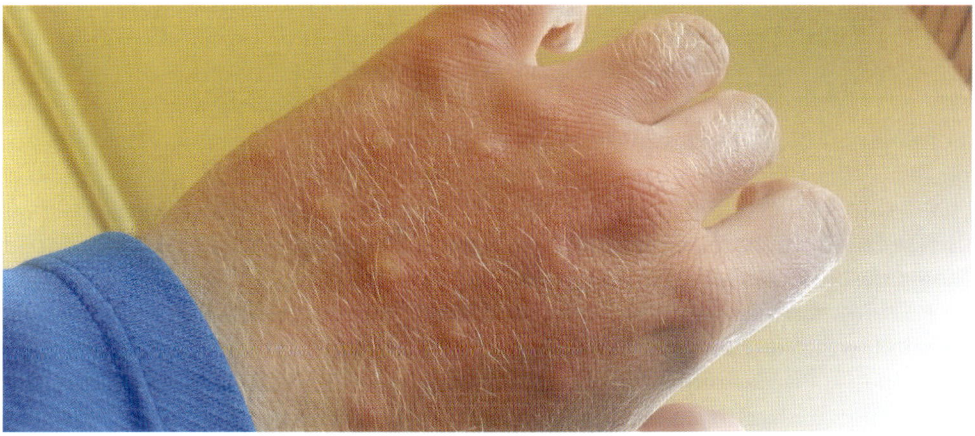

Geduscht liege ich nun auf meinem Bett, strecke kraftlos die Glieder von mir und blicke hoch zur fleckigen Decke meiner Penzión. Tag 50 liegt hinter mir, mein letzter Tag in der Slowakei. Das kleine Land im Herzen Europas hat mir einiges abverlangt. Neben mir am Nachtkästchen liegt meine linke Sandale. Der Kleber trocknet. Ludwig wird es also noch ein paar Kilometer schaffen. Ich hoffe, ich auch.

Tag 51 – 27 km (1606 km): Riesenbärenklau

Ausgeschlafen, aber noch mit etwas Schwere in den Beinen, machte ich mich heute Morgen auf den Weg zum ukrainischen Grenzübergang. Zwischen unkultivierten Weideflächen mit Steppengras wanderte ich in der Ebene dem nächsten Land meiner Reise entgegen; einem Land, in dem P ein R und H ein N darstellen. Kyrillische Wunderwelt. Ich war getragen von Vorfreude auf etwas Neues und Vorfreude auf einen alten Freund. Artur, mit dem ich Ende der 90er gemeinsam Theologie studiert hatte, wartete hinter der Grenze. Groß, hager, zäh, mit rundem Gesicht, Stoppelbart und einer Naturtonsur, wollte er mich eine Woche durch seine karpatenukrainische Heimat begleiten.

Der winzige Übergang war nur für Fußgänger geöffnet und seine Grenzbeamten sehr entspannt. Ein paar kurze Fragen und die Gepäckkontrolle war erledigt. Ich vermute, dass die Dame meine Socken nicht riskieren wollte und deshalb schnell abwinkte, als ich nach dem Reißverschluss der Ladetasche griff. „ні, ні." Sie schüttelte beschwichtigend den Kopf. Und wie der Leser aus der Einleitung weiß, ist das Geschriebene kein gekichertes „hi, hi", sondern ein „ni, ni" – zu Deutsch: „Nein, Nein."

Dann wandte ich mich nach Nordosten, Richtung Ужгород (Uschhorod). Die Landschaft zeigte sich unbeeindruckt von der eben passierten Landesgrenze und bot mit ihren kleinen Straßendörfern kein wirklich neues Bild. Nur der Straßenbelag wurde einen Hauch abenteuerlicher.

Vom blauen Himmel brannte die Sonne.

„Das sind doch Bärentatzen?!", sprach ich eine Weile später staunend zu mir selbst und machte ein Bild von einem Exemplar, das sich locker drei Meter aus dem Straßengraben hob. Und was für welche. Es war der große, dicke, und sehr gemeine Bruder des bei uns heimischen Wiesenbärenklaus. Passend, wenn auch wenig einfallsreich, trägt er den Namen Riesenbärenklau. Bärenklau ist phototoxisch. Das bedeutet, dass der Riesenbärenklau bei Berührung in Kombination mit Sonnenlicht Irritationen bis hin zu schwer heilenden Verbrennungserscheinungen auslösen kann. Dann stammt die seltsame Rötung auf meinem Oberarm, die nicht, wie üblich, dem Rand des T-Shirts folgt, wohl vom zufälligen Kontakt mit dieser monströsen Pflanze.

Ich war gedanklich noch tief in die bedrohliche ukrainische Flora vertieft, als Artur mir winkend auf seinem Fahrrad entgegenkam. Freudiges

Wiedersehen. Dann brachte er mich zu meinem Quartier im Neubau des ruthenischen, griechisch-katholischen Priesterseminars, in dem er selbst nach dem Zusammenbruch des Kommunismus mit dem Priesterstudium begonnen hatte. Damals allerdings sah die „Anlage" noch anders aus. Zwölf Baucontainer, acht Seminaristen pro Container. Ein WC und eine Waschgelegenheit auf je 40 Seminaristen.

Am Nachmittag besuchten wir die Kathedrale, die, nach langem rechtlichem Tauziehen, von der orthodoxen Kirche zurückgegeben worden war. Die Kommunisten hatten einige Jahrzehnte zuvor, nach der Besetzung des Gebiets, die Katholiken verfolgt, enteignet und ihren Besitz den staatshörigen Teilen der Orthodoxie übergeben.

Es gibt viele Märtyrer aus jener Zeit, darunter auch den seligen Bischof Theodor Romscha. An seinem Grab konnte ich heute im Gebet verweilen. 1947 hatte die kommunistische Führung Maßnahmen zur Ermordung des griechisch-katholischen Bischofs beschlossen. Auf dem Heimweg von einem

Kirchweihfest rammte ein Militärlastwagen seine Kutsche. Der Bischof überlebte und wurde mit Verletzungen am Kopf und einem doppelten Kieferbruch in das Krankenhaus von Mukatschewe eingeliefert. Eine Agentin, die als Reinigungskraft eingeschleust wurde, vergiftete ihn schließlich. Später wurde auch das Grab des Bischofs geschändet. Nachdem man den Gläubigen den Zugang zur Krypta versperrt und verboten hatte, verstreute man seine Gebeine zwischen Müll und Wodkaflaschen.

Tag 52 – 23 km (1629 km): Relaxen im Gemüsetopf

Ich sitze in einem überdimensionalen Kochtopf. Ein paar große Steine verhindern, dass mein Hinterteil anbrennt. Und doch bin ich nicht das kulinarische Highlight osteuropäischer Kannibalen, sondern ich genieße in

einem Чан (Tschan), die geniale Form des ukrainischen Xtreme-Kneipens. Im frohen Wechsel zwischen dem 42°C heißen Heilwasser und dem eiskalten Bach nebenan wird jeder Muskel zu Butter.

* * *

Der Morgen begann mit einer byzantinischen Liturgie, in der 80 Seminaristen ihre Stimme auspackten. Ergreifend. Und ein Kontrast zu meiner täglichen „Stillen Messe" – eben weil die Engel für unsere Ohren in der Regel um so viel leiser singen. Anschließend ging es zum Rundgang durch die 120.000 Einwohner zählende Stadt. 400 Jahre Donaumonarchie haben im historischen

Kern geschnörkelten Stuck, bunte Pastellfarben und andere barocke Spuren hinterlassen. Nur hinter dem alten Burgberg zeigte ein Freilichtmuseum die landestypische Holzarchitektur. Wer übrigens auf der längsten Lindenallee Europas flanieren will, muss ebenfalls hierher an das Ufer der Usch reisen.

Um kurz nach 16.00 Uhr ging es dann zu Fuß die 20 Kilometer in Arturs Heimatstadt Перечин (Peretschyn), wo irgendwann entlang der unschönen Stadtausfahrt das Telefon meines Begleiters läutete. Völlig überraschend erreichten mich liebe Grüße aus der Heimat. Wer hätte gedacht, dass der Bischof von Uschhorod, für den Artur arbeitet, gestern ganz zufällig in Liechtenstein bei meinem „Chef" gewesen ist.

Kaum in Peretschyn angekommen, ging es mit dem Auto in das 30 Kilometer entfernte Thermalgebiet – wie beschrieben, eine Sensation für müde Knochen. Zu später Stunde zurück in Arturs Elternhaus wurde dann noch mein Bauch bis drei Zentimeter unter den Kehlkopf mit ukrainischen Spezialitäten vollgestopft. Сáло (salo), der gepökelte und bis zu zehn Zentimeter dicke Rückenspeck vom Schwein – also 103 Prozent pures Fett – durfte dabei natürlich nicht am Tisch fehlen. In der Ukraine dankend ablehnen? Unmöglich. So rollte ich nach Mitternacht ein paar Zimmer weiter auf mein Lager, streckte mich auf der Gästecouch und verdaute Eindrücke und Essen. Dann dachte ich an die Heimat. Morgen werden gut zwei Dutzend meiner ehemaligen Schüler zum Sakrament der Firmung treten. Die letzten zwei Jahre vor meiner Reise habe ich sie auf diesen Tag hin begleitet. Nun wünsche ich ihnen fernab von Triesenberg den Bekennermut des seligen Bischofs dieses Landes. Theodor Romscha, bitte für sie!

Tag 53 – 53 km (1682 km): Aber ich bin schon so voll ...

Ich vermute, wenn man all die Einträge seit Beginn der Reise liest, dann ist einiges dabei, das – sagen wir es so – „nah an der Grenze zum Jammern" ist. Es gab bislang viele und vielfältige Herausforderungen. Nach Schnee, Kälte, Regen, Kälte, Regen, Regen, Fluten, Regen, Regen, Regen, Schlamm, Schlamm, Bäumen, Bäumen, Hitze und Stechmücken gibt es in der Karpatenukraine eine neue Herausforderung: Essen. Nein, nicht Hunger. Essen! Hier muss man essen – hungrig oder nicht! Wie die ukrainische Volksweisheit zu den Nachspeisen so schön und fromm orakelt: „Für den Bischof ist immer Platz." Will heißen, dass es auch in

einer restlos gefüllten Kirche immer noch Platz für den zelebrierenden Bischof gibt. Und davon zieht man nun Rückschlüsse auf die „Dessertfähigkeit“ des Gastes.

Bis zur Ukraine hatte ich geschätzte 15 Kilo abgenommen. In den letzten 48 Stunden kann ich hingegen sicher ein Plus von fünf Kilo verzeichnen. Ich nenne es den Transkarpatischen Jo-Jo-Effekt.

* * *

Die Nacht war kurz gewesen. Wirklich kurz. Keine drei Stunden auf der Couch. Artur, der für die kommende Woche packen musste, hatte noch weniger geschlafen. Er wollte sein Mountainbike analog zu meinem Carrix als Gepäcktransport nutzen, es die nächsten 250 Kilometer neben mir schieben und dann von der rumänischen Grenze aus wieder nach Hause radeln.

Auf uns beide wartete ein heißer und sehr langer Tag – bis zum Abend sollten es 53 Kilometer werden. Im schwülen Dunst des Morgens brachen wir auf. Stillgelegte Fabriken und schmutzige Industrieanlagen tauchten gespenstisch aus dem Nebel auf. Die verbogenen, rostigen Streben einer Brücke spannten

sich in einem krummen Bogen über das trübe Wasser der Usch. Einfache Häuser begleiteten die Straße im Tal der Turiya nach Osten. Hinter Zäunen aus Maschendraht wuchsen Gemüse und Blumen. „Ohne Garten ist man wirklich arm.“, sagte mein Begleiter in die Stille des Morgens, während unsere Schritte durch das Dorf Сімер (Simer) hallten. Und er erzählte von seinen Großeltern, die beim Zusammenbruch des Kommunismus die Freiheit gewannen und die Ersparnisse eines ganzen Arbeitslebens verloren. „Wer einen Garten hatte, war vielleicht arm, aber er konnte essen. In der Stadt sah es anders aus.“ Fast 25 Jahre ist die Wende her, aber Armut und Elend haben sich mit der letzten Krise wieder verschärft – sichtbar. In Gespräche vertieft wanderten wir über zerfallende Straßen.

Der Nebel wich. Die drückende Schwüle nicht. Und die Temperaturen stiegen. Ich wollte den 40 Grad von Arturs beschattetem Fahrradcomputer nicht ganz trauen, aber am späten Vormittag stach die Sonne wirklich unbarmherzig vom Himmel. Während in den Waldstücken die Bremsen aggressiver wurden, türmten sich Gewitterwolken zu beiden Seiten auf. Blitze zuckten und Donner grollte über Tälern zur Rechten und zur Linken. Nur über uns brannte der Feuerball.

Im Schatten hoher Bäume, auf einem Pass zwischen zwei Tälern, machten wir unsere Mittagspause. Gurken, Tomaten mit Schafkäse, Salo und Brot. Ein brühwarmes Bier, das Artur aus der Gepäcktasche des Fahrrads zauberte, komplementierte das Menü. Dann dösten wir eine Stunde, bevor wir den weiteren Weg in Angriff nahmen.

In Плоске (Ploske), nach einem kritischen Blick zurück zu einer Gewitterfront, die nun auf uns zuzuhalten schien, kehrten wir für eine Erfrischung in einem Laden-Schrägstrich-Wirtshaus ein. Es gab Trockenfisch, Bier und квас (Kwas). Kwas ist ein im Osten populäres Brotgetränk, das aus der Gärung von Wasser, Roggen und Malz gewonnen wird. Bereits 989 tauchte der dunkle Saft erstmals in Urkunden auf und sorgt seither mit seinem leichten Zitronengeschmack und Milchsäurebakterien für Frische und eine gute Verdauung. Wir mischten gerade Kwas und Bier, als uns eine neugierige junge Frau in gutem Englisch ansprach. „Where are you guys from?" Wir erklärten uns und als sie hörte, dass ich Österreicher war, begann sie auch noch auf Deutsch zu sprechen. In Indien hatte sie ein Jahr Deutsch unterrichtet ... In diesem Moment winkte eine ältere Frau mit vollem Einkaufskorb, würdevoll aber bestimmt, und trat durch die bunten Plastikfliegenstreifen nach draußen. Unsere neue Bekanntschaft lächelte scheu: „Meine Mutter." Dann verabschiedete sie sich und folgte ihr ins Freie. Einen Moment waren wir still und blickten uns an. Eine Ukrainerin unterrichtete in Indien auf Englisch Deutsch? Ich blickte auf das Glas am Tisch vor mir. 1,2% Alkohol. Am Kwas konnte es nicht liegen. Wir lachten über die verrückte Welt, tranken aus und machten uns ebenfalls wieder auf den Weg.

Mit dunklen Wolken im Rücken liefen wir eine gute Stunde, bevor schwere Tropfen den brüchigen Asphalt unter unseren Füßen zum Dampfen brachten und die Luft mit dem satten Geruch von Sommerregen füllten. Zwei Minuten später waren wir klitschnass. Blitze zerrissen den Himmel. Donner ließ die Erde beben. Wir rannten und fanden in einem „Worteheisl" am Eingang von Поляна (Poljana) Unterschlupf. Bald standen wir dicht gedrängt mit anderen Schutzsuchenden auf knappem Raum. Ohrenbetäubend prasselte der Regen auf das Blechdach.

Wir warteten. Es wurde spät, doch der Regen ließ nicht nach. Wir blickten uns an, zuckten mit den Achseln und kehrten auf die Straße zurück.

Nach einer Weile kam uns eine Frau entgegen und suchte eine weiße Kuh. Die ukrainische Variante von Moby Dick, dachte ich lächelnd und navigierte um eine riesige Pfütze am Straßenrand.

Am Abend kamen wir in jenes kleine Dorf, wo wir bei lieben Verwandten eines Freundes von Artur unterkommen sollten. Die Gastfreundschaft war unglaublich herzlich und mit der Müdigkeit des langen Tages schon fast etwas überfordernd. Essen wurde aufgetischt, obwohl wir im Anschluss noch mit zwei Freunden Arturs Geburtstag feiern wollten. Höfliche Verneinung? Das ging nicht. Essen. Drei Kilometer weiter wartete Fr. Yosyp mit Jana, die ebenfalls für uns gekocht hatte. Mehr Essen. Und zwischen alten Anekdoten, Gelächter, Erinnerungen und Gesprächen bis tief in die Nacht machten wir natürlich auch Platz für den einen oder anderen „Bischof".

8. Sonntag – Die langweiligste Stunde der Woche

„Ich glaube, die Kirchen wären viel voller, wenn die Messen am Sonntag nicht so langweilig wären. Könnte man da nicht ein bisschen mehr Pep reinbringen?"

Schach ist langweilig, sagen manche. Garri Kimowitsch Kasparow, Großmeister des karierten Bretts, wäre da wohl anderer Meinung. Es macht eben einen Unterschied, ob man bei einer Schachpartie ahnungslos zusieht oder mit seinem Gegner die Stirn um die Wette runzelt. Bei der heiligen Messe ist es nicht anders. Nur wenn man versteht, um was es geht, verfliegt die Langeweile. Und darum will ich hier kurz auf den Kern der Feier verweisen, in dem das eigentlich Großartige liegt.

Also, wenn wir Menschen etwas empfinden, dann drücken wir es durch Zeichen nach außen hin aus. So kann man einen Menschen, der verliebt ist, unterscheiden von einem Menschen, der zornig ist.

Auch in der Religion gibt es einen Ausdruck für das, was man innerlich empfindet. Das wichtigste Beispiel dafür ist das Opfer. Opfer gibt es in praktisch allen Religionen. Es sind kostbare Gaben für Gott. Sie sollen zum Ausdruck bringen, dass Gott mir wichtig ist, dass er die erste Stelle in meinem Leben einnimmt. Gott selbst braucht natürlich keine Opfer. Er hat nicht wirklich etwas davon. Aber wir brauchen diese äußeren Zeichen, denn es entspricht unserem Wesen, das Innere auszudrücken.

Im Alten Bund gab es ganz viele verschiedene Opfer: das von Abel, das von Abraham oder das von Melchisedek. Und dann die vielen Opfer, die das Gesetz des Mose vorgeschrieben hat. Alle diese Opfer sollten, wie gesagt, ausdrücken, dass Gott das Wichtigste im Leben der Menschen ist. Und weil die Menschen leider oft etwas anderes über Gott stellten, dienten viele Opfer dazu, die rechte Ordnung wieder herzustellen. Gott sollte zurück an die erste Stelle. Solche Opfer für begangene Sünden nannte man Sühnopfer.

Ein Opfer gibt es auch im Neuen Bund, aber nur mehr ein Einziges: Jesus gab am Kreuz sein vollkommenes Leben auf vollkommene Weise hin. Er tat es, um für die Sünden der Menschen zu sühnen. Sein liebender Gehorsam wog den lieblosen Ungehorsam des Menschen auf. Er stellte die Ordnung zwischen Gott und den Menschen wieder her. Und weil dieses Opfer Jesu nun ganz vollkommen war, brauchte es keine weiteren Opfer mehr. Sein Opfer ist das Einzige des Neuen Bundes.

In der heiligen Messe nun, wird dieses eine Opfer Christi gegenwärtig. Und zwar auf folgende Weise: In der heiligen Messe werden Brot und Wein gewandelt in Leib und Blut Christi. Jesus ist dann wirklich unter den Gestalten von Brot und Wein da. Realpräsenz nennt man das. Aber Brot und Wein werden getrennt gewandelt. Zeichenhaft werden Leib und Blut Jesu voneinander getrennt. Das steht für das Sterben Jesu. Wenn ein Leib Blut verliert, stirbt er. Hier finden wir also eine sakramentale Vergegenwärtigung von Jesu Tod am Kreuz. Er leidet dabei natürlich nicht neu. Aber im Sakrament wird seine Hingabe am Kreuz – sein Opfer – in der Messe gegenwärtig.

Genau darum geht es in der Messe. Es geht um diese besondere Gegenwart; um die Vergegenwärtigung des Opfers Jesu. Das Beten und Singen in der Gemeinschaft ist schön, aber es ist nur der Rahmen für das, was im Zentrum steht: Christi Erlösungswerk am Kreuz. Durch die Vergegenwärtigung dieses Opfers haben wir heute Anteil an den Gnaden, die er damals am Kreuz für uns erworben hat. In der heiligen Messe vollzieht sich an uns immer neu das Werk der Erlösung. Das macht die Messe so besonders und absolut spektakulär!

Mit Aktionen, Musik oder Freibier kann man Kirchen sicher auch heute voll bekommen. Aber was wäre für den Glauben gewonnen, wenn man dabei auf den eigentlichen Grund der Feier vergisst?

Tag 54 – 37 km (1719 km): Birken wirken

Die Nacht war kurz, das Frühstück üppig, der Weg ungewiss. Ein Bekannter hatte uns gewarnt, es würden am Weg nach Воловець (Wolowez) viele Brücken fehlen. Na dann …

Unsere betagte Gastgeberin ließ es sich trotz schwerem Atem nicht nehmen, uns zu Fuß bis zur 800 Meter entfernten Straßenkreuzung zu begleiten. Dabei musste ich mit dem Großmütterchen fast darum kämpfen, mein eigenes Gepäck tragen zu dürfen. Unsere Trinkflaschen hatte sie mit Березовий сік gefüllt – Birkenwasser. Es wird in den ländlichen Gebieten Osteuropas auch heute noch für den Eigenbedarf gewonnen. Dazu, so erklärte man mir, werde im Frühjahr der Stamm oder die Astunterseite einer Birke angebohrt und der austretende Saft in einem Kanister aufgefangen. Zehn Liter und mehr können so am Tag aus einem Baum gewonnen werden. Birkensaft wurde – wie fast alle dem Menschen bekannten Flüssigkeiten – natürlich gern vergoren. Ich habe das Zitat in einem alten Hauslexikon gefunden, in dem es über den dabei entstehenden Birkenwein heißt: „Dieß Getränk soll dem ächten Champagner zum Verwechseln ähnlich seyn." Na dann: „Santé!" Ich probierte nicht ohne Skepsis die klare, farblose Flüssigkeit. Der leicht süßliche Geschmack war schwer zu beschreiben. Ein Hauch von Wald auf dem Gaumen. Soll gut für die Nieren sein.

Nach den ersten Kilometern kamen wir nach Свалява (Swaljawa), wo sich am Stadtrand prompt der konsumierte Birkensaft meldete und auf Abschied drängte. Doch auch lange nach dem Ortsschild wollten die Häuserreihen entlang der Straße nicht enden. Kein stilles Örtchen weit und breit. In der akuten Not wanderten meine Gedanken zurück in die Schulzeit. Vor meinem geistigen Auge begann sich eine Szene der Verfilmung von Torbergs „Schüler Gerber" zu wiederholen. Dort wollte ein Schüler zu genanntem Zwecke aus dem Klassenzimmer treten. Der Lehrer verbot es. Der Schüler erhob sich darauf erneut und verwies auf das Ende Tycho Brahes, dessen unzeitiger Tod der Harnverhaltung zugeschrieben wird. Würde ich das Schicksal des dänischen Astronomen teilen? Nun, diese Zeilen lassen erkennen, dass es mir – für jetzt – erspart geblieben ist.

Als wir Swaljawa hinter uns gelassen hatten, mit seinen Kirchen und großen Trauben von sonntäglichen Messbesuchern, die im Gotteshaus keinen Platz mehr fanden, wurde der Weg entlang dem Ufer der Вича (Witscha) immer einsamer. Kleine Buchten im Gewässer als Tummelplatz für dicht gedrängte, schaukelnde Plastikflaschen.

Der letzte Straßenbelag lag schon eine Weile hinter uns, als sich das erste große Loch auftat. Hier fehlte eine Brücke. Ja, mehr noch, auf der anderen Seite fehlte auch der Weg. Bislang hatten wir immer noch Fahrzeugspuren ausmachen können, aber war hier Schluss? Waren wir in einer Sackgasse? Durch die dichte Vegetation testeten wir verschiedene Routen und fanden uns schließlich zerkratzt und mit anhänglichen Samenkapseln übersät auf den Geleisen der Bahnstrecke wieder. Der Schienenstrang hatte uns seit dem Vormittag im Tal begleitet. Etwa alle 30 Minuten war ein Zug vorbei gebraust. Ich studierte die Satellitenbilder und versuchte zu erkennen, ob weiter vorne wieder auf einen Weg zu hoffen war. Kein eindeutiger Befund. Wir blickten uns gegenseitig fragend an. Nun? Und dann schritten wir mit schnellem Schritt die unwegige Trasse entlang und warfen immer wieder Blicke zurück. Arturs Fahrrad und mein Carrix polterten über die Bahnschwellen.

Der Rest des Tages war ein fröhlicher Wechsel zwischen Wegen, Pfaden, Feuchtgebieten, Eisenbahnbrücken und Gleisanlagen, bis wir schließlich müde die breite, löchrige Hauptstraße von Wolowez hinunterliefen. Alte, graue Plattenbauten mit undichten Balkonverglasungen schienen sich im Licht der Abendstunden zu wärmen. Rustikaler, östlicher Charme.

Im Zentrum hatte uns der Ortspfarrer beim frommen Hotelbesitzer ein kostenloses Quartier organisiert und mir im Anschluss erlaubt, hinter der goldenen Ikonostase der byzantinischen Kirche noch die Sonntagsmesse zu feiern. Das erste Mal seit mehr als drei Wochen war ich nun nicht mehr über das Missale auf einem Hoteltisch oder auf dem Zeltboden gebückt. Heilige Geheimnisse an heiliger Stätte.

Tag 55 – 17 km (1736 km): Drei Vasyl und ein Panzer

Die 1719 Kilometer bis heute bin ich zu Fuß gegangen – mit einer kleinen Ausnahme. In Hallstatt hatte ich wegen einer Wegsperre für ein kurzes Stück die Gondel vom Bergwerk in den Ortskern nehmen müssen. Heute Morgen kam Ausnahme Nummer zwei. Beim Frühstück – es gab Schwammerlsuppe mit Teigtaschen – erklärte Vasyl, der Hotelbesitzer, in Absprache mit Vasyl, dem Pfarrer, dass uns Vasyl, der Bürgermeister, in einer Stunde abholen würde. Er hatte gestern von unserer Route erfahren und erklärt, dass es nach den Gewittern und Regenfällen unmöglich sei, den geplanten Weg hinauf zu den grünen, baumlosen Höhen der Polonina mit Arturs Mountainbike oder meinem Carrix zu bewältigen. Ein paar Horrorgeschichten von umgestürzten Bäumen und tiefem Schlamm später hatten wir zugestimmt, für fünf Kilometer den „Bus" bis zur meteorologischen Station zu nehmen.

Eine Stunde später. Krachen. Quietschen von rostigem Metall. Motorenlärm. Ratatatatat. Dann bog ein Panzer um die Ecke. Vasyl, der Bürgermeister, winkte von der Ladefläche. Streng genommen war es natürlich kein Kriegspanzer, sondern ein uraltes russisches Spezialkettenfahrzeug, das früher die schwere Artillerie für die Rote Armee gezogen hatte. Aber im Vergleich zu meinem Kompaktwagen …

Mit neuer Ausrüstung für die Wetterstation, ein paar Touristinnen aus Kiew, Vasyl und uns beiden, pflügten wir wenig später in irrer Fahrt den Berg hoch. Als letzter auf der harten Holzbank, geschüttelt und zerdrückt, stemmte ich mich gegen die Ladeluke, um nicht vorzeitig „auszusteigen".

Holz, Stein und Landschaft wurden von den hungrigen Eisenzähnen unter uns zermalmt und einen Moment lang war ich mir nicht ganz sicher, ob der katastrophale Wegzustand wirklich dem schlimmen Wetter oder den regelmäßigen Fahrten dieses Fahrzeugs geschuldet war.

Oben, am Grasrücken der ukrainischen Waldkarpaten angekommen, husteten wir die Dieseldämpfe aus, knipsten ein paar Bilder und verabschiedeten uns

vom freundlichen Dorfchef, der nochmals grinsend zu unserem Transportmittel hin nickte: „Ukrainian Bus". Wir lachten alle drei.

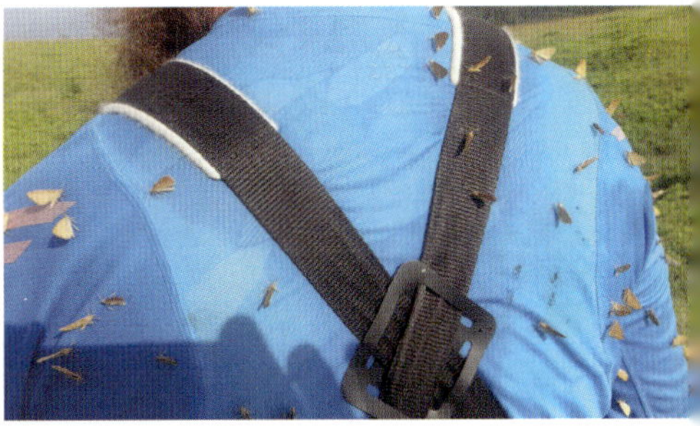

Nach dem Lärm der vergangenen 20 Minuten wurde es nun still auf den saftig grünen Hochweiden – und stiller noch, als uns wenig später die Wolken einschlossen. Landschaft und Wetter, ein Spiegelbild der Tage am slowakischen Höhenweg.

Irgendwann und irgendwo, als sich die grauen Schleier hoben, tauchten Sára, Tomáš, Jindřich und David vor uns auf. Gemeinsam wanderten wir mit dem tschechischen Quartett über die sanften Hügel, bis sich am Nachmittag ein perfekter Zeltplatz mit Quelle für die Nacht anbot. Es dämmerte. Gewitter grollten in der Ferne. Lagerfeuerromantik über dem Tal von Wolowez. Da war es dann auch gar nicht schlimm, dass Artur am Vortag neben Schafkäse eine Flasche Wein eingepackt hatte.

Tag 56 – 39 km (1775 km): Der leichtere Weg

Seit ich das erste Mal mit meinem Schulfreund Rainer in einem Zelt übernachtet habe, sind Regentropfen auf der Zeltplane etwas Besonderes. Zugegeben, damals, vor mehr als 25 Jahren, war auch der Geruch von Rainers Dackeldame Susi im Zelt etwas Besonderes. Aber Regentropfen haben, im Unterschied zu Hundegeruch, seither viele meiner Nächte im Zelt begleitet. Man liegt auf der Erde und nur eine dünne gespannte Haut macht den Unterschied. Heimelig ist das.

Zu Regentropfen bin ich heute Morgen aufgewacht und über die nächsten drei Stunden wurde ich im Halbschlaf vom leisen Trommeln begleitet. Gegen 10.00 Uhr begannen wir alle, eine Regenpause dafür zu nutzen, unsere Zelte abzubrechen. Unsere tschechischen Freunde verabschiedeten sich, „bis wir sie einholen würden." Artur und ich hatten beschlossen, noch für einen Brunch zu bleiben. Wir würden die nette Truppe nicht wiedersehen.

Nach zwei Stunden im Nebel und auf zunehmend rutschigen, schmalen Pfaden, die vor allem für Artur mit dem überladenen Fahrrad zur Herausforderung

wurden (Bike am Pfad – Artur in den Heidelbeeren), beschlossen wir dem Rat eines Hirten zu folgen und den „leichteren" Weg ins Tal zu nehmen. In Tat und Wahrheit möchte ich die „schwere" Route nicht gesehen haben, denn der „leichtere Weg" war schon 500 Meter jenseits der Hirtenempfehlung nur mehr eine Schlammschlacht. „Leichter für wen?", dachte ich und erinnerte mich wehmütig an das Panzerfahrzeug. Aber abwärts geht es bekanntlich immer … irgendwie … und so kamen wir in ein Tal, von dem aus wir nun über zwei Hügelketten in den Osten marschieren mussten.

Landschaft und Häuser waren Bilder einer Vergangenheit, in der noch Fürsten und Könige hier herrschten – mit dem Unterschied, dass praktisch an jeder Hütte eine Satellitenschüssel montiert war – Fenster in ein Leben, das mit ihrem eigenen wohl wenig gemein hatte.

Der Weg nach Міжгір'я (Mischhirja) zog sich in die Länge. Wegen dem späten Start und dem schwierigen Gelände kamen wir erst gegen 17.00 Uhr in die kleine Stadt. Arturs gute Kontakte zu den Priestern seiner Diözese ließ uns auch hier freundliche Aufnahme im Pfarrhaus finden. Aber unser Etappenziel hatten wir noch nicht erreicht. Zwanzig weitere Kilometer führten uns anschließend über einen Pass. Die alte „Straße" hinauf in die grünen Hügel stapften wir im Regen. Kleine Bäche kamen uns auf dem erodierten Weg aus Lehm und Schiefer entgegen.

Am Pass schickte der Himmel ein paar späte Sonnenstrahlen. Sie tauchten die Landschaft in das weiche Licht der goldenen Stunde. Unten im Tal leuchtete eine orthodoxe Kirche im hellen Blau.

Wir stiegen über ausgewaschene, tief durchfurchte Wege hinab und folgten dann der Straße fünf Kilometer bis Негровець (Nehrovets). Dort kam uns Pfarrer Evgenie bereits entgegen und lotste uns zu seinem Haus. Abendessen. Cognac. Deo gratias!

Tag 57 – 33 km (1808 km): Rübig und andächtig

Unser derzeitiger Rhythmus tendierte entgegen aller Vorsätze meist zu spätem Aufbruch, später Ankunft und kurzer Nacht. Heute sollte es nicht anders werden. Der Tag begann mit einem herzhaften Frühstück zusammen bei Pfarrer Evgenie und seiner Familie. Der freundliche Priester wurde – wie ich am Ende des Tages von einem seiner Kollegen erfahren sollte – im Seminar von allen „Bomba" genannt. Beim Weltjugendtag in Köln 2005 sorgte der Spitzname des solide gebauten Geistlichen dann fast für eine Massenpanik, als jemand laut in der Menge nach ihm rief.

Pfarrer Evgenie und seine Frau Natalia stammten ursprünglich aus Arturs Heimatstadt und waren seit sechs Jahren hier in Nehrovez. Die Situation in den armen Bergpfarreien war nicht einfach und es fehlte oft das Geld für die notwendigsten Dinge. Die junge Familie beispielsweise hatte zwei kleine Kinder, aber keine Heizung. Nur in der Küche des Pfarrhauses wärmte im Winter der Herd.

Die armselige Situation in Nehrovez hing eng mit dem Los der ruthenischen Kirche in der Karpatenukraine zusammen. Sie war 1646 in der Union von Uschhorod aus der Orthodoxie in die Gemeinschaft mit Rom zurückgekehrt. 1949 wurde sie von den Sowjets mit der russisch-orthodoxen Kirche zwangsuniert. Ihre kunstvollen Gotteshäuser wurden entweder moskautreuen Priestern übergeben oder im sowjetischen Kirchenkampf als absurde Lagerräume für Dünger und Kartoffeln genutzt. Bisweilen wurden die schönen Holzbauten auch in „Museen des Atheismus" umgewandelt, wo nun statt der Heiligenikonen die kommunistische „Dreifaltigkeit" Engels, Marx und Lenin in Bildern über dem Altarraum hing. Eine solche „Kirche der Religionslosigkeit" lag heute auf unserem Weg.

Nach dem Zusammenbruch der Sowjetunion blühte die griechisch-katholische Kirche der Ruthenen wieder auf. Doch die ersten Jahre waren hart. Die konfiszierten Kirchen wurden oft nur nach langem Rechtsstreit zurückgegeben. Andere Gebäude waren so baufällig, dass sie nicht mehr nutzbar waren. Und um einige kämpft man immer noch. So wurden, gerade in den ersten Jahren nach der Wende, die großen Feste oftmals im Freien gefeiert. Weihnachten unter dem Sternenzelt, in klirrender Kälte und meterhohem Schnee. In Nehrovez steht noch heute eine neun Quadratmeter kleine Holzkapelle, um die sich einst das gläubige Volk auf diese Weise zur Liturgie zusammendrängte.

Seit dieser Zeit wurden 162 neue Kirchen gebaut. Auch Pfarrer Evgenie übte sich gerade als Bauherr und zeigte uns stolz den wachsenden Holzbau am Ortsende. Nach einer Führung brachen wir von dort mit seinem priesterlichen Segen Richtung Südosten auf – in eine Gegend, auf die ich mich seit der Planung meiner Reise gefreut hatte. Hier in den ukrainischen Waldkarpaten gab es die Dörfer Німецька Мокра (Deutsch-Mokra) und Усть-Чорна (Königsfeld), die im 18. Jahrhundert von oberösterreichischen Siedlern gegründet worden waren. Holzarbeit war das Handwerk, für das man sie angeworben hatte. Und wie in ihrer ursprünglichen Heimat, dem Salzkammergut, sollten sie auch hier das Brennmaterial für die Öfen der Salinen flussabwärts liefern.

Auf den alten sowjetischen Karten, die Artur am Fuß des nächsten Anstiegs ausbreitete, schien der Weg nicht sonderlich lang und eine kleine Passstraße sollte angeblich die beiden Täler verbinden. Aber was uns nach dem Übergang in das Theresiental erwartete, war keine Straße – noch nicht einmal im analogen Sinn. Zwei schlimme Hochwasser hatten in den letzten Jahrzehnten die ganze Infrastruktur weggerissen. Ein breites, felsiges Bachbett war alles, was im unteren Teil von der einstigen Verbindung geblieben war.

Es war ein mühsamer Abstieg, bei dem sich der slowakische Sekundenkleber, der meine Sandalen immer noch zusammenhielt, unglaubliche Verdienste erwarb. Ganze Abschnitte gingen wir im Wasser und versuchten, auf den rutschigen Steinen nicht das Gleichgewicht zu verlieren.

Dann grüßte uns Deutsch-Mokra mit kräftigen Farben, die man auf die Holzhäuser gepinselt hatte. Transkarpatischer Barock sozusagen. Hühner und selbstbestimmte Rinder gingen ihrer Wege auf der ungeteerten Straße. Zugpferde wichen lärmenden Holztransportern aus, die zwischen den wassergefüllten Schlaglöchern manövrierten. Dorfleben. Neugierige Gesichter.

Ein Junge in dunkelblauen Plastiksandalen fuhr mit seinem glitzernden Fahrrad vor. Ich grüßte ihn und schmunzelte über die Metallteile des Drahtesels inklusive Kettenblatt, die er mit einem Goldspray „veredelt" hatte. Es erinnerte mich an meine Kindheit, in der auch ich versucht hatte, durch optisches Tuning mein Zweirad schneller zu machen.

Bei der alten römisch-katholischen Kirche, die heute von den griechisch-katholischen Glaubensbrüdern genutzt wird, machten wir Halt. Schon am Eingang stand in vertrauten Lettern: „Benehmet euch rübig und andächtig." Und auf der gegenüberliegenden Wand mahnte ein Schriftzug: „Dem Altern gib die Ehr, macht ihm den Sitzplatz leer!"

Im Dorf selbst waren nach der stalinistischen Verfolgung der deutschsprachigen Minderheit und der Abwanderungswelle am Ende der Sowjetzeit nur wenige deutschsprechende Bewohner übrig geblieben. Immerhin noch 30 Familien mit Salzkammerguter Dialekt gab es zehn Kilometer weiter in Königsfeld.

Dort hatten wir auch unser Ziel für die Nacht. Artur hatte uns einmal mehr über die Pfarrei ein Quartier organisiert – in einem kleinen netten Ferienhaus, das Kantor Micha gehörte. Doch vor der Nachtruhe nahm ich noch ein deutsches Messbuch aus dem Sakristeischrank und feierte in der neugotischen Kirche eine Messe in den Anliegen der Pfarrei, mit der ich mich ob ihrer Geschichte seltsam verbunden fühlte.

Tag 58 – 22 km (1830 km): Schlagloch, Schlaggrube, Schlaghöhle

Auch heute sind unsere Matratzen nicht vor 9.00 Uhr kalt geworden. Nach dem späten Aufstehen und Frühstück zeigte uns Micha die Baustelle des neuen Pfarrhauses. Und natürlich mussten wir ein Gläschen selbstgemachten

Hauswein probieren. Erst dann durften wir weiterziehen.

Das erste Stück der Straße war vor einigen Jahren von einem österreichischen Hilfstrupp geteert worden. Auch die Wasserversorgung im Kindergarten hatten sie damals gemacht. In Königsfeld schien die Landlerhilfe generell viel getan zu haben. „Und zwei nette Zivildiener aus Oberösterreich arbeiten auch heute noch in der Schule", verriet mir Lena im kleinen Lebensmittelladen am Dorfausgang. Ein abgewittertes Schild mit dem kyrillischen Schriftzug „Bad Ischl" hing über dem Eingang – links davon ein verblasster Sowjetstern, rechts ein gemaltes Edelweiß unter dem mit etwas Fantasie noch das Wort „Genossenschaft" zu entziffern war. Lena kam ursprünglich eigentlich nicht aus dieser Gegend oder aus Österreich. Als junge Frau war sie im Zuge der sowjetischen „Volksvermischungspolitik" für ihren Arbeitseinsatz nach Königsfeld geschickt worden und „hängen geblieben". Ihre Schwiegermutter war jedoch eine „Bad Ischlerin" gewesen. Deshalb sprach auch Lena Deutsch – mit lieblichem österreichischen Einschlag.

Für Artur und mich führte der Weg weiter in den Süden – immer entlang der Straße oder was davon übrig war. Der Fluss Тересва (Tereswa) hatte sich zuletzt beim großen Hochwasser von 2010 Teile des Tals zurückgeholt und die Verkehrsverbindung in erbärmlichem Zustand hinterlassen. Für unsere heutige sehr kurze Tagesetappe von 22 Kilometern musste man auch mit dem Auto eine gute Stunde rechnen. Mancherorts in der Ukraine konnte man wahrhaft sagen: „Wenn du´s eilig hast, dann geh zu Fuß."

Bei einer kurzen Pause vor einem kleinen Lebensmittelgeschäft kratzte sich ein älterer Herr am Kinn, als er meinen dort geparkten Carrix sah. „Тачка" (Schubkarre) erklärte ich ihm und er nickte beeindruckt – oder ratlos – als ich ihm meinen Weg von Liechtenstein bis hierher mit dem Finger in der Luft beschrieb. Eine halbe Stunde später überholte er uns mit seinem uralten roten VW im schnellen Schritttempo und winkte heftig.

Den Großteil der heutigen Strecke gingen wir im Regen, während sich die alten sowjetischen Brummer mit Holzladungen einen Weg zwischen verschiedenen Steigerungsstufen von Schlaglöchern suchten. Nass, aber nicht besonders müde kamen wir am Nachmittag in Дубове (Dubove) an. In den 1930ern hatte man hier noch in jedem sechsten Haus Jiddisch gesprochen. Heute erinnerte nur mehr der alte jüdische Friedhof an diese Vergangenheit. Fast die gesamte jüdische Bevölkerung kam in Nazi-Vernichtungslagern um.

Für die Nacht waren wir bei Pfarrer Sergei und seiner Familie untergebracht. Die beiden Söhne Theodor und Anton konnte ich mit der Blaulicht-App meines Smartphones begeistern, zu der ich sie nach den Fahrzeugpapieren ihrer Tretautos fragte. Dem jüngsten Sohn Viktor war das hingegen noch egal. Essen und Schlafen. Mehr brauchte er nicht. Und mehr wurde auch von uns nicht erwartet. Viel essen. Spät schlafen. Noch einmal Gast sein bei unbekannten Freunden in der Ukraine. Morgen werde ich die rumänische Grenze erreichen.

Tag 59 – 47 km (1877 km): My home is my castle

Ich sitze allein mit einem Liter Schokoladeneis in einem leeren Hostel in Sighetu Marmației, Rumänien. Glaubt man amerikanischen TV-Klischees, hört sich das nach Kummer an. Dabei ist der Kübel Eis doch ein hervorragender Kalorienbeitrag, um die Verluste der heutigen 47 Tageskilometer auszugleichen.

* * *

Gähnend und die müden Augen reibend, machten Artur und ich uns heute ein letztes Mal gemeinsam auf den „Weg" gen Süden. Das Wort „Weg" trägt seine Anführungsstriche nicht ohne Grund. In der Tat wusste ich in der Ukraine schon bisher nicht immer genau, wie ich das nennen sollte, auf dem meine Füße gerade schritten oder stolperten.

Aus der Heimat kenne ich Autobahnen, Schnellstraßen, Bundesstraßen, Landstraßen, Güterwege, Feldwege und Fußpfade. Auf Landkarten bekommen sie dort immer eine eigene Farbe und so navigiert man durch die Landschaft. Hier ist das anders … fantasievoller … vielfältiger … mörderischer.

Autobahnen habe ich in der letzten Woche keine gesehen, aber mir sagen lassen, dass es so etwas auch hier gebe. Schnellstraße ist alles, was großteils aus Asphalt besteht und somit rücksichtslos schnell befahren werden kann. „Tempo 50" im Ortsgebiet? Eine unverbindliche Empfehlung. Aber alles andere, was sich als rote Linie auf der Landkarte schlängelt, erfordert zur richtigen Einschätzung eine prophetische Gabe oder genaue Ortskenntnis. So möchte ich nun, nach erfolgter transkarpatischer Durchschreitung, die örtlichen Straßen typisieren, damit künftige Touristen nicht nach 100 Kilometern Schlagloch-labyrinth am Talverschluss von Deutsch-Mokra auf eine „Straße" im analogsten aller Sinne treffen. Wer hier dem Navi traut, traut einem Narren – sofern er nicht gerade (wie ja durchaus möglich) einen Panzer kutschiert. Im Folgenden sei wenigstens versucht, die große Vielfalt der Bedeutung von roten Linien auf der ukrainischen Straßenkarte mit moderner Namensgebung darzustellen.

Landstraße: Eine geteerte, großzügig ausgebaute Straße.

Rumpel-Shox: Eine Straße mit sanften Unebenheiten und gelegentlichen Schlaglöchern zum Auflockern verspannter Gliedmaßen.

Buttermaker: Eine Straße mit großen Schlaglöchern in kurzen Abständen. Für den Milchtransport gilt ein Zeitlimit von fünf Minuten.

Lada-Killa: Eine Straße mit Schlaglöchern von 50 Zentimetern Tiefe und mehr, in denen ein Lada 1500 „bestattet" werden kann. Aus Gründen der Verkehrssicherheit werden Schlaglöcher allerdings meist großzügig mit Ästen „markiert".

Daredevil: Eine ungeteerte, mit unbehauenen Steinen „gepflasterte", steile Straße. Auf diesem Terrain zeigt der Lada 4x4 zum letzten Mal seine Zähne.

Powerslide: Ein Waldweg, dessen Untergrund zu 50 Prozent aus Wasser besteht. Empfohlen all jenen, die sich auch einmal überraschen lassen wollen, wohin ihr Weg führt. Bei entsprechender Neigung führt er in jedem Fall zielsicher in den Graben!

River: Straße, die nicht mehr existiert, weil an ihrer Stelle nun das Wasser fließt. Kartographen stört das hier nicht wirklich. Noch nie etwas von Wasserstraßen gehört? Eben!

Creativity: Straße im rein analogen Sinn. Geeignet für Panzerfahrer, die sich bei der Wahl von Verbindungen zwischen zwei Punkten ohnehin nicht gerne einschränken lassen.

Um zu wissen, welcher rote Strich auf der Karte wie zu interpretieren ist, empfehle ich für Erstreisende das Lesen im Kaffeesud, das Studium tierischer Eingeweide oder das Werfen von Orakel-Knochen.

Nachdem Artur und ich heute Vormittag auf einer „Daredevil" und „Powerslide" den Pass überschritten hatten, kamen wir in ein Tal mit mehrheitlich rumänischer Bevölkerung. Und je weiter es nach Süden ging, desto mehr wurde die Reise zu einem schrägen Fantasy-Trip. Entlang der Schlaglochpiste wuchsen Häuserreihen in die Höhe, wie man sie eigentlich nur aus kitschigen Themenparks kennt. Türmchen, Erker, Rundungen und Zaunanlagen, die, nach allem, was ich in der Karpatenukraine gesehen hatte, wie eine Filmkulisse wirkten. Zu diesem Eindruck trug auch bei, dass die dabei verwendeten Materialien zwar immer glänzten, aber nicht unbedingt den hochwertigsten Eindruck machten. Plastik und Blech wölbten sich auf den geschwungenen Dächern.

Die Bauherren, so erklärt man mir, arbeiteten fast ausnahmslos im Ausland und ließen hier über Jahre hinweg ihr unwirkliches Domizil entstehen. Verstanden habe ich den bizarren Bauwahn nicht ganz – zumal die Straße, die zu diesen Häusern führte, sich irgendwo zwischen „Lada-Killa" und „Creativity" bewegte. Eine seltsame Märchenwelt.

Mit diesen Eindrücken ging am Abend mein erstes Teilstück durch die Ukraine zu Ende; eine Woche Lachen, Essen, Freundschaft und noch mehr Essen. Wir scherzten gut gelaunt auf den letzten Kilometern, während die Sonne langsam hinter Солотвин (Solotwyn) in den Westen sank. Dann wurden wir still. Ein letztes Bild. Ein herzlicher Abschied. Artur stieg auf sein Rad, drehte sich noch einmal um und winkte. Dann verschwand er im Gegenlicht.

Vielleicht löffle ich diesen Liter rumänisches Eis also doch mit ein wenig Trauer und Wehmut. Ich werde Artur vermissen auf meinem weiteren Weg nach Osten.

9. Sonntag – Das Kreuz mit dem Kreuz

„Das Christentum ist mir zu negativ. Ständig dieses Leid. Überall hängen Kreuze. Kann man den Blick nicht auf etwas Schöneres richten?"

Nur wer tiefer blickt, kann staunen. Das gilt für die Welt ganz allgemein und auch für das Kreuz, das sie erlöst. Denn am Kreuz blicken wir auf das Geheimnis der Erlösung. Das Kreuz ist nicht die große Katastrophe, auf die 'Gott sei Dank' die Auferstehung folgt. Nein. Das Kreuz ist die Stunde der Herrlichkeit Gottes, wie uns das Johannesevangelium vor Augen führt. Aber wie?

Nun, die Sünde ist ein Mangel, ein Mangel von etwas, das eigentlich da sein sollte. Ungerechtigkeit ist ein Mangel an Gerechtigkeit. Neid ist ein Mangel an Großherzigkeit. Und so weiter. Die Sünde ist also ein Mangel und im Letzten ist sie immer ein Mangel an Liebe gegenüber Gott oder seinen Geschöpfen.

Wie behebt man einen Mangel? Man behebt einen Mangel mit dem, was fehlt. Wenn die Sünde ein Mangel an Liebe ist, behebt man diesen Mangel mit einem Akt der Liebe. Nur werden wir schnell erkennen müssen, dass unsere menschliche Liebe nicht ausreicht, um die ganze Tiefe der Undankbarkeit und Lieblosigkeit gegenüber Gott aufzuwiegen. Unsere Liebe ist zu klein. Es braucht etwas Größeres. Es braucht eine vollkommenere Liebe.

Eine solche Liebe finden wir in Christus. Er ist der Sohn Gottes. Seine Liebe ist nicht nur die Liebe eines Menschen, sondern die Liebe der zweiten Person der Heiligen Dreifaltigkeit. Diese Liebe ist unendlich und sie setzt einen Akt der Hingabe am Kreuz. Dieser Akt der Liebe hat die Kraft, alle Sünden aller Menschen aller Zeiten aufzuwiegen.

Das Kreuz ist also nicht ein Scheitern. Es ist auch nicht der Blitzableiter für den Zorn Gottes, der seinen eigenen Sohn als Strafe für unsere Sünden zerschmettert, wie es der Reformer Martin Luther verstanden hat. Gott muss sich nicht abreagieren, damit wir von seinem gerechten Groll verschont bleiben. Nein, das Kreuz ist ein Akt der Liebe und Hingabe. Genau darin liegt seine erlösende Kraft. Die vollkommene Liebe Jesu am Kreuz wiegt die Lieblosigkeit der Sünde auf. Hier liegt die Wurzel der Erlösung. Darauf blicken wir, wenn wir das Kreuz ansehen.

Deswegen sollen auch wir uns in der Nachfolge Christi, die mit der Taufe beginnt, vom Kreuz her in dieser Liebe umgestalten lassen. Wir sollen uns selbst sterben, um für Gott als neue, freie, geheiligte Menschen zu leben. Das Kreuz ist also nicht „negativ“. Es ist das größte Zeichen der Liebe.

Tag 60 und 61 – Ruhetage: Hunde und Hunde streicheln

Das erste Wochenende in Rumänien begann mit zwei Ruhetagen. Ich wollte ins 250 Kilometer entfernte Cluj fahren, wo ein Studienfreund mit neuen

Sandalen und einem Ersatzrad für den Carrix auf mich wartete. Doch der Weg nach Transsylvanien erwies sich schwieriger als gedacht.

Erster Versuch: Öffentlicher Verkehr. Dabei wurde ich zunächst um 4.00 Uhr morgens von einem wilden Rudel Straßenhunden einmal um den Busbahnhof

gescheucht. Dann musste ich einsehen, dass nicht nur mit den Hunden, sondern auch mit dem Busplan etwas nicht stimmte. Man hatte, wie sich später herausstellen sollte, die Haltestelle verlegt. Ich ging zurück zum Hostel und beschloss, zwei Stunden Schlaf an die kurze Nacht anzuhängen.

Zweiter Versuch: In der Früh bastelte ich mir ein Schild mit der Aufschrift „Cluj" und tat, was ich in jungen Jahren oft getan hatte: Autostoppen. Das Internet gab Tipps und eine Einführung in lokale Bräuche. So fand ich die hilfreiche Erklärung, dass hier der Daumen nicht nach oben zeigte, sondern stattdessen eine „beschwichtigende Hunde-Streichel-Geste" zu machen war. Ansonsten sei das Trampen hier weit verbreitet und selbst ältere Menschen würden oft darauf zurückgreifen.

Ich suchte mir ein Plätzchen an der richtigen Stadtausfahrt, wo bereits zwei fragile Großmütterchen aggressiv „die Hunde streichelten". Es dauerte nicht lange und sie verschwanden in einem Wagen. Dann hielt auch für mich ein freundlicher Rumäne – allerdings nicht, um mich mitzunehmen, sondern um mir zu sagen, dass der Standort 50 Meter weiter vorne viel besser sei. Ich bin gewiss kein Novize in diesen Dingen, aber ich folgte seinem Rat. Wenig später hielt ein weiterer Mann. 50 Meter weiter hinten wäre ein viel besserer Platz, erklärte er mir hilfsbereit, deutete die Straße zurück und fuhr zufrieden weiter.

Nach einer Stunde, in der ich müde lächelnd zahlreiche weitere Tipps zum idealen Standort entgegengenommen hatte, beschlich mich das leise Gefühl, dass Bartträger im spontanen Fernverkehr auch hierzulande stark diskriminiert werden. Aber kurz darauf hielt ein orangener Minitransporter und Dan aus Cluj, Bauarbeiter und Bodybuilder, hatte keine Angst vor mir.

In den folgenden 33 Stunden kurvte ich durch die grüne Landschaft von Maramureș, traf meinen Studienkollegen Leo, erhielt von ihm die Ersatzteile, aß eine traditionelle Suppe aus einem Brotlaib, lud Kartenmaterial aus dem Netz, trank am Hauptplatz ein Gläschen Wein mit Ostschweizer Touristen, „surfte" fünf Stunden stehend in einem übervollen Bus zurück nach Sighetu und ließ mich schließlich – immer noch als einziger Gast des Hostels – wieder in das untere Stockbett meines Zimmers fallen.

Tag 62 – 47 km (1924 km): Schönheit wird die Welt retten ...

... hat Fjodor Michailowitsch Dostojewski einst geschrieben. Darüber will ich nicht streiten. Egal, wie es sich genau verhält, scheint mir eines klar: Hässlichkeit wird es ganz bestimmt nicht tun. So habe ich heute beschämt ein paar Kirchen entlang des Weges besucht. Hier wurden in Zeiten materieller Armut Bauwerke geschaffen, die mich ob unserer modernen, westlichen Gotteshäuser geradewegs erröten lassen – auch wenn es wegen dem aktuellen Sonnenbrand nicht stark sichtbar wäre.

Aber nicht nur das 1993 wiederaufgebaute Kloster von Bârsana oder die orthodoxe Pfarrkirche von Vadu Izei beeindruckten mich. Auch die reichhaltigen Schnitzereien an den Häusern und gewaltigen Eingangstoren zeugten von einer geradezu verschwenderischen Hingabe an das „Nicht-Notwendige", an das „Nicht-für-etwas-Nützliche." Und damit hoben sie sich ab von der kalten Effizienz der kommunistischen Alltagsarchitektur und der auch bei uns so weit verbreiteten

„Funktionalität". Diese kunstvollen Gebäude waren viel menschlicher. Sie spiegelten die Kapazität des Menschen für das Höhere, das Transzendente wider.

Wir im Westen frönen leider schon viele Jahre einem wahren Kult der Hässlichkeit – auch im Kirchenbau. Schlicht muss es sein. Kühl. Beton. Leer. Funktional. Das wäre alles gut und recht, wenn wir Menschen rein geistige Wesen wären. Aber das sind wir nicht. Wir sind Teil der materiellen Schöpfung. Wir sind Teil

einer Schöpfung, in die Gott selbst in seinem Sohn hinabgestiegen ist. Wir sind Teil einer Schöpfung, die Gott verherrlicht und verherrlichen soll. „Benedicite, omnia opera Domini, Domino; laudate et superexaltate eum in saecula." (Preist den Herrn, all ihr Werke des Herrn; lobt und rühmt Ihn in Ewigkeit!)

In den Kirchen hier konnte man das sehen. Alles war kostbar geformt und gestaltet zum Lob des Schöpfers – nicht weil Er es brauchen würde, sondern schlicht, weil es unserer Geschöpflichkeit entspricht. Wie oft regiert bei uns im Westen die abstrakte, oft keineswegs christliche Idee eines Künstlers, der sich in der Besonderheit des Raums ein Denkmal setzen will? Kirchliche Kunst muss demütig sein. Sie muss dienen. Sie muss auch den einfachen Besucher höher führen. Sie muss verständlich sein und vertikal.

Schönheit war also ein Leitthema des Tages, Freundlichkeit ein anderes. Hier konnte man den alten Großmütterchen auf ihren Bänken vor den Häusern zuwinken und bekam ein fröhliches Lachen und Gewinke zurück. Jeder Radfahrer blieb stehen, um den Carrix zu untersuchen und mit mir eine Weile rumänisch zu plaudern. Mit Latein, Italienisch und Französisch konnte ich rätseln und manches erahnen, denn Rumänisch verstehe ich leider nicht. Aber das machte nicht viel. Die freundlichen Gesichter der Menschen, die da auf mich einredeten, waren auch schon ohne Worte kommunikativ.

So ging ich heute den ganzen Tag im Tal der Iza den Straßenrand entlang und kehrte abends in Bogdan Vodă in einem Haus mit Privatzimmern ein. Ich stand vor der fusseligen, kratzigen, schwarz-weißen Überdecke in meinem Zimmer unter dem Dach und hielt den Kopf schief: „Nein, Hässlichkeit wird die Welt bestimmt nicht retten – aber wärmen kann sie hoffentlich." Ich knipste das Licht aus.

Tag 63 – 43 km (1967 km): Kikerikiii

Warum kräht ein Hahn? Um den Morgen zu grüßen, bestimmt nicht. Dann würden ein- bis zweimal reichen. Der Morgen ist ja nicht taub. Außerdem krähen die Hähne hier so ziemlich den ganzen Tag, wenn auch ihr Lärm in den betriebsamen Stunden oft untergeht. Dann krähen sie vielleicht, um die Hühner zu beeindrucken? Kann nicht sein, sonst würden sie sich nicht einsam am Straßenrand verausgaben. Das Internet meint, das ganze Krähen geschehe zur Reviermarkierung. Nun, da wäre es aber an der Zeit, den Gockeln endlich das Konzept des Zauns, der sie umgibt, zu erklären. Mit dem Zaun, der klar ihr Territorium markiert, ist das Krähen nämlich obsolet, veraltet, unmodern und hat mich heute sinnlos früh aus dem Bett geholt. Viel hat nicht gefehlt und ich wäre in das klar markierte Revier eingedrungen und hätte aus dem Hahn im Korb einen Hahn im Topf gemacht – wenigstens in der Fantasiewelt meines gestörten Halbschlafs.

Heute ging der Weg zum Hauptkamm der Karpaten weiter – vorbei an einer offiziellen Geschwindigkeitsbegrenzung von 5 km/h, wo sogar ich mich als Fußgänger etwas einbremsen musste. Es war angenehm kühl unter dem heiteren Himmel. Kleine Wolken zogen hastig über die Hügel der nordrumänischen Kulturlandschaft. Es ging dem Naturpark „Maramurescher Berge" entgegen, wo sich nicht Fuchs und Hase, sondern Bär und Wolf „Gute Nacht" sagen sollen. Für heute waren es jedoch noch nicht die großen

Karnivoren, die den Adrenalinspiegel hoben, sondern die Autofahrer, die bei Tempo 100+ im Ortsgebiet versuchten, mein T-Shirt zu streifen.

Und dann gab es noch einige unangenehme Begegnungen mit Hunden. Revierverteidigung sei ihnen wie den Hähnen zweifelsfrei gestattet, aber durch ein Loch im Zaun herauslaufen und zum Angriff blasen, halte ich für übereifrig. Die Rückseite einer lokalen Wanderkarte empfahl dem Spaziergänger, Wurst zur Bestechung mitzuführen. Das werde ich gleich morgen ausprobieren.

Tag 64 – 50 km (2017 km): Biene Maja und Pistolen

Es war schon nach 8.00 Uhr morgens, als ich auf der aufgerissenen Straße von Băile Borşa zwischen Baumaschinen, Erdhaufen und dem Frühverkehr das Tal hochmarschierte. Verlassene Industrieanlagen, die mich mit ihren fehlenden Fenstern wie aus hundert toten Augen anstarrten, verströmten nicht unbedingt den klassischen Flair eines Naherholungsgebiets. Dazu kamen Bergwerksruinen, brennende Müllhalden und überladene Holztransporter, die mich die ersten zehn Kilometer über in dicke Staubwolken hüllten. Erst das letzte Stück zum Pass hinauf wurde es ruhiger. Eine Schafherde graste am Gegenhang. Angeregt von diesem pastoralen Bild und nun endlich in der Stille angekommen, streckte ich mich auf der Almwiese zwischen Bergkräutern aus und genoss die Wärme auf der Haut. Dann folgte ich dem Weg nach Osten. Der grobe Schotter knirschte unter meinen Sohlen.

Das breite Tal mit seinen sanften Flanken blieb lange einsam, begleitet von den großen Narben der letzten Kahlschläge rechts und links, die in der Zwischenzeit mit niederem Gestrüpp zugewachsen waren. Später säumten Bienenvölker in hunderten bunten Kästen den Weg wie eine endlose Reihe winziger sowjetischer Plattenbauten. Und während ich mich noch fragte, wie viel Kilo Honig der Imker hier wohl ernten würde, nahm der „Flugverkehr" um mich plötzlich dramatisch zu. Am

Zaun, nur wenige Meter vor mir, hatte sich eine pulsierende Traube gebildet. Zehntausende Bienen waren ausgeschwärmt und legten hier mit Königin und Hofstaat eine erste Pause ein. Respektvoll, aber nicht ohne Eile ging ich ein paar Schritte zurück. Ich wartete. Bienen agieren nicht planlos. Ähnlich wie bei der Futtersuche werden auch beim Schwärmen Kundschafterinnen ausgesandt, die ihre Ergebnisse den anderen mit Schwänzeltänzen mitteilen. Diese Aufführung wollte ich nicht stören oder gar mit meinem Bart in den allgemeinen Aufbruch spazieren. Ich setzte mich auf einen Stein und zeichnete mit einem Holzstab die Biene Maja in den Staub. Zehn Minuten später war die Gefahr verflogen – im wahrsten Sinn des Wortes.

Einige Kilometer weiter talwärts traf ich einen alten Rinderhirten. Verwundert betrachtete er mein Gefährt. Und ich versuchte heiter, das gestern gelernte Wort für Schubkarre (roabă), zur Anwendung zu bringen. Offenbar war meine rumänische Aussprache so schlecht, dass der Mann mich nur ausdruckslos anstarrte. Nächste Frage. Ich glaube, er wollte wissen, woher ich mit diesem Ding angefahren kam. „Liechtenstein" probierte ich vorsichtig. Stille. Er holte Luft, nahm geduldig seine Hände zur Hilfe und formulierte mit Gestik unterstützt nochmals: „Eu, România . Tu … ? „Liechtenstein" wiederholte ich langsam und platzierte auf die gedachte Landkarte in der Luft den Finger zwischen „Austria" und „Elveția." Ratlosigkeit beim Gegenüber.

Nach der scheinbar unklärbaren Herkunftsfrage wechselte mein Gesprächspartner galant das Thema. Er imitierte mit seinem Treibstock ein Gewehr und zeigte auf die Wälder an den Hängen. Fragte er mich, ob ich Jäger war? „Nu," verneinte ich und schüttelte den Kopf. „Pistol?" versuchte es der Hirt nochmals. „Eu sunt preot" (Ich bin Priester) antwortete ich, zeigte dabei auf mich und reizte mit diesem Satz mein rumänisches Vokabular vollends aus. Kurze Nachdenkpause. „Pistol?" kam es schließlich wieder. Weiter kamen wir nicht. Ein Jeep fuhr den Weg hoch, hielt an und unterbrach damit unsere angeregte Diskussion.

Ich zog weiter, das lange Tal entlang. Nach 33 Tageskilometern passierte ich die 2.000 Kilometermarke ohne großes Zeremoniell. Die Füße waren müde. Und müder noch waren sie, als ich einige Stunden später endlich die Stufen zum Hotel Maryo & Ema in Cârlibaba hochstieg.

Tag 65 – 37 km (2044 km): Die Söhne des Kerberos

Als ich heute Morgen Cârlibaba verließ, blickte ich beim Anstieg zurück über das verschlafene Dorf. Mariensee und Ludwigsdorf waren die alten Namen

der zwei Siedlungsteile. Der österreichische Unternehmer Anton Manz hatte sie vor 200 Jahren gegründet und Zipser Handwerker für den Bergbau in dieser Gegend angeworben. Mit einigen Nachfahren dieser deutschstämmigen Bevölkerung saß ich gestern Abend beim Essen. Faszinierend ist die Geschichte des kulturell so vielfältigen Karpatenbogens.

Ich folgte einem kleinen Bach in nordöstliche Richtung und stieg weiter die Hügel hoch. Drei freundliche Sensenmänner winkten – Sinnbild für die Einfachheit und Ursprünglichkeit der hiesigen Landwirtschaft. „Pass auf die Bären auf!" lachten sie zum Abschied nach einem kurzen Schwatz auf Italienisch. Doch war es nicht Meister Petz, der mich schon bald das Fürchten lehren sollte.

Nach ein paar langgezogenen Kurven erreichte ich die Hochweide am flachen Rücken. Ich genoss die Stille und legte mich für eine Weile ins Gras am Wegesrand. Grau war der Himmel über mir. Der Wind wiegte sanft die kurzen Halme. Eine Hummel brummte.

Nach einer Weile setzte ich meinen Weg fort. Drei friedliche, verträumte Kühe kamen mir mit wiegenden Häuptern entgegen. Ich lächelte. „Ja, Ludmill ..." Weiter kam ich nicht. Vier riesige Gestalten hielten lärmend auf mich zu, ihre monströsen Mäuler verzerrt zu furchterregenden Fratzen – Ausgeburten des Höllenhundes Kerberos. Jeder hatte sieben Köpfe und auf ihren Köpfen trugen sie zehn Hörner und auf jedem der Hörner elf Diademe. Ok, vielleicht ist das ein bisschen übertrieben. Kann sein, dass es nur drei Diademe waren. Wütend umringten mich die Bestien. Ihr Anführer richtete sich auf und setzte an, mich zu verschlingen. Wie war das noch mal mit der Wurst, die mir in dieser Lage helfen sollte? Ich war hier die Wurst, das Würstchen, das kleine Stück Fleisch zwischen den grotesken Fängen rumänischer Riesen-Hirtenhunde. Hier galt keine Genfer Konvention.

Dass in diesem Augenblick der Hirtenjunge schreiend, im vollen Lauf und panisch fuchtelnd hinter der Geländekuppe auftauchte, machte mir eher Angst als Hoffnung. Wie sagen doch Hundebesitzer so gerne? „Die wollen doch nur spielen." Hier wollte niemand spielen. Das war allen klar. Schreiend erreichte uns der Junge, hob seinen Stock zum Schlag und vertrieb die knurrenden Mächte der Unterwelt. „Mulțumesc!", bedankte ich mich mit dem Herzen immer noch im Hals und setzte leicht zitternd meinen Weg fort.

30 Meter. Ein Bellen. Ein Brüllen? Ich blickte zurück, erstarrte. Einer der Hunde hatte es sich anders überlegt und kam mit voller Geschwindigkeit wieder von hinten an. Die zweite Angriffswelle. Jetzt auch die anderen drei. Ein Rachen mit fletschenden Zähnen tat sich vor mir auf. Hier war es. Das Ende meiner Reise. Nach 2.000 Kilometern war es kein Bär, sondern des „Menschen bester Freund," der mich mit Haut und Haar (und verschwitztem T-Shirt) fressen würde. Beklemmend unromantisch. Ich hob meine Augen zum Himmel, sprach ein letztes Gebet und ergab mich meinem Schicksal.

Da nun diese Zeilen nicht aus dem Dunkel eines Hundemagens kommen können, muss der obige Absatz eine glückliche Wendung genommen haben. Sie kam in Gestalt des Hirtenjungen, dessen neuerliches Einschreiten nun endlich von Erfolg gekrönt war. Angst vor Hunden? Kannte ich bisher nicht. Jetzt bin ich mir nicht mehr so sicher.

Zwei Stunden später, zurück im Tal, passierte ich nach 27 Tageskilometern eine schöne Unterkunft. Die 200 Jahre alten Holzhütten eines Heimatmuseums wurden als Herberge genutzt. „16 Kinder sind zuletzt in diesem Haus zur Welt gekommen", erklärte eine der zwei freundlichen Verwalterinnen, als sie die Tür zu einem der Häuschen für mich aufstieß: „Meine Tante war die Hebamme."

In den anderen Hütten genossen Jugendliche die urige Gemütlichkeit. Sie waren für eine Woche zum Mountainbiken in die Bukowina gekommen. Nach dem Essen musste ich mich auf Englisch ihren neugierigen Fragen stellen und erzählte unter lautem Gelächter ein paar Pilgergeschichten – wie jene von Kerberos und seinen furchterregenden Söhnen.

Tag 66 – 42 km (2086 km): Spek – Ta – Ku –Lär!

Morgendunst lag über dem Tal. Ein abgewitterter, gräulicher Lattenzaun lehnte sich nach beiden Seiten aus dem Lot und nahm so die sanften grünen Konturen der Hügel in sich auf. Mit dem trocknenden Heu auf den Gestängen, der einen oder anderen Kuh, bot sich eine friedliche pastorale Szene wie aus der englischen Landschaftsmalerei. Ich wanderte über den lehmigen Feldweg. Wohin dieser Weg mich führen würde, war nicht restlos klar. Das verfügbare Kartenmaterial war unbrauchbar gewesen, so hatte ich mit Hilfe von Satellitenbildern die Wege aus dem All studiert.

Nach wenigen Kilometern ging es steil bergan, bis sich mein Pfad in einem alten Kahlschlag verlor. Über die letzten Jahre hatten sich dort Heidelbeeren an der Sonne ausgebreitet. Mein morgendlicher Pilgergesang verstummte verlegen,

denn wie ich nun bemerkte, war ich nicht allein. Zwischen den Sträuchern „kämmten" ein gutes Dutzend Frauen und Männer die wilde Ernte ab. Und auch meine eigenen Finger wurden auf dem nächsten Kilometer immer blauer. Plötzlich hielt ich inne. Herzklopfen. Lautes, wütendes Hundegebell. Erinnerungen an gestern.

Vorsichtig ging ich den schmalen, steilen Streifen Wiese hoch und spähte über die Kuppe. Schafe. Hirten. Hunde. Und der Weg. Ich griff nach einem Stock am Boden und richtete mich langsam auf. Alarm. Bellen. Aber diesmal genügte ein einziges Wort des Hirten, und aus den Wölfen wurden Lämmer. Nach einem kurzen Gespräch, in dem mein gesamtes Rumänisch – bis auf noapte bună (Gute Nacht) – zum Einsatz kam, schritt ich ungehindert durch den Haufen Wolle. Dass mein Weg nun in dieselbe Richtung führte, aus der die Schafe gekommen waren, sollte sich als vorteilhaft erweisen. Die Schafe hatten nämlich hinterlassen, was Schafe hinterlassen und so war mein Weg über die nächste halbe Stunde gut markiert.

Dann studierte ich die Richtungen und ging „querwaldein" nach rechts. Hätte ich gewusst, wie steil es werden würde, hätte ich einen längeren Umweg gern in Kauf genommen. So jedoch kam ich nach einigen Minuten strapaziert und leicht „beschädigt" auf den Hang einer Alm und stieg von dort weiter zum Bach in den Graben ab.

Ich war zurück im Reich des Schlamms – einem Königreich des Schlamms. Und während meine Füße bei jedem Schritt laut schmatzten und bis über die Knöchel versanken, staunte ich über die Reifenspuren im Morast. Ein Auto konnte das nicht sein. Hier nicht. Ein paar Hufspuren ließen mich vermuten, wofür ich wenig später ungläubiger Zeuge wurde: Ein Pferdegespann quälte sich hier den Sumpf herauf.

Am frühen Nachmittag kam ich, schwer im unteren Körperdrittel gezeichnet, in Moldovița an. Große braune Hinweistafeln und kurvende Reisebusse ließen erkennen, dass an diesem Dorf etwas besonders war. Hier befand sich das erste der berühmten Moldauklöster, das auf meiner Route in den Osten lag. Ich trat durch das Tor in den ummauerten Innenhof, in dessen Mitte die kleine Kirche stand, über und über mit Fresken bemalt. Die ganze Theologie war hier zum Bild geworden, ein Evangelium von tausend Pinseln. Ich bückte mich hinein in den dreigliedrigen Kirchenraum und stand nach dem zweiten engen Tor ergriffen

unter dem Weltenherrscher in der Kuppel, umgeben von den Blicken auf sein irdisches Leben, den Geheimnissen des Kosmos. In Bann gezogen, verweilte ich in Stille, begleitet vom lautlosen Chor der Engel.

Immer noch versunken in das erlebte Farbenspiel folgte ich der Straße zwölf weitere Kilometer bis Vama. Weltkulturerbe Moldovița. Nicht nur Erbe, sondern Auftrag.

Tag 67 – 40 km (2126 km): Die Sixtina des Ostens

Am heutigen Tag bin ich 40 Kilometer gegangen, aber nur 17 davon in die Richtung meiner Reise. Die restliche Strecke führte mich nach links und rechts zu den Klöstern von Voroneț und Humorului. Ersteres schien die meisten Besucher abzubekommen. Das lag nicht zuletzt am berühmten „Voronetsblau" aus zermahlenem Lapislazuli. Als eigener Farbton hatte er es in die Kunstlexika dieser Welt geschafft und leuchtete hier unter den breiten Holzdächern von der Kirchenmauer. Auf der Westfassade befand sich eine riesige Darstellung des Jüngsten Gerichts, die der Kirche ihren Spitznamen als „Sixtinische Kapelle des Ostens" gegeben hat. Wohl von den meisten unbemerkt, hatte der

Künstler die Philosophen Aristoteles, Platon und Sokrates unter die heiligen Hierarchen geschmuggelt.

Humorului war kleiner. Beim Eingang wurde ich von einer Schwester durchgewunken, aber eine andere wartete mit dem Staubsauger vor der schönen Ikonostase. Der kreischende, hochtourige Motor des Reinigungsgeräts ließ die Andacht etwas leiden. Unter schweren Gewitterwolken machte ich mich deshalb

bald auf den Weg zurück zu meinem Quartier in Gura. Wie die ganze Bukowina wurde dieses Städtchen Ende des 18. Jahrhunderts von Österreich-Ungarn besetzt. Kolonisten aus der k.u.k. Monarchie, darunter zahlreiche jüdische Familien, strömten damals in das spärlich besiedelte Buchenland (aus dem Slawischen: buk = Buche). Gura Humorului wuchs auf diese Weise über die nächsten Jahrzehnte zu einem bedeutenden Zentrum jüdischer Kultur in der Region. Fast ein Drittel der Bewohner dieser Kleinstadt sammelte sich einst in den Synagogen. Nach ihrer Deportation und Ermordung im Zweiten Weltkrieg blieb nur der alte jüdische Friedhof. 2.000 stumme, steinerne, verwitternde Zeugen.

10. Sonntag – Jesus: Papa, Prediger, Ökohippi

„Wissenschaftler haben bewiesen, dass Jesus verheiratet war – mit Maria Magdalena. Das mit dem 'Sohn Gottes' hat man erst später dazugedichtet."

Die vielen Jesusfiguren. Bevorzugt flimmern sie zu den großen christlichen Festtagen über die Bildschirme: Jesus, der jüdische Wanderprediger und

Ehemann von Maria Magdalena; Jesus, der Ökohippie, der am Lagerfeuer Lieder vom Frieden und vegetarischer Nahrung sang; Jesus, der reiche Abkömmling aus Josefs Bauimperium; Jesus der Befreiungstheologe und Sozialrevolutionär. Diese Entwürfe „beweisen" nichts. Im Grunde sagen sie mehr über ihre Erfinder und „Entdecker" aus, als über die historische Figur. Dem historischen Jesus kommt man am Ende nur im Glaubens- und Lebenszeugnis seiner Jünger näher. Ohne die Evangelien bleibt Jesus – ja, das ganze Christentum – ein Rätsel.

Und in den Evangelien tritt Jesus auf als Sohn Gottes. Er behauptet, dass er und der Vater eins sind. Er lässt zu, dass der Apostel Thomas vor ihm niederfällt und die Worte spricht: „Mein Herr und mein Gott." Und am stärksten wird sein Anspruch vielleicht in den Streitgesprächen mit seinen Zeitgenossen deutlich. Dort sagt er einmal: „Noch ehe Abraham war, ich bin." Eine seltsame, aber spektakuläre Formulierung. Sie nimmt Bezug auf den Gottesnamen im Alten Testament. Dort hat sich Gott im brennenden Dornbusch genau als dieser „Ich bin" offenbart; als der Seiende. Das ist der Grund, warum man Jesus im Anschluss an diese Worte steinigen will. Sie sind ungeheuerlich. Sie sind Blasphemie – wenn Jesus nicht wirklich von Gott her kommt.

Im Kern der Evangelien steht also die Botschaft: Jesus ist wahrer Gott und wahrer Mensch. Ohne sie ist der Konflikt Jesu mit seinen Zeitgenossen nicht zu verstehen. Aber was bedeutet das genau?

In der Heiligen Dreifaltigkeit ist der ewige Sohn das vollkommene Abbild des Vaters. Er ist der Logos, das Wort, das Konzept, in dem sich Gott Vater selbst zum Ausdruck bringt und erkennt.

In der Menschwerdung nimmt der Sohn unsere menschliche Natur an. „Das Wort ist Fleisch geworden und hat unter uns gewohnt" (Joh 1,14). Die Dreifaltigkeit „verlässt" er dabei natürlich nicht – er bleibt untrennbar mit dem Vater und dem Geist verbunden.

Wenn nun bei uns Menschen Seele und Leib zusammenkommen, spricht man von einer menschlichen Person. Jesus aber wird in der Menschwerdung nicht erst Person, sondern er ist schon eine göttliche Person von Ewigkeit her – die zweite Person der Heiligen Dreifaltigkeit. Als diese nimmt er unsere Menschengestalt an. Wenn wir uns daher an Jesus wenden, wenden wir uns tatsächlich an eine göttliche Person. Das ist es, was den Worten Jesu ein ganz anderes Gewicht gibt. Das ist es, was überhaupt erst die Erlösung durch seine Heils-Tat möglich macht.

Tag 68 und 69 – 39 km (2165 km): Von grünen Strichen und Erfolgen

Als ich am Morgen des 68. Tages mein Quartier verließ, hatte ich notgedrungen beschlossen, in der zweiten Tageshälfte erstmals einem „grünen Strich“ auf der Landkarte zu folgen. Es war die einzige Linie, die in die Hauptstadt der Bukowina, Suceava, führte. Wenig überraschend war die lange, kurvenlose Gerade eine Hauptverkehrsverbindung. Aber das war weniger schlimm, als man meinen könnte. In dieser Ecke der Welt haben große Straßen nämlich oft einen schmalen Seitenstreifen für langsamere Verkehrsteilnehmer. Pferdefuhrwerke, Radfahrer und Jerusalempilger sind da dann oft sicherer unterwegs als auf einer engen Nebenstraße.

Die baumlosen, sanften Wellen rollten über die Landschaft. Schafherden weideten auf grünen Wiesen, die junge Ernte auf den Feldern wiegte leicht im Wind. Vor mir lag, in den Gedanken, bereits das nächste Land der Reise, Moldawien. Und da gab es noch offene Fragen zu den Grenzübergängen. Die wollte ich an meinem Ruhetag in Suceava klären.

* * *

Diesmal habe ich am Ruhetag auch tatsächlich geruht, bis auf einen morgendlichen Ausflug entlang der Autobahn zu einem Baumarkt am Rand der Stadt. Am Nachmittag recherchierte ich die nächsten Kilometer. Es gab keine klare Auskunft zur Grenze, nur die Warnung, dass Radfahrer dort schon Probleme gehabt hätten. Ich werde wohl morgen sehen, was passiert.

War der Tag auch ruhig, die Nacht war es nicht. Denn unter dem Fenster meiner „Pensiunea“ hielten spät abends die Straßenhunde ein informelles Treffen mit den Haushunden der Umgebung ab. Ohne hohe, nervige Töne, die kleinen Hunderassen eigen sind, ging es dabei natürlich nicht. So stand ich – nach zehn Minuten geduldigem Zähneknirschen unter dem Kopfpolster – schließlich schäumend am Fenster und hätte gerne einen Eimer Wasser in die Dunkelheit gekippt. Eimerlos klatschte ich verzweifelt in die Hände. Das sollte mir ein wenig Aufmerksamkeit für mein Klagelied sichern. Augenblicklich war Ruhe. Dank der Betonwände gegenüber klang das Klatschen fast wie eine Schuss. Unerwarteter Triumpf! Siegreich kehrte ich unter die Decke zurück und genoss die Stille … für vier Minuten.

Tag 70 – 42 km (2207 km): Moooonoooootoooon

Die Landschaft ist deutlich flacher geworden und man kann leichter Kilometer spulen. Das merkte ich heute. Aufbruch um 7.00 Uhr. Neun Stunden und mehr als 40 Kilometer später saß ich bereits geduscht auf der Kante des Hotelbetts in Botoşani. Wirklich ereignisreich war die Strecke entlang der endlosen Sonnenblumenfelder nicht gewesen. Immer wieder:

Fünf Kilometer schnurstracks geradeaus. Man sah den nächsten markanten Wegpunkt und kroch ihm auf schlechtem Straßenbelag, neben abscheulichem Verkehr, eine Stunde lang entgegen.

Wenn ich das Relief der nächsten Wochen richtig einschätze, wird mich die Monotonie der Felder und Ebenen nun eine Weile lang begleiten. Möglich, dass das noch zu einer eigenen Herausforderung wird. Ich spüre in den letzten Tagen nämlich erstmals eine gewisse „mentale Abnutzung", wenn ich mich morgens vom Lager erhebe. Und wenn dann die Landschaft zum Urbild der ukrainischen Flagge wird – Weizenfelder unten und ein (hoffentlich) blauer Himmel darüber – dann könnte sich diese äußere Leere auch innerlich verstärken. Genau hier liegt die Schwierigkeit, aber eben auch die Chance, die dieser Reise ihren Sinn verleiht.

Tag 71 – 55 km (2262 km): Mission gescheitert

Nein, gescheitert ist nicht die Pilgerreise, sondern mein Versuch, versteckt zu campen. Daran bin ich natürlich selber schuld, aber mehr dazu später. Und ich muss zurücknehmen, was ich gestern gesagt habe. Ich habe zwar mit 60 Metern

Seehöhe den bislang tiefsten geographischen Punkt meiner Reise erreicht, aber mit den ganzen sanften Wellen des heutigen Tages habe ich selbst im „Flachen" mehr als 700 Höhenmeter gesammelt. Das hat auch damit zu tun, dass ich meinen ursprünglichen Plan fallengelassen habe, weiter südlich Moldawien zu durchqueren. Da gab es widersprüchliche Auskünfte zu Transnistrien. Völkerrechtlich Teil Moldawiens, ist der schmale Streifen östlich des Dnister seit über zwei Jahrzehnten de facto unabhängig. Da nun die dortigen Beamten ohne erkennbares System manchmal nur ein 24-stündiges Durchreisevisum ausstellen, war dies ein Szenario, das ich nicht riskieren wollte. So blieb ich im Norden Rumäniens und liege nach den heutigen 54 Kilometern nur ein paar Steinwürfe von der moldawischen Grenze entfernt.

* * *

Die Sonne stieg als glühende Scheibe aus dem Osten, als ich am Morgen Botoşani verließ. Auf der Stadtausfahrt rollte mir der Frühverkehr entgegen. In jedem zweiten Auto tanzte trunken eine ausgediente CD unter dem Rückspiegel – nicht als Hommage an das sterbende Medium, sondern als

mythische Geheimwaffe gegen Radarfallen. Die tatsächliche Wirksamkeit der glitzernden Scheibe bei polizeilichen Geschwindigkeitsmessungen will ich nicht kommentieren, aber lachen musste ich, als mich ein Pferdewagen passierte, an dessen hölzernem Ende über dem Kennzeichen ebenfalls zwei silbrige Tonträger angenagelt waren. Offensichtlich war der Besitzer von der außergewöhnlichen Leistungsfähigkeit seiner Tiere schwer überzeugt.

Zwischen grünen Weiden, blühenden Sonnenblumen und bananengelben Dacias am Straßenrand, wand sich das schmale Band Asphalt durch die einsame Landschaft bis zum Abend in die kleine Grenzstadt Ştefăneşti. Im flackernden Neonlicht einer Imbissreklame trank ich am Ortseingang Cola mit Bier und blickte in der Dämmerung die Häuserreihe hinunter. Nichts verriet mehr, dass diese Siedlung am Rande des alten Bessarabiens einst ein bedeutendes Zentrum des Chassidismus gewesen war. Diese religiöse Strömung des observanten Judentums, die ihre modernen Wurzeln in der Verfolgung und Verarmung der Juden in Osteuropa hat, prägt 300 Jahre nach ihren Anfängen das heutige Erscheinungsbild Jerusalems. In seidenen Kitteln, mit Schtreimel oder Spodek – Variationen des großen, runden Pelzhuts, der ursprünglich von hier aus Osteuropa stammt – ziehen dort die Chassidim jeden Sabbat zur Klagemauer – ein eindrucksvolles Bild, das jedem Jerusalembesucher in Erinnerung bleiben wird.

Auch ich zog weiter, in kleinen Schritten demselben Tempelberg entgegen, und suchte ein Lager für die Nacht. In der Ebene der Pruth, hinter Ştefăneşti, gab es viele geeignete Plätze. Aber am kühlen Ende dieses heißen Tages waren alle Felder und Wiesen voller Betriebsamkeit. Da wurden Kühe einzeln von ihren Besitzern von der Tagesweide geholt, Sensen geschwungen, auf hölzernen Leiterwagen das Heu getürmt, es wurde von Pferdegespann zu Pferdegespann diskutiert und zwischen alten Zweirädern Neues ausgetauscht. Wie sollte ich mich hier vor aller Augen in die nicht vorhandenen Büsche schlagen?

Ich setzte mich unter einen Mast mit Storchennest und wartete im letzten Licht auf der Menschen Feierabend. Es war ein Warten auf den rumänischen Godot. Denn wenn jemand nach Hause fuhr, kam ein anderer aufs Feld. „So wird das nichts", murmelte ich schließlich und begann, die Straße durch das Tal zu laufen, in der Hoffnung, doch noch ein stilles Plätzchen zu finden. Nach 500 Metern sah ich eine Gelegenheit – nicht optimal, aber wählerisch konnte ich nicht sein. Ich begann mein Zelt auf der leeren Wiese aufzubauen – hinter einem einzelnen mageren Busch, der als Sichtschutz vor der Straße dienen sollte. Stechmücken schwirrten um mein Haupt. Dann, ich lag kaum im Zelt, kam ein Pferdegespann zum Heuaufladen direkt vor meine „Tür". Nichts mit Versteckt-Campen. Ob das eine ruhige Nacht wird? Muss ich mich später noch einer neugierigen Runde Jugendlicher stellen? Probleme eines Pilgers. Ştefăneştis chassidischer Rabbi (Rebbe) Menachem Nochum Friedman hatte vor mehr als 150 Jahren ein paar Steinwürfe von meinem „tabanaculum" aphoristisch gesagt: „Wenn wir alle unsere Sorgen als Bündel an Haken hängen könnten und dann das Bündel wählen könnten, das uns am besten gefällt, wir würden unser eigenes wählen, weil uns das der anderen noch schwerer schiene". Amen, Rabbi. Amen.

Tag 72 – 44 km (2306 km): Drum bun

Auf die neugierigen Blicke des letzten Heuwagens gestern Abend folgten keine Taten. Es kam kein Besuch mehr in der Nacht. Für eine adäquate Einbettung in das stimmungsvolle Ambiente der rumänischen Agrargesellschaft sorgten die Hunde. Sie bellten die ganze Nacht hindurch – allerdings in einiger

Entfernung, so dass sich ihre rauen Stimmen als dünne Klangwolke über die dunstige Wiese legten. Nach zwölf Tagen Rumänien brauchte ich diese akustische Untermalung eigentlich schon fast zum Einschlafen.

Heute Morgen um 5.29 Uhr fielen die ersten Sonnenstrahlen geradewegs durch das Moskitonetz. Rund um mich herrschte reger Betrieb. Stoßzeit für die Pferdefuhrwerke. Wenig später, nach einer geschmolzenen und unförmig erstarrten Tafel Schokolade, ging es Richtung Grenze. In der letzten Bar Rumäniens versuchte ich den Rest der örtlichen Währung loszuwerden und kam mangels Sortiment mit zwei Tüten Chips und 2,5 Litern Cola zurück an den Straßenrand. Breakfast of Champions.

Am Schlagbaum einige hundert Meter weiter hörte ich dann den Beamten genau das sagen, was ich befürchtet hatte: „Zu Fuß geht es nicht". Aber ich hatte meinen Kopf noch keine zwei Sekunden hängen lassen, da bot der freundliche Grenzer an, mir eine Mitfahrgelegenheit bis zur moldawischen Kontrollstelle am anderen Ufer der Pruth zu besorgen. Ich blickte die einsame Straße hoch, über die ich gekommen war, dann auf mein sperriges Gepäck. Das könnte länger dauern. Ich schlenderte zur Bank und nahm den Rucksack von der Schu … „Hey!", winkte der Uniformierte. Ein kleiner Dacia Kombi hatte eben angehalten. „Da rein?", fragte ich mit einer nonverbalen Geste, begleitet von hochgezogenen Augenbrauen. Der Beamte nickte und wies auf den Fahrer, der bereits ausgestiegen war, um einen bärtigen, ungewaschenen Pilger und sein seltsames Gerät in den Kofferraum zu stopfen.

Mit gut gemeinten Warnungen über die Gefahren in den kommenden Ländern verabschiedeten sich mein Chauffeur und seine Frau auf der anderen Seite

der Grenze. Kurze Passkontrolle. Das war´s. Ich war in Moldawien. Erster Eindruck? Rissiger Asphalt, eine lange Allee, die an diesem schwülen Morgen angenehmen Schatten spendete, wenig Verkehr und – etwas unerwartet – kaum Straßenhunde. Daumen hoch! Nur eine offene Wechselstube gab es nicht. Und das sollte Folgen haben. Es waren noch 35 Kilometer bis zum ersten Städtchen mit Bankomat. Die Bestandsaufnahme im Rucksack ergab: Zwei Liter Cola, zwei Schokoriegel und Chips. Ausgewogene Pilgernahrung. Doch würde es reichen?

Mit einem Knick in der Straße Richtung Osten verlor ich nach einer halben Stunde den Schutz der Bäume. Die Sonne stach vom Himmel. Der Asphalt schwitzte schwarzen Teer. Die Luft flimmerte. Ich ging schonend, dann kraftlos. Der Körper verlangte eine Pause. Ich kaute salzige Chips im Straßengraben.

Die ersehnte Erleichterung und Kühle brachte schließlich ein alter Brunnen. Ich spähte in den Schacht und ließ dann langsam den Blecheimer in die Tiefe poltern, bis er mit einem nassen Geräusch auf das Wasser traf. Ich zog ihn an der Winde wieder hoch, trank ausgiebig und goss den Rest des Wassers in den Nacken. Was für eine Erfrischung. Triefend zog ich weiter, dampfte kurz und war einen Kilometer weiter wieder staubtrocken. Doch war es glücklicherweise nicht der letzte Brunnen und nicht die letzte Pause an diesem heißen Sommertag.

Hungrig lief ich am späten Nachmittag in Rîşcani ein. Ich fand am Ortseingang das rustikale „Hotel Adina" und suchte nach einem Bankomat und den bunten Reklamen eines Ladens.

Eine halbe Stunde später spazierte ich zwischen alten Bäumen und sowjetischen Plattenbauten. Ein Plastiksack baumelte von meinem Handgelenk. Ich wich gebrochenen Betonfliesen aus, schlenderte über die staubige Brücke und hielt einen Moment. Als sie selbst noch Kinder waren, hatten die Eltern des deutschen Alt-Bundespräsidenten Horst Köhler es wohl ähnlich gemacht. Die beiden stammten nämlich aus dieser 1865 von deutschen Siedlern mitgegründeten Stadt.

Tag 73 – 26 km (2332 km): Pilgergesetze

Es gibt Gesetze im Straßenverkehr und zwar nicht nur die, an die jetzt alle denken. Die üblichen Regeln des Miteinanders auf dem Asphalt werden in diesen Breiten ohnehin eher großzügig ausgelegt. Ich meine etwas anderes – etwas nach der Art von „Murphys Gesetz". Der Ingenieur Edward A. Murphy formulierte 1949 bei aufwändigen Beschleunigungstests der U.S. Air Force folgende Weisheit: „Alles, was schiefgehen kann, wird auch schiefgehen." Analog dazu möchte ich aus dem Erfahrungsschatz der letzten Wochen zwei eigene Entdeckungen formulieren.

Der erste Pilger'sche Mobilitätssatz: Wenn auf einer Strecke zwei Autos in entgegengesetzte Richtungen fahren, passieren sie einander genau dort, wo ein Pilger gerade geht. Dieses Gesetz ist paradoxerweise unabhängig von der Fahrtgeschwindigkeit der Autos oder ihrer Anfangsentfernung vom Pilger. Es ist einfach so. Punkt. Gesetz.

Der zweite Pilger'sche Mobilitätssatz: Wenn auf einer Strecke zwei Autos mit unterschiedlicher Geschwindigkeit in dieselbe Richtung fahren, überholt ein Auto das andere exakt dort, wo ein Pilger geht – und zwar so, dass des Pilgers rechter Ellbogen die Unebenheiten des Autolacks spüren kann. Ist so. Punkt. Gesetz.

Heute war ein Tag, an dem sich alle Verkehrsteilnehmer an diese beiden Gesetze hielten. Allerdings war ich nicht sehr lange unterwegs. Nur 26 Kilometer ging es Richtung Soroca weiter, vorbei an freundlichen Moldawiern, eindrucksvollen mosaikbestückten Bushaltestellen aus der Sowjetzeit, ihren nüchternen kapitalistischen Nachfolgern und jeder Menge Brunnen mit unterschiedlichen Formen, Ausschmückungen und Fördersystemen. Begeistert hat mich ein archaischer Steppenbrunnen am Straßenrand. Seit den Urzeiten holen diese Konstruktionen für Esel, Büffel und Kamele von hier bis Bagdad das Wasser aus dem Boden.

Kurz nach Mittag kam ich in Drochia an und verbrachte den Nachmittag mit Freunden aus Bălți. Es werden wohl die letzten bekannten Gesichter auf dem Weg in das tausende Kilometer entfernte Jerusalem gewesen sein. Beim Erzählen der üblichen Pilgeranekdoten ist mir bewusst geworden, wieviel ich in den letzten 73 Tagen erlebt habe. Der 1. Mai scheint unendlich weit zurückzuliegen.

Tag 74 – 47 km (2379 km): Ikeas Tod in Rosarot

Plastikwunder Barbie wäre neidisch auf mein Zimmer im Hotel Central, Downtown Soroca. Ein (Alb-)Traum in Pink. Einrichtung als Menschenrechtsverletzung. Und dann habe ich noch eine Frage zu den

Vorhängen. Kann mir jemand erklären, warum man solche komplizierten, ineinander geflochtene Dinge vor die Fenster hängt, die jede praktische Funktion verloren haben? Schon klar, dass sie ins Ensemble passen und Barbies Einhornsatteldecke farblich in den Schatten stellen, aber wie soll ich hinter den drapierten Stoffgewalten ein Fenster öffnen? Mit dieser Frage ging ich ins Bett.

Das Licht ist aus, meine Augen sind geschlossen. Und doch ist mir, als hätte das Schwarz um mich herum einen leichten Stich von Rosa.

* * *

Die ersten weichen Sonnenstrahlen fluteten am Morgen die schmutzigen, löchrigen Pfade des Basars von Drochia. Eine Imbissbude war schon geöffnet. Wer also mit einem Hotdog und Senf in den Tag starten wollte, hatte die

Gelegenheit dazu. Am Tresen wurde wie im ganzen Land mit moldauischen Lei bezahlt. Ein Lei sind hundert Bani. Aber statt dem wertarmen Restgeld werden Ban-Beträge oft auf charmante Weise in Form von Bonbons ausbezahlt. „Zuckerl" als Zahlungsmittel. Eine Rückkehr zum monetären Ursprung.

Die geraden Straßenabschnitte wurden heute immer länger. Über die sanften Geländewellen konnte man kilometerweit in die „Zukunft" sehen. Das war ermüdend und die ersten 20 Kilometer ließ ich eher schleppend hinter mir.

Mittagsrast hielt ich im Schatten eines der vielen Brunnendächer entlang der Straße. Diese Wasserstellen waren keine dekorativen Elemente oder Zeugen der Vergangenheit. In den Dörfern sah ich immer wieder Menschen, die mit Eimern das Wasser nach Hause trugen.

„Откуда?" (Woher?), tönte es am Nachmittag oft und ausnahmslos auf Russisch vom Straßenrand. Liechtenstein gebe ich dabei schon länger nicht mehr als Ursprungsland der Reise an. Bei „Liechtenstein“ gibt es ratlose Gesichter. „Австрия“ (Österreich), sagte ich deshalb und muss infolge nur höflich die aufkeimende Euphorie über Kängurus ersticken.

Bei einer dieser Übungen im Graubereich von Geographie und Russisch, bekam ich zwei köstlich süße Marillen geschenkt. Und es war heute nicht das erste Mal, dass mein Blick auf die frische Ware der Straßenverkäufer schielte. „Garten der Sowjetunion“, nannte man früher dieses kleine Land. Bei mir standen Wassermelonen ganz oben auf der Liste. Aber ich musste auf den richtigen Zeitpunkt warten – auf den Melonenverkäufer zur Mittagszeit. Denn weit schleppen wollte ich eine der erfrischenden schweren Kugeln natürlich nicht. Καιρός sagten die Griechen, wenn sie von der rechten Stunde sprachen. Dass sie dabei auch an Wassermelonen dachten, lässt sich nicht ausschließen. Also Geduld. Der Tag wird kommen.

Am Ende des Tages wurde ich am Ortseingang von Soroca von einer Straßenhundegang begrüßt. Während sich einzelne Hunde oft ängstlich geben, ist von dieser Angst nach Rudel- und Meutenbildung nicht mehr viel zu spüren. Sechs kleine Kläffer gingen wütend auf meine Beine los. Was sie so aufgeregt hat, kann ich nicht sagen. Wurst trage ich keine mehr mit mir herum. Das war es also nicht – oder war es genau das?

Näher am Stadtzentrum wurde ich alle 30 Meter von Roma-Grüppchen gestoppt und neugierig zu meinem Gefährt und meiner Reise befragt. Es wurde nicht schlecht gestaunt, dass ein Priester (священник) als Pilger (паломник) mit einem Schubkarren (тачка) seit Österreich (Австрия, не Австралия) – „Was ist Liechtenstein?“ (что Лихтенштейн?) – durch die Landschaft läuft. Und im Anschluss wurde ich mehrmals mit einer präsentierenden Handbewegung hin zur anderen Straßenseite gefragt, ob die österreichischen „Ţigani“ auch in solchen Häusern wohnen würden. Diese Anfrage konnte ich mit einiger Sicherheit verneinen. Ich glaube, so wie hier wohnen Roma in Österreich nur selten. Vor meinem Auge hoben sich fantastische Paläste, bizarre Kuppeln, gewagte Stufendächer und ornamentierte Fassaden in den Himmel. Viele der imposanten Bauwerke waren auf den zweiten Blick noch halbe Baustellen – vielleicht seit Generationen – aber ohne Zweifel

entstanden hier sichtbare Zentren ganzer Familienclans. Nicht ohne Grund nennt man Soroca die Roma-Hauptstadt Moldawiens.

Eine halbe Stunde später stieg ich die Stufen zu meiner Bleibe hoch. 400 Lei (rund 20 Euro) sollte das Zimmer laut meiner Buchung kosten. 600 Lei wollte die Dame am Empfang nun haben. Das war mir suspekt, ich schüttelte den Kopf und ich schickte mich an, zu gehen. Und siehe, da waren es plötzlich doch wieder 400 Lei. Möglich, dass ich deshalb als Strafe den rosaroten Traumraum bekam. Gute Nacht Barbie. Gute Nacht Ken.

11. Sonntag – Jesus, Buddha und Propheten

„Für mich ist Jesus einer der ganz großen Menschen der Geschichte, so wie Buddha. Solche Menschen helfen uns allen, das Göttliche besser zu verstehen."

Es gibt viele Religionsgründer. Jesus aber ist „erschreckend" anders. Denn während die anderen alle über Gott, die Götter oder das Göttliche geredet haben, erhob Jesus den Anspruch, selbst Gott zu sein: wenn er zum Beispiel Sünden vergab oder den Gottesnamen des Alten Testaments auf sich bezog. Dieser unglaubliche Anspruch Jesu ist keine spätere Erfindung seiner Jünger. Er liegt im Kern seiner ganzen Auseinandersetzung mit dem Judentum seiner Zeit. Ohne diesen Anspruch macht das Wirken seiner Jünger keinen Sinn.

Wenn man also aus Jesus einen von vielen weisen Lehrern der Menschheitsgeschichte machen will, die uns etwas über Gott erzählen, dann kann man das nur tun, wenn man still übergeht, was Jesus uns selbst von Gott erzählt. Er behauptet, der Sohn Gottes zu sein, eins mit dem Vater.

Damit lässt Jesus uns drei Möglichkeiten:

Erstens, Jesus sagt und glaubt, er sei Gottes Sohn, ist es aber nicht: Dann ist Jesus ein Verrückter. Aber kein netter Verrückter, der in einer Zwangsjacke über eine Blumenwiese hüpft, sondern ein gefährlich größenwahnsinniger Verrückter.

Oder: Jesus sagt, er sei der Sohn Gottes, weiß aber, dass das nicht stimmt: Dann ist er ein Lügner und Betrüger, der die Menschen mit Blasphemie in die Irre führt.

Oder drittens: Jesus sagt, er sei der Sohn Gottes und er ist es tatsächlich.

Welche dieser Möglichkeiten trifft die Wirklichkeit? Was ist stimmig? Ist Jesu Botschaft von der vollkommenen Gottes- und Nächstenliebe, von der Bereitschaft, einander zu vergeben, zu teilen und selbst den Feinden in Liebe zu begegnen die Botschaft eines Größenwahnsinnigen? Ist sein Verhalten bis in den Tod hinein das eines Irren, der die Realität verkennt? Stammen die wunderbaren Gleichnisse über Gott von einem Menschen ohne klaren Verstand?

Oder passt sein Leben zu einem Lügner, der die Menschen täuschte? Wo ist sein Motiv, wo sein Gewinn, der Reichtum, die Anerkennung und die weltliche Macht? Wo schlägt er Kapital aus seinen fabelhaften Lügen? Wo tun das seine Jünger, die alle unter Entbehrungen in den Tod gehen?

Ich glaube, zur Figur Jesu mag weder der Irre, noch der Lügner wirklich passen. Entspricht die Klarheit und Schönheit seiner Botschaft nicht vielmehr dem Anspruch, den er erhoben hat? Sind seine Worte und Werke nicht die des Sohnes Gottes? Und wenn wir dies als Christen glauben, sollte sich das in unserem Leben nicht zeigen?

Tag 75 – 42 km (2421 km): Goodbye Moldawien, Goodbye Messbuch?!

Nach einer geknieten Messe auf einem kleinen Tisch vor einer rosaroten Wand blinzelte ich im Sonnenlicht des neuen Tages, schüttelte den Kopf und versuchte die Fotorezeptoren meiner Netzhaut wieder an das volle Farbspektrum zu gewöhnen. Es ging raus aus Soroca zum zehn Kilometer entfernten Fährpunkt am Dniestr. Eine Stunde Wartezeit. Freundliche Beamte. Straßenhunde bewachten mein Gepäck.

Das Floß, welches mich in die Ukraine bringen sollte, war eine sehr „reduzierte" Konstruktion. Es kam ohne den ganzen Sicherheitsschnickschnack aus und

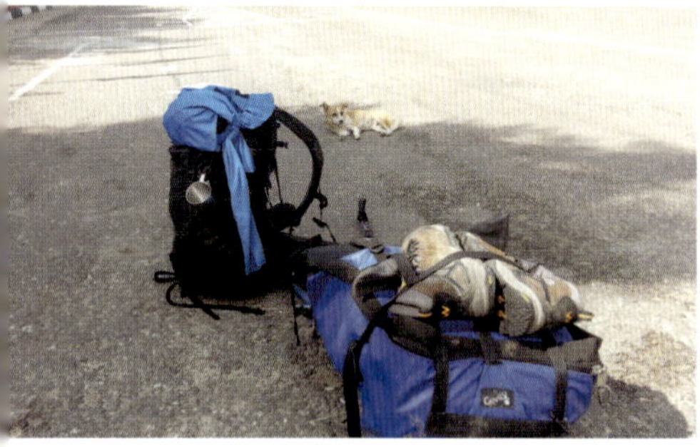

bot dem Reisenden die Möglichkeit, sich beim Anlegevorgang mit Stangen und Haken aktiv einzubringen. Völkerverbindendes „Wir-Gefühl" am Fluss zwischen zwei Staaten.

Dann stand ich vor dem ukrainischen Schlagbaum. Die Beamten waren wie gewohnt freundlich und schüttelten beim Blick in den Pass lächelnd ihre Köpfe über den Priester, der ganz ohne машина (Auto) aus weit entfernten Landen angelaufen kam. Gepäckkontrolle. Ich präsentierte Schmutzwäsche, Campingkocher, Zahnbürste, Zelt, Kamera und schließlich meine Reisesakristei. Hier fingen die Probleme an. Mit einem Stirnrunzeln zog die uniformierte Frau mein Messbuch aus dem schützenden Plastikcontainer. Sie ließ die Seiten durch die Finger gleiten und rief ihren Vorgesetzten. Er kam und blätterte. Stirnrunzeln. Der nächste Vorgesetzte wurde gerufen. Man nahm mein Messbuch und bat mich ins Büro. Ich saß am Tisch, während noch mehr Beamte blätterten und telefonierten. Man bestaunte den liturgischen Kalender, betrachtete die geschmückten Anfangsbuchstaben des Christkönigsfestes und ließ den Daumen über die Lederreiter des römischen Kanons gleiten.

Dank meines Russischkurses konnte ich zwar den Weg zum Bolschoi-Theater in Moskau erfragen und ob ich am Weg dorthin bei der zweiten Ampel rechts abbiegen musste, aber keine Lektion hatte mich in lockeren Dialogen und Einsetzübungen auf den Vorwurf des Antiquitätenschmuggels vorbereitet. Und der stand nun im Raum. Soviel leitete ich aus der wiederholten Frage nach dem Alter des Messbuchs ab. Ich nahm das Buch, schlug die Seite mit dem Publikationsdatum auf, winkte mit meinem diözesanen Celebret und versuchte, lachend und verzweifelt zugleich, zu erklären, dass mein Missale

aus den 1950ern für mich liturgisch notwendig war, aber keinen antiquarischen Wert besaß. „30 Euro. Ebay", fügte ich bekräftigend hinzu und kalkulierte auf einem Blatt die Summe des Kaufpreises in ukrainischen Hrywni. Blicke zu mir. Blicke zum Messbuch. Mehr Blättern.

Da mein Russisch, supplementiert mit viel Zeichensprache und Grimassen, nicht wirklich weiterhalf, beschloss ich, Artur anzurufen, damit er die Sache aufklären konnte. Artur war nicht da. Zwanzig Minuten Pattstellung. Blättern. Blicke. Stille. Achselzucken. Dann seufzte der

Chefbeamte, winkte resigniert und ich durfte gehen. Mit dem Messbuch. Es war kurz nach 11.00 Uhr.

Zurück auf der Straße, merkte ich relativ rasch, dass mich die kommenden Tage in die Vergangenheit führen würden. Der Asphalt rund um die großzügigen Schlaglöcher wurde immer rarer und verlor sich am Weg in den Osten. Ich passierte winzige Dörfer mit dem Antlitz von 1905. Es war schwül unter dem bedeckten Himmel.

Bald waren meine Flaschen leer und, anders als in Moldawien, gab es in dieser Gegend keine Brunnen mehr am Straßenrand. In einem kleinen Weiler bog ich ab und bat eine Familie um Wasser. Der Mann nickte freundlich und schöpfte aus dem Brunnen vor dem Haus.

Auf den nächsten Kilometern fand ich kleine, süße, überreife Aprikosen unter den Bäumen im Graben und füllte meinen knurrenden Magen. Gewitter. Nieselregen.

Gegen Abend erreichte ich das Dorf Вільшанка (Wilschanka) und fand einen spärlich sortierten Laden. Zum zweiten Mal am heutigen Tag entlud sich ein Wolkenbruch. Ich blieb unter dem Dach und wurde deshalb wenig später an den wackeligen Tisch junger Männer geladen. Wodka hatte offensichtlich schon ein paarmal die Runde gemacht und auch mir wurde eingeschenkt. Allerdings wurde ich als Priester nicht ganz so schwer genötigt wie andere, die hier im Osten schon zu solchen Runden gestoßen sind. Man hatte Respekt – wenn auch nicht viel.

Nachdem der Regen nachgelassen hatte, verabschiedete ich mich, ging weiter und begann nach der Durchquerung des Tals mit dem nächsten Anstieg. Ich war keine zwei Kilometer gekommen, als mir eine freundliche Stimme hinter einer gekalkten Gartenmauer zurief: „Откуда?“ (Woher?). Ich antwortete. Das runde, offene Gesicht machte große Augen, drehte sich weg und rief nach jemandem, während mir die Handbewegungen des Mannes signalisierten, kurz zu warten. Eine hagere Frau mit roten Haaren tauchte auf, verschwand wieder und tauchte nochmals auf – mit einem Teller kleiner frittierter Krapfen (пампушки), die sie nun begann, in die Taschen meiner Regenjacke zu stopfen. „Куда?“ (Wohin?), fragte der Mann in der Zwischenzeit. Ich zeigte in die Marschrichtung. Ein kurzer, von heftigem Nicken begleiteter ukrainischer Wortschwall. Dann stand offensichtlich fest, dass ich hier in ihrem Haus übernachten würde. Schon griff der Hausherr zum Carrix, um mir das Gepäck abzunehmen.

Meine lieben Gastgeber, Baptisten, zweifache Eltern und siebenfache Großeltern, brachten mir eine Blechwanne für die Körperpflege, gossen aus dem Kochtopf heißes Wasser nach und versuchten dann geduldig, ein paar Informationen aus meinem spärlichen Vokabular zu filtern. Mit Bildern versuchte ich meine Herkunft und Reise zu erklären und zeigte unter anderem Bilder von der Pfarrkirche Triesenberg, dem Schloss ob Vaduz und der Fürstenfamilie. Seine Durchlaucht Hans-Adam II. erhielt dabei das Prädikat „Sehr gutaussehend."

Jetzt, da ich auf dem durchgelegenen, alten Gästebett liege, schmunzle ich immer noch und bin dankbar für den Tag und die erlebte Gastfreundschaft. Wieder ist mir die Ukraine durch ihre Menschen ein Stück näher ans Herz gewachsen.

Tag 76 – 42 km (2463 km): Ausweis, bitte!

Der heutige Tag begann mit dem ausgiebigsten Frühstück seit langem. Frischer Kuhkäse, ein gehäufter Teller dampfender Erdäpfel und Gurken-Tomatensalat wurden mir von meinen liebenswerten Gastgebern serviert. Nicht nur der Abschied fiel schwer, auch die Beine ein Stockwerk unter meinem vollen Magen waren träge und kamen nur langsam in die Gänge. Dabei ist die Ukraine ein echtes Wanderparadies – wenn auch wider Willen. Denn die meisten Verbindungen sind wenig mehr als holprige Feldwege, meist frei von jeglichem Verkehr. Landschaftsszenen aus einer anderen Zeit. Und dann ein Bild, das in meinem Kopf eine Nebendarstellerin aus den alten Don Camillo Filmen nun in Farbe auferstehen ließ. Da ritt einher auf einem alten Motorrad mit Beiwagen und höllischer Geschwindigkeit eine rundliche „Genossin" – wie einst Peppones Frau auf seiner Moto Guzzi.

Noch immer ein Lächeln auf den Lippen erreichte ich das nächste Dorf. Dort folgte ich buchstabengetreu der Lektion „Einkaufen" aus meinem Sprachkurs. Das „Entschuldigung, wissen sie nicht, ob es hier einen Laden gibt?" wurde gefolgt von Richtungsangaben, die ich allesamt verstand und abgeschlossen mit einer höflichen Dankesformel. Ich war hochzufrieden mit dem Lernerfolg und belohnte mich mit einem Eis.

Selbiges hatte ich gerade erst am Wegesrand verzehrt, als vier Polizisten anhielten und sich aus ihrem zivilen Schiguli (Lada 1300) schälten. „Документы, пожалуйста!" Sie wollten meinen Ausweis sehen. Ich reichte ihnen den Reisepass und warf einen verstohlenen Blick zu meinem Gepäck, in dem ich das Messbuch transportierte.

Gegen Mittag wurde es zunehmend schwüler, dann gewittrig und am frühen Nachmittag setzte ein erster Wolkenbruch alles unter Wasser. Das Schlimmste saß ich im Brunnenhaus von Студена (Studena) aus, ging dann eine Weile weiter, bis die nächste schwarze Wolkenfront über mich hinweg rollte. Damit war der Rhythmus für den Nachmittag vorgegeben. Eine Stunde gehen, für eine halbe Stunde Unterschlupf suchen.

Am Abend stellte ich hinter ein paar Büschen unweit dem Ortsende von Баштанків (Baschtankiv) mein Zelt auf, von wo nun der Wind den Klang von Schmuse-Songs der 80er herüberträgt, vermischt mit dem obligatorischen Hundegebell. Ukrainisches Dorfidyll.

Tag 77 – 44 km (2507 km): „Kübel" ist ein gutes Mengenmaß

Die ersten zehn Kilometer führten mich heute nach Кодима (Kodyma). Ein Teil der Strecke war dabei so zerlöchert, dass die Autofahrer allem Anschein nach kollektiv beschlossen hatten, lieber auf der kompakten Erde neben der Fahrbahn ihre Spur zu ziehen und so ihre Fahrzeuge zu schonen. Im 10.000 Einwohner zählenden Städtchen angekommen, ging ich zur Bank. Vor dem Bankomat: eine lange Schlange. Dazu beigetragen hatte nicht unwesentlich ein Herr, der gerade überprüfte, ob zwanzigmaliges Reinschieben der Karte etwas an der immer gleichen Fehlermeldung ändern würde. Mit einem eindeutigen Forschungsergebnis und doch unzufrieden, stampfte er schließlich wütend davon. Ich selbst hatte etwas mehr Glück und ging mit aufgestocktem Budget einkaufen.

Den Rest des Tages folgte ich der bröckelnden Landstraße, die sich in langen Geraden durch die Felder schob. Ewig treu zur Rechten und zur Linken stand mit militärischer Disziplin ein Baum neben dem anderen. Kein Dorf. Kein Brunnen. Kein Wasser. Nach 35 Kilometern nahm ich die Abzweigung nach Борсуки (Borsuki) und hatte Glück. Am Ende der armseligen Zufahrtsstraße, flankiert von betonierten Gebäudeleichen, fand ich einen Laden. So wie die dicken Fliegen über meinen Kopf, schwirrte auch ich zunächst planlos von einem halbleeren Regal zum anderen in dem dunklen quadratischen Raum. Ich beugte mich über die Tiefkühltruhe. Mein Herz schlug augenblicklich höher, als ich durch die frostigen Scheiben einen Eimer Amarenaeis erspähte. „Genau die richtige Menge für Familien oder Pilger", dachte ich und trat noch auf den Stufen des Ladens den Beweis dafür an. Unter den staunenden Blicken der anwesenden Dorfbevölkerung löffelte ich den ganzen Liter aus. Der tägliche Marathon schrie eben nach Kalorien.

In diesem Zusammenhang möchte ich, wenn dieses Tagebuch auch kein großes literarisches Erbe ist, der Nachwelt zwei neue Redewendungen hinterlassen. Wenn der Kühlschrank künftig leer ist, dann sage man nicht einfach: „Du, Schatz, der Kühlschrank ist leer", sondern: „Du, Schatz, ich glaub' ein Pilger war da.“ Oder, wenn jemand völlig unkontrolliert Sachen in sich hineinstopft, dann könnte man in Zukunft vornehm dazu sagen: „Du isst ja wie ein Pilger.“ Ich verlasse mich auf meine Leser, dass diese Worte geflügelt werden.

Nach dem Eis und dem nächsten Gewitterregen ging es noch zehn Kilometer weiter. Mit im Gepäck auf der letzten Strecke waren vier Liter Brunnenwasser für die abendliche Körperpflege. Und diese gewann zwei Kilometer weiter noch an Dringlichkeit. Denn dort traf ein Autofahrer ein mit Wasser gefülltes Schlagloch so exakt, dass ich triefend – Mundspülung inklusive – in den Straßengraben taumelte.

Tag 78 – 44 km (2551 km): Was für eine Nacht!

Am Ende des letzten Tagebucheintrags bin ich weggedöst. Um 1.00 Uhr nachts erwachte ich dann zu einer sternenklaren Nacht. Die Wolken hatten sich aufgelöst, die silberne Sichel des Mondes war in den Westen gezogen und über meinem Stoppelfeld war der Himmel in Millionen Lichter explodiert. Ich streifte die Jacke über und trat in die feierliche Stille hinaus. Über mir das funkelnde Band der Milchstraße wie eine kosmische Umarmung. Was für eine Nacht!

Sechs Stunden später flutete die Sonne die Welt mit ihren goldenen Strahlen

und ein neuer Tag begann. Ich nahm mir Zeit mit dem Packen und bog erst gegen 8.00 Uhr auf die Straße ein, einen Lobpreis auf den Lippen.

Mein erstes Ziel war Балта (Balta). Hier konnte ich am Ortsende zwischen zwei Routen wählen. Ich blickte von der Karte auf und musterte beide Richtungen. Entlang der einen Straße saß eine alte Frau auf einem Berg Melonen. Damit war mir die Entscheidung leicht gemacht.

„Маленький“ (klein), bat ich sie um eine tragbare Frucht und erhielt vier Kilo runden Genuss. Die Melone klemmte ich zwischen meinen Rucksack und den Nacken und begann nach einer guten schattigen Gelegenheit für eine Mittagsrast zu suchen. Ich fand nichts Geeignetes und ging immer weiter. Zahllose LKWs quälten sich im Kriechtempo die Straße neben mir hoch; husteten dunkle Abgaswolken. Hatte ich einen Fehler bei der Streckenwahl gemacht? War das die Straße für den Schwerverkehr in den Süden? Während ich gerade versuchte, mir die Sache schön zu reden, schepperte rechts hinter mir meine Trinkflasche auf den Asphalt. Vorsichtig bückte ich mich. Aber

nicht vorsichtig genug. Mit einem satten, nassen „Pflatsch!“ schlug die Melone auf und lag zersprungen im Straßengraben. Damit war der Ort der Mittagspause überraschend schnell fixiert. Zwischen Ameisenhügeln auf der Rechten und stinkenden LKWs auf der Linken löffelte ich die süße Frucht.

In der nächsten Ortschaft trennte ich mich vom Straßenlärm und bog in eine kleine Straße nach Osten. Enge Baumreihen drängten mit ihren Ästen in den freien Raum über der Schneise. Kam ein Auto, musste man sich in die keineswegs sprichwörtlichen Büsche schlagen.

Nach 40 Tageskilometern kam ich nach Жеребково (Scherebkovo). Eine kleine Bar lud ein, am Plastiktisch davor ein verdientes Feierabendbier zu genießen. Drei Jugendliche hatten nebenan ihre Köpfe vor einem Laptop zusammengesteckt und blickten nun neugierig auf. Ich bemühte mich, ihre Fragen zu beantworten. Dann hatte Sascha die Idee, den Priester des Dorfes zu holen und verschwand. Ein paar Minuten später kam er mit Vater Pawel und seiner Frau Ivana zurück. „Слава Ісусу Христу!“ (Gelobt sei Jesus Christus!), grüßte ich nach katholischer Sitte den Priester und bekam ein breites Lachen von der bärtigen Gestalt in Tarnkleidung.

Für die Nacht nahmen mich die beiden in ihrem einfachen Häuschen auf. In den Tank oberhalb der Dusche aus Holz und Blech im Garten goss Vater Pawel eigens noch einen Topf heißes Wasser und so saß ich wenig später sauber und gekämmt mit ihm beim Essen. Ich hätte vorher nicht gedacht, dass ich mich mit so wenig Wortschatz so lange und lachend unterhalten würde können. Da half natürlich auch jeder spärliche Brocken Englisch, den mir mein Gegenüber ab und zu hinwerfen konnte. Nur einmal wurde er ernst, als er sich versichern wollte, dass ich kein „liberaler" Priester aus dem Westen sei. Ich glaube, in diesem Fall hätte er mich nämlich vor die Tür gejagt – mit einem Lachen und heiliger Strenge zugleich. Der überlieferte Glaube wird im Osten großgeschrieben. Für das rastlose „Veränderungsbedürfnis" mancher Kreise im Westen hat man hier weder vor noch hinter der Ikonostase viel Verständnis. „Der Glaube ist nicht unser Besitz, sondern uns zur treuen Weitergabe anvertraut." Diese Botschaft las ich aus Vater Pawels Worten, seiner engagierten Gestik und seinem Leben. Ich kaute das hausgemachte Brot und nickte.

Tag 79 – 41 km (2592 km): Störche, Kälber und die Mutter des Präsidenten

Als ich heute um 6.00 Uhr vom schwarzen Sofa im Wohnzimmer stieg, auf dem – so hat man mir gestern noch stolz erklärt – bereits ein orthodoxer Bischof geschlafen hatte, war Vater Pawel schon irgendwo im Dienst. Ich dachte an sein fröhliches Gesicht, sein herzliches Gemüt und daran, wie bübisch er sich gestern gefreut hatte, trotz seiner grauen Haare im Bart um ein Jahr jünger zu sein als ich. Ich verabschiedete mich von seiner Frau Ivana. Am Gartentor bat sie mich noch, ihr innigstes Gebetsanliegen mit nach Jerusalem zu nehmen. „дитина" (Baby), sagte sie leise und wölbte dabei die Hand über ihrem Bauch. Seit zehn Jahren warteten die beiden auf ein solches Geschenk. Wie sehr wünsche ich ihnen, dass ihre Sehnsucht in Erfüllung geht. Wenn Gott mich den Weg ins Heilige Land gelingen lässt, will ich in En Kerem, wo Elisabeth, die Mutter des Täufers, so viele Jahre dieselbe Bitte an den Himmel richtete, mein heute gegebenes Gebetsversprechen einlösen.

Es waren 15 Kilometer bis in die Kleinstadt Ананьїв (Ananjiw). Schmunzelnd nahm ich die drei Störche im Wappen der Stadt als himmlisches Zeichen für die baldige Erhörung des Anliegens, das ich am Morgen auf die Reise mitgenommen hatte. Drillinge also. Pfeifend marschierte ich aus der Stadt – mitten auf der breiten Straße. Denn rechts und links von mir, neben dem Asphalt, hatten schlaglochmüde Motoristen ihre eigene Spur gezogen.

Die Mittagspause verbrachte ich gemeinsam mit einem Kalb, das am Straßenrand angekettet war. Mit seinen großen Rinderaugen hatte es mir nachgeschaut, als ich vorüberging. Ich drehte um, hielt an, hatte Mitleid – und das Kalb vielleicht mit mir. Für eine Weile teilten wir uns den Schatten eines Baumes und unterhielten uns – in einer zugegeben sehr einseitigen Konversation.

Die zweite Tageshälfte schritt ich über eine seltsam gut geteerte Straße. Dabei gab es hier nichts, außer ein paar alten Häusern und Babuschki, die alle paar Kilometer Tomaten und Knoblauch am Straßenrand verkauften. Mit dem, was mir Artur vor ein paar Wochen über die „wundersamen Früchte" der „richtigen Beziehungen" erklärt hatte, konnte ich daraus eigentlich nur schließen, dass eine der kopfbetuchten Verkäuferinnen die Mutter des ukrainischen Präsidenten war. Ich hielt Ausschau nach Bodyguards hinter den Gemüsebergen.

Am Ende des Tages und am Ende der gut geteerten Straße fand ich einen fast perfekten Zeltplatz. Einmal mehr baute ich am Abend meine Campingdusche aus den Wasserfiltersäcken auf. Nun liege ich gewaschen im Zelt, die Nudeln köcheln leise und ich warte auf die Milchstraße.

Tag 80 – 43 km (2635 km): Drei Engel und ein Pilger

Meine Zunge klebte am Gaumen. Der trockene Hals kratzte. Die Sonne brannte unbarmherzig vom Himmel. Ich blickte auf den letzten, siedend heißen Rest des Wassers in meiner Trinkflasche, dann auf die Karte und dann auf das Ortsschild des Drei-Häuser-und-acht-Hunde-Orts Чарівне (Tscharivne). Es war klar, dass die nächsten zehn Kilometer bis Миколаївка (Mykolaivka) hart werden würden. Und dort musste ich hin. Campen mit einem Schluck Wasser für den Abend, die Nacht und den nächsten Morgen war keine Option. Ich biss die Zähne zusammen.

Zurück zum heutigen Morgen. Nach kurzer Strecke querte ich die erste „echte“ Autobahn seit Bratislava. 1.700 Kilometer war das her. Dann ging es in einer geraden Linie weiter nach Südosten. Kleine Wolkenbänder zogen über orthodoxen Kirchturmzwiebeln hinweg und lösten sich in der Glut der Sonne auf.

In einem Laden am Straßenrand hielt ich für ein kühles Getränk und fand eine kleine Melone, die mir Geschäftsinhaberin Natascha samt einem Eis zum Geschenk machen wollte. Für ihre dreijährige Maria möge ich beten, trug sie mir auf. Ich bedankte mich herzlich und fügte die Namen von Mutter und Tochter zur Liste der heutigen Messintentionen.

Dann ging es weiter auf einer Nebenstraße, die auch mit dem Titel „Feldweg“ noch über die Gebühr gepriesen wäre. Nach ein paar Kilometern ging es zurück auf den Asphalt – sprich, zu den Schlaglöchern, die gelegentlich von Asphalt unterbrochen waren.

Laut Karte sollte ich auf diesem Weg zwei Dörfer passieren, in denen ich mich noch einmal mit Proviant versorgen wollte. Das erste Dorf kam gar nicht oder ich hatte es übersehen. Etliche Kilometer später ging ich durch das zweite „Dorf“ und war erstaunt, dass man diese paar Häuser mit einem Ortsnamen versehen hatte. Das war kein Dorf. Das war … Nun, es war nichts, wo man Proviant finden konnte. Ich blickte die zwei Hauseinfahrten hoch. Hier war eine Hunde-, aber keine Menschenseele. Hier war niemand, den ich um Hilfe hätte bitten können.

Die Nachmittagssonne grillte meinen Nacken. Ich setzte die fast leere Plastikflasche an und nippte ein wenig vom brühheißen Wasser. Ich war müde. Ich war erschöpft, fühlte mich flau. Wille und Not trieben mich vorwärts. Noch zwölf Kilometer. Noch elf. Ich rastete, stützte die Hände auf die Knie. Weiter. Noch zehneinhalb. Felder zur rechten und linken. Sonnenblumen.

Dann Motorenlärm. Leises Quietschen. Ein Mann hielt mit seinem Wagen. Das Angebot, einzusteigen, lehnte ich dankend ab. „Пешком“ (zu Fuß) erklärte ich, während ein einsamer kleiner grüner Bus aus der anderen Richtung über den flimmernden Asphalt kam. Auch er hielt auf meiner Höhe an und blockierte die linke Spur. Zwei Männer, augenscheinlich Vater und Sohn, stiegen winkend aus und musterten mich neugierig von oben bis unten.

„Откуда ты?“ (Woher kommst du?), fragte der Jüngere. So musste ich allen Dreien meine Reise kurz erklären. Sie staunten und schüttelten anerkennend

die Köpfe: „Молодец!“ (Wahnsinn, Mann!). Wir schüttelten die Hände, sie winkten und die drei gingen zu ihren Fahrzeugen zurück. „Brauchst du etwas?“, drehte sich einer plötzlich um. „Вода“ (Wasser), antwortete ich ohne Zögern.

Wenige Sekunden später hatte ich zwei volle Flaschen in der Hand – eine davon mit drei Litern solidem Eis. Ungläubig starrte ich meine Helfer an, kräftige Männer in Shorts und luftiger Freiheit für den Bauch. Ein Ansatz von barocker Fülle: Ja; Flügel: Nein. Engel nichtsdestotrotz. Deo Gratias!

Tag 81 – 48 km (2683 km): Die Pause mit dem Bürgermeister

Es gibt ein gewisses Gefühl der Befriedigung, wenn sich die Stechmücken am Moskitonetz des Zeltes entlangtasten und keinen Eingang finden. Ein Ballett der hohen Töne, entspannt betrachtet aus der ersten Reihe. Vor zwei Stunden im Wald war das anders.

* * *

Gestern Abend hatte sich der schwüle Himmel noch zu dunklen Gebirgen verdichtet. Aber das drohende Gewitter war ausgeblieben. Ich war froh. Man fand zwischen Blitz und Donner nicht gerne heraus, was es bedeutete, wenn das Zelt in einer kleinen Senke stand.

Diese Überlegung war ausschlaggebend für meine heutige Entscheidung, die schönen grünen Flächen im Talkessel zu meiden und für die Nacht auf diesen kleinen Hügel zu klettern, der den sumpfigen Talkessel mit seinen hundert roten Storchenbeinen überblickt. Der Himmel nämlich ist wieder schwarz und wenn jetzt noch so ein Wolkenguss wie heute Mittag kommt, dann will ich komfortable 20 Höhenmeter über dem Auffangbecken der Fluten sein.

Das Gewitter zur Mittagszeit brachte die heftigsten Regenfälle dieser Reise. Eine Stunde lang hatten Fische Ausgang über vormals festen Grund. Ich flüchtete ein paar Stufen hoch unter das schmale Vordach der Schule und hatte bald den Bürgermeister der 500 Seelen von Олександрівка (Olexandriwka) zur Seite. Er war mit langen Schritten durch die Sturzflut angerannt gekommen, um das Rätsel der seltsamen bärtigen Gestalt zu lösen. Zwischen dem ohrenbetäubenden Trommeln auf dem Wellblech über uns nahm der Dialog den üblichen Verlauf. Am Ende bot mir Dorfchef Sergey an, in der Schule zu übernachten, aber es war zu früh, die Füße hoch zu legen. Zwanzig Kilometer wollte ich noch gehen.

Durch die feuchte satte Luft ging es weiter über schlechte Straßen, vorbei an Enten, Gänsen und Hühnern in abnormaler Zahl. Das Federvieh hatte seine Freude mit den vollen Pfützen. Ich hingegen, frisch „gewaschen“, hatte meine liebe Not, ihnen und entgegenkommenden Fahrzeugen großräumig auszuweichen.

Der Straßenbelag wurde „römisch“. Polternd hüpfte der Carrix über die groben Pflastersteine und warf regelmäßig die auf ihm verstauten Wasserflaschen ab. Am Ende dieses Wegs entschloss ich mich für eine kleine geteerte Landstraße, die gerade nach Südosten führte. Mein Schatten wurde länger auf dem Asphalt. Dann war der Asphalt zu Ende. Mein Schatten wurde länger auf dem steinigen Weg. Dann hörten die Steine auf. Mein Schatten wurde länger auf dem schlammigen Boden – und länger wurde mein Gesicht. Mit riesigen Lehmklumpen an den Füßen stapfte ich schließlich breitbeinig durch den Wald. Ich schimpfte leise auf das Navi, das mir diese Route als „Straße mit guter Fahrbahn“ empfohlen hatte.

Wie sich bald herausstellte, war ich nicht der Einzige, der schimpfte. Und der Adressat des Ärgers schien auch hier ein Navigationsgerät zu sein. Vor mir im Wald grub sich ein kleiner Jeep in die aufgeweichte Erde und schleuderte mir mit heulendem Motor Schlamm entgegen. Unter dem Rückspiegel leuchtete das Display des kleinen Übeltäters. Mit einem blinkenden Pfeil („In zwei Kilometern biegen Sie rechts ab“), schien er die beiden Frauen noch immer leise zu verspotten.

Ich fragte, ob ich helfen könne, aber die Fahrerin in dünnen, schwarzen Ballerinas winkte ab. Hilfe sei unterwegs. Sie kam mir ein paar Minuten später in Form eines Traktors entgegen.

Am Ende des Waldstücks begann die große, blutige Schlacht mit den Gelsen. Tausend Mücken suchten jetzt am Abend nach dem roten Saft. Ich kämpfte

mit den Armen. Ich kämpfte mit den Beinen. Ich kämpfte immer noch mit dem flüssigen Untergrund, mit rutschigen Steinen, mit dem Carrix, dem Weg und mit der Welt. Kämpfend und abgekämpft kam ich nach Градівка (Hradivka) und zurück auf festen Boden. Kinder spielten vor der Ruine einer alten Kirche.

Am Ende des winzigen Ortes stieg ich auf den eingangs erwähnten Hügel. Disteln. Das Zirpen der Grillen, das Quaken der Frösche, der Ruf der Wasservögel und der Tanz der frustrierten Gelsen. Müde schloss ich die Augen.

12. Sonntag – Der ohnmächtige Papst auf dem Schlachtross

Mit Nachdruck wiederholte mein Gegenüber: „Ich erwarte mir vom jetzigen Papst, dass er da endlich die Lehre der Kirche ändert. Dieser ewige Reformstau … Die Kirche muss modern werden!"

Es gab Päpste, die mächtig waren im Sinn der Welt. Julius II. verbrachte allem Anschein nach mehr Zeit über die Stellungskarten seiner Kriegstruppen gebeugt, als beim frommen Rosenkranzgebet. Über viele Jahrhunderte waren die Päpste nicht nur geistiges, sondern auch ein weltliches Oberhaupt. Sie regierten, verteidigten, eroberten halb Mittelitalien. Dass das Petrusamt damit auch immer wieder die Begierden des italienischen Adels weckte, ergibt sich von selbst. Man buhlte um den Bischofsstuhl von Rom – damals die einzige „Entfaltungsmöglichkeit" für vornehme mittelitalienische Männer auf dem Selbstverwirklichungstrip.

Einen eigenen Staat zu haben, welcher der Kirche die Unabhängigkeit sicherte, war deshalb in praktischer Konsequenz mal besser, mal schlechter, mal ganz schlecht. Ganz, ganz schlecht war es im 10. Jahrhundert. Der erste katholische Kirchenhistoriker der Moderne, Kardinal Cesare Baronio, prägte in seinen Annales Ecclesiastici (veröffentlicht in zwölf Bänden zwischen 1588 und 1607) für diese Zeit, in der das Papsttum zum Spielball der römischen Adelsfamilien geworden war, den Begriff des „Dunklen Zeitalters".

Aber bei aller Verblendung, die Gold und Herrschsucht zu jeder Zeit bewirken, war auch der weltlichste Potentat auf dem Stuhl Petri in einer Sache ohnmächtig: in der Glaubenslehre. Entgegen der landläufigen

Meinung war und ist der Papst nämlich nicht derjenige, der den Glauben der katholischen Kirche bestimmt. Er kann nicht aus (s)einer Laune heraus festlegen, was geglaubt wird. Die Aufgabe des Papstes ist es seit Anbeginn, den Glauben, der überliefert wurde, zu bewahren. Dabei kann es Dinge geben, die im Laufe der Zeit in der theologischen Reflexion tiefer verstanden, entwickelt und ausformuliert werden. Das geschah immer wieder. Aber im Kern müssen diese Dinge in jener Offenbarung begründet liegen, welche Christus Petrus und den anderen Aposteln in die Hände gab. Aus diesem Grund kann der Papst nichts fundamental Neues sagen.

Das wird heute vielfach nicht verstanden. Dem einen Nachfolger des heiligen Petrus wirft man vor, hoffnungslos altmodisch, konservativ und „reformunwillig“ zu sein; in einen anderen Papst projiziert man förmlich eine messianische „Modernisierungserwartung“. Das Resultat davon ist immer dasselbe: Frust – Frust, weil der Papst bei aller historischen Machtfülle über Heere, Fürsten und Soldaten eben nicht Herr, sondern Diener des Glaubens ist.

Tag 82 – 42 km (2725 km): Katzenjammer

Die Nacht war abermals ruhig geblieben. Kein Gewitter. Kein Sturm. Im Morgengrauen, als die Sonne ihr helles Band zwischen das dunkle Blau der Nacht und die schwarze Silhouette der Hügel setzte, begann ich mit den heiligen Riten zum neunten Sonntag nach Pfingsten und dachte zurück an die ersten Schritte meiner Reise vor bald zwölf Wochen.

Dann holperte ich zwei Stunden Richtung Веселинове (Wesselynowe) auf einer Hauptverbindungsstraße … aus dem Jahre 1807. Aber ich war fast dankbar für das unruhige Mosaik der Pflastersteine. Schlamm ist immer noch der schlimmste Feind des Carrix.

Angekommen in der kleinen Stadt, kaufte ich unter den Augen des Genossen Lenin Proviant. Hier im Osten blickt der Pate des Roten Terrors noch von vielen Sockeln Richtung Moskau. Mit ein paar Tafeln Schokolade aus dem ukrainischen Hause „Roshen" verließ ich den Ort. Ich hätte besser Milch gekauft, denn schon ein paar Kilometer weiter hatte ich zwei erbärmliche Katzenkinder zwischen den Beinen. Herzerweichend jammerten sie mit zarten Stimmen. Aber was sollte ich tun? Eine Bindung aufbauen, nur um sie dann zurückzulassen? Nicht streicheln. Nicht streicheln! Ich begann zu laufen und ließ mit verzerrtem Gesicht und langen Schritten die armen Geschöpfe hinter mir. Ich hoffe, dass sie jemand anders eingesammelt hat.

Das Wetter war gut. Entgegen der gestrigen düsteren Prognose von Bürgermeister Sergey herrschte am Nachmittag sehr angenehmes, windiges Wanderwetter. Zügig ging es auf langen Geraden Richtung Миколаїв (Mykolajiw). Dort will ich nach meiner Ankunft morgen Abend einen Ruhetag einlegen. Mein Rucksack, erst vor 76 Tagen in Tirol gekauft, hat irreparable Abnutzungsschäden beim Ansatz des Hüftgurts und wird wohl bald ausgemustert werden müssen. Schweizer Qualität aus einem Betrieb mit 150 Jahren Produktionserfahrung sollte langlebiger sein. Vielleicht hätte ich ja doch den unverwüstlichen sowjetischen Militärrucksack nehmen sollen, den mir Vater Pawel vor ein paar Tagen als Ersatz angeboten hatte: sechs Kilo Leergewicht, dafür aber auch dienstbar nach einem atomaren Angriff auf eine der beiden Seitentaschen.

Tag 83 – 50 km (2775 km): Eine Couch in Mykolajiw

Es ist sehr spät. Ich will es kurz halten. Ich bin nach 50 weitgehend ereignislosen Kilometern in Миколаїв (Mykolajiw) angekommen. Am Weg: eine imposante Kirchenruine, viel flache Landschaft und kräftiger Gegenwind auf den letzten Kilometern. Der Geruch von Seetang und fauligem Wasser wehte den 1.000 Meter breiten Flusslauf des Südlichen Bug entlang, der einen halben Tagesmarsch von hier ins Schwarze Meer mündet.

Hier gründete Katharina die Große nach dem sechsten Türkenkrieg in den eroberten Gebieten die heute 500.000 Einwohner zählende Stadt Mykolajiw als Marinebasis und Admiralität. Nach der Russischen Revolution blieb sie der bedeutendste Schiffsbaustandort der Sowjetunion mit angeschlossener Universität. Das hatte Auswirkungen auf meine Pilgerreise. Denn Natella, meine Gastgeberin, war gebürtig vom anderen Ende der Welt aus Владивосто́к (Wladiwostok), hatte ihren Hochschulabschluss im Schiffsbau hier gemacht und lebte nun mit ihrer Mutter in einem Plattenbau am Stadtrand. Ich hatte Natella über die Couchsurfing-Plattform kennengelernt und erhielt von ihr ein Zuhause fernab der Heimat.

Tag 84 – (2804 km): Highway Hiking

Wenn Ehemänner schweißgebadet in der Nacht aufschreien, hochfahren und sich am Bettlaken festkrallen, haben sie vielleicht einfach nur vom gemeinsamen Schuhkauf mit ihrer Frau geträumt. Wenn morgen in Mykolajiw jemand nicht schlafen kann, wird es Natella sein. Sie musste mich heute am Vormittag geduldig beim Versuch begleiten, einen passenden Rucksack zu finden. Die Stadt war groß, aber Ausrüstung für Wanderer gab es nur in ein paar ausgesuchten kleinen Läden. Am Weg zwischen den Geschäften bekam ich den Markt und die wenigen Sehenswürdigkeiten zu sehen, aß eine Maulbeere vom Straßenrand und trieb beim nächsten Ausstatter wieder die Verkäufer mit meinen skeptischen, unentschlossenen Blicken in den Wahn. Der eine Rucksack war zu groß, der zweite zu klein, der andere zu instabil, der nächste zu schwer, der übernächste bot keinen Gurt oder Stütze. Ausrüstung ist Vertrauensfrage und ich konnte heute einfach kein Vertrauen fassen.

Wir kehrten zurück in die kleine Wohnung ohne fließendes heißes Wasser, die trotz ihrer Einfachheit ein heimeliger Kontrast zur Trostlosigkeit des betonierten Treppenhauses war.

Ich hatte mich am Morgen entschieden, doch schon heute Nachmittag wieder aufzubrechen, um die morgige Etappe nach Херсон (Cherson) auf ein machbares Maß zu verkürzen und stopfte nun alles zurück in den Rucksack – den alten. Natella wollte mich auf dem Weg aus der Stadt begleiten. Sie brachte mich zunächst zu einer Wasserausgabestation. Das Leitungswasser in den Häusern war nicht trinkbar. So kamen die Menschen mit großen

Plastikkanistern zu einem kleinen Stand und kauften den Liter zum Preis von umgerechnet sechs Cent. Ich füllte drei Flaschen ab und wir zogen weiter. Am Ende einer Wohnstraße führte ein Fußpfad zwischen verfallenen Garagen,

Büschen und Sperrmüll auf eine Wiese hinaus. Hier verabschiedete sich Natella, gab mir ein paar letzte Anweisungen für den weiteren Weg und wünschte mir eine gute Reise.

Zwölf Kilometer ging ich vorbei an Straßenhunden, ausrangierten Flugzeugen, aufgerissenen Landebahnen und dem ruinösen Hauptgebäude des „Stari Aerodrom". Dann mündete der Weg in die stark befahrene Autostraße in den Süden. Sieben Kilometer wanderte ich noch mit hohem Adrenalinspiegel „neben der Spur", bis ein kyrillisches Schild ein Hotel versprach – mit Türmchen, Ritterrüstung, falscher Zugbrücke und anderen Elementen aus Disney Worlds verstaubter Abstellkammer.

Ich nahm das billigste Zimmer und saß eine hauterweichende Ewigkeit am Boden der Duschkabine, während der heiße Dampf die Scheiben beschlug.

Tag 85 – 43 km (2847 km): Potemkins Dorf ist heute eine Stadt

Feldmarschall Reichsfürst Grigori Alexandrowitsch Potemkin zog den Hut und beugte das Knie. Die verkleideten Bauern und Soldaten winkten mit Taschentüchern jubelnd vor der dünnen Kulisse bunter Häuser. Katharina die Große nickte gönnerhaft ihrem Geliebten und Eroberer von Neurussland zu. Der Ausspruch „alles nur Fassade" und die Rede vom „Potemkinschen

Dorf" sind das sprachliche Erbe dieser Begebenheit, auch wenn Historiker heute darüber streiten, ob der Feldmarschall nun wirklich eilig gezimmerte Straßenzüge in 2D entlang des Flusses aufstellen ließ, um seine Zarin zu beeindrucken. Wenn er es getan hat, dann sind ein paar bemalte Holzbalken auch der Ursprung der Stadt Херсон (Cherson), meinem Tagesziel.

42 Kilometer ging es immer der großen Straße entlang. Zeitweise war das Bankett bloß ein Haufen grober Steine, die sich durch die dünner werdenden Sohlen des zweiten Sandalenpaares drückten (Roland und Leopold). Nur

einmal hatte ich verschwenderisch viel Platz. Vier Kilometer Straßensperre. Zwei Spuren und ein Pannenstreifen gehörten mir allein.

Einen Gutteil des heutigen Tages musste ich an ein Gespräch vor ein paar Tagen denken. Menschen, die selbst nicht glauben, sind oft gewillt, der Religion einen kleinen Nutzen zuzugestehen: Moral – wenigstens für die „einfachen" Leute. Und es gibt nicht wenige Apologeten des Christentums, die dieses Zugeständnis aufgreifen oder selbst darauf verweisen. Ich bin mir nicht sicher, ob dies der beste Zugang ist. Denn in der Religion geht es nicht primär um Moral. In der Religion ist die erste Frage nicht „Was soll ich tun?", sondern „Was ist wahr?" Das Handeln folgt dem Sein. Wie ich handeln soll, ergibt sich aus dem, wie sich die Wirklichkeit zusammensetzt. So ist auch das Christentum nicht ein Kanon von Verhaltensregeln, sondern seinem Wesen nach eine lebendige Beziehung zu Gott. Das moralische Leben ist die Antwort des Geschöpfes an den Schöpfer. Ja, die Predigt Jesu ist voll von Richtlinien für unser Leben, aber das eigentliche Evangelium, die eigentliche „gute Nachricht", ist Christus selbst. Er, der am Herzen des Vaters ruht, hat Kunde gebracht. Er offenbart Gott. Er offenbart Gott als Liebe in der Menschwerdung und am Kreuz. Auf diese Liebe antworten wir mit unserer Liebe, mit unserem Leben – in aller Schwachheit, mit aller Unvollkommenheit, aber hoffentlich mit ganzem Herzen.

Wo dieser eigentliche Kern der Religion vergessen wird, da wird das Christentum tatsächlich zu dem, was ihm die Aufklärung gerade noch so zugestehen wollte: ein Instrument der Moralisierung. Und darin wiederum wird die Religion bald zu dem, was die Moderne so bitter kritisierte: ein erdrückender Zwang. Verhalten, das lediglich als von außen geboten oder aufgezwungen wahrgenommen wird, schlägt nur selten tiefe Wurzeln in der Seele. Wenn es keiner sieht, wenn man der Strafe entgeht, dann werden diese so dünn verankerten Gesetze schnell gebrochen.

Im Christentum aber muss es anders sein. Die Frage nach der Wahrheit muss den Vorzug haben. Moral geht ihr nicht voraus, Moral folgt ihr. Nur so besitzt der gelebte Glaube einen inneren und lebendigen Impuls, nämlich Gott selbst, der uns liebt und zur Liebe drängt. Nur so geben wir uns nie zufrieden mit Mittelmäßigkeit. Nur so überwinden wir Schwierigkeiten, nehmen das Kreuz auf uns und streben nach Vollkommenheit. Denn unser Leben ist die Antwort auf die Liebe, mit der wir von Gott geliebt werden.

Als jemand, der in den letzten Wochen viel Gutes von Menschen anderer Überzeugungen erfahren hat, will ich noch etwas anfügen. Wenn die Wahrheitsfrage der Moral vorausgeht, dann sollte sie wieder vermehrt in das Zentrum des ökumenischen und interreligiösen Dialogs gerückt werden. Das Anerkennen des redlichen Bemühens des Gegenübers kann uns letztlich die Wahrheitsfrage nicht ersparen – es sei denn, wir haben aufgegeben, an eine Wahrheit oder ihre Erkennbarkeit zu glauben.

Tag 86 – 35 km (2882 km): Sand im Getriebe

Chronologie einer Cherson'schen Nacht. Es ist 4.25 Uhr. Ich wache von Geräuschen auf und liege mit Rückenschmerzen auf der unglaublich harten Matratze. Ich bin schon auf weicherem Beton gelegen. Und ich jammere hier als jemand, der normalerweise ein hartes Lager einem weichen vorzieht. Soll ich meine Isomatte auf dem Bett ausrollen, damit ich gepolstert liege? 4.27 Uhr. Jemand ist an der Tür meines Sechsbettzimmers im Hostel Classic, über dessen improvisierte Sanitäreinrichtungen ich nobel den Mantel des Schweigens breiten will. Das Licht geht an. Mein einziger Mitbewohner – ein Koreaner, den ich bislang nur mittelhaft durch die im ganzen Zimmer verstreuten Gegenstände kenne – betritt geräuschvoll den Raum. Er weiß noch nicht, dass hier jemand schläft. Vier Sekunden später weiß er es, aber es kümmert ihn nicht. 4.29 Uhr. Rascheln. Ess- und Trinkgeräusche. 4.31 Uhr. Licht aus. Der junge Reisende begibt sich zu Bett. Ein Tischventilator aus seinem Reisegepäck beginnt ihn auf höchster Stufe mit reichlich Frischluft zu versorgen. 4.36 Uhr. Schnarchen setzt in einer Lautstärke ein, die mich vergessen lässt, dass der Ventilator unerträglich lärmt. 4.38 Uhr. Ich versuche, mit den üblichen akustischen „Hausmitteln", das Schnarchen abzustellen. Schnippen. Ploppen. Räuspern. Vergeblich. Er hört mich vermutlich nicht, wegen dem Ventilator 20 Zentimeter neben seinem Ohr. 4.39 Uhr. Ich schnippe nochmals mit den Fingern, laut. 4.40 Uhr. Ich klatsche – und das nicht zaghaft. 4.41 Uhr. Ich schnippe mit beiden Händen in schneller Abfolge. Erfolg. Es ist still ... bis auf den Ventilator. 4.42 Uhr. Das Schnarchen wird laut fortgesetzt. 4.43 Uhr. Ich krame nach meinen Kopfhörern und versuche, ein Musikstück zu finden, das zum Takt des Schnarchens passt. 4.51 Uhr. Ich gebe den Gedanken auf, meine Reise im Land der Träume fortzusetzen und ich verabschiede mich von der Idee, für den morgigen Ruhetag hier zu bleiben. 4.53 Uhr. Ich studiere zur genannten Geräuschkulisse meine Karten und entdecke eine Unterkunft rund 34 Kilometer weiter östlich. Und was sind 34 Kilometer? Bei meinem Pensum der letzten Wochen ist das ja fast ein Ruhetag. Irrtum. Großer Irrtum.

Müde und gerädert schob ich im Morgengrauen den Carrix hinaus auf die Straße. Schwüle Luft stand still zwischen alten Betonburgen. Gestern bei meiner Ankunft hatten sie im warmen Licht der Abendsonne gebadet, heute unter dem dunstigen Himmel verströmten sie nur nackte Trostlosigkeit. Endlos zog sich das Häusermeer entlang der stark befahrenen Hauptverkehrsader. Autos, Lärm, Abgase und Leitschienen, die mich bedrängten. Dazu kam bald tiefer Sand am Straßenrand, den der Dnepr, Europas viertgrößter Fluss, seit ewigen Zeiten hier abgelagert hatte. Mit Steinchen und klitzekleinen Glasscherben kleideten die Körner nach kurzer Zeit auch das Fußbett der Sandalen aus. Und der Carrix blieb, wenn ich ihn nach vorne nahm, immer wieder im losen Boden stecken und rammte mir seine Schraubenköpfe ins Knie.

Ich will nicht leugnen, dass die kurze Nacht meine Empfänglichkeit für das Schöne heute trübte, aber mit 25 Kilometern Stadtausfahrt legte es dieser Tag auch nicht gerade auf einen ekstatisch dichterischen Nachruf an.

Ein Knall. Ich fuhr zusammen, drehte mich um und sah Reifenteile fliegen. Ein Kleintransporter schlenkerte und kam hinter mir zum Stehen. Fünfzig Meter machten den Unterschied auf einer Reise von abertausend Kilometern. Aufgeschreckt und eingeschüchtert ging ich weiter, mit dem unguten Gefühl, hier am schmalen sandigen Streifen neben dem Asphalt die Dinge nicht in der Hand zu haben.

Mein Quartier nach 35 Kilometern war ein touristischer Tiefpunkt, selbst für die ukrainische Servicewüste. Es waren nicht die Bedingungen, die mich dabei störten. Ich bin offen für sanitäre Grenzerfahrungen in einem „Erlebnisbad“ des Ostens. Nein, es war der Preis, den man für die Nacht verlangte.

Nun sitze ich in einem hexagonalen Gartenhäuschen auf einer unebenen Ausziehcouch mit fleckigen Linnen und versuche, den vorherrschenden Chlorgeruch aus der Nase zu blasen. Am anderen Ende Europas schwingt derweilen der berühmte Botafumeiro zu Ehren des Apostels Jakobus durch das Querschiff seiner Kathedrale. Es ist ein Festtag für Pilger. Aber ich bin müde, erschöpft und ausgelaugt – wie wohl so mancher, der sich heute entlang des Jakobswegs zur Ruhe legt. Die Heilige Messe will ich noch feiern, um Kraft zu schöpfen, da nun meine eigene Kraft versagt.

Tag 87 – 44 km (2926 km): Reumut und Sand

Mit mehr Schlaf und weniger Autobahn sah die osteuropäische Welt heute gleich um einiges besser aus. Zwar musste ich anfangs noch die Fahrbahn entlanglaufen, aber schon bald fand ich einen schönen Weg, der mich eine Weile parallel dazu in dieselbe Richtung führte. Dann kam meine Abzweigung in den Osten und ich fand mich auf einer kleinen Straße, die im Halbkreis einen dichten Wald entlang führte. Dieser Wald war von Menschenhand, wie auch das, was er begrenzen sollte. Überweidung hatte das Land hinter den Bäumen einst veröden lassen und Erosion die sandigen Ablagerungen des Dnepr freigelegt. Die so entstandenen Олешківські піски (Oleshky-Sande)

sind mit 100 Quadratkilometern das größte Dünenfeld Europas. Die später angelegten Pflanzungen rundherum sollten verhindern, dass sich die kleine Halbwüste ausbreitet und weitere Teile des Landes verschlingt.

Ich nahm mir die Zeit für einen Abstecher und plagte mich über die sandigen Wellen zwischen den Nadelhölzern. Nicht sehr gutes Terrain für den Carrix. Aber der Blick in den großen Sandkasten dahinter war es wert.

Dann kehrte ich zurück und folgte der Straße durch einige Dörfer. Mein Erscheinen wurde von Seiten der Jugend mit großem Interesse begleitet. Die ersten zwei Jungs machten Fotos und posierten mit dem Carrix, die nächsten beiden liefen barfuß fünf Kilometer neben mir, weil sie in dieselbe Richtung wollten. Sie rauchten, spuckten und stellten mir Fragen, von denen ich nur einige wenige beantworten konnte. Während ich im nächsten Dorf einen kurzen Einkehrschwung im Laden machte, liefen sie voraus zum Wasserkanal. Als ich später dort ankam, sollte natürlich auch ich von der Brücke in die Fluten springen. Aber der Gedanke, dass an meiner Kleidung dann ganz neue Gerüche aus dem Spektrum F wie „Fisch“ bis L wie „landwirtschaftliche Abflüsse“ haften würden, hielt mich davon ab. Ich gebe zu, dass ich es jetzt, wo ich verschwitzt und mit ungewaschenen Füßen im Zelt liege, doch ein ganz klein wenig bereue.

Tag 88 – 44 km (2970 km): Der Schulbusfahrer und das „a"

Als ich den Kopf aus dem Zelt steckte, graste mir gegenüber eine halbe Tausendschaft von Schafen. Der Hirte saß entspannt im Gras und winkte. Ich bin zweifellos ein Mann der Berge, aber die Heidelandschaft vor meinen Augen hatte ihre Reize. Schwalbenschwänze tanzten durch die Morgenluft.

Nach 20 Kilometern erreichte ich das Dorf Балтазарівка (Baltasariwka) und ging die Stufen zu einem kleinen Laden hoch. „Von Österreich? Zu Fuß?“, fragten die Damen hinter der Theke erstaunt. Und damit setzte ihr Mutterinstinkt ein. Ich wurde auf einen Stuhl direkt unter das Gebläse der „Aircondition“ gedrückt, mein leiser Protest mit der Hand abgewunken. Als

nächstes versuchte man mich mit Süßspeisen zu füttern. „Aber ich hab doch ...“, mimte ich leicht verzweifelt und deutete auf den Eimer Eis, den ich eben gekauft hatte. Papperlapapp. Jeder Kunde, der nun den Laden betrat, wurde umgehend über meine Reise informiert und veranlasst, mir zwischen seinen Warenbestellungen anerkennend zuzunicken.

Schließlich nahm ich allen Mut zusammen und bat die liebenswürdig autoritäre Dreiheit von Tochter-Mutter-Großmutter, meinen Weg fortsetzen zu dürfen. Sie überzeugten sich, dass ich alles ausgelöffelt hatte, wuschen mir mein Besteck und ließen mich dann ziehen.

Drei Kilometer weiter hielt neben mir ein weißer Schiguli. Ein junger Mann sprang aus dem Auto: Walera. „Essen“, deutete er mir in universaler Zeichensprache und lud mich zu sich nach Hause ein. Das Waldbeereis blubberte in meinem Magen. „Danke, aber ...“ Duschen könne ich auch, meinte er und es blickte durch, dass ich es wohl nötig hatte. „Gut“, willigte ich ein. Er fuhr voraus und wartete am Straßenrand.

Für die nächste Stunde hatte ich dichtes Programm: Duschen im Garten; versuchen, die Obst- und Gemüseberge, die er mir einpacken wollte, auf ein vertretbares Maß zu reduzieren; Fotos meiner Reise zeigen, auf der mich der 30-jährige Schulbusfahrer am liebsten sofort begleitet hätte; seine Mutter begrüßen, die mit frittiertem Fisch und Schokolade für drei Großfamilien herüberkam; und mein erstes Beratungsgespräch zur modernen Körpermodifikation. „Ora et Labor“ war nämlich in großen Lettern auf Waleras Unterarm tätowiert. Ich erklärte Ursprung und Bedeutung der lateinischen Worte des heiligen Benedikt und empfahl ihm schmunzelnd das fehlende „a“ am Ende von „Labor“ bei Gelegenheit noch stechen zu lassen. Fröhlich und auf

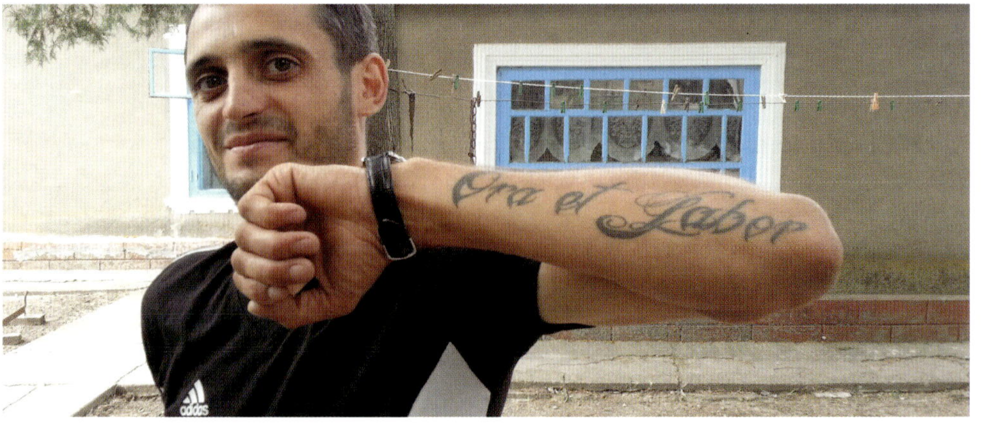

viele Weise reich beschenkt, kehrte ich etwas später wieder auf die kleine Straße zurück.

Dreimal bis zum Abend wurde ich noch in freundliche Gespräche verwickelt oder von der Straße weg eingeladen. Dann schlug ich mein Zelt neben einem der riesigen runden Sojafelder auf, wie man sie von Satellitenbildern der Gegend kennt. Kreisförmig sind die Felder, weil die Bewässerungsanlage langsam um einen fixen Punkt routiert.

Eigentlich hatte ich gehofft, auf diese Weise zu einer weiteren Dusche zu kommen, aber die Bauern waren bis spät abends in ihren Gummistiefeln auf dem Feld.

13. Sonntag – Das Buch der Bücher

„Also, ich habe schon einmal begonnen, die Bibel zu lesen, aber mit manchen Geschichten kann ich nichts anfangen und andere finde ich, na ja, ziemlich verstörend. Wie soll man denn die Bibel lesen?“

Der Mensch ist ein Wesen mit Vernunft und Wille. Der Sinn des Lebens liegt folglich darin, das Wahre zu erkennen und das Gute zu lieben. Wenn wir uns auf die Suche nach der höchsten Wahrheit und dem höchsten Gut machen, dann suchen wir Gott und betreten den Weg der Religion. Auf diesem Weg nun, so glaubt der Christ, kommt uns Gott mit seiner Offenbarung entgegen. Ohne die Offenbarung müsste unsere Kenntnis von Gott sehr armselig bleiben und der Heilsplan Gottes ließe sich kaum verwirklichen. Darum offenbart sich Gott. Er teilt sich mit.

Die Geschichte dieser Offenbarung geht Jahrtausende zurück. Abraham, Isaak, Jakob, Moses, David, Salomon, Isaias, Ezechiel, Jeremias, Daniel, die anderen Propheten, sie alle erfahren und verkünden einen Gott, der so anders ist als die Götter und Götzen der damaligen Welt. Offenbarung ist zu Beginn kein heiliges Buch, das vom Himmel geschwebt wäre, sondern zuerst einmal erlebte und gelebte Geschichte eines ganzen Volkes.

Manche der oben genannten Zeugen des Glaubens haben Schriften hinterlassen, die vom Volk gesammelt, bewahrt und weitergegeben wurden. Sie sind nicht einfach Menschenwort. Sie wurden unter der Anhauchung des Geistes Gottes verfasst. Das heißt, diese Texte sind inspiriert, durch sie spricht Gott. Aber sie sind kein göttliches Diktat. Die Autoren schrieben eingebettet in ihre Sprache, Zeit und Kultur. Die Bibel hat also nur einen und zugleich viele Autoren. Sie ist kein Buch, sondern eine Sammlung von Büchern.

Den ersten großen Teil der Bibel bilden die 46 Bücher des Alten Testaments. Sie beschreiben die wechselhafte Geschichte des Volkes Israel; eine Geschichte, in der die Propheten den einen Gott verkündeten und die Menschen langsam begriffen, wer dieser Gott Abrahams, Isaaks und Jakobs wirklich war. Sie begannen zu verstehen, dass es nicht nur die Sklaverei in Ägypten gab, sondern auch die Sklaverei der Sünde, aus der Gott uns führen will; dass es auch hier einen Exodus braucht. Sie begriffen, dass das gelobte Land nur ein schwaches Abbild sein konnte für die wahre himmlische Heimat. Sie erkannten, dass, trotz aller Mühe, das Gesetz den Menschen nicht gerecht machen konnte; dass Gottes Handeln dafür notwendig war. Sie begriffen, dass ein Erlöser kommen musste – ein Retter von oben.

Und dieser ersehnte Retter kam vor 2.000 Jahren. Aber er kam anders, als viele sich ihn vorgestellt hatten. Er war kein gewaltiger Feldherr. Er verkündete Frieden inmitten der Unterdrückung. Er liebte wider den Hass. Er schenkte uns Leben, indem er starb. Die Texte über das Leben und Sterben Jesu und seine Bedeutung für die Welt bilden die 27 Bücher des Neuen Testaments, den zweiten Teil der Bibel.

Das wäre ein erstes Grundgerüst, das hilfreich sein kann, wenn man dieses dicke Buch – das, wie gesagt, eigentlich eine Sammlung von Büchern ist – aus der Ecke nimmt, abstaubt und darin blättert. Seine Seiten beschreiben die Geschichte des Volkes Israel und durch diese Geschichte spricht Gott. Manchmal spricht er zwischen den Zeilen. Erst zuletzt spricht er selbst, durch das Wort, das Fleisch geworden ist, durch Jesus Christus, unseren Herrn.

Tag 89 – 39 km (3009 km): Liechtenstein? Liechtenstein!

Das kleine Fürstentum am Alpenrhein ist jenseits seiner Nachbarländer kaum jemandem bekannt. Wollte mir meine Schwester früher aus Indien Briefe oder Pakete schicken, erklärten ihr die Postbeamten immer stur, dass es Liechtenstein nicht gäbe. In ihren elektronischen Verrechnungssystemen existiere kein solches Land. Auch auf meiner Reise war ich meist Leuten begegnet, in deren Staatenliste Litauen auf Libyen folgte. Doch hier und heute, mitten in der flachen Steppe, gab es einen Ort, in dem jeder das Ursprungsland meiner Wallfahrt kannte: Асканія-Нова (Askania-Nova).

Im Jahre des Herrn 1828 gründete Ferdinand von Anhalt-Köthen dieses Gut als kleine Kolonie seines Herzogtums auf russischem Boden. Reich wurde er mit den Schafen nicht; auch nicht die Herzöge von Anhalt-Dessau, die das Gebiet später erbten. Sie verkauften den Hof an den deutsch-russischen Adligen Friedrich Fein. Seine Nachkommen errichteten Ende des 19. Jahrhunderts einen Zoo und einen botanischen Garten. Seitdem liegt ein Hauch von Afrika über dem Steppengras, wenn die Nachkommen der damals erworbenen Elenantilopen in den weiten Ebenen der „ukrainischen Serengeti" den Staub aufwirbeln. Während der Oktoberrevolution musste Familie Falz-Fein vor den Bolschewiken fliehen. Da liegt der Grund, warum die Menschen hier das kleine Fürstentum kennen. Nach ein paar Umwegen ließ sich die Familie nämlich in Liechtenstein nieder, wo in diesen Tagen immer noch der in der ukrainischen Steppe geborene Baron Eduard Alexandrowitsch von Falz-Fein, 101-jährig, in seiner Villa residiert. Der Name des Anwesens ob Vaduz: „Askania-Nova", natürlich.

Vom Weg selbst gibt es wenig zu berichten. Lange gerade Straßen. Rechts war es flach. Links war es flach. Ein paar Begegnungen. Ein Besuch im Zoo. Ein brüskiertes Lama.

Nach 39 Tageskilometern schlug ich mich in die Büsche – besser: in die Gräser. 500 Meter von der kleinen, kaum befahrenen Straße baute ich mein Zelt auf. Der schmale, staubige Weg, den ich heraufgekommen war, führte in die Felder. Gerade noch in Blickweite waren die Ruinen einer Kolchose. Ansonsten: das nächste Dorf drei Kilometer Luftlinie entfernt; in allen Richtungen trockenes Gras; endlose Steppe mit dicken, großen Spinnen. Das war die Kulisse für die seltsamste Nacht meiner Reise.

Tag 90 – 37 km (3046 km): Bizarrowelt im Mondscheinglanz

Was zwischen dem gestrigen Abend und dem heutigen Morgen geschah, will ich im Präsens erzählen. Das hilft mir hoffentlich, den unwirklichen Fortgang der Stunden selbst zu erfassen.

Tag 89. Es ist Abend. Die Sonne steht tief über der goldenen Steppe. Frau Argiope lobata, eine der größten Radnetzspinnen Europas, krabbelt über mein Moskitonetz. Ich knie im Zelt, feiere die abendliche Liturgie. „Sursum corda. Habemus ad Dominum" (Erhebet die Herzen. Wir haben sie beim Herrn). Plötzlich Schritte. Das dürre Gras knirscht unter dem Gewicht. Die Person, wer immer sie auch ist und woher auch immer sie kommt, geht um das Zelt und stellt sich vor den Eingang. Ich bin mitten im heiligen Geschehen, kann nicht aufblicken, kann nicht grüßen. In Stille bete ich das lateinische Hochgebet.

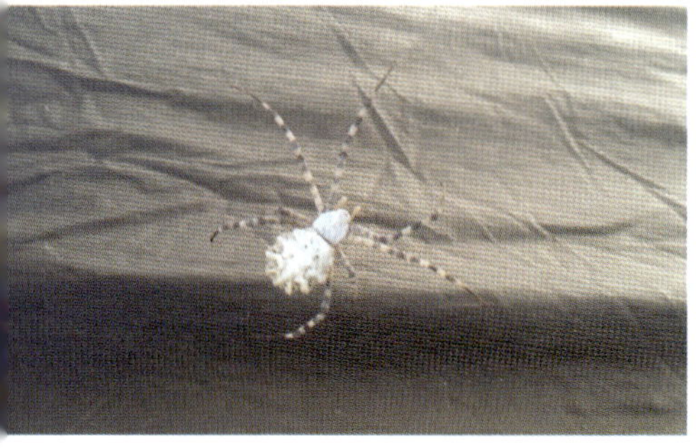

In Stille steht draußen regungslos die Gestalt. Ich bin beim Agnus Dei, als sie wortlos wieder geht. Das Wort „schräg" drängt sich in meine Andacht.

Nach der Messe trete ich noch einmal kurz an die frische Luft. Ich schüttle die fetten Spinnen vom Zelt. Dann sehe ich einen dunklen Punkt in der Ferne, der sich bewegt. Und tatsächlich wackelt bald ein Fahrrad über die Prärie. Es hält direkt auf mich zu. Vor meiner Behausung steigt sein hagerer Reiter aus dem Sattel. Er sei auf dem Weg zur Arbeit, erklärt er um halb zehn, und fragt mich, ob ich keine Angst hätte, hier allein zu übernachten. Mit seiner Geste „Faust-aufs-Kinn" wird deutlich, worin er die Gefahr für einsame Pilger in dieser Gegend sieht. Es sei riskant, erklärt er mit Vokabeln, die auch ich verstehe. „Die Menschen sind nicht gut." Wie oft haben mich jetzt schon Ukrainer vor Ukrainern gewarnt, wundere ich mich. Dabei begegnet mir überall nur Freundlichkeit und Hilfsbereitschaft. Dass es anders kommen kann, ist mir bewusst, aber ich habe keinen Anlass zu übertriebener Sorge. Selbst der „Messbesucher" war höflich still geblieben. Ich blicke dem Radfahrer nach,

als er quer über das Gras in der Dämmerung verschwindet und frage mich, wohin in aller Welt er fährt. Dann ziehe ich mich für die Nacht ins Zelt zurück. Ich liege im Schlafsack, sortiere meine Erinnerungen an den vergangenen Tag; schreibe Tagebuch. Halb elf. Draußen ist es finster.

Plötzlich Schritte. Ich halte den Atem an, spähe mit angestrengten Augen in die Dunkelheit, als würde das den Ohren etwas nützen. Da! Wieder Schritte! Was soll ich tun? Mit schlagendem Herzen rufe ich in die Nacht hinaus: „Добрый вечер?" (Guten Abend?). Keine Antwort. Das Geräusch verstummt. Grillen zirpen unbeteiligt in der Ferne. „Здрасте?" (Hallo?), variiere ich den Gruß. Nichts. Dann höre ich wieder Füße im Gras und die Worte des Radfahrers schwingen sich gespenstisch in meiner Vorstellung zu düsteren Bildern auf. Adrenalin pumpt durch die Adern. Ich krame nach dem kleinen Pfefferspray – ein Geschenk der rumänischen Jugendgruppe nach der dramatischen Hirtenhundeepisode. Ich suche frenetisch nach der Taschenlampe; wusel mich aus dem Schafsack; zippe das Moskitonetz auf und stehe Augenblicke später vor dem Zelt. Stille. Nur mein Herzschlag. Der kühle Wind der Nacht umweht meine Beine. Ich zittere; schüttle es ab; drehe mich in alle Richtungen. Angespannt. Nichts und niemand hebt sich als Silhouette vom schwarzen Himmel ab. Meine Finger tasten, ob sie den kleinen Druckcontainer mit dem Reizmittel richtig herum halten. Nochmals drehe ich mich im Kreis und leuchte diesmal mit der Taschenlampe in alle Richtungen. Kein gutes Zeichen, denke ich, wenn jemand schweigt und sich im hohen Gras versteckt. Ich spüre den Pulsschlag im Hals.

Dann bewegt sich etwas hinter mir. Wild drehe ich mich um. Da … ! Nichts?! Der Lichtstrahl wirft keine Schatten in der Nacht. Nochmal das Geräusch. Drei Meter vor mir. Ich leuchte auf den Boden. Und da ist er, der Angreifer, der erste Ukrainer, der mich das Fürchten lehrt: Ein Igel! Ich lache laut. Was bin ich doch für ein Idiot. Erleichtert lockere ich den Griff um den Pfefferspray und liege wenig später mit einem breiten Grinsen im Schlafsack. Das ist eine der Geschichten, die ich einmal einem schmunzelnden Publikum werde erzählen können, sage ich mir und notiere alles ins digitale Tagebuch. Dann stelle ich den Eintrag ins Netz, knipse das Licht aus und blicke durch den Eingang in die Nacht hinaus. Sternschnuppen verglühen. Blutig steigt der Halbmond aus dem roten Staub der Steppe. Ich schließe die Augen.

Schritte. Schritte! Kein Igel diesmal. Viel zu schwer ist ihr Tritt. Ich halte den Atem an. Sekunden später passieren zwei Gestalten schweigend ohne Licht in fünf Metern Entfernung mein Zelt. Mein Herz pocht. Im Kopf rasen Fragen: Was machen die beiden? Warum reden sie nicht? Warum bleiben sie nicht stehen und wundern sich über das Zelt? Warum gehen sie geradeaus ins Nirgendwo? Ich starre ihnen halb aufgerichtet nach, bis ihre Silhouetten mit dem Horizont verschmelzen. Diese gespenstische Sichtung ergibt keinen Sinn. Ich finde keine Erklärung. Nach ein paar Minuten beginnen sich die Muskeln wieder zu entspannen. Ich lasse den Kopf zurück auf das Lager sinken und fast im gleichen Moment fahre ich wieder hoch. Jetzt kommen die beiden mit schnellem Schritt zurück; wieder schweigend; wieder machen sie einen Bogen um das Zelt, das der Mond silbern glänzen lässt. Ich starre regungslos durch das Moskitonetz. Wo bin ich hier gelandet, dass ständig jemand kommt und geht?! Was ist los an diesem Ort? Woher kommen die ganzen Menschen? Diesmal brauche ich eine Weile, um mich zu sammeln. Dann beruhige ich mich endlich und gleite in den Halbschlaf.

Eine halbe Stunde später weckt mich ein Geräusch. Kleine Steine knirschen unter Gummi. Im Schritttempo fährt ein Auto langsam den staubigen Weg in meine Richtung. Es fährt vorüber, ganz langsam. Herzklopfen. Zwei Minuten später rollt es zurück. Es ist, als würde der Fahrer etwas suchen. Dann hält es an. Auf der Höhe meines Zeltes. Ich bin am Ende, es zerreißt mich, ich möchte laut schreien: „Was ist hier los?!" Die Türen gehen auf. Männerstimmen. Jemand geht ein paar Schritte in meine Richtung, hinein ins Gras.

Und dann geschieht etwas, das ich absolut nicht einordnen kann. Es ist, als wolle mich jemand gewaltsam wachrütteln, aus einem Traum, der wirklicher ist als die Wirklichkeit. „Jooohannneees!" Ich blinzle. Nochmals ruft die Stimme meinen Namen: „Jooohannneees!" Ich raufe mir die Haare, fahre mir mit den Händen ins Gesicht. 3.000 Kilometer von Zuhause. Ich liege irgendwann nach Mitternacht irgendwo in der Wildnis und irgendjemand schreit nach mir? Einen Moment scheint die Realität zu entgleisen. Dann erkenne ich die Stimme. Das ist Walera! Ich kann es nicht fassen! Walera, der Schulbusfahrer!

Ich arbeite mich aus dem Schlafsack, knipse das Licht an und gebe ungläubig Antwort auf das Rufen. Ein paar Augenblicke später steht tatsächlich Walera mit seinem Bruder Pawel und einem Laptop vor meinem Zelt. Ich kann nicht aufhören, meinen Kopf zu schütteln. „Was … ? Was macht ihr hier?", stammle ich verwirrt und lachend zugleich auf Russisch.

Es stellt sich heraus, dass Walera vor ein, zwei Stunden meinen jüngsten Blogeintrag gelesen hat – beziehungsweise das, was die computergenerierte Übersetzung davon lückenhaft ins Russische übertragen konnte. Da war etwas zu lesen gewesen von einem stummen Zeugen bei der Messe, den Warnungen des Fahrradfahrers, von gespenstischen Schritten rund ums Zelt. Kurzum, Walera hatte Sorge um meine Sicherheit, schnappte seinen Bruder und suchte mitten in der Nacht anhand des GPS-Tracks vom Blog mit seinem alten klapprigen Wagen die Gegend nach mir ab. 50 Kilometer oder mehr sind sie gefahren, um mich zu retten. Unglaublich! Und für den Fall, dass ich noch lebe, haben sie als echte Ukrainer natürlich jede Menge Essen eingepackt: Brot, Topfenpalatschinken und noch mehr frittierten Fisch. Eine Flasche Wasser, wie ich einige Stunden später in der Hitze des neuen Tages feststellen werde, ist jedoch das wertvollste Geschenk.

Eine Stunde sitzen wir im Gras. Im Versuch, die Nacht für die beiden zu rekonstruieren, lerne ich lachend eine neue Vokabel: „ёжик“ (Igel). Um halb zwei verabschieden sich dann die beiden. Ich blicke den Rückleuchten des Fahrzeugs noch eine Weile kopfschüttelnd nach. Zum zweiten Mal in der Ukraine murmle ich zu mir selbst: „Was für eine Nacht!“

Und der Tag, der darauf folgte? Nun, die langen Geraden unter der brennenden Sommersonne waren anstrengend, aber nicht sehr einprägsam. Den Großteil der Strecke versuchte ich ohnehin nur, die bizarre Nacht in meinen Gedanken zu ordnen und zu verstehen.

Nach 37 Kilometern gab es ein Motel am Straßenrand und ich kehrte ein. Ich hatte Schlaf nachzuholen. In meinen Träumen wanderten dann stumme Ministranten, Igel und ukrainische Mafiosi durch das Zimmer. Ein Fahrradfahrer hielt am Weg zur Arbeit und verschwand durch das Fenster. Und doch scheinen mir all diese Fantasien viel glaubwürdiger als die erlebte Wirklichkeit.

Tag 91 – 47 km (3093 km): Neptun, Käse und das Meer

Der Wecker riss mich heute unsanft aus dem Bett. Es war kurz nach 4.00 Uhr, aber der frühe Start war wegen der bevorstehenden Hitze und dem zu erwartenden Verkehr die einzig richtige Entscheidung. Es war angenehm kühl, bis die rote Scheibe aus dem Dunst am Horizont empor stieg und immer heller brannte.

Um acht hielt ich bei einem Laden am Rand von Маячка (Majatschka) und frühstückte unter den Argusaugen einer Katze. Dann ging es nach Новоолексіівка (Nowoolexijiwka), wo hinter der blümchenblauen orthodoxen Kirche zwei schlanke Minarette in den Himmel ragten. Hier traf ich also auf die ersten Spuren des muslimischen Erbes der Region.

Im 13. Jahrhundert erzitterte die Steppe vom Chinesischen Meer bis Osteuropa unter den Hufen der Mongolen. Temüdschin, Dschingis Khan, die „Geißel der Menschheit", breitete seinen Schrecken über die Erde. Doch das größte Reich der Weltgeschichte zerfiel so rasch, wie es erobert war. Windhauch. Den westlichen Teil regierte nun die Golde Horde und der Islam wurde ihre Religion. Aber auch dieses Reich hatte keinen Bestand. Als es zerbrach, gründeten im 15. Jahrhundert die Krimtataren auf der Halbinsel ein eigenes Khanat, das dank dem Handel am Ende der nördlichen Seidenstraße eine Zeit der wirtschaftlichen Blüte erlebte. Eines der wichtigsten „Güter" auf dieser Route waren Sklaven für das osmanische Reich, die in Raubzügen nach Nord, Ost und West aus den christlichen Ländern verschleppt wurden. Diese häufigen Einfälle haben bis heute maßgeblich das siedlungsarme Landschaftsbild nördlich der Krim geprägt, das ich die letzten Tage durchwandert habe. Nun, ganz im Süden dieser ehemaligen Pufferzone, führten mich 47 kerzengerade Kilometer nach Генічеськ (Henitschesk).

Zum ersten Mal auf dieser Reise erreichte ich am Abend das Meer. Ich sprang natürlich sofort ins Wasser und trug damit zur Belustigung des überfüllten Strandes bei. Nicht nur, dass ich ob meiner disziplinierten Körperbedeckungspolitik noch großflächig aussah wie ein Goudakäse im ersten Reifestadium – ein Kontrast zu den krebsroten und brathühnchenbraunen Ukrainern, die hier urlaubten – nein, vor allem der nasse Bart wurde bestaunt und kommentiert, als ich wie Neptun mit Seetang aus dem Wasser stieg.

Am Abend lag ich auf dem Bett im Hotel und schrieb gerade mein Tagebuch, als sich plötzlich Magen und Darm verkrampften. Ich stürzte ins Badezimmer. Glücklicherweise war es sehr eng gebaut. So konnte ich mich völlig entkräftet vom „Thron" aus auf das Waschbecken lehnen. Unglaublich, welchen Schwächezustand eine Darmentleerung dieser Art bewirkt. Wie hingeschüttet lag ich nach einer halben Stunde wieder auf dem Bett und ging prüfend die Speisen der letzten Stunden durch. Möglich, dass die Melone zu Mittag der Übeltäter war.

Und wenn wir gerade bei medizinischen Befunden sind. Seit drei Tagen habe ich Halsweh. Zu viel Höflichkeit, diagnostiziere ich und denke an den künstlichen, frostigen Sturm im Laden von Балтазарівка (Baltasariwka) zurück, unter dem ich vor ein paar Tagen mein Eis löffeln musste.

Tag 92 – 37 km (3130 km): Schweinefutter und Blütenhonig

Einigermaßen erholt, zog ich heute Morgen in den Süden. Gefühlt habe ich die allgemeine körperliche Schwäche erst nach ein paar Stunden. Da machte Umkehren aber keinen Sinn mehr.

Mit dem heutigen Tag begann mein Marsch über die Arabat-Nehrung. 112 Kilometer lang ist der dünne Streifen aus Sand und Muschelresten, der das Asowsche Meer vom Sywasch trennt. Der Sywasch besteht aus flachen Buchten mit hohem Salzgehalt, die sich in der Sommersonne stark erwärmen und unangenehm riechen können. Daher nennt man die Wasserflächen im Westen der Nehrung auch „das Faule Meer".

Im Norden ist der Streifen etwas breiter und wird touristisch stark genutzt. Das erklärte den Verkehr, dem ich am Morgen ausgesetzt war. Für eine Weile konnte ich auf einen staubigen Weg ausweichen, dann musste ich zurück auf den flimmernden Asphalt.

Nach zehn Kilometern hielt ein bärtiger Radfahrer mit einem überdimensionalen Sack auf dem Gepäckträger. Sergej, ein Russe aus St. Petersburg, war etwa in meinem Alter und unterwegs zu seinem Sommerhäuschen. Er erklärte kurz und auf Englisch: „Also sieben Kilometer geradeaus und dann links bei der vierten Vorrangtafel. Dort sind wir zuhause und du bist unser Gast." So saß ich eine Weile später bei ihm, seiner Frau Anna und Töchterchen Olyanka im Garten. Der riesige Sack, den er transportiert hatte, lehnte aufrecht im Schatten. Er war gefüllt mit Mais-Sticks. Sie sahen aus wie die großen Brüder der bekannten Erdnussflips, abzüglich der Erdnüsse natürlich. „Schweinefutter", erklärte Sergej, „Aber genau dasselbe wie die Flips im Laden und viel, viel billiger." Wespen schwirrten um den Honig, in den wir die knackigen Röllchen tauchten, und Sergej erzählte von seinen Jahren als reisender Nomade. Zwei Jahre lang hatte er Sibirien durchquert.

Nach einem netten Nachmittag und ärztlichen Ratschlägen von Anna, die in Moskau Medizin studiert hatte, verabschiedete ich mich und zog weiter Richtung Süden. Bald schon wurden Fahrzeuge selten. Dann verlor sich auch der letzte Flecken Asphalt. Ich kam in das Dorf Стрілкове (Strilkowe). Weiter südlich gab es nur mehr Sand und Gras.

Um noch einmal vor den bevorstehenden Anstrengungen Kraft zu sammeln, suchte ich nach einer Unterkunft und bezog schließlich ein uraltes

Ferienhäuschen aus den Zeiten einer rustikaleren Epoche des Sowjettourismus. Für umgerechnet drei Euro gab es ein steiles Dach aus gewelltem Eternit und die kostenlose Mitbenutzung des Gartenschlauchs und einer niedlichen Toilettenhütte.

Nun sitze ich im Vorraum und koche Eier als Proteinration für die nächsten 80 menschenleeren Kilometer. Zehn Liter Wasser stehen in Kanistern in der Ecke. „Ich hoffe, das reicht“, seufze ich leise und denke an die vielen Tage, an denen wesentlich mehr in meinem Hals verschwunden ist. Frische Meeresluft strömt durch das Fliegengitter. Mücken hält es mit seinen großen Löchern nicht mehr auf. Aber die Hühner, die draußen rumgackern, vielleicht.

Tag 93 – 20 km (3150 km): Trugbild und Betrüger

Es war bereits überraschend schwül, als ich um 5.00 Uhr morgens meinen Bungalow verließ. Der Wind der letzten Tage war eingeschlafen. Ich ging durch das staubige Dorf. Über mir sammelten sich Schwalben in Hundertschaften auf den Stromleitungen. Entlang der Gartenzäune begleitete mich das übliche Hundegebell. Manche Vierbeiner waren wirklich feige Betrüger. Sie begannen mit dem Bellen erst, wenn man das Tor passiert hatte und es feststand, dass man ihr Territorium gar nicht betreten wollte. Erst dann legten sie los mit geifernder Inbrunst; wie selbstlose Helden, die eben durch ihren aufopferungsvollen Einsatz die fürchterliche „Gefahr“ abgewendet hatten. Aber blieb ich stehen und drehte nur den Kopf um, wichen sie zurück. Mir fiel außerdem auf, dass es hier überall nur kleine Hunde gab, selbst im Hirtendienst. Es war wohl eine Frage der Ökonomie. Für weniger Hundefutter bekam man gleichviel Lärm.

Nach zehn Kilometern setzte ich mich an den Strand, schnitt Brot auf, klemmte eine Tafel Schokolade dazwischen und blickte kauend auf das Meer hinaus. Bei meiner Zubereitung fiel ein kleines Stück zu Boden und landete unverhofft am Weg einer Ameise, die sich beim morgendlichen Erkundungsspaziergang über den Sand kämpfte. Was für ein Tag im Ameisenbau. „Extramilch“ von Roshen. Vor meinem geistigen Auge entfalteten sich die kommenden Stunden des kleinen Gliederfüßlers; wie ihm die Kollegen nach Dienstschluss in der

Bar auf die Schulter klopfen würden: „Kapitaler Fund heute!", „Fette Sache, Mann!", „You´re *da* man ..." (besser: *da* ant). Aber natürlich müssten alle solche Anreden weiblich sein. Und was weiß ich schon von den feierabendlichen Trinkgewohnheiten staatsbildender Insekten. Mit einem letzten Blick nach unten ließ ich die glückliche Ameise zurück und krabbelte selbst wie eine über den losen Dünensand nach Süden.

Es gab hier noch das eine oder andere Auto, das sich durch den Sand quälte, während ich mit dem Carrix meine eigenen kleinen Furchen zog. Sand lag in der Luft. Sand rieb zwischen meinen Zehen. Sand klebte an meiner schweißnassen Haut.

Dann tauchte wie eine Mirage ein großes Gebäude vor mir auf. Ich hatte zuvor unterschiedliche Dinge über eine Straußenfarm gehört, die es in dieser Gegend geben solle oder eben nicht. Aber vor mir flimmerten nicht die Umrisse einer Farm. Ich konnte bald Balkone und Fensterscheiben ausmachen. Vor mir lag ein Hotel! Damit hatte ich nicht gerechnet. Ich zog durch das Portal und geradewegs zur Strandbar. Alex und seine Frau empfingen mich freundlich und servierten einen Plastikbecher Shrimps zum Bier. Einen Moment zögerte ich und dachte an die Hitze und den Magen. Dann machte ich mich unter ermutigenden Zurufen und Schulterklopfen von Alex an die Arbeit.

Nach einem Drittel des Bechers war es besiegelt. Ich nehme mir einen Ruhetag am Strand und bleibe für die Nacht. Das wird die kommenden zwei Tagesetappen erfreulich kürzen und die Situation rund um die Wasserrationierung entspannen.

Tag 94 – 37 km (3187 km): Gemüsesaft und Zwangs-WG

Um kurz nach 5.00 Uhr trat ich hinaus auf die sandige Piste. Sie war verhältnismäßig angenehm zu gehen. Der Untergrund war selten so locker und tief, dass ich darin stecken geblieben wäre. Doch mein Tempo war langsam. Ich spürte die Müdigkeit in den Beinen und meine Stimmung war gedämpft. In der Nacht hatte ich eine traurige Nachricht aus der Heimat erhalten, konnte lange nicht einschlafen, den Kopf voller Sätze im Konjunktiv.

Nach etwa drei Stunden hatte ich den ersten Kontakt mit Menschen. Ein Schiguli holperte über die Rippen am Weg. Nach den sehr unterschiedlichen

Wegbeschreibungen am gestrigen Tag war dies der erste Hinweis, dass die Strecke nach Süden mit dem Auto – und damit auch für mich – tatsächlich möglich war. Fahrer, Frau und Kind knipsten schnell ein paar Fotos vom „verrückten Österreicher" und schon verschwand die heftig hin- und herwiegende Karosse wieder in den Gräsern am Horizont. Ich war allein und blieb es auch bis Mittag.

Dann sah ich drei Motorradfahrer mit ihren Touringbikes am Strand. Das Trio von Vater, Sohn und Freund kam aus Rumänien und war für eine Woche auf der Krim unterwegs. Sie teilten ihr Essen mit mir und fuhren bald weiter in den Norden. Ich selbst beschloss an dieser Stelle, der unerträglichen Hitze für ein paar Stunden zu entgehen. Mit dem Gestänge des Carrix und dem Regenschutz improvisierte ich an der Abbruchkante des Strandes einen Unterstand und lag eine Weile an diesem kleinen, schattigen Flecken. Schließlich beschloss ich für zusätzlichen Komfort, das Zelt aufzubauen. Dösend verbrachte ich die nächsten Stunden. Um 16.00 Uhr packte ich meine Sachen – nunmehr alle voller Sand – zusammen. Den Sand wurde ich so schnell nicht mehr los und mein Rücken war voll von kleinen Muschelfragmenten, die dank Schweiß fest am Körper klebten. Abkühlung und Reinigung im Meer musste ich bleiben lassen. Im Gegensatz zu den Stränden weiter nördlich bestand das Wasser hier hauptsächlich aus grünem Algenbrei.

Meine Wasservorräte waren trotz der langen Ruhe kleiner geworden. Sechs Liter hatte ich noch. „Das sollte reichen, wenn ich heute den Tag etwas länger mache, alles rationiere und versuche, schon morgen Mittag im nächsten Fischerdorf zu sein", dachte ich. So wanderte ich durstig in den Süden.

Ich stapfte durch den Sand. Die Schultergurte des Rucksacks rieben die Muschelsplitter in die Haut. Aber es waren die Moskitoschwärme, die mir

im weiteren Tagesverlauf wirklich Probleme bereiteten. Bei jedem Schritt scheuchte ich sie von den Gräsern auf. Gegen Abend sah man mich nur mehr mit beiden Händen um mich schlagen. Vielleicht wurde deshalb der zweite Autofahrer des Tages auf mich aufmerksam, der auf einem Weg parallel zu dem meinigen in den Süden fuhr. Aus dem offenen Fenster winkte er mich heran. „Möchten Sie mitfahren?", fragte der Russe aus Moskau. Vier Kinder lachten fröhlich aus dem Fenster. Ich lachte zurück und lehnte dankend ab. Doch als er mich nach meinen Wasservorräten fragte, schlug ich sein freundliches Angebot nicht aus. Er füllte etwas von seinem Kanister in meine Flaschen, schenkte mir einen ganzen Liter Gemüsesaft und legte ein Andachtsbild des hl. Andreas in meine Hand. Dann verschwand auch dieses Fahrzeug langsam auf dem endlosen Streifen vor mir. Kleine Kinderhände zappelten winkend aus dem Fenster.

Gewitter türmten sich im Westen auf. Das machte mir wenig Sorgen. In den letzten zwei Wochen hatte ich viele dunkle Wolkenberge gesehen und die meisten hatten sich abends wieder aufgelöst. Nicht aufzulösen schien sich die andere schwarze Wolke um mein Haupt. Stechmücken in noch nie dagewesener Zahl umschwärmten mich. Noch hielt sie das hastig aufgetragene Insektenspray von der Haut fern, aber ich war umgeben von tausend hohen Tönen. Durch schneidiges Tempo versuchte ich, sie auf Distanz zu halten und musste doch ständig anhalten. Schweiß, Insektenschutzmittel und Reste der Sonnencreme brannten in den Augen, wenn ich wieder versuchte, eine Mücke aus der Sicht zu reiben. Für Sonnenbrillen war es unter dem dunklen Abendhimmel nun zu finster. Bei allem Bemühen, die Plage geduldig aufzuopfern, brach ab und an auch wütende Verzweiflung durch. „Misericordia", rief ich laut, doch die Insekten scherten sich nicht um lateinische Bittrufe.

Dann fielen die ersten schweren Tropfen. Zunächst hielt ich den Regen für eine Gebetserhörung. Aber von wegen „Ende des Flugwetters". Die kleinen Biester intensivierten ihre Angriffe bloß. Ich hatte genug. Ich beschloss, nicht länger auf die nächste Wegkreuzung zum Strand zu warten, sondern 200 Meter quer durch das Dünengras zu sprinten. Das war wohl mein letzter großer Fehler an diesem Abend. Zwar kam ich so schneller zum Meer, aber nun war ich im Auge eines furiosen, frisch aufgescheuchten Mückentornados. Sibirien im Sommer soll schlimm sein. Aber ich denke, ich weiß jetzt, wo jede zweite sibirische Gelse im Sommer Urlaub macht.

Dann kam die Sache mit dem Zelt. Im Regen auf losem Sand, hart umflogen und umkämpft, meine Behausung zu verankern und gewittertauglich zu machen, war eine eigene Herausforderung. Als ich später mit meinen Sachen endlich drinnen lag, war ich nicht allein. Zwei Prozent der Gelsen, also gefühlte 4.000, hatten mit mir mein Quartier bezogen. Ich war nur *ein* Bewohner dieser unfreiwilligen WG, in der mich die anderen bis auf das Blut hassten – oder eben liebten. Ich beschloss, meine Haut möglichst teuer zu verkaufen und kämpfte lange um die Oberhand – auch wenn diese Oberhand zuletzt sehr zerstochen war.

Tag 95 – 37 km (3224 km): Träume. Schäume.

Die Nächte entlang der Arabat-Nehrung hatte ich mir schon vor zwei Jahren, als ich mit der Routenplanung begann, in schönen Farben ausgemalt. Aufgrund des gestrigen Eintrags dürfte klar sein, dass im Pilgerleben nicht alle Traumgemälde süße Wirklichkeit werden. Statt Kochen am Strand gab es die Flucht ins Zelt. Statt Milchstraße und Meeresrauschen gab es Regen, Wolken, Sturm. Der Wind war es auch, der mich um kurz vor halb fünf weckte. Er hatte gedreht und traf nun meine Breitseite. Ich musste an Arturs respektlosen Kosenamen für mein ultraleichtes Zelt denken: „Titanic". Bevor ich nun mit der nächsten steifen Böe „unterging", begann ich den Platz zu räumen, der in meinen Vorstellungen so anders ausgesehen hatte: weniger Plastikmüll, weniger Algen und mit absoluter Sicherheit weniger Gelsen.

Die Sonne stieg in den wolkenlosen Himmel. Der Wind ließ das Meer schäumen und zauberte Wellen ins trockene Dünengras. Knisternd verbeugten sich die trockenen Halme. Ich hatte den Blick nach Süden gerichtet und stapfte langsam über die sandigen Wege.

Als sich die Luft im Verlauf des Tages beruhigte, wuchs die lästige Gefolgschaft wieder an. Ich hüllte mich ein, reduzierte die Sicht auf einen kleinen Spalt und schlug rhythmisch mit einem Tuch um mich. 26 Kilometer ging ich so bis kurz nach Mittag, zuletzt ganz apathisch und automatisiert. Meine Wasserflaschen waren leer, ich war müde, überhitzt. Grell brannte die Sonne; bleichte alle Farben bis auf das tiefe Blau des Meeres. Dann passierte ich das erste Dorf. Ruinen und zerfallende Ziegelhaufen am staubigen Wegesrand. Hätte ich nicht bald in zweiter Reihe ein paar bewohnte Häuser entdeckt, ich wäre mit meinem trockenen Gaumen verzweifelt. Durst und Ungewissheit sind etwas Schreckliches, auch schon nach wenigen Stunden. So jedoch irrte ich zwischen den Gebäuden umher und fand schließlich einen winzigen Laden. Wie belebend eine Flasche Cola doch sein kann! Ich ließ mich auf eine violette Bank im Schatten der Bäume vor dem Geschäft fallen und die Kohlensäure stieg mir in die Nase. Langsam kehrten die Kontraste zurück. Zucker und Koffein pumpten durch mein System. Ich hatte es geschafft. Die Nehrung lag fast hinter mir. Dass ich mich so über die Bewältigung dieses Streckenabschnitts – den ich ja als eines der Highlights der Route geplant hatte – freuen würde, hätte ich noch vor ein paar Tagen nicht gedacht.

Auf einer staubigen Straße ging es in das nächste Dorf und ich fand dort eine primitive ukrainische Hütte für die Nacht. Zum Duschen musste ich ins Freie und schrubbte endlich die letzten Muschelsplitter von meinem Körper. Als ich in mein Zimmer zurückkam, war der Raum voller Gelsen. Hunderte. Und das war jetzt ausnahmsweise mal nicht hyperbolisch gesprochen. Schon den ganzen Tag über hatten sich die Mücken im Wind immer wieder auf die Unterseite des Carrix geflüchtet und sich transportieren lassen – viele von ihnen offensichtlich bis hierher. Nun schwärmten sie aus und wurden vom Fliegengitter aufgehalten. Auf der Innenseite! So wie gestern übersäte ich auch heute wieder den Boden meiner Schlafstätte mit kleinen Insektenleichen. Jene, die sich besser versteckt haben, werden in der Nacht wohl Rache für das Massaker nehmen und die letzten paar freien Zentimeter meiner Haut zerstechen.

14. Sonntag – Die fröhlichen Bibelfälscher

„Eine klare Verschwörung!“, meinte der Herr am Stammtisch und setzte sein Bierglas ab. „Weshalb hat die Kirche denn das Judasevangelium sonst aus der Bibel geworfen und verheimlicht?“

Es gibt ein Judasevangelium, ein Thomasevangelium, eine Petrusapokalypse und eine ganze Reihe anderer Texte. In der Bibel sind sie nicht und das hat einen guten Grund.

Jesus lebte und lehrte vor 2.000 Jahren. Rund drei Jahre lang predigte er. Die Gleichnisse, die er den Menschen erzählte und die wundersamen Werke, die er tat, prägten seine Jünger, die nach seiner Auferstehung in die Welt hinauszogen und seine Botschaft verbreiteten. Zu diesem Zweck verfassten sie auch die Evangelien, in denen das Leben und Wirken Jesu beschrieben wurde. Dazu kamen Briefe der Apostel an die Gemeinden und ein paar andere Glaubenstexte. All das bewahrten die frühen Christen auf und gaben es weiter. Daraus sind schließlich die 27 Bücher des Neuen Testaments geworden.

Nun entstand das Christentum natürlich nicht in einem religiösen Vakuum. Rundherum gab es viele Religionen und religiöse Strömungen. Die vielleicht wichtigste davon war der Gnostizismus.

Der Gnostizismus war eine dualistische Mischreligion. Man glaubte an einen Kampf zwischen einem guten und einem bösen Gott. Der gute Gott hatte demzufolge das Geistige erschaffen und der böse Gott die materielle

Welt. Die geistige Seele des Menschen musste sich nun durch das Erkennen geheimer Lehren aus der bösen materiellen Welt befreien.

Die Gnostiker fanden bei den Christen ein paar Themen, die ihnen gut gefielen. Deshalb nahmen sie die Botschaft von Jesus und vermischten seine Lehre mit ihrer eigenen. Das machten sie mit vielen Religionen so. Das Resultat davon waren zwischen dem 2. und 4. Jahrhundert eine Reihe von Texten, die zwar von Jesus redeten, aber nichts mit dem eigentlichen Christentum zu tun hatten. Da half es auch nicht, dass die Gnostiker diese Schriften als Texte der Apostel ausgaben, um ihnen Autorität zu geben. Das ist der Ursprung des Judasevangeliums, der Petrusapokalypse und einer ganzen Reihe weiterer Schriften.

All diese Texte haben es natürlich nie in die Bibel geschafft. Als man die Liste der maßgeblichen Schriften für die christlichen Gemeinden zusammenstellte, wurden nur jene berücksichtigt, die erstens auf einen Apostel zurückgingen und zweitens in den alten christlichen Gemeinden seit Anbeginn aufbewahrt und dort im Gottesdienst verlesen worden waren.

Das ist der Grund, warum nicht alle alten Texte, die von Jesus reden, in der Bibel stehen.

Tag 96 – 47 km (3271 km): Der Gang über den See

In der Früh versuchte ich, mit der einen oder anderen neuen Schwellung an Händen und Knöcheln, den Weg aus dem Dorf zu finden. Es gab viele staubige Pisten, aber keine sah so aus, als würde sie mich weiter führen. Nach vielen Blicken auf das GPS und die Satellitenkarten fand ich doch noch eine Spur. Und dieser Weg entwickelte sich prächtig. Er führte entlang der Klippen und gab immer wieder herrliche Blicke frei. Möwen und Kormorane stiegen in die Lüfte und der Wind pfiff wilde Melodien die Felsen vom Meer empor.

David, ein Freund aus der Heimat, hatte mich im Anschluss an die letzten Tagebucheinträge darauf aufmerksam gemacht, dass der heilige Narcissus von Girona (+307) bei Stechmückenplagen angerufen wird. Und wenn mir heute auch kein Heiliger mit riesiger Fliegenklatsche und einer goldenen Dose Autan aus den Wolken zur Hilfe kam, müssen meine Gebete doch erhört worden sein. Der starke Küstenwind trieb die Insekten fort. Und dort, wo ich sie beim Wandern aus den Gräsern scheuchte, wurden sie von den Schwalben in spektakulären Manövern rund um meine Beine aufgelesen. „Narcissus ist ein großer Mann, der bei Gelsen helfen kann."

Nach der Mittagsrast an einer Bucht voller Lenkdrachensegler brach ich zu einem Salzsee östlich davon auf. Viel war von dem Gewässer nicht geblieben. Es war auf einer Fläche von 40 Quadratkilometern ausgetrocknet und so schritt

ich mitten durch den See. Die heiße Luft flimmerte über dem salzigen Boden und zauberte Trugbilder an den Horizont.

Hinter dem See folgte eine leicht apokalyptische Naturlandschaft. Tausende abgestorbene Baumskelette mit großen, leeren Vogelnestern spreizten ihre knorrigen Finger in den sich verfinsternden Himmel. Dies war die dramatische Kulisse für das Ende eines anderen Kapitels. Das Rad des Carrix, dessen ausgeleiertes Gleitlager schon lange nur mehr schräg über den Boden rollte, musste nach einem allerletzten Schraubenbruch endgültig gewechselt werden. Seit Rumänien kutschierte ich nun schon das entsprechende Ersatzteil mit. Jetzt war es soweit und nach dem Wechsel lief alles wieder rund.

Die nächsten Kilometer wurden dennoch zäh. Jemand hatte unlängst den Weg aus feinem Sand zwischen den Bäumen gepflügt und jeder Schritt im tiefen Boden wurde zum Kraftakt; der Carrix hingegen zum toten Gewicht. Lange brauchte ich für die 1.600 Meter bis zu der Straße, die keine war. Auf der Piste musste ich fünf weitere Kilometer durch tiefen Sand. Dann kam eine Ferienanlage und für mich die Gelegenheit, bei einem Bier am Strand eine verdiente Verschnaufpause einzulegen. Bevor es dann völlig finster wurde, ging ich die Küste entlang auf Zeltplatzsuche.

Und so kam ich an den Ort, an dem ich nun diesen Eintrag schreibe. Das Meer rauscht. Vor dem Zelt knipst die Kamera Bilder vom Sternenhimmel. Es ist schön hier und irgendwie scheint diese Nacht jene Lücke im „Programm“ zu schließen, welche die letzten Tage aufgerissen hatten.

Tag 97 – 49 km (3320 km): Ich kann Russland sehen

Wie vor ein paar Tagen, drehte der Wind in der Nacht und blies nun erheblich stärker auf die Längsseite meines Zelts. Zum Handeln gezwungen, hatte ich den „genialen“ Einfall, mein Zelt nur teilweise abzubauen, zu drehen und besser in den Wind zu stellen. Keine ganz leichte Übung bei einem vollen Zelt. Kaum stand es, drehte der Wind boshafterweise wieder und blähte die Konstruktion durch den offenen Eingang gefährlich auf. Genug. Die Stange kam raus und für die letzte Stunde vor dem Sonnenaufgang lag ich auf der flachen Plastikhaut im Freien. Dann stieg die Sonne aus dem Meer und ich machte mich auf.

Über sandige Pfade suchte ich den „Weg“ zum Weg. Viele Kreuzungen, viele Möglichkeiten. Um kurz nach 7.00 Uhr dröhnte zweimal hintereinander der K-Pop-Hymnus „Gangnam Style“ aus röhrenden Lautsprechern zwischen den Dünen. Vielleicht war dort gar keine Ferienanlage, vielleicht war es ein menschenunwürdiges Strafgefangenenlager, ein Gulag, ein ukrainisches Guantánamo. Ich litt still mit den gequälten Insassen. Dann führte mich der Pfad über hohe Kämme fort vom Meer und fort von der grausamen Geräuschkulisse.

Ziel am Abend, nach ereignisarmen Straßenkilometern, war Керч (Kertsch), meine letzte Station in der Ukraine. Hier, an der schmalen Wasserstraße zwischen der Asow-See und dem Schwarzen Meer, hatten sich im 7. Jahrhundert vor Christus griechische Kolonialisten die Sonne auf den Bauch scheinen lassen. Pantikapaion hieß die Stadt damals, die heute 144.000 Einwohner zählt. Und über die alten Säulenreste hinweg sah ich nach 97 Tagen zum ersten Mal Russland.

Tag 99 – 47 km (3367 km): Wi..ll...k..o...mme...n in R...uss...la............nd!

Am gestrigen Ruhetag hatte ich einige Dinge von der Einkaufsliste gestrichen. Es gab endlich einen neuen Rucksack und dazu das dritte Paar Sandalen. Als ich am Abend mit Artur telefonierte, erwähnte ich die Marke und den Preis der Treter. „Unrealistisch günstig", meinte er und vermutete, dass mein neues Paar eine Fälschung sei. Illegale Sandalen also? Wie aufregend. Bei sechs Wochen liegt derzeit die durchschnittliche Lebenserwartung meiner Schuhe. Wenn sie das hinbekommen, dann ist mir egal, ob sie nur vortäuschen, aus einer anderen Fabrik zu sein.

Und noch etwas gab es für die Weiterreise. Da mein Solarmodul seit kurzem nur mehr eingeschränkt funktionierte, besorgte ich eine zusätzliche mobile Batterie. Die beigelegte Gebrauchsinformation war sehr bemüht, aber auch wirklich jede mögliche und unmögliche Nutzung durch den Käufer in Betracht zu ziehen. „Beißen Sie nicht in das Gerät, und lutschen Sie nicht daran", stand auf Seite 23. „Na dann eben nicht, ihr südkoreanischen Spaßbremsen", schmunzelte ich.

* * *

Nach der zweiten Nacht verließ ich mein Zimmer im Hotel Kerch. Mittlerweile fühle ich mich an einem Ort schon fast zuhause, wenn ich so „lange" dort wohne. Beim Auschecken musste ich allerdings kurz warten. Mein Zimmer sollte noch von einer Fachkraft überprüft werden. Ein Flair von Schullandwoche. Da ich mich glücklicherweise zurückgehalten und nicht „Jerusalem rocks!" oder „Fr. Johannes was here!", in den Bettpfosten geritzt hatte, bekam ich meinen Pass anstandslos zurück und durfte in den neuen Tag hinaustreten. 15 Kilometer waren es bis zur Fähre. Etwas, das mir beim Weg aus der Stadt auffiel, waren die Vierbeiner. Керч war die erste Stadt, in der statt der Straßenhunde Straßenkatzen an jeder Ecke lagen. Ich gestehe, ich fand dies wesentlich angenehmer als die kläffenden Rudel anderswo.

9.00 Uhr. Die Sonne stach vom Himmel. Es war drückend schwül. Über mir zogen sich Wolken zusammen und dumpf rollte der Donner aus der Ferne heran. Am Hafen angekommen, suchte ich den Schalter für die fünf Kilometer lange Überfahrt. Grenzen sind Grenzerfahrungen. Schon einmal vor einem Jahr, zwischen Kasachstan und Kirgisistan, hatte ich erlebt, wie

aus freundlichen, hilfsbereiten Menschen selbstsüchtige Klötze wurden. Nun entspricht es nicht meinem Kulturkreis, beim Stehen in der Schlange meinen Körper derart an die Person vor mir zu pressen, „dass kein Löschblatt mehr dazwischen passt" – wie meine Volksschullehrerin, Frau Lindl, es ausgedrückt hätte. Ich bin ein Freund der Idee des „personal space" und gewähre ihn meinen Mitmenschen bereitwillig. Hier hingegen sahen die Leute jene 45 Zentimeter Raum als unerhörte Platzverschwendung. Gruppenweise drängte man sich in die „Lücke" vor mir und wurde nicht einmal rot dabei. Dass ein bärtiger und eindeutig zu riechender Mann hier schon eine halbe Stunde stand, wurde gekonnt ignoriert.

Wirklich schlimm wurde es dann aber erst bei der Passkontrolle auf der russischen Seite. Da wurde geschoben, gedrängt und gedrückt. Höflichkeit war tot. Sie lag zwei Meter weiter vorne, zertreten unter rosa Stöckelschuhen. Ich verstehe, dass die Menschen in der Hitze genervt waren – schließlich verbrachten wir hier gute vier Stunden auf engstem Raum – aber musste man wirklich jeden Anstand begraben? Am Ende der langen, kräfteraubenden Prozedur stand eine komplikationsfreie Einreise in die Russische Föderation. 13.30 Uhr.

Zehn Kilometer folgte ich nun kerzengerade einer schmalen Landzunge nach Norden. Dann kam die erste Kurve und ich nahm Kurs auf Сочи (Sotschi) im Südosten. Bei diesem Straßenknick hatte ich in einem kleinen Laden den ersten Rubel-Schreck. Russland ist teuer. Auch die Hotels in den kommenden Städten verkaufen ihren einzigen Stern für umgerechnet 50 Euro aufwärts. Wenigstens einmal werde ich mir ein Zimmer nehmen müssen, denn das Visum ist innert sieben Tagen polizeilich zu registrieren. Über Hotels geht das am einfachsten.

Diese Nacht jedoch liege ich ein paar Kilometer weiter im Zelt. Goldgelbes Gras wiegt im Wind über der dunklen Erde. Grillen zirpen und ich wickle mich zu ihren Klängen in den Schlafsack. Dann fallen Schüsse. Das Herz klopft. Angespannt lausche ich in die Nacht. Nach einer Weile drehe ich mich zur Seite. „Das ist nur Russland", sage ich mir und schließe die Augen.

Tag 100 – 49 km (3416 km): Dreistellig

Die Nacht war nicht mit übermäßig viel oder gutem Schlaf gesegnet. Gewehre oder Pistolen feuerten bis in die Morgenstunden. Bei Sonnenaufgang streckte ich mich müde vor dem Zelt und blickte über die dunstigen Wiesen in der Bucht von Taman. Dann rollte auch schon wieder der Carrix über den weichen schwarzen Boden zwischen Weinbergen in die Ebene hinab.

Nach rund zehn Kilometern kam ich auf die Schnellstraße M25 und folgte ihrem Verlauf für den Rest des Tages. Immerzu wanderte ich auf dem schmalen Streifen zur Linken der Begrenzungslinie über die Geländewellen. Auf einer kleinen Anhöhe kaufte ich Melonen und Weintrauben vom Straßenhändler, saß unter einem Baum und spuckte Kerne. Das Leben der Menschen zog an mir vorüber: Touristen am Weg zum Hafen; Bauern am Feld beim Wechsel eines Traktorreifens; ein Motorradfahrer, dem kurz unter der Kuppe sein Benzin ausgegangen war und der nun versuchte, mit einem Schlauch den Treibstoff aus dem Tank des Händlers anzusaugen. Seine Gefährtin sondierte währenddessen das süße Obst, über dem die Wespen schwirrten. Ich kann nicht genau sagen warum, aber irgendwie fühlte ich mich zum ersten Mal auf dieser Reise fremd. Es war, als hätten mich gestern die fünf Kilometer über das Wasser weit in die Ferne getragen. Ich war hier, aber ich war nicht wirklich angekommen.

Als ich am Ende des langen Tages in einen Feldweg bog, rannte mir ein kleines Kätzchen aus dem Feld her zu. Miauend strich es um meine Beine. Ich warf einen letzten Blick auf die Karte und setzte meinen Weg über die staubige Spur fort. Keine fünfzig Meter war ich gegangen, als ein Rudel Straßenhunde über den Platz geschossen kam. Die Katze flüchtete, doch schon wich das Fauchen einem gequälten Schrei. Knochen knackten, als sie brachen und der dunkle Schäferhund trug seine Beute fort. Es mag nichts gewesen sein als eine erbarmungslose Szene der Natur und doch verzerrte sich mein Gesicht im Schmerz. Noch fremder fühlte ich mich jetzt. Roh schien mir Russland.

Ich folgte in gedrückter Stimmung dem Flusslauf und versuchte, den staubigen Ort hinter mir zu lassen. Jenseits des breiten Schilfgürtels fand ich einen ebenen Flecken für das Zelt. Die Sonne sank in den Westen. Die Hunde heulten.

Tag 101 – 39 km (3455 km): Vier Millionen Badehosen

Ich war dabei in der Früh mein Zelt zu falten, als ein älterer Mann mit Ohrenstöpseln und Zigarette über das Feld herüberkam. Er stellte sich neben mein Gepäck, verschränkte die Arme und murmelte etwas aus dem Mundwinkel. Da die undeutliche Artikulation meiner geringen Sprachkenntnis nicht entgegenkam, zuckte ich mit den Schultern, nickte und lächelte. Fragend streckte ich dann die Hand den Feldweg runter. Er schüttelte den Kopf und zeigte zur M25. Dorthin müsse ich zurück.

Mühsam war es heute auf der Straße. Mein dünner Streifen am Rand war bald noch dünner geworden und Lastwagen drängten mich in den Graben. So ergriff ich nach zwölf Kilometern die erste sich bietende Gelegenheit, einen anderen Weg einzuschlagen. Auf dem weißen Grund von Sand und Kiesel knirschten meine Sohlen. Für eine Weile war dies das einzige Geräusch. Und dann kam mir, gleichsam als sichtbares Zeichen der entspannten Stille, ein orthodoxer Mönch in Shorts entgegen. Mein katholisches „Слава Ісусу Христу!“ (Gelobt sei Jesus Christus!), muss ihn überrumpelt haben, denn die bärtige Gestalt drehte sich erschrocken um, bevor die Hand kurz zum Gruß hochging.

Beim Busdepot der Linie 14 in Песчаный (Pestschanii) kam ich wieder auf eine geteerte Straße. Ich folgte ihr entlang der Reihe dicht geparkter Autos und war eine Stunde später in einem unendlichen Gewurl von Badegästen. Vier Millionen Menschen kommen jedes Jahr an die Strände in und um Ана́па (Anapa). Nicht verwunderlich also, dass ich bis ins Stadtzentrum noch ganze 13 Kilometer die Hotelreihen entlangmarschierte. Verkehr, Lärm und Menschenmassen. Der Geruch von Sonnencreme. Wenig Stoff auf Leibern, denen ein großflächigerer Einsatz von Textilien vorteilhaft geschmeichelt hätte. Ich war mitten im russischen Bibione; im Schwarzmeer-Jesolo. Ein Menschenmeer am Meeresstrand. Und dieses Menschenmeer, wo es in Bewegung war, blieb immer wieder unvermutet am Handy textend vor mir stehen oder änderte plötzlich für Ramsch am Straßenstand die Richtung. Es war nicht leicht, da mit dem Carrix auf Kurs zu bleiben. Spürte ich einen Augenblick lang gar Nostalgie für die heiße schwarze Abgasluft der KAMA3-Trucks oder den frischen Wind eines Schiguli-Überholmanövers?

Nur langsam kam ich vorwärts. Und noch war die Frage offen, wohin es in diesem Labyrinth von Hotelburgen eigentlich gehen sollte. Die Antwort kam bei Bier und Cola an einer Bar, wo man mir nebst Getränken auch eine Stunde Internet verkaufte. So fand ich einen Platz für die Nacht und bezog um 18.00 Uhr mein Zimmer.

Da sitze ich nun erschöpft. Mit der Registrierung des Visums scheint es Probleme zu geben. Das Personal ist überfordert und hat mich mit viel Enthusiasmus und wenig Hoffnung auf morgen vertröstet.

Ich blicke hinüber zur Fernbedienung am knatternden Kühlschrank. Sie ist in einen durchsichtigen Plastikbeutel geschweißt – um sie vor den schmutzigen Fingern der Gäste zu schützen, nehme ich an. Ich hebe den Blick zur weißen Decke und meine Gedanken wandern zurück zu den letzten Tagen.

Ich hatte schon in der Vergangenheit die eine oder andere schwere Stunde. Im Regen, im Schlamm, zwischen Baumstämmen oder unter Moskitowolken hatte ich mich bisweilen sagen hören: „Wann hört das auf?" Aber heute habe ich zum ersten Mal in einem müden Augenblick die stille Frage formuliert: „Was mache ich hier?" Ich bin auf diesen Weg gegangen, um unterwegs zu sein. Jerusalem ist ein Ziel, aber erzwingen muss ich es nicht. Ich will kein Getriebener sein; kein Pilger mit Leistungsdruck. Dies ist kein Kräftemessen. Ich muss nichts beweisen. Ich bin hier, um in der Einfachheit des reduzierten Lebens Gott, den Menschen und mir selbst zu begegnen. Für mich ist die entscheidende Frage daher nicht: „Wohin führt mein Weg?" Diese Frage habe ich für mein Leben schon lange beantwortet. Jerusalem ist dabei nicht mehr als ein Durchgangsort. Meine Frage lautet vielmehr: „Wie gehe ich auf meinem Weg?" Die bisherigen Herausforderungen haben mir viele meiner Schwächen aufgezeigt. Sie haben mir die Möglichkeit gegeben, zu wachsen und öfter als nicht, bin ich gescheitert. Das ist nicht schön, aber ich kann es als Prozess begreifen. Was aber, wenn die Freude am Weg selbst verloren geht? Was, wenn ich keinen Grund mehr sehe, genau hier ein Jahr meines Lebens zu verbringen? Ich erlebe immer noch viele schöne Momente, aber die Stimmung schwankt und kippt. Einem wunderbaren Vormittag kann ein fürchterlicher Nachmittag folgen und umgekehrt. Höhen und Tiefen wechseln sich ab. Ich fühle mich dünner, durchsichtiger, verletzlicher. Ich habe, so scheint mir, die „dicke Haut" verloren. Sie ist abgerieben nach mehr als hundert Tagen auf dem Weg. Alles ist blank.

Nach vielen Herausforderungen stehe ich damit nun vor einer völlig neuen: Finde ich täglich einen Grund, hier auf diesem Weg zu sein? Soll ich weiter nach Osten gehen?

Ich starre immer noch zur Zimmerdecke. Die ungeliebte Klimaanlage bläst kalte Luft in den stickigen Raum.

Tag 102 – 43 km (3498 km): Kosaken und russische Lieder

Ich lag gestern noch eine Weile wach. Russland wirft Fragen auf und sie verschärfen sich auf den vielen Straßenkilometern durch unspektakuläre Landschaften oder zwischen Badehosen.

Die „Visaregistrierungsabteilung" der Hotelrezeption hatte am Morgen wie erwartet keine Neuigkeiten. Freundlich, aber bestimmt wurden mir in mein fragendes Gesicht auf Russisch Dinge erklärt, die ich nicht verstand. „Gut", sagte ich, „ich geh' jetzt", und unterbrach mit einer resignierenden Handbewegung den vierten Redeschwall.

Durch den Gitterraster der Straßen wanderte ich zum Stadtrand und zur Felsenküste. Schön war es hier und ich vergaß schnell die nächste unfreundliche Supermarkterfahrung. Nur ein einziges Mal hatte ich bislang beim Einkauf in Russland das Gefühl, Kunde und nicht unerwünschte Störung zu sein.

Durch die gewaltige Schöpfung vor meinen Augen versöhnt, schweifte mein Blick hinaus auf die Weiten des Schwarzen Meeres und ich begann den Anstieg zu den großen kugelförmigen Strukturen am ersten Hügel, die ich zunächst für Sternwarten hielt. Es waren militärische Einrichtungen. Zwei der auf der Karte eingezeichneten Wege schieden damit für ein Weiterkommen aus. Sperrgebiet und Stacheldraht. Ich nahm den geraden Weg zur ersten Bucht zwischen den letzten Ausläufern des großen Kaukasus.

Nach einem Kilometer endete der Weg an einem Zaun mit Kameras. Er schützte ein Weinbaugebiet – offensichtlich mit Trauben aus purem Gold. Zurück zur Militärbasis. Vielleicht gab es doch einen Weg. Nein. Zurück zum Zaun. Ich blickte mich um und fand schließlich einen kleinen Trampelpfad entlang des Gitters. Dornen. Ein Kilometer. Sackgasse. Zurück. Dornen. Einsetzende Mittagshitze. Acht Kilometer betrugen zuletzt

alle Um- und Irrwege, bis ich mit zerkratzten Beinen an der Stelle war, an der ich ursprünglich hätte rauskommen sollen. Zwischen Lastwagen stapfte ich nun auf dem unschönen Bankett.

Nun predige ich ja immer, dass auch ein solcher „Ausflug" für etwas gut sein kann. Und er war für etwas gut. Ein paar hundert Meter weiter hatte ich so meine erste herzliche Begegnung in diesem Land. Grigori Ivanowitsch und sein bester Kollege aus dem Armeedienst hatten vom Auto aus meinen Bart gesehen und waren deshalb – wegen dem Bart – stehen geblieben. Kein Scherz. Als sie hörten, dass ich Pilger war, wurde ich sofort eingeladen. Grigori ließ seinen Freund das Auto nach Hause bringen und begleitete mich zu Fuß zu seiner bescheidenen Bleibe in Варваровка (Warwarowka).

Im Inneren waren die Wände voll mit frommen Bildern – Ikonostasen von Kunst und Kitsch; Ausdruck tiefer Religiösität. Grigori war Kosake und zeigte mir stolz seine traditionelle Uniform, den Säbel und die Fellmütze. Die Kosaken verdanken ihr historisch gewachsenes militärisches Profil nicht unwesentlich den muslimischen Krimtartaren, denen sie als christliche (bisweilen sogar jüdische) freie Reiterverbände und Wehrbauern in den südlichen Steppengebieten gegenüberstanden.

Vor dem Porträt des letzten Zaren spielte Grigori am Klavier im Wohnzimmer eine melancholische Melodie. Dann wurde ich zu Tisch gebeten und verkostete neben Borschtsch auch mehrere vergorene Milchprodukte – „made by Aprilanka“, der Kuh des Hauses. Es war eine nette Runde, zu der gegen Ende auch noch Grigoris Mutter hinzukam. Sie erzählte voll Leidenschaft ihre Geschichte, aber weil mein Russisch dafür leider nicht ausreichte, wartete ich angestrengt auf Wörter, die ich kannte und versuchte, in der Mimik des 90-jährigen Gesichts weitere Hinweise zu erhaschen. Es war im Grunde so, wie wenn man den Schauspielern eines Improvisationstheaters ein paar Begriffe hinwirft und sie dann daraus eine Geschichte stricken müssen. Meine Wörter waren: Traktor, Atheist, Ikone, Ikone schwebt herunter, Militär und Ghetto. Der Leser mache sich selbst einen Reim.

Nach fast drei Stunden bedankte ich mich für die freundliche Aufnahme und trat aus der weißen Lattentüre hinaus in das grelle Licht des Nachmittags. Nachdenklich folgte ich der Straße. Grigori und sein Freund waren von 1981-1983 Piloten in der Roten Armee gewesen. Damals war kalter Krieg. Damals hätte ein einziger Federstrich, ein einziger Knopfdruck diese freundlichen, gastlichen Männer zu „Feinden des Westens“ in der Luft gemacht.

Durch Hupen wurde ich aus den Gedanken gerissen. Eine laute Hochzeitskarawane reihte sich in die endlose Schlange von Fahrzeugen am Weg zum Meer. Sommerferien. Wochenende. Noch mehr Badehosen. Im nächsten Dorf verließ ich den Tumult und wechselte auf einen ruppigen Feldweg durch

die Berge. Die nächsten 15 Kilometer war ich allerdings nicht so einsam und allein, wie ich anfangs noch geglaubt hatte. Alle zehn Minuten kam ein Auto die unmögliche Fahrbahn hoch. Paradestrecke für den russischen All-Terrain-Klassiker, den Lada 4x4. Und zum Staub gab es jede Menge Fliegen, die nichts anderes taten, als zwei Zentimeter vor meinen Augen wirre Kreise zu ziehen. Schweiß rann meinen Rücken hinab. Ich beeilte mich für meinen ersten Sonnenuntergang in einer einsamen Bucht am Schwarzen Meer.

Gegen Ende des Weges beschloss ich dann, kurz „geschäftlich" auszutreten. Ich war noch in der Vorbereitungsphase, da kam doch tatsächlich ein Jeep und hielt dort, wo ich den Weg verlassen hatte. „Ja gibt´s denn das?", hisste ich und starrte durch die Blätterwand. Hatte mich der Fahrer gesehen? Jemand kam. Abbruch! Sofort Abbruch und schnell zurück zu meinem Gepäck ein paar Meter weiter. Und da kam mir schon mit prüfendem Blick ein uniformierter „Inspektor" entgegen. Es begann die übliche Unterhaltung, gefolgt von einem etwas unerwarteten Exkurs in Exegese. Er wollte meine Bibel sehen und ließ mich einzelne Passagen nachschlagen. Von den Versen her vermutete ich, dass Ikonoklasmus sein bevorzugtes Thema war. Er wollte mir anscheinend erklären, dass sich die großen christlichen Kirchen in diesen Dingen nicht an die Bibel hielten. Was sollte ich antworten? Apologetik war bei meinem russischen Wortschatz nicht drin. So lächelte ich und schüttelte bestimmt den Kopf. Eine kurze Pause. Dann zog der Mann einen Sack Sonnenblumenkerne aus der Tasche. Ich hatte schon oft gesehen, wie man allein mit Zunge und Zähnen den Samen knackt, kaut und die Schale ausspuckt – gesehen hatte ich es, aber nie gemeistert. Bei mir war die Gefahr groß, dass sich die ausgespuckten Schalen im Bart sammelten. So wollte ich ablehnen, aber die Kerne wurden mit Nachdruck offeriert. Dann verstaute er den Sack und spielte mir Lieder von seinem Handy vor. Russischer Text mit „Schalom" und „Jerusalem" dazwischen. Vielleicht war das Ganze eine freikirchliche Sache? Leicht gequält stand ich also mit einem dringlichen, aber verhinderten Bedürfnis zwischen den Bäumen, kaute, spuckte und versuchte höflich, den Liedern und dem Summen meines Gegenübers mit wohlwollendem Nicken zu folgen. Dann verabschiedete sich der Herr endlich mit einem Blick auf die Uhr. „Es wird spät", meinte er und ließ mich in der Stille der Wildnis zurück.

Zehn Minuten später kam ich zu einem Schlagbaum. Vier Leute saßen dahinter am runden Tisch, die Betreiber eines Campingplatzes. Es sollte also nichts werden mit dem einsamen Buchtidyll. Offensichtlich hatte der „Inspektor" schon meine bärtige Erscheinung angekündigt, denn man winkte mich mit Rufen von „паломник" (Pilger) heran. Melone und Wodka wurden aufgetischt und man wollte Geschichten von der Reise hören. Währenddessen sank hinter der nächsten Kurve die Sonne für andere Betrachter ins Meer. Der blasse Abendhimmel über uns war voll mit tausenden Libellen.

Nach meiner Freilassung im letzten fahlen Licht stellte ich mein Zelt am bevölkerten Kiesstrand auf. Ich ahnte die drohende Gefahr schon, während ich die Erdnägel zwischen die Steine hämmerte. Aber wohin sollte ich in der Dunkelheit? Kurz danach, jenseits von 22.00 Uhr, war es soweit: Das Autoradio eines Pärchens neben mir begann russische Chansons zu plärren. Seitdem herrscht Krieg unter den selbsternannten Camping-DJs. Lauter. Nerviger. Noch lauter. Und möglichst viele verschiedene Musikrichtungen gleichzeitig. Ein Gewinner steht bis jetzt noch keiner fest. Nur einen Verlierer kann ich schon sehen und seufze.

15. Sonntag – Die Häresie der Rosamunde Pilcher

„Soll man heute überhaupt noch heiraten? Die meisten Ehen gehen ohnehin in die Brüche." Die Frage des jungen Mannes war aufrichtig. Eine gewisse Entmutigung sprach daraus, der ich nicht zum ersten Mal begegnet war.

Die Hälfte der Ehen scheitert heute. Gründe dafür gibt es viele. Einer davon scheint mir besonders tragisch: Die Häresie der Rosamunde Pilcher. Immer wenn ein Traumprinz und eine Traumfrau am Strand in den Sonnenuntergang reiten, während die schäumende Gischt um die Hufe des weißen Schimmels spritzt, dann ist eine Beziehung in Gefahr. Immer wenn sich in einer Romanze die Helden umarmen und sich ins Ohr hauchen: „You complete me!", bricht eine Familie weiter auseinander. Denn keine Irrlehre wütet so zerstörerisch wie jene vom perfekten Partner. Nichts ist so ketzerisch wie der Glaube, dass mich der andere glücklich machen kann. Die romantisch verklärte Liebe ist ein Götze, dem viele huldigen, bevor er sie verschlingt. Die romantische Liebe ist ein Ideal, aber nicht das Ideal einer christlichen Partnerschaft.

Männer und Frauen, die versuchen, eine christliche Ehe zu leben, streben im Ersten nach einer Erfüllung, die auf einen Dritten im Bunde zielt. Sie erkennen als letzte Quelle ihres Glücks den Allmächtigen; den Urheber alles Guten. Und wenn sie zum Traualtar schreiten, dann erhoffen sie zuallererst einen Gefährten für diesen Weg zu Gott; jemanden, der sie auf diesem irdischen Pilgerweg liebt, stützt, ermutigt, tröstet, begleitet und schützt. Das erhoffen sie. Wichtiger ist jedoch fast, was sie versprechen: „Ich verspreche dir die Treue in guten und bösen Tagen, in Gesundheit und Krankheit, bis der Tod uns scheidet. Ich will dich lieben, achten und ehren alle Tage meines Lebens."

Wegen diesem Versprechen ist die christliche Ehe wirklich ein Weg der Heiligkeit. Sie ist eine Christusnachfolge, in der man der Forderung Christi an seine Jünger entspricht „das Leben zu verlieren, um es zu gewinnen" (vgl. Lk 9,24). Man stirbt sich selbst, um für andere zu leben. Man betritt durch den zerrissenen Vorhang des eigenen „Ich" das Allerheiligste der christlichen Erlösung.

Das ist erhaben, groß und gewiss nicht einfach. Umso wichtiger scheint es mir dann, dass beide Partner tief aus dem Gebet, den Sakramenten und der christlichen Gemeinschaft heraus zu leben versuchen. Von Gott kommt her die Kraft, am Ende eines jeden Tages den anderen mit seinen Schwächen und Fehlern anzunehmen, ihm zu verzeihen, sich selbst zu entschuldigen, seine Dankbarkeit in rechter Weise auszudrücken und einander zu segnen.

Der Weg jener, die sich aufrichtig bemühen, eine christlichen Ehe zu leben, führt für gewöhnlich nicht in einen kitschigen Sonnenuntergang. Aber er führt ins Licht – ins unvergängliche Licht der ewigen Herrlichkeit. Take this, Rosamunde!

Tag 103 – 41 km (3539 km): Gehen auf dem entzündeten Zahnfleisch

Die Nacht war wüst. Um kurz nach Mitternacht hatte zwar die „Russky-Chanson-Fraktion" Erbarmen – oder die Autobatterie war leer – , aber dafür traten nun meine anderen Nachbarn mit entsetzlichem Männlichkeitsgehabe in Erscheinung. Sie „unterhielten" sich aggressiv mit Urlauten aus der Welt der Brunft … bis um 4.00 Uhr in der Früh. Dann war endlich Ruhe … für zehn Minuten. Der Wind begann in heftigen Böen mein Zelt zur Seite zu biegen. Ich versuchte, die Windstöße mit den Händen abzuwehren und das Zelt von innen zu stabilisieren, aber das war keine Dauerlösung. So stand ich schließlich auf, um die Sturmleinen zu spannen. Geschlafen habe ich im Anschluss mit all dem Geflatter um die Ohren dann nur zwei Stunden. Fast neun war es, als ich gemartert aufbrach.

Die ersten Kilometer waren rauer Kiesel in Abwechslung mit hart verkrustetem Lehm entlang endloser Reihen russischer Camper. Zelten war populär und die Russen kamen ohne Privatsphäre, Stille oder Luxus aus. Viel brauchten sie offensichtlich nicht für den perfekten Urlaub – außer dem Autoradio und russischen Chansons vielleicht.

Schwül drückte die Hitze. Fahrzeuge hüllten den Weg in staubige Wolken. Nach langen Kilometern auf abenteuerlich schlechter Fahrbahn bei viel Verkehr – unglaublich, wo die Russen ihre Schigulis überall hinauf- und hinuntertreten – kam ich zurück auf eine Straße. Dort roch es angenehm. Ein Waldbrand hatte die mediterrane Vegetation verschlungen und die ätherischen Öle freigesetzt. Während Feuerwehrmänner mit Masken über den rauchenden Hang patrouillierten, atmete ich tief die Düfte ein.

Die ganze Offroad-Variante seit gestern hatte ich unternommen, um dem Verkehr auf der Hauptverbindung zu entgehen. Heute, an einem Sonntag, noch dazu in der Hauptsaison, waren allerdings auch die Nebenstraßen alle voll. Nur enger war es hier, entlang der endlosen Schlangen von Fahrzeugen, die sich ab Абрау-Дюрсо (Abrau-Djurso) in beide Richtungen wälzten. Viele kamen in diese Bucht, um den Wein zu probieren, den sich einst selbst die Zarenfamilie ins Glas schenken ließ. So kämpfte ich mich 20 Kilometer durch unübersichtliche Kurven, zitterte neben waghalsigen Überholmanövern und durchschritt undurchdringliche Abgaswolken.

Dann war ich in Новороссийск (Noworossijsk), Universitätsstadt, Kulturzentrum und Marinestützpunkt mit einer Viertelmillion Einwohner. Ich fand im Hotel Brigantia ein Zimmer und ohne Aufforderung wurde mein Visum endlich registriert. Wenn mich nun die Polizei auf der Straße anhält, kann ich lächeln, statt schwitzen. Das Etablissement atmete sowjetischen Charme und verfügte über eine traditionelle Stockwerksdame. Sie händigte mir den Schlüssel aus und so konnte ich wenig später in die Badewanne von Zimmer 714 klettern. Nur selten war ich auf meiner Reise so müde und matt gewesen. Zu wenig Schlaf. Zu viel Staub. Zu viele Abgase. Muskelschmerzen. Und eine Verkühlung. Russia wants me dead. So fühlte es sich jedenfalls an.

Tag 104 – 48 km (3587 km): Quartiermeister Sankt Josef

Ab Noworossijsk wird die M25 als M4 bis Moskau geführt. Deshalb befürchtete ich heute Morgen eine Autobahn, fand aber glücklicherweise nach einem hässlichen Spaziergang durch das Industriegebiet „nur“ wieder die stark befahrene Schnellstraße vor. Meist direkt am Meer, bot sie in der diesigen Luft nur selten reizvolle Rück- und Ausblicke auf die Küste und ihre Häfen. So richtete ich die Augen auf den schmalen Streifen vor mir und arbeitete die Kilometer ab.

Das eigentliche Abenteuer des heutigen Tages lag nicht am Weg, sondern begann erst am Abend bei der Quartiersuche in Геленджик (Gelendschik). Die Stadt mit einem subtropischen Flair ist ein „Klimakurort“ und gehört mit ihren sechs Monaten Badewetter zu den wichtigsten Touristenzentren der russischen Schwarzmeerküste. Immer noch hatte ich kein russisches Internetpaket und da war es natürlich nicht leicht, in der Hauptsaison auf gut Glück ein Zimmer zu finden. Meine ersten zwei Versuche, einfach in ein Hotel zu spazieren, scheiterten.

Schließlich fand ich ein offenes Drahtlosnetzwerk vor einem Nobelhotel und surfte zwischen geparkten Autos nach einer Unterkunft. Ich hatte Glück. Im Zentrum war noch etwas frei. Ich reservierte ein Zimmer und betrat 20 Minuten später die Empfangshalle des Hotels. An der Rezeption legte ich meine Reservierungsnummer vor und wartete auf den Zimmerschlüssel. Aber den bekam ich nicht. Stattdessen informierte man mich, das Hotel sei ausgebucht. „Aber ich habe doch eben …“, setzte ich an. „Unmöglich“, kam es zurück, „Probleme mit Onlinereservierungen gibt es leider öfter.“ Einen Moment stand ich ratlos da. Dann bat ich, im WLAN des Hotels nach einer Alternative suchen zu dürfen. Man ließ mich gewähren. So buchte ich ein anderes erschwingliches Zimmer am anderen Ende der Stadt und machte mich auf die zwei Kilometer lange Reise. Mittlerweile war es dunkel geworden.

An der neuen Adresse angekommen, musste ich den Eingang suchen. Zweimal lief ich um das Haus und fand schließlich mit der Hilfe eines Feriengasts Einlass an der Hintertür. Hmm. Hier schien es sich eher um Ferienapartments als um klassische Fremdenzimmer zu handeln. Mein ratloses Gesicht ließ jemanden die Besitzerin rufen. Müde begann ich: „Ich habe ein Zimmer reserviert“, und hielt meine Buchungsbestätigung hin. „Kein Zimmer“, kam es zurück. „Alles voll.“ Und mit einer lapidaren Handbewegung wurde ich zum Ausgang geschickt. Ich war perplex. Reserviert. Abserviert. Zweimal.

Ich stand nun also in einer russischen Stadt im Dunklen ohne Aussicht auf eine Bleibe. „Sankt Josef, hilf!“ sprach ich zum Himmel und vertraute mich dem Heiligen für Herbergssuchen an. Stall und Stroh würden mir genügen. Ich irrte durch die dunklen, unbeleuchteten Straßen, stolperte über hohe Bordsteinkanten und stieß dabei noch auf ein weiteres Hotel. Auch hier wurde ich fortgeschickt. Szenen wie einst in Bethlehem. Ich beschloss, Gelendschik zu verlassen.

Vorbei an Straßenhunderudeln wanderte ich durch zwielichtige Vororte und kam nach einer Stunde zurück auf die M4. Mit Stirnlampe und Armreflektor rüstete ich mich für unbestimmte Kilometer in der Nacht. Geblendet von Scheinwerfern tastete ich mich entlang des Straßengrabens, zwei Kilometer weit. Es ist schwer, im Dunkeln einen Zeltplatz zu suchen, denn man kann nicht wirklich sehen, wo man sich niederlässt.

Dann kam auf der rechten Seite eine Tankstelle mit Rasenflächen. Zwar war es kein sonderlich idyllischer oder leiser Ort, aber dafür gab es sanitäre Grundversorgung. Es war nach 23.00 Uhr, als ich den angeschlossenen 24-Stunden-Shop betrat und aus Verlegenheit eine Packung M&Ms über die Ladentheke schob. Dabei räusperte ich mich und erklärte dem Tankwart meine Situation. Er nickte und erlaubte mir, auf dem Grundstück zu campen. „Hast du keine Angst vor Hunden?", fügte er nach einer kurzen Pause hinzu. „Nein", lächelte ich und trat ins Freie. Ich blickte um mich, beschloss, es hinter dem Gebäude zu versuchen und bog um die Ecke. Dann blieb mir vor Schreck fast das Herz stehen. Drei Hunde sprangen plötzlich bellend aus der Dunkelheit. Ich stand still … und atmete auf. Groß und gefährlich waren diese Vierbeiner nicht, nur laut. Ich setzte meine Suche fort – mit drei lärmenden Hunden im Schlepptau.

Etwas später stand mein Zelt; die Hunde bellend drumherum. Ruhe wollte ich jetzt und beschloss, sie mir zu erkaufen. Ich ließ den frechsten der drei, einen jungen Schäferdackelrüden, herankommen und warf ihm ein M&M zu. Er war interessiert, spuckte jedoch die schokoladenumhüllte Erdnuss wieder aus. Wählerischer Straßenhund! Mangels Alternativen probierte ich ein Stück Banane, aber auch die Banane wurde verschmäht. Doch mit den Gaben hatte ich seine Erwartungshaltung geweckt. Mit leicht schrägem Kopf stand der Hund nun „fragend" vor dem Zelt. Noch ein M&M für den Bengel. Und siehe da, diesmal fraß er es. Vielleicht hatte ihm die Farbe zuvor nicht geschmeckt. „M", sagte ich und blickte ihn an. „So sollst du heißen, weil du von zwei nur eines genommen hast."

Mit der erfolgreichen Bestechung kehrte augenblicklich Ruhe ein. Ich war nun offizieller Bestandteil der Tankstelle und wurde als solcher auch bewacht. Das zeigte sich um Mitternacht, als ein paar Jugendliche vorfuhren, zum Rauchen ausstiegen und ihre Musik aus dem Wagen dröhnen ließen. Einer ging neugierig in die Richtung meines Zelts. Da kam sofort M mit seiner Mannschaft und machte ein bellendes Theater – solange, bis sie wieder einstiegen und fuhren.

Sankt Josef hatte geholfen – spät, aber stilvoll und nach biblischem Bild. Denn was war eine Tankstelle anderes als ein Stall mit „Futterkrippe" für den modernen Pferdeersatz? Statt dem Ochsen hatte ich M und der Esel war zweifelsfrei ich selbst. Bethlehem in Russland.

Tag 105 – 43 km (3630 km): Steilküstenromantik

Nach einem Gewitter in den frühen Morgenstunden kam M bei Sonnenaufgang, um nach dem Rechten zu sehen – und um sich ein paar Schokoladendinger abzuholen. Dann startete ich unter dem wolkenverhangenen Himmel in den neuen Tag. Monotones Straßengehen war wieder bestimmend für die erste Tageshälfte. Aber es war heute nicht so schlimm. Alles ist besser, wenn man ein paar Stunden geschlafen hat.

Mit der durchbrechenden Sonne legte sich abermals eine tropische Schwüle über das Land. Noch spendeten Bäume im kurvenreichen Tal Schatten und ein kilometerlanger Gehsteig sorgte für entspanntes Laufen, aber nach einem kleinen Pass wurde es unangenehmer. Neuerlich hatten sich schwarze Wolken drohend zusammengezogen und der nächste Wolkenbruch kündigte sich an. Ich hatte zu diesem Zeitpunkt die M4 verlassen und beeilte mich, auf Feldwegen, deren Kartographierung milde gesagt „etwas ungenau" war, nach Süden zu kommen. Zwei Flussdurchquerungen und drei Wegkorrekturen durch brusthohe Vegetation später, erreichte ich Береговое (Beregowoje). Dort setzte ich mich mit einem Liter Joghurt vor den Laden und wartete die weitere Wetterentwicklung ab. Pechschwarz wurde der Himmel. Donner und Blitz. Aber das Gewitter streifte den Ort nur am Rand.

Nach einer halben Stunde brach ich wieder auf, ging bis zur Küste und dann dieser entlang bis nach Бетта (Betta). Auch in dieser Bucht war ein Tummelplatz der Badehosen, aber nach meinen Erfahrungen in Gelendschik wollte ich meine Zeit nicht mit der Hotelsuche vergeuden, sondern ein ruhiges Plätzchen über den Klippen der Küste finden.

Dies war leicht gesagt und schwer getan. Meine Karte war zu ungenau, um den Einstieg zum weiteren Weg zu finden. Eine Weile irrte ich durch die Straßen, über den angrenzenden Hang und zwischen den improvisierten, wohl nur halblegalen Verschlägen und Hütten im Wald. Es gab sehr widersprüchliche Angaben von der Bevölkerung über die Erreichbarkeit meines nächsten Ziels. Einmal wurde ich dabei auf einen schmalen Pfad durch die Häuser geschickt. Ich fragte einen kleinen rundlichen Jungen, der mir entgegen kam, ob ich hier richtig sei. Zur Antwort gab der sichtlich verstörte Knabe mit schreckgeweiteten Pupillen und leichter Schockatmung „собака!" (Hund), und deutete hinter sich.

Langsam ging ich weiter und bog vorsichtig um die nächste Ecke. Da lag er, der Hund, quer über den Weg. Auf einer Skala von 1 bis 10, wo „10" für ein Rudel rumänischer Hirtenhunde und „1" für einen angeketteten, taubstummen Zwergpudel steht, war dieser Hund, nun ja, im Bereich eines sehr entspannten, taubstummen Zwergpudels anzusiedeln. Zwar war er von großer Gestalt, aber ich musste mich und den Carrix regelrecht über ihn hinüber hieven, weil er sich weigerte, mehr als auch nur ein Augenlid zu bewegen.

Mit diesem obstaculum hinter mir, suchte ich weiter nach dem rechten Weg und fand ihn schließlich dank dem freundlichen Geleit von Herrn Walerka.

Ich zog eine lange Schleife durch den Garten eines Ferienressorts und landete nach zwanzig Minuten jenseits des Zauns an einem schönen Lagerplatz zwischen den Kiefern. Etwas schräg war die Fläche schon, aber die Aussicht auf das Meer war kaum zu toppen.

Es ist ruhig. Das Meer rauscht. Ich liege auf meiner Matte und genieße. Und gerade eben trägt ein leises Lüftchen Fäkalgeruch aus den Büschen herüber. „Gut, dass ich Schnupfen habe", sage ich mir und muss trotz gerümpfter Nase lächeln. Ich erinnere mich an eine Nacht auf dem Rückweg von Santiago de Compostela, als ich in ähnlicher Höhe über dem Meer beim Leuchtturm von San Sebastian lag. Der Wind trieb damals den gleichen Geruch über das Gras. Meine Pilgerwege. Manchmal sind sie sehr symmetrisch.

Tag 106 – 40 km (3670 km): Wie grüßt man einen nackten Mann?

Das Licht des Morgens verlieh den Farben der Föhren und des Meeres satte Kraft. Die weißen Klippen leuchteten wie Elfenbein. Laut den verfügbaren Karten war das Weiterkommen ab hier mehr ein Bauchgefühl, aber in den nächsten Stunden gab es keine Tücke, kein unlösbares Problem, sondern einen schönen Weg durch die dichte Vegetation.

Angekommen in der nächsten Bucht, säumten kleine Hütten den Weg. „Platz für 200 Feriengäste“ erklärte mir der Mann an der Schranke und zeigte mir freundlich den kleinen Laden der Siedlung. Ich hatte dringenden Bedarf an Flüssigkeit, denn eines galt auch heute, trotz früher Stunde: Es war unglaublich schwül. Das Funktionsshirt hing nass am Körper. Mein Flüssigkeitsverlust in diesen Tagen war abnormal. Ich hatte letzte Nacht stark geschwitzt. Meine Nase war zu und Husten war hinzugekommen. Ich will nicht leugnen, dass mir bereits die Symptome und Inkubationszeiten für durch Stechmücken übertragene Krankheiten, wie dem West-Nil-Fieber, durch den Kopf geisterten, aber noch diagnostizierte ich eine einfache klimaanlageninduzierte Verkühlung.

Nach der Bucht ging es auf kurzer, steiler Strecke zurück in die Hügel und dann im Auf und Ab bis Архи́по-О́сиповка (Arkhipo-Osipowka). Am Weg dorthin lagen gefühlte hundert Campingplätze und jedes Auto, das mir mit quengelnden Kindern und aufblasbaren Schwimmtieren auf der Rückbank auf der katastrophalen Fahrbahn entgegen kam, hielt an und wollte wissen, wie weit es noch bis zu ihrem Plätzchen am Meer war. Hier versuchte ich, mit Lektion 27 meines Russischkurses zu helfen: „Tut mir leid, ich weiß es nicht. Aber soll ich Ihnen den Weg zum Bolschoi Theater beschreiben?“

Nach der Mittagspause in der kleinen Stadt mit ihren vielen Badegästen kehrte ich für eine Weile auf die M4 zurück und spulte 20 mühsame Straßenkilometer ab. Dutzende Stände verkauften Haselnüsse in Plastikeimern.

Am frühen Abend erreichte ich die nächste Kreuzung und genoss die ruhige Straße nach Голубая бухта (Golubaja Buchta). Ruhig war sie, weil sie eine Sackgasse war. Und dass der Sack wirklich zu war, wurde mir erst fünf Kilometer weiter beim Eingang des Ressorts erklärt. Zurück wollte ich

nicht mehr. Ich wollte über den Klippen campen und den Sonnenuntergang genießen, so wie es meine Karten mit einer gestrichelten Linie durch die Hügel hinter der Bucht abermals versprochen hatten. „Geht nicht!“, wiederholte der Pförtner, erlaubte mir jedoch, am Ende der Straße die Administration des Hotelkomplexes zu beknien. Vielleicht würde man mich ja doch durch den Privatgrund gehen lassen.

Auf der Suche nach den Büros erspähte ich einen Mann in Uniform. Ich winkte ihn herbei, um ihm meine Situation zu erklären. Dann, ganz ohne Administrationsbeknieung, durfte ich ausnahmsweise passieren. Zwar behauptete er, den eingezeichneten Weg über die Berge gäbe es nicht, aber er führte mich zu einem Eisentor am Schotterstrand. So musste ich wenigstens nicht zurück. Drei steinige Kilometer waren es bis zum nächsten Ort. „Besser als zurück“, dachte ich und stapfte los. Angeschwemmte Baumstämme, Müll und Felsen machten den Weg mit dem Carrix nicht gerade angenehm. Aber die eigentlichen Überraschungen des Weges lagen noch vor mir. Die Eisentür, die ich eben passiert hatte, war nämlich ein Portal in eine Bizarro-Welt. Nach den ersten 500 Metern sonnte sich auf einer Holzplanke ein alter, nackter Mann in den letzten Sonnenstrahlen. „Wie grüße ich den jetzt?“, fragte ich mich leise, senkte den Kopf und murmelte etwas. Dann bei Kilometer eins saß eine Violinistin auf einem Felsen. Zugegeben, sie klang nicht übermäßig virtuos, aber hier, zivilisationsfern zwischen Seetang und Plastikflaschen zu musizieren, schien weder inspirierend, noch erforderlich. Kopf runter, etwas murmeln, weitergehen. 500 Meter. Nun stieß ich auf Zivilisationsaussteiger mit ihrer kleinen Tochter, die in einem Blechverschlag in einer Felsspalte hausten. Dem Kind winken, Kopf runter, etwas murmeln, weitergehen. Bei Kilometer zwei begann ich zu husten, mich

zu räuspern und laut zu pfeifen, aber all das ging im Lärm der Wellen unter. Also Kopf tief runter, nichts murmeln, und schnell am kopulierenden Pärchen vorbei. Selbst die Sonne stieg in diesem Augenblick rot und beschämt hinter einem Felsgrad ins Meer.

Mein surrealer Strandspaziergang endete eine halbe Stunde später im Ortszentrum von Джубга (Dschubga). Es war dunkel. Ich war in einem russischen Badeort. Ich hatte keinen Zeltplatz. Eine Szene wie vor zwei Tagen. Doch diesmal fand ich gleich im ersten Anlauf ein Quartier. Das Zimmer war einfach, rundum herrschte Straßenlärm, und dutzende Libellen schwärmten ums Licht.

Bald kreisten Staub und Sand dieses verrückten Tages als braunes Rinnsal auf dem Fliesenboden der Dusche und verschwanden im Abfluss. Von dort werden sie vermutlich ins Meer gelangen und auf ihre eigene Reise gehen. Wer weiß, vielleicht enden sie schon bald am bizarrsten Strand Russlands, nicht weit von hier.

Tag 107 – 41 km (3711 km): Oleg und das Motorboot

Ich hatte es bisher nicht ganz leicht in diesem Land: Meine Gesundheit ist angeschlagen. Es gibt eine gewisse Grund-Müdigkeit. Täglich verdampfe ich in der schwülen Hitze. Meine Kleidung trocknet in der feuchten Luft nicht mehr über Nacht. Die Wege und Straßen sind weder besonders einfach, noch besonders schön. Doch am heutigen Tag hat sich Russland bemüht, mein Herz zurückzugewinnen.

Der Pilgeralltag begann mit 15 Straßenkilometern. Aus der M4 war nach der letzten Kreuzung die M27 geworden, welche Sotschi mit Moskau verbindet. Sie ist der Schauplatz einer endlosen Blechlawine. Wäre mir heute Morgen nicht ein Kamel im offenen Anhänger entgegengekommen, ich hätte kaum Grund gehabt, aufzublicken. An die Nahtoderlebnisse als Fußgänger am russischen Straßenrand hatte ich mich ja nunmehr gewöhnt.

Bei Новомихайловский (Novomichailowski) wollte ich trotzdem weg von der Straße und landete auf einem Schotterstrand. Dieses Mal fehlten zum Glück

„menschliche Überraschungen“. Ich pflügte mit dem Carrix durch die Steine – bis zum Zaun einer Ferienanlage. Was aussah wie das jähe Ende meiner Route, wurde durch freundliches Personal zu einer längeren Pause. Man öffnete das Tor, setzte mich mit einer Flasche Wasser in den Schatten und holte den Besitzer. Ich nippte das eiskalte Getränk und blickte vom Bootshaus zum Meer hinaus. Dann stand Oleg vor mir. Der Geschäftsmann aus Krasnodar sprach aufgrund seiner Handelsbeziehungen ausgezeichnet Italienisch. Das erlaubte mir erstmals seit Wochen wieder eine Unterhaltung jenseits des Selbstgesprächs oder der Grenzen meines vierseitigen Vokabelhefts.

Nach einem Plausch bat er mich, ich möge der Jugendgruppe oben beim Hotel von meiner Reise berichten. Nach einem Blick auf die Uhr und gutem Zureden willigte ich ein. Nur kurz, denn mein Zeitplan bis zur Fähre von Sotschi war knapp bemessen.

Meine Präsentation musste ich auf Russisch halten, mit ein bisschen Übersetzungshilfe von Oleg. So zeigte ich vor allem Bilder: vom Triesenberg; von den schneebedeckten Bergen Österreichs, meinen Spuren im slowakischen Schlamm; von den Klöstern in der Bukowina; und vom Sternenhimmel in der Ukraine. Die Geschichte von den rumänischen Hirtenhunden, von meiner bizarren Nacht in der Steppe und von M, meinem Tankstellenhund, stellte ich mit zehn Wörtern und vielen Gesten pantomimisch nach. Es wurde ein lustiger Nachmittag in fröhlicher Runde. Während ich im Anschluss noch zum Essen eingeladen war, kamen zwei der Jungs und drückten mir einen gefalteten Zettel in die Hand. Den solle ich mitnehmen nach Jerusalem und in eine Ritze der Klagemauer stecken. Ich war gerührt und versprach, ihre Anliegen auf die weite Reise mitzunehmen.

Es war spät geworden und Oleg bestand darauf, die Zeit, die ich „verloren“ hatte, wieder hereinzuholen. Am Strand könne ich ohnehin nicht mehr weit gehen, erklärte er mit dem Verweis auf die nächsten Hotelanlagen. So verfrachtete er mich auf sein Motorboot und Kapitän Alexi warf die Leinen los. Es war ein harter Ritt über die Wellen zur nächsten Anlegestelle. Panzer in der Ukraine. Motorboot in Russland. Gebeutelt wurde ich in beiden Fällen. Als ich mich ein paar Kilometer weiter verabschiedete, ging ich mit leicht wackeligen Beinen an Land.

Nach einem steilen Aufstieg in die Berge war ich zurück auf der M27 für die letzten acht Kilometer des Tages. Erst in der Dämmerung bog ich zu einem halbwilden Campingplatz ab und stieß dort auf zwei nette Familien aus Moskau. Sofort wurde ich an den Klapptisch gesetzt, mit Essen, Bier und Cognac versorgt und musste neuerlich von meiner Reise erzählen. Es war ein netter Abend, mit viel ausgelassenem Gelächter, und ich musste einmal mehr staunen, wie viel wir mit so wenig Wörtern, Händen und Füßen bereden konnten.

Nun liege ich nebenan im Zelt. Der pausenlose Verkehr der Schnellstraße weiter unten ist zu hören und mein Zeltplatz ist schräg. Aber ich bin zufrieden und dankbar für den schönen Tag.

Tag 108 – 32 km (3743 km): Geräusche, Kulissen, Abgründe

Um kurz nach 1.00 Uhr morgens lag ich plötzlich wach und lauschte den Geräuschen vor dem Zelt. Ja, da war es noch einmal: Ein verkrampfter, langgezogener Laut, beginnend im Hals – nein, tiefer – herauf in den Rachen und dann ein Geräusch, wie wenn man einen Eimer in die Wiese kippt. Kein Zweifel. Keine drei Meter neben mir übergab jemand seinen Mageninhalt der Natur. Ich überlegte kurz. Dann griff ich mir auf den Bauch und bewegte die Hand hin und her. Er schwabbelte längst nicht mehr so wie noch vor 15 Wochen, aber um Schwabbeleien ging es nicht. War da ein Blubbern? Schmerzen? Schließlich war die arme Seele, der draußen das Essen aus dem Gesicht fiel, mit mir noch vor wenigen Stunden am Tisch gesessen. Was ihr gerade widerfuhr, konnte schon in Kürze mein eigenes Los sein. Darauf wollte ich vorbereitet sein. Es schien alles in Ordnung.

Ich kam durch die Nacht ohne Krämpfe und Beschwerden, packte früh mein Zelt zusammen und ging zurück zum ungeliebten Fahrbahnrand. Heute war es zermürbend. Zwar schien der Verkehr etwas abgenommen zu haben, aber gleichzeitig wurde die Fahrbahn enger. Vor allem aber ging es ständig hoch und runter in einem endlosen Wechsel unübersichtlicher Kurven. Für eine bessere Sicht die Straße zu queren, war jedoch wegen des Verkehrsaufkommens mitunter gefährlicher, als sich zentimeterweise um eine enge Kurve zu tasten. „Meine" weiße Markierung am Rand verlief sich abwechselnd in Felswänden und in groben Steingruben zerbröckelter Asphaltreste.

Nach 14 Kilometern kam ich nach Туапсе́ (Tuapse) und konnte nicht glauben, dass ich erst so wenig geschafft hatte. Die Sonne brannte unbarmherzig nieder. Ich setzte mich demotiviert in den Schatten einer Baustelle; atmete die stechenden, heißen Abgase der Verkehrslawine. Ein Presslufthammer nebenan komplettierte die Kulisse. Mein guter gestriger Tag verblasste. Meine Stimmung sank. Ich war zurück im Hotelzimmer von Анапа und stellte meine Reise in Frage. Ich merkte kein Wachstum. Allein meine erbärmlichen Schwächen traten mir immer klarer vor die Augen. Meine biblischen Betrachtungen, in diesen Tagen aus Levitikus und Numeri, verschärften nur die innere Trockenheit. Wieviel Efa und Gomer Feinmehl für das Opfer waren das nochmal? Wieviel gemusterte Männer kamen aus Juda? Frustriert blickte ich in dieselben Abgründe, nur tiefer ins Dunkel hinein.

Nach einer Stunde raffte ich mich auf, biss die Zähne zusammen und murmelte: „Mit Gottes Hilfe". Ich würde versuchen, diesem Weg seine Früchte abzuringen – gerade in seiner Schwierigkeit, seinen Tiefen, seinen Widrigkeiten.

22 Kilometer weiter bog ich kurz vor Магри (Magri) verschwitzt und abgekämpft in eine Seitenstraße zu einem Hüttencamp ab. Die Tapete und das Inventar meiner Behausung waren ein Spiegelbild für meinen trostlosen Tag. Aber ich würde durchhalten. „Mit Gottes Hilfe", wiederholte ich.

Tag 109 – 53 km (3796 km): Die Horrorhornissen und der Affenjunge

Ich habe mich am Abend in ein Bett gelegt und bin heute Morgen im Zelt aufgewacht. Das muss ich vermutlich erklären.

Meinen gestrigen Eintrag beendete ich zu den Klängen eines akustisch überaus beeindruckenden Holzwurms. Ich knipste das Licht aus und klopfte freundschaftlich an die Wand. Feierabend, wollte ich damit bedeuten. Doch als Antwort kam völlig unerwartet ein gewaltiges Brausen. Ein Hornissennest, kein Wurm, war in der Wand. Mein Herz pochte. Es war, als wäre ich in einem schlechten B-Movie (Arbeitstitel: Horrorhornissen IV).

Das Brausen ließ nach und das Nagen begann wieder. Ich setzte mich auf die Bettkante und starrte eine Weile auf die Wand. Das war also mein Quartier: heiß und ohne Lüftungsmöglichkeit; ein zu kurzes Bett mit hohem Bettende; eine lose Metallfeder in der Matratze, die in meine Nieren drückte; und ein Hornissennest, von dem mich praktisch nur mehr die blauen Streifen der Tapete trennten. Ich ging vor die Tür, um Luft zu schnappen und zu überlegen. Kühl war es hier.

Zehn Sekunden später war ich zurück im Zimmer und holte Zelt, Matte und Schlafsack.

Fünf Stunden schlummerte ich sanft, bis mich der „Wachhund“ entdeckte und Alarm schlug. 4.49 Uhr. Was soll´s. Ich packte meine Sachen und machte mich auf den Weg durch die dunklen, kühlen Morgenstunden. Es ging vorbei an einem Polizeicheckpoint, bei dem ich freundlich befragt und dann durchgewunken wurde. Kurven, Urwald, Palmen, Bananenstauden und Häuser in Steilhanglagen unter dem blassen Morgengrauen. Diesmal kam ich gut voran. Der frühe Start und die angenehmen Temperaturen nahmen der Strecke viel von ihrem Schrecken. 7.00 Uhr. Frühstück vor einem kleinen Laden. Weiter ging´s. Dunst und Wolken filterten das Sonnenlicht.

Am Strand von Лазаревская (Lazarevskaja) machte ich meine Mittagspause und traf Anton. Anton war die Saison über ein „Papageien- und Affenjunge“. Das heißt, gegen eine Gebühr konnte man sich mit einem blauen Ara oder einem Affen ablichten lassen. Vom Tierbesitzer bekam Anton für jedes Bild eine Kommission. „Es geht so mit den Einnahmen“, erklärte der 20-Jährige aus Ростов (Rostov) mit einem Schulterzucken. Wir plauderten eine Weile und er lud mich zu Orangensaft, Eis und Wasser ein. Es war mir unangenehm, dass er seine hart verdienten Rubel für mich ausgab, aber er wollte es sich nicht nehmen lassen. „Der Gast ist ein Geschenk“, meinte er. Als ich nach einer Stunde wieder aufbrach, versprach ich, seine Anliegen mit auf den Weg zu nehmen und kehrte auf die M27 zurück. Weiter ging es über endlose Kurven. Dichter Wald spendete auf beiden Seiten Schatten.

Gegen Abend erlebte ich eine Sensation: Zum ersten Mal seit vielen Tagen gab es einen wirklich ruhigen Abschnitt auf dem Asphalt. Das heißt, es war kein Auto auf der Straße zu sehen und auch keines zu hören. Das geschah nicht, weil der Verkehr nachgelassen hätte, sondern weil in den engen Kurven die Lastwagen kaum zu überholen waren. Wenn sie sich dann langsam über die vielen steilen Stücke hoch und runter quälten, stauten sie den gesamten Verkehr hinter sich. Und wenn das auf beiden Seiten geschah, entstand ein autoloses Loch, in dem jubelnd ein einsamer Pilger über die Straße hüpfte.

Zikaden, Vögel, Blätterrauschen drangen wie aus einer lang vergessenen Welt an mein Ohr. Plötzlich hatte ich wieder ein Auge für die üppige, exotische Vegetation, staunte über die riesigen weißen Blüten, die größer als meine Hände waren, oder stopfte Feigen in den Mund. Ich traf meinen ersten Armenier, der sich so über meine Reisepläne in seine Heimat freute, dass er unzählige Fotos knipste und mir eine Melone aus dem Kofferraum reichte.

Auf den nächsten Kilometern hielt ich Ausschau nach einem Zeltplatz, aber in den dichten Wäldern auf den steilen Hängen gab es keinen geeigneten Flecken. Ich wanderte weiter bis Головинка (Golowinka) und kam dort nach 54 Tageskilometern an. Die Luft roch frisch, der nasse Asphalt dampfte. Wolkenblitze zuckten über den Nachthimmel, aber die eigentliche Gewitterfront war bei meinem Eintreffen bereits weitergezogen.

Beim ersten Schild, das Unterkunft versprach, trat ich durch die Tür. „Ausgebucht“, erklärte die Dame des Hauses. „Aber er kann zu uns kommen“, sagte sogleich ihre Nachbarin am Tisch und führte mich über unbeleuchtete Wege zu ihrem eigenen Gästehaus. Geld wollte sie keines von mir. Sie hätte ohnehin nur ein kleines Abstellzimmer für mich. Es war ideal. Dusche im Garten neben den Bananenstauden. Und dann saß ich auf einem alten Polstermöbel, die Füße auf meiner ausgerollten Matte und löffelte zufrieden einen Liter Pistazieneis. Gestern schlimm. Heute gut. Das Auf und Ab setzte sich also fort.

16. Sonntag – Päpste, Pillen und Pariser – Teil 1

Der junge Mann stocherte mit einem Stock im Lagerfeuer und blickte dann auf.„Kannst Du mir bitte erklären, warum ihr in der Kirche so weltfremdes Zeug zum Thema Sex schwafelt?“

Die kirchliche Sexualmoral ist weltfremd. Vielleicht ist sie das aber auch nur, weil die Welt von heute so Gott-fremd ist. Wie auch immer, ich will versuchen, kurz zu skizzieren, was die Kirche zum Thema Sex sagt und warum.

Biologisch gesehen ist Sex der Akt der Fortpflanzung. Beim Menschen ist Sex darüber hinaus auch ein Akt menschlicher Personen. Und diese menschliche, personale Dimension von Sex müssen wir verstehen, um zu begreifen, was Sexualität bei uns Menschen eigentlich ist und was sie bedeutet. Eine gute Möglichkeit ist es, mit der folgenden Frage zu beginnen: Welche Arten gibt es, um in Besitz von etwas zu kommen?

Nun, zum einen gibt es das Kaufen. Ich gebe etwas und dafür bekomme ich etwas. Eine andere Art ist das Stehlen. Ich nehme mir etwas gegen den Willen eines anderen. Beim Stehlen ist mir der andere egal. Hauptsache ich bekomme, was ich will. Die dritte Art ist das Geschenk. Schenken ist anders als die ersten beiden Arten. Denn beim Schenken geht es nicht um das, was ich davon habe, sondern um den anderen und um dessen Wohl.

Nehmen wir nun diese drei Formen und übertragen sie auf menschliche Beziehungen – auf sexuelle Beziehungen. Der klassische Fall eines Tauschhandels in einer sexuellen Beziehung ist Prostitution. Sex gegen Geld. Aber eigentlich geht jede Beziehung in diese Richtung, wenn man nur am eigenen Nutzen orientiert ist. Nach dem Motto: Ich gebe dir etwas, aber nur, wenn du mir etwas gibst. Solche Beziehungen kriseln, wenn ein Partner das Gefühl hat, nichts oder zu wenig zu bekommen oder nicht das, was er (gerade) will.

Diebstahl in einer sexuellen Beziehung entspricht der Vergewaltigung. Ich hole mir, was ich will, auch gegen den Willen und zum Schaden des anderen. In diese Richtung geht jede Beziehung, in der man mit Druck oder Gewalt versucht, sich den anderen gefügig zu machen.

Und das Geschenk? Schenken hat mit Liebe zu tun. Das ist keine Überraschung, denn Liebe heißt: dem anderen Gutes wollen – und zwar unabhängig davon, ob man etwas dafür bekommt. Man schenkt – und, im Fall einer Beziehung, schenkt man nichts anderes als sich selbst.

Beziehungen und Sexualität werden im Grunde auf diese drei Arten gelebt. Nicht immer geht alles nur in eine Richtung und oft vermischen sich diese Arten auch, aber diese drei Formen bilden die drei Grundtypen von Beziehungen. Welche davon wird nun den Menschen wirklich glücklich machen? Die Antwort ist nicht schwer. Die ersten beiden Arten behandeln den Partner letztlich wie ein Ding, das man benutzt. Es geht um das, was ich will – was mir und meiner Befriedigung nützt. Menschen zu behandeln wie Dinge, ist jedoch nicht menschlich. Und so behandelt zu werden, macht gewiss nicht glücklich.

Bei der Liebe ist es anders. Da geht es nicht um mich, sondern um den anderen. Ich nehme den anderen in seiner Würde als Person wahr. Er ist kein Ding, das ich benutze, sondern ein „Du“, ein wertvolles Gegenüber.

Nur die Liebe entspricht wirklich dem Wesen des Menschen. Und nur die Liebe wird ihn glücklich machen.

Was bedeutet das für Sex? Nun, Sex soll ein echter Ausdruck dieses „Sich-Schenkens“ sein. Nur dann ist es ein wahrhaft menschlicher Akt der Liebe. Was das konkret bedeutet, erkläre ich nächsten Sonntag.

Tag 110 – 41 km (3837 km): Der Idiot

Jede Sprache hat Eigenheiten. An Russisch finde ich die Konstruktion für „haben“ irgendwie sympathisch: „у меня есть“ (ich habe), bedeutet wörtlich

„bei mir ist“. Haben wird also durch ein bei-jemandem-sein ausgedrückt. Philosophisch ist das ziemlich tiefgründig. Nicht Besitz, sondern Sein. Auf den russischen Straßen wird dann freilich dieses Sein stark vom Verkehr bedroht. Das war heute nicht viel anders. Aber mit der heutigen Tagesstrecke würde die ungeliebte Wanderung quer durch die russische Badesaison ein Ende finden. Со́чи (Sotschi) lag in Reichweite. Meine Schritte waren fest und die Füße leicht. Ich habe keine besonders prägende Erinnerung an den Weg heute, mit Ausnahme eines weiteren Unfalls am Straßenrand. Schon in den letzten Tagen war ich an dem einen oder anderen Wrack vorbeigelaufen, das der russischen Fahrweise oder dem gebrechlichen Fahrzeugzustand geschuldet schien. Heute passierte ich nach einer kilometerlangen Autoschlange einen LKW mit Achsbruch. Ich zwängte mich mit leichtem Unbehagen vorbei. Dem

Fahrer war nichts passiert, aber ein Pilger zur falschen Zeit am falschen Ort wäre vielleicht an der Leitplanke zerdrückt worden.

Со́чи ist aktuell die größte Baustelle des Landes. 350.000 Einwohner leben zwischen den Kränen und LKW-Schlangen, die versuchen, alles für die Olympischen Winterspiele fertig zu stellen. Auch mein Hotel Bavaria hatte sich offensichtlich herausgeputzt und die Rubelpreise in heftige Eurosummen konvertiert. Bayrische Themen gab es jedoch weder bei der Einrichtung noch Dekoration, aber möglich, dass man im Februar die Minibar noch mit Weißwürsten füllen wird.

Morgen soll mich die Fähre über das östliche Eck des Schwarzen Meeres in die Türkei bringen. Mein Weg nach Georgien verlängert sich dadurch, aber ich muss auf die politische Situation Rücksicht nehmen. Völkerrechtlich gehört die Küste ein paar Kilometer weiter südlich von hier zwar immer noch zur benachbarten Kaukasusrepublik, aber nach zwei Jahrzehnten von Auseinandersetzungen zwischen Georgiern und Abchasen erreichten letztere durch das militärische Eingreifen Russlands 2008 de facto Unabhängigkeit. Seither ist eine Einreise nach Georgien über Abchasien nicht mehr möglich, beziehungsweise wird ein Grenzübertritt als illegal gewertet. Ginge ich also von hier aus weiter dem Meer entlang, gäbe es zwar jede Menge aufregende Tagebucheinträge, aber die meisten von ihnen würde ich aus der Zelle eines georgischen Gefängnisses schreiben müssen. So bleibt nur der lange Umweg über die Türkei.

Mein Russlandabenteuer geht also hier zu Ende. Es war nicht Sibirien, und trotzdem keine leichte Zeit. Ich denke zurück an einen meiner ersten russischen Sätze, die ich zuhause gelernt hatte: „мужчина идёт" (Der Mann geht). Ausgesprochen klingt das so: „Muschina idiot". Wenn ich nun auf die letzten 500 Kilometer zurückblicke, dann zeigt diese Sprache auch hier ihre Tiefgründigkeit. Wer so wie ich zur Hauptsaison auf russischen Verkehrsadern zu Fuß Kilometer spult, kann nicht ganz richtig sein im Kopf. Muschina, Idiot!

Tag 111 – Ruhetag: Ich soll was?!

Brrrrring. Brrrrring. Das Telefon in meinem Hotelzimmer läutete. Ich blickte auf die Uhr: 1.20 Uhr früh. Ich hob verdattert im Halbschlaf den Hörer und ließ ihn zurück in die Vorrichtung fallen. „Da muss sich jemand verwä..."

Brrrrring. Es läutete wieder. Ich hob ab. „да?“ Mir wurde mitgeteilt, ich solle mit meinem Pass zur Rezeption kommen. Jetzt? Jetzt!

Ein paar Minuten später saß ich bekleidet, aber barfuß, an der Rezeption und ließ mir erklären, dass es ein Problem mit meiner Visaregistrierung gäbe. Für den Stempel und die Unterschrift, die ich beim Hotel in Noworossijsk

erhalten hatte, sei nicht das offizielle Formular verwendet worden. So ginge das nicht. Sie würden Probleme bekommen, wenn sie das Ganze so an die Behörde weiterleiten würden. Wo das Original sei, wurde ich gefragt. Mit einem gewissen schläfrigen Widerwillen entgegnete ich, dass ich dieses Stück Papier genau so erhalten hatte. Ich sei eben ein dummer Tourist, der sich darauf verlasse, dass die Hotelbetriebe wissen, was sie tun.

Es folgte eine kurze Pause. Zwei Telefonate. Eine dritte Person wurde hinzugezogen. Man diskutierte untereinander und beschloss, mich einen Text für die Polizei schreiben zu lassen, in dem ich erkläre, dass ich dieses Hotel von jedweder Verantwortung für die unordentliche Dokumentation meines Aufenthalts entbinde. Diesen englischen Text würden sie für mich ins Russische übersetzen. Im nächsten Schritt solle ich dann die kyrillischen Buchstaben handschriftlich abmalen – damit kein beeideter Notar hinzugezogen werden müsse. Effektiv würde ich also etwas unterschreiben, das ich nicht wirklich verstand. Ich zog die Augenbrauen zusammen. „Und warum ruft ihr nicht einfach in der Rezeption in Noworossijsk an? Die sollen euch das offizielle Formular mit Stempel und Unterschrift faxen“, schlug ich etwas genervt vom betriebenen Aufwand vor. Kurzes Schweigen. Sie nickten. Ja, das ginge auch. Ein paar Minuten später, kurz vor 2.00 Uhr, traf das Fax ein. „Kann ich jetzt wieder schlafen?“, fragte ich und drehte mich zum Gehen. Dabei fiel mein Blick auf ein lateinisches Kreuz.

Es stellte sich heraus, dass der Besitzer des Hotels armenisch-katholisch war. Ursprünglich kam er aus einer Stadt in Georgien, die wegen ihrer religiösen Tradition direkt auf meiner geplanten Reiseroute lag. Sein Großvater hätte geholfen, die Kirche dort zu renovieren, erklärte er, und wenn ich dort ankomme, solle ich einfach seinen Namen nennen. So wurde aus einem nächtlichen Ärgernis doch noch ein Geschenk.

9.07 Uhr. Ich war zurück an der Rezeption und lauschte einem Telefongespräch. Mit wiedergutmachender Freundlichkeit hatte man sich bereit erklärt, Informationen zur Fährverbindung am Nachmittag einzuholen. Aber als

Marija, die Rezeptionistin, den Hörer sinken ließ, hatte sie keine gute Nachricht. „Es gibt keine Fähre heute. Der Betrieb wurde eingestellt." Morgen Abend könne ich die langsame Nachtfähre nehmen.

Da mein Hotel für die nächste Nacht ausgebucht war, zog ich in ein günstiges Hostel in der Innenstadt um und wanderte vier Kilometer bis zum Hafen. Dort kaufte ich mein Ticket für die morgige Überfahrt und traf dabei auf eine Gruppe deutscher Motorradfahrer, die vor zwei Tagen an mir vorbeigebraust war. Nette Leute. Aber ich ertappte mich dabei, wie ich zu den Motorrädern schielte und mir vorstellte, die Strecke der letzten Wochen mühelos zu gleiten, mit Fahrtwind in den Haaren.

Dann kehrte ich in mein Hostel zurück, wo Richard, ein russischer Jurastudent und Hiro, ein reisender Mathematikprofessor aus Japan, meine Zimmergenossen waren. Zu leisen Schnarchgeräuschen aus der Stockbettetage unter mir, machte ich die Augen zu. Meine letzte Nacht in Russland … wenn nicht wieder etwas anders kommt.

Tag 112 – Ruhetag: Goodbye Lenin. Tschüss Roland und Leopold!

Roland und Leopold, so habe ich beschlossen, werden in der Olympiastadt zurück bleiben. Vielleicht werden sie in einigen Monaten als recycelte Gummiabsperrungen einen Blick auf die alpinen Skistars werfen (dem Leser wird klar sein, dass ich von den Sandalen spreche; jenen, die ich seit Rumänien bei mir habe.) Das neuere Paar, das ich vor zwei Wochen in der Ukraine gekauft habe, hat noch nicht mal einen Namen. Zu selten waren sie bisher an den Füßen. Sie taugen mit der weichen Sohle und den Belüftunglöchern kaum für den rauen Asphalt und werden erst zum Einsatz kommen, wenn die Straßen hoffentlich wieder sanfter werden. Bis dahin sollen neue Schuhe mich begleiten: Ralf und Leander.

Am Nachmittag schlug ich im Schatten des Hafens die Zeit tot. Ich muss einen erbärmlichen Eindruck gemacht haben. Ein Mann, der vorüber kam, drückte mir ein paar Scheine in die Hand. Als ich protestierte und sie ihm zurückgab, erklärte er mir, er hätte gedacht, dass ich auf der Straße lebe. Nun, das tat ich ja auch irgendwie, aber anders. Паломник (Pilger) stellte ich mich vor. Später überprüfte ich meinen Bart auf Brösel und andere solide Gegenstände, die mich als hoffnungslosen Sozialfall erscheinen lassen könnten.

Als am Abend die Fähre ihre Passagiere aufnahm, waren 95 Prozent davon türkische Männer; alle Gastarbeiter in Russland. Aus dieser Menge heraus stachen die deutschen Biker vom Vortag; ein paar russische Motorradkollegen; ein Koreaner, der seinen Chopper quer durch die Mongolei gequält hatte; zwei ukrainische Autostopper, Sascha und Jana aus Kiew; ein Pärchen aus China und der redselige Iraker Hasim aus Basra. Als Hasim zur Grenzkontrolle kam, wurde sein Pass ungläubig angestarrt. „Im Irak ist doch Krieg?", meinte der Beamte. „Nein, nein, wir haben Frieden", bekam er zur Antwort. So sprach jemand, für den mit seiner Frau und seinen vier Töchtern der Terror zum Alltag geworden war.

Die Sonne stieg ins Meer, das Schiffshorn ertönte und wir legten ab. In der Hafenstraße blickte streng von einer Wand bunter Steine der allseits präsente Genosse Lenin. Wollte man ihn mit diesem Bildnis ehren oder verspotten, rätselte ich, während die ultrakapitalistische Metropole langsam im Abenddunst verschwand.

Tag 113 – Ruhetag: In'scha'allah

Ich hatte schon wesentlich unangenehmere Nächte als die vergangene auf dem Schiff. Zur Geruhsamkeit beigetragen hat wesentlich und löblich meine Unterlagsmatte, die ich am Abend noch aus dem Schiffsbauch geholt hatte. Dann war ich zum sanften Schaukeln der Wellen eingeschlafen. Als ich im Morgengrauen erwachte, war das Meer fast glatt. Es glänzte in einem metallischen Blau, bis die aufgehende Sonne den Stahl zu Gold und Kupfer schmolz. Delphine begleiteten kurz das Boot und sorgten selbst bei den abgebrühtesten türkischen Macho-Männern für euphorische und verzückte Quieklaute. Wissenschaftler nennen das den rätselhaften „Flipper-Effekt". Dann tauchte das türkische Festland auf. Ein neuer Kontinent. Neue Kulturen. Neue Eindrücke. Aber zunächst musste ich freilich die Grenze passieren.

Als visumspflichtiger Österreicher wurde ich ausgesondert und gemeinsam mit einem weißrussischen Motorradfahrer von den anderen mitleidig betrachtet. Am Schluss waren nur mehr wir beide übrig. Der Visaverkäufer sei unterwegs, versicherten uns die Beamten. Als er endlich mit wehenden Haaren durch die Türe rauschte, nahm er uns sogleich die geschuldeten Gebühren ab und klebte mir das türkische Visum etwas unsachgemäß in den Bereich für amtliche Sichtvermerke. Den Hafen verließ ich nun ohne Gepäckdurchsuchung. Die beamtete Mannschaft hatte sich zwischenzeitlich verdrückt.

Es ist unglaublich, wie anders Trabzon im Vergleich zu den bisherigen Städten ist. Das ist Asien. Alles wurlt und lebt. Dankenswerterweise konnte ich trotz früher Stunde bereits mein reserviertes Zimmer beziehen. Duschen. Kleidungswechsel. Und dann war ich auch schon unterwegs zum iranischen Konsulat.

Es lag nur fünf Minuten vom Hotel entfernt, aber ich schwitzte über den kurzen steilen Anstieg. Ich war im langärmligen Leinenhemd unterwegs, schließlich wollte ich einen guten Eindruck machen. Beim zweiten Klingeln wurde mir geöffnet. Ein freundlicher Herr überreichte mir den Antragsbogen, den ich genau und wahrheitsgemäß ausfüllte. Zwischenzeitlich wurde ich alleine gelassen und saß eine Weile mit dem fertigen Formular und den anderen Unterlagen auf meinem Stuhl. Mein Kopf fühlte sich leicht an. Mir war etwas schwindelig. Wann hatte ich eigentlich das letzte Mal getrunken? Ich war ganz offensichtlich dehydriert und der Kreislauf im Keller. Kalter Schweiß stand mir auf der Stirn. Die Minuten tickten. Niemand kam. Ich blickte flehentlich hoch zur Überwachungskamera. Ich muss ausgesehen haben wie jemand, der schweißgebadet und nervös auf ein Verhör oder eine Verurteilung wartet. Keine gute Voraussetzung für einen Visumsantrag. In meinem Kopf spielten sich verschiedene Szenarien ab. Schon sah ich mich aufstehen und bewusstlos auf den Boden des Konsulats kippen, da öffnete sich endlich die Tür und der Herr kehrte zurück. Mein Antrag wurde überflogen und nachgefragt, was „Vikar" in der „Berufsspalte" bedeute. Ich erklärte meine Aufgaben als katholischer Priester. Er nickte langsam. Die Fragen und die plötzliche Bewegung im Raum sorgten für ausreichend Adrenalin, um meinen Körper für den Moment zu stabilisieren. Dann wurde ich mit der Zahlungsanweisung entlassen und für den späten Nachmittag wieder herbestellt.

Ich trat hinaus in die Luft und lief über die Straße zu einem Laden. Eine Minute später stand ich mit einer leeren Literflasche Cola in der Hand, atmete tief ein und spürte den Zucker und das Koffein durch die Adern rasen.

Um 16.00 Uhr war ich pünktlich zurück beim Konsulat. Mit mir warteten noch vier andere Antragsteller auf den Entscheid. Alle bekamen ihr Visum, aber ich war der Einzige, der die volle gewünschte Gültigkeit erhielt. Priesterbonus im Iran? Oder war es, weil einer der Angestellten zuvor drei Jahre in der Botschaft in Wien gearbeitet hatte?

Wenngleich die Prozedur weder kompliziert, noch langwierig gewesen war, beschlossen wir, das Ergebnis zu feiern und saßen über die nächsten vier Stunden abwechselnd in einem Café, einer Bar und einem Restaurant. Wir unterhielten uns über Gott, die Welt und Reisepläne. Dann verabschiedete ich mich, um mir noch eine türkische SIM-Karte für das Telefon zu besorgen.

Als ich den Laden des nationalen Anbieters betrat, war ich hilflos. Nur Türkisch konnte mich hier weiterbringen. So hatte ich Glück, als mich eine junge Deutschtürkin ansprach und fragte, ob ich Hilfe bräuchte. „Danke, ja, brauche ich", antwortete ich erleichtert. Sie ließ ihre geduldige Familie kurz vor der Auslage stehen und organisierte einen passenden Mobilfunkvertrag. So verließ ich wenig später, wieder verbunden mit der weiten Welt, das Geschäft, und kehrte zum Hotel zurück.

Nun liege ich auf dem Bett in meinem kleinen Zimmer. Die exotische Geräuschkulisse dringt vom Atatürk-Platz durch das Fenster. Von der Moschee gegenüber ruft der Muezzin zum Gebet.

Tag 114 – 36 km (3873 km): Hoş geldin!

Genau neun Jahre ist es heute her. Ich lag ausgestreckt auf einem Teppich am Boden der Kathedrale von Vaduz. Die Allerheiligenlitanei wogte über meinem Kopf zwischen Kantor und Gottesvolk. In wenigen Augenblicken würde sich meine Sehnsucht erfüllen. Hineingeweiht in das eine und einzige Priestertum Christi würde ich nicht nur meinen Leib hinstrecken, sondern mein ganzes

Sein. In Seinem Dienst bestimmt zum Dienst an den Menschen. Neun Jahre danach wünschte ich, ich wäre so, wie ich damals am Teppich liegend als Priester sein wollte; so, wie ich ob meiner Weihe eigentlich sein müsste. Mich tröstet allein die Tatsache, dass ich den Menschen in den Sakramenten, trotz meiner persönlichen Unvollkommenheit, den ganzen Christus bringen kann.

Für meine Route aus Trabzon wählte ich kleine Straßen, die mich auf die Hänge oberhalb der südlichen Hauptverkehrsverbindung führten. Dort wurde mein Pfad allerdings schnell schmäler und verlief sich in einer der landestypischen Haselnussplantagen. Ich hatte Glück. Im Gemüsegarten nebenan bog ich bei den Tomaten links ab und kam über die Zufahrt wieder zum regulären Wegnetz.

Bald fand ich mich auf einer Nebenstraße und spazierte durch ein paar kleine Siedlungen im Tal. Ich sog die neuen Eindrücke auf und blickte neugierig die Häuserreihen hoch und runter. Für die Mittagspause suchte ich mir einen schattigen Platz in einem leeren Rohbau und legte zwei Ziegel für einen Sitz übereinander. Da saß ich nun, während die vorbeigehenden Kinder vor lauter Staunen die Unebenheiten der Fahrbahn vergaßen und reihenweise beim selben Schlagloch stolperten. Ich kann mir denken, was sie ihren Müttern erzählt haben, als sie die Schultasche in die Ecke gestellt hatten: „Sen, anne ..." („Du, Mama, draußen im unfertigen Wohnzimmer des Nachbarn sitzt ein bärtiger, schmutziger Mann, der lächelnd zwei riesige Melonenhälften löffelt.")

Nach dem Essen ging es für zehn Kilometer auf die Hauptstraße, welche zumeist mit einem vorbildlich breiten Seiten- und Pannenstreifen ausgestattet war. So kam ich schnell bis Maçka, wo ich links in das immer enger werdende Seitental abbog.

Gegen Abend bot sich ein Campingplatz für die Übernachtung an. Ich wurde vom 15-jährigen Hassan auf Englisch eingewiesen. Es ist ruhig hier und angenehm. Aus irgendeinem erfreulichen Grund fehlen die Stechmücken. So sitze ich in einem offenen Unterstand auf einem alten Plastikstuhl und genieße den Abend. Lau ist die Luft. „Neun Jahre Priestertum", nicke ich langsam und fülle meinen Blick in die fernen dunstblauen Hügel mit Erinnerungen aus der Zeit. Dankbarkeit.

Tag 115 – 35 km (3908 km): Aufgebundene Bären

Die Nacht war kurz. Diesmal waren nicht Hunde schuld daran, oder der morgendliche Ruf des Muezzins. Nein, gestern Abend kamen zu später Stunde noch zwei türkische Lehrerinnen aus Ankara auf den Campingplatz und wir unterhielten uns am Lagerfeuer bis in den frühen Morgen. Neben dem Offenbarungsverständnis ging es vor allem um das Gottesbild im Christentum und im Islam. Islam bedeutet Unterwerfung. Das Wort Muslim kommt vom arabischen Verb aslama (sich ergeben). Muslim ist also, wer sich Gott unterwirft und Mohammed als Propheten bekennt. Im Gegenzug wendet sich Gott dem Geschöpf zu und schenkt sein Erbarmen – In schā'a llāh (so Gott es will) – in dieser und in der kommenden Welt. Hasim, mein irakischer Begleiter auf der Überfahrt von Russland, war kein religiöser Gelehrter gewesen, aber ein frommer und gottesfürchtiger Mann. Beim Sonnenaufgang formulierte er auf dem Schiffsdeck das folgende freie Gebet an seinen Gott: „Gib mir Geld, gib mir Gesundheit, gib mir das Paradies nach dem Tod." Der Fromme, der sich Gott unterwirft, erbittet seine Gaben für diese und die künftige Welt. In den Gaben erweist sich Gott. In den Gaben erkennt der Mensch die Nähe des Unnahbaren. Das Paradies in der Vorstellung des Islam ist ein Garten – sieben Gärten in sieben Himmeln eigentlich – mit vollendeten irdischen Genüssen. Der Koran und die Prophetenlehre der Hadith sparen nicht mit Details zu den Speisen, zum Geschlechtsakt und den verführerischen Augen und schwellenden Brüsten der Jungfrauen. Zwar gibt es im Sufismus, der eigentlich vorislamisch ist, und von manch anderer Seite auch geistige Deutungen für diese „leibliche Erfüllung", aber solche Anschauungen entfernen sich von der ursprünglichen Botschaft und Lehre und werden vom klassischen Islam deshalb oft als Abweichung bekämpft.

Interessant war für mich in diesem Gespräch allerdings weniger diese Beschreibung einer sehr „irdischen" Qualität des Himmels, sondern die Rolle Allahs. Er schenkt den Seligen sein Wohlgefallen, ja auf eine Weise zeigt er sich sogar, aber die Distanz des Allmächtigen wird klar in den Zeilen spürbar.

So radikal anders, ja, für den frommen Muslim geradewegs blasphemisch, ist die christliche Vision der Gotteskindschaft; das durch die Gnade und den Geist Hineingenommensein in das Leben Gottes selbst. Der Gott des Christen ist kein erhabener, unbeweglicher Monolith, dem sich der Gläubige aus aller gebotenen Ferne unterwirft, sondern der christliche Gott ist in der Dreifaltigkeit selbst schon eine Gemeinschaft der Liebe – eine Gemeinschaft, in die wir hineingerufen sind und die uns durch die Gnade wirklich offen steht. Es ist ein „ewiges Leben", das hier auf Erden beginnt und in der Ewigkeit vollendet wird, wenn wir Gott sehen, wie er ist. Die große Himmelsschau im letzten Buch der Bibel benutzt zwar auch eindrückliche Bilder, aber es sind nicht Bilder eines „Ausruhens von der irdischen Last", sondern die Bilder einer kosmischen Liturgie, eines ewigen Gottesdiensts im neuen Jerusalem, das keinen Tempel hat, weil Gott selbst ihr Tempel ist, „Er und das Lamm" (Offb 21,22).

So wurde mir vor den pulsierenden, glühenden Kohlen des nächtlichen Lagerfeuers immer deutlicher, wie unterschiedlich die monotheistischen Religionen Islam und Christentum den einen Gott beschreiben und wie dies ihre Religiosität formt und prägt. Gleichzeitig wurde mir klar, wie oft auch wir Christen hinter der Radikalität unseres Glaubens zurückbleiben. Um das emblematische „Gib mir Geld, gib mir Gesundheit, gib mir das Paradies nach dem Tod" von Hasim nochmals zu bemühen: Wir Christen beten meist ganz ähnlich und für sich genommen ist das nicht verkehrt. Im Vaterunser finden auch solche Bitten einen Platz. Aber wenn wir dabei stehenbleiben, greifen wir zu kurz. Hineingenommen sein in das göttliche Leben, das ist es, was wir erhoffen; das ist es, was uns in Christus ermöglicht wird.

Nach ein paar Stunden Schlaf packte ich gähnend meine Sachen und machte mich auf den zwölf Kilometer langen Weg bis zum Sumela-Kloster. 200 Höhenmeter über einer grünen Schlucht kleben heute die ehrwürdigen Mauern am Felsen, wo im Jahr 385 zwei Mönche ihr asketisches Leben begannen. 1926 wurde das Kloster im Zuge des Bevölkerungsaustausches zwischen Griechenland und der Türkei aufgelöst, verfiel, und wurde erst in den letzten Jahrzehnten wieder saniert und für Besucher zugänglich gemacht. Kern des ursprünglichen Heiligtums soll ein lukanisches Marienbild gewesen sein, das es nicht nur zu einem Pilgerziel für Christen, sondern auch für Muslime machte, die ja eine besondere Wertschätzung für Maria als Mutter des „Propheten Isa" (Jesus) besitzen. Pilger waren freilich am heutigen Tag nur wenige gekommen. Dafür gab es jede Menge Touristen, die sich vor ihren Tablets und Telefonen in Szene setzten. Manche von ihnen haben vielleicht zwischen den Selfies sogar kurz auf die großartigen Fresken der Grottenkirche geblickt.

Wieder unten am Fuß der Felswand angekommen, wand sich mein Weg nun aus dem engen Gebirgstal des Altındere-Nationalparks in das Hochland des pontischen Gebirges. Schritt um Schritt gewann ich an Höhe. Das Tosen der schäumenden Kaskaden wich dem Gurgeln und Glucksen kleiner Bäche, die in Furchen über grüne Almwiesen mäandrierten. Nebel legte sich für eine

Weile als dämpfende Decke über die Welt, bevor sie wie ein Vorhang von der Sonne aufgerissen wurde und den Blick auf eine herrliche Kulisse freigab. In

den 24 Stunden seit gestern Mittag war ich aus der sommerlichen Schwüle der Meeresküste in eine überwältigende, alpine Landschaft geklettert, die zwischen sanften Dreitausendern begonnen hatte, ihr goldenes, herbstliches Gewand anzulegen. Eine schlichte, aber elegante Schönheit erfüllte die baumlose Welt.

Nach ein paar Kilometern kam ich zu einem kleinen Hüttenflecken. Männer schärften ihre Sensen am anderen Ufer des Bachs. Dann sah ich sie, meine ersten türkischen Hirtenhunde. Und dann hörte ich sie, meine ersten türkischen Hirtenhunde. Und dann zitterte ich vor ihnen, meinen ersten türkischen Hirtenhunden. Rumänien in der Türkei. Hunde rasten bellend auf mich zu, die wilde Jagd

angeführt von einem riesigen dunklen Rüden mit zerrüttetem Fell. Der Besitzer pfiff und erreichte nichts. Angespannt hielt ich den Carrix fest, ging mit dem Blick fest nach vorne langsam weiter, während die wütende Masse aus Zähnen und Muskelkraft mich jeden Moment von der Seite her erreichen würde.

Dann geschah etwas Unerwartetes. Der große Dunkle sprang die Böschung hoch, hob seine Nase in den Wind und stellte augenblicklich alle Aggressionen ein. Nicht nur das, er trat den anderen Hunden entgegen, schnitt einem großen weißen Köter, der mich links umrundet hatte, knurrend den Weg ab und trottete anschließend handzahm als mein schützender Begleiter bis zum Ende des Dorfs. „Don Bosco-esque."

Gegen Abend fand ich auf gut 2.400 m Seehöhe einen schönen Platz. Während ich die perfekten zwei Quadratmeter für das Zelt zwischen den Kuhfladen und Bodenunebenheiten sondierte, hörte ich erneut aufgeregtes Bellen. Für die Hunde eines Schafhirten auf den Hängen weit über mir war ich plötzlich sichtbar geworden und schon schossen die beiden großen Kangals über die Wiese herunter. Auch hier war das Pfeifen des Hirten ergebnislos. Aber auch hier hielten sie ein paar Meter vor mir an und stellten das Bellen ein. Als wäre es ihnen peinlich, wanderten sie noch eine Weile auf und ab – ganz so, als wären sie von Anfang an nie wegen mir angerannt gekommen. Mein vorläufiges Ergebnis zum Charakter türkischer Hirtenhunde: groß und furchteinflößend, aber auf den letzten Metern so freundlich und zuvorkommend wie die Menschen, in deren Dienst sie stehen.

Die Sonne sank langsam hinter die Kuppen im Westen. Die Luft war kalt und ich beschloss, den Abend mit einer warmen Mahlzeit zu beenden. Im Rucksack fand ich eine Packung Rahmnudeln, die ich vor 3.000 Kilometern in

der Slowakei zugeladen hatte. Bald köchelten sie auf der blauen Gasflamme, während ich in das Tal hinunterblickte.

Kurz darauf tauchten die Lichter eines Geländewagens auf, der langsam über den holprigen Fahrweg schaukelte. Mein Zelt war von der Piste aus sichtbar und so war es wenig überraschend, dass der Fahrer hielt und mich heranwinkte. Ich schielte zu den Nudeln, verkleinerte die Flamme und lief barfuß über das kalte Gras. Was mir der freundliche Herr mit viel Türkisch und noch mehr Gestik erklären wollte, verstand ich nicht genau, aber, gepaart mit Lautsprache, ging es wohl vor allem um Bären und Wölfe. „Das hier ist kein guter Platz", schien er mit Kopfschütteln mehrmals zu bekräftigen. Ich zuckte mit dem Schultern. Wo soll ich jetzt noch hin? Ich dankte für die Warnung; versprach weiterzugehen – morgen – und kehrte dann zum Zelt zurück.

Es wurde still. Nur der Bach murmelte in einiger Entfernung, als die Schatten aus den Spalten und Tälern krochen. Sterne funkelten. Ich ließ die Daunenjacke an und wickelte mich in meinen Sommerschlafsack. Angestrengt lauschte ich dem Schweigen der Berge. Irgendwo, weit entfernt, bellte ein Hund. Vielleicht war es der große dunkle Riese, der immer noch über mich wachte.

Tag 116 – 36 km (3944 km): „Grüß Gott!" tönt es aus dem Schatten der Moschee

Die Sonne kam spät über die Gipfel in mein kleines anatolisches Bergparadies. Keine Bären, keine Wölfe. Die ganze Nacht war es unglaublich ruhig gewesen. Ich hatte keine Eile. Ich hatte in der Tat gar keine Lust, aufzustehen. Liegenbleiben für ein paar Stunden, das hätte ich gerne gemacht, aber schließlich musste ich los. Meine Vorräte waren knapp bemessen und die Versorgungslage ungewiss.

Vor dem Zelt waren die Graskuppen in Nebel gehüllt, bis dieser von der Morgensonne lichtvoll in Brand gesteckt wurde. Ich wandte mich nun südwärts und begann in Serpentinen zur Passhöhe auf 2.700 Metern aufzusteigen. Oben angelangt, blickte ich in das nächste Tal, das trockener war, als jenes, aus dem ich gerade gekommen war. Ein Hirte trieb seine Schafe über den Hang, aber seine Fragen musste ich mit einem Achselzucken beantworten. Viel mehr als „köpek" (Hund) konnte ich bislang auf Türkisch nicht sagen.

Nach einigen Kurven kam ich zum Schnittpunkt zweier Täler, an dem ein rustikales türkisches Almdorf errichtet war. Zwischen groben Natursteinmauern, rostigen Blechdächern und wilden „Improvisationen“ gab es dank Bewässerung kleine Flächen üppigen Grüns und Miniaturgärten. Alte Frauen unterhielten sich von Türstock zu Türstock quer durch den Häuserhaufen. Nur kurz hielten sie inne, um die seltsame, vorüberziehende Gestalt zu betrachten.

Für mich ging es indes weiter bachabwärts, vorbei an kargen Felsen und goldbraunen Wiesen. Greifvögel mit eindrucksvoller Spannweite stiegen auf und zogen ihre Kreise.

Es ging hoch zum nächsten Pass, von dem sich eine schöne Sicht auf die erste dauerhafte Siedlung und den gegenüberliegenden Höhenzug eröffnete. Es ging runter. Es ging wieder rauf. Und dann wieder runter. Starkes Gefälle und die Rückkehr des Asphalts. LKWs mit Sand und Kies für eine Baustelle irgendwo im Norden donnerten leer nach unten oder quälten sich vollbeladen wieder nach oben. Sonst gab es kaum Verkehr.

So kam ich gegen Mittag in das Dorf Yayladere. Männer standen am Dorfplatz und fingerten bei ihren Gesprächen die Misbaha, die traditionelle Gebetskette der Muslime. Etwas überraschend wurde ich auf Deutsch begrüßt. Mustafa, ein ehemaliger Gastarbeiter, war zurück in seinem Heimatdorf und führte mich nun freundlich zum Laden. Am Ende meines Einkaufs wollte er es sich nicht nehmen lassen, für alles zu bezahlen. Alle meine Versuche, für mich selbst aufzukommen, scheiterten an der türkischen Gastfreundschaft.

Vier Kilometer weiter fand ich ein Plätzchen im Schatten und nahm mein Mittagessen. Brot und Bananen. Gegenüber dem Flecken, wo ich saß, warteten drei schwarz verhüllte Frauen in Niqab und Tschador auf ihre Mitfahrgelegenheit. Wenig später bekam ich auch auf „meiner“ Seite Besuch. Ein älterer Mann, mit Jeans bis knapp unter das Kinn gegürtet, begann mit angekarrten Materialien rund um mich zu bauen. Ich fragte, ob ich helfen könne, durfte aber nur bei einem schweren Felsen mit anpacken. Am Grundstück über der Mauer, auf der ich gesessen hatte, war das Grab seiner Eltern und Großeltern, zu dem er nun ein paar Stufen bauen wollte. Gräber sind in der Türkei bislang meistens dezentral im Irgendwo. Man sieht sie unter wilden Haselnusssträuchern ebenso wie zwischen Gemüsebeeten am Dorfrand. Wir unterhielten uns auf Deutsch. Wie so viele aus dieser strukturschwachen Gegend hatte auch er über viele Jahre in Deutschland gearbeitet. Seit 25 Jahren war er nun schon zurück in der Türkei, kam aber nur im Sommer hierher in sein Heimatdorf. Im Winter, wenn in dieser Gegend das Thermometer auf 30 Grad unter Null fiel, blieb er lieber in seiner Wohnung in Istanbul. Viele würden das so machen, erklärte er mir und justierte den nächsten Betonziegel.

Nach einer Weile verabschiedete ich mich und begann in Söğütağıl meinen letzten An- und Abstieg zum nächsten Tal. Unterwegs erklärte ich noch einer Familie (Gastarbeiter in Rouen) auf Französisch mein Unterfangen und zog mit einer neuerlichen Warnung vor Bären und Wölfen weiter.

Kurz vor der Mündung meiner Straße in die Hauptverkehrsroute nach Bayburt schlug ich mein Lager auf. Ich mag Anatolien, seine Landschaft und seine freundlichen Leute. Nur die schwer verhüllten Damen, die bisweilen selbst eine Burka noch wie einen Bikini aussehen lassen, sind etwas fremd für mein Auge – auch wenn ich dieses ohnehin gleich senke, wenn ich ihnen begegne.

17. Sonntag – Päpste, Pillen und Pariser – Teil 2

Der junge Mann, der mit einem Stock im Lagerfeuer gestochert hatte, blickte mich immer noch an.

Grundlegend biologisch gesehen ist Sex ein Akt der Fortpflanzung. Als wahrhaft menschlicher Akt soll Sex aber zudem ein Ausdruck der liebenden Hingabe sein – ein Ausdruck des „Sich-Schenkens". Das habe ich versucht, letzten Sonntag zu erklären, denn darauf baut die ganze kirchliche Sexualmoral auf.

Damit Sex wirklich mit „schenken" zu tun hat, muss man nun zwei wesentliche Eigenschaften eines Geschenks beachten. Ein Geschenk ist für immer und ein Geschenk wird ganz gegeben. Wenn ich diese Eigenschaften eines Geschenkes in der menschlichen Sexualität ignoriere, dann zerstöre ich die Bedeutung des sexuellen Aktes als Ausdruck des „Sich-Schenkens".

Das bedeutet erstens: Sex kann kein ehrlicher Ausdruck des „Sich-Schenkens" sein, wenn ich nicht vorhabe, für immer mit diesem Partner zusammen zu bleiben. Ein One-Night-Stand, eine Affäre, eine zeitlich befristete oder unverbindliche Beziehung, zerstören die Bedeutung von

Sex als Ausdruck der liebenden Hingabe. Sex hat seinen Platz in einer Beziehung, in der man dieses "Sich-Schenken-für-immer" auch wirklich ehrlich meint und ernst nimmt. In welcher Art von Beziehung ist das so? In einer gut geführten Ehe. Denn wenn ich heirate, verspreche ich feierlich vor Gott und den Menschen genau das: Ich will den Partner lieben, achten und ehren alle Tage meines Lebens. Ich will mich ihm schenken – für immer. Darum gehört Sex in die Ehe.

Zweitens: Ein Geschenk wird ganz gegeben. Für Sex bedeutet das, dass ich mich als Mensch schenke so wie ich bin, als Mann oder als Frau, mit meiner Männlichkeit oder meiner Weiblichkeit. Dazu gehört auch meine Fruchtbarkeit, die ich als biologisches Wesen habe. Fortpflanzung ist zwar nicht die einzige Bedeutung menschlicher Sexualität, aber sie liegt in der Natur des Aktes. Und wenn ich diese Fruchtbarkeit gezielt zerstöre, dann ist dieses „Sich-ganz-Schenken" nicht mehr gegeben. Das ist der Grund, warum die Kirche künstliche Verhütung ablehnt. Künstliche Verhütung zerstört die Bedeutung des sexuellen Aktes als echte Ganz-Hingabe – und somit seine Bedeutung als Geschenk. Künstliche Verhütung scheidet daher für Christen aus.

Gibt es andere, erlaubte Methoden der Familienplanung? Es gibt verschiedene, auch sehr moderne Methoden der natürlichen Empfängnisregelung. Hier werden fruchtbare und unfruchtbare Tage im Zyklus der Frau bestimmt. Sollte es die Liebe zum Partner oder zu den Kindern aus ernsthaften Gründen gebieten, kann die natürliche Empfängnisregelung zur Vermeidung von Schwangerschaften eingesetzt werden. Der Unterschied zur künstlichen Verhütung besteht darin, dass bei der natürlichen Empfängnisregelung die natürliche, zyklische Fruchtbarkeit des Menschen nicht zerstört, sondern geachtet wird. Man enthält sich einfach an bestimmten Tagen. Durch das Erlernen von Rücksicht und Enthaltsamkeit hat dieses Modell in der Praxis auch ein paar überaus positive Nebenwirkungen für eine Partnerschaft, wie Paare berichten.

Es gibt natürlich noch andere Fragen aus dem Bereich der Sexualität. Wenn man jedoch die Überlegungen zur Liebe verstanden hat, dann kann man auch die Lehre der Kirche zur Selbstbefriedigung, zur Pornographie oder zu homosexuellen Akten nachvollziehen. Die Kirche betrachtet all diese Dinge im Licht der tieferen Bedeutung von Sex in seiner menschlich-personalen Dimension. Das eigene Leben danach auszurichten, ist gewiss anspruchsvoll, aber anspruchsvoll ist das ganze christliche Leben, das sich nicht treiben lässt, sondern aufsteigen will zu Gott.

Tag 117 – 48 km (3992 km): Goldenes Anatolien

Die Nacht hatte ich nicht sonderlich gut geschlafen. In Rückenlage war der Platz zuerst noch passabel, aber beim Wechsel in Bauchlage drückte sich eine Wölbung höchst unangenehm in meine Eingeweide. In gekrümmter Seitenlage konnte man kürzere Zeit verweilen, aber Erholung sah anders aus. Dazu kamen ständige Schüsse, deren Ursache eine Hochzeit, Feierlichkeit oder eine Bärenjagd gewesen sein mag. Ein kleiner Felssturz unweit von mir ließ mich ebenfalls aufschrecken. Ich hörte das Poltern von Felsen am Hang über mir und hielt den Atem an. Wenig später krachten sie in das trockene Bachbett zu meiner Linken. Ich hatte bei der Wahl des Platzes auf diese Gefahr geachtet, aber wenn dumpfe, harte Schläge näherkommen, starrt man trotzdem mit weit aufgerissenen Augen in die Dunkelheit.

Um halb fünf schließlich trug der Wind den Gebetsruf einer Moschee zu mir und damit war die Nacht offiziell beendet. Mit etwas Müdigkeit im Gepäck ging ich hinaus zur Straße nach Bayburt.

Ich war angenehm überrascht. Das Verkehrsaufkommen war sehr gering; Belag und Ausbau der Straße waren hingegen ausgezeichnet und genau richtig für einen 47 Kilometer langen Marsch in die Provinzhauptstadt. Ich war motiviert. Schließlich wartete am Ende des Tages ein Hotel, welches von seinen Gästen im Internet nur aufs höchste gelobt worden war. Zwar waren für mich viele der Dinge, auf die andere Gäste achteten, belanglos, aber nachdem

sich niemand über fehlende Duschen oder Warmwassermangel ausgelassen hatte, würde ich gewiss zufrieden sein.

Zunächst ging es knapp 300 Höhenmeter bergauf. Am Pass war ein kleines Dorf, allerdings ohne Nahversorger. Wasser konnte ich hier an einem Brunnen nachfüllen. Überhaupt gab es hier an vielen Stellen Brunnen – meist eine gemauerte Wand mit Dachvorsprung, Wasserhahn und einer Stiftertafel. Der Grund für diese Bauten ist vermutlich die islamische Empfehlung, als gutes Werk einen Brunnen zu stiften. Ein schöner Gedanke und zweifellos ein wahres Werk der Barmherzigkeit in den meisten Stammgebieten des Islam. Auch ich dankte dem Stifter und füllte meine Flaschen. Bei der Nahrung sah es anders aus. Ich hatte keine großen Vorräte mehr und alles, was ich auf den 47 Tageskilometern fand, war ein kleines, heruntergekommenes Rasthaus, in dem ich altes Brot bekam, und eine Tankstelle, deren „Market" seine Produktpalette auf Schokoriegel und Motorenöl beschränkte.

Aber die Landschaft war großartig. Ich marschierte durch ein breites Hochtal, dessen wolkenumkränzte Berge im Süden eine letzte Barriere für die feuchte Meeresluft boten. Zu meinen Füßen glänzte alles gold-, gelb- und ockerfarben. Und mit dem Wind, der gegen Mittag aufkam, verlor die glühende Sonne jeden Schrecken.

Im Schatten hoher Pappeln verbrachte ich eine Stunde Mittagsrast, bevor ich zu den letzten 22 Kilometern aufbrach. Am Stadtrand gab es noch einmal Tankstellenschokoriegel, aber diesmal blieb ich nicht für Çay. Das Hotel – die Dusche – war schon fast zu sehen. Und als ich dort wenig später an die Türe klopfte, hatten die früheren Gäste nicht zuviel versprochen. Für einen bezahlbaren Preis bekam ich gleich ein ganzes modernes Apartment mit Küche, Wohnbereich und Bad. Vor allem aber war der Esstisch der perfekte Altar. Ich glaube, unter allen Konstruktionen bisher hatte dieser Tisch die besten Maße und die beste Höhe. Mit der Feier der heiligen Geheimnisse ging er zu Ende, der vierzehnte Sonntag nach Pfingsten.

Tag 118 – 38 km (4030 km): Ich liebe es!

Es war schon spät, als ich heute aus dem Zimmer herunter in die Lobby kam – zu einem sensationellen Frühstücksbuffet, das keine Wünsche offen ließ. Gegen neun richtete ich meine Schritte Richtung Ispir. Seit 6.00 Uhr hatte ich die zwei möglichen Routen von Bayburt bis zur georgischen Grenze abgewogen. Beide waren in etwa gleichlang. Beide aber waren länger, als ich ursprünglich angenommen hatte. Doch bisher entschädigten mich Land und Leute für den Umweg nach Georgien. Heute war keine Ausnahme. Ich ging meist auf einer schmalen, rauen Fahrbahn durch wilde, karge Landschaft. Mein „Russlandtief" lag endgültig hinter mir. Ich hatte Freude am Weg.

„Beş", sagte der kleine Knirps nach einem kurzen Blick auf meinen Einkauf und streckte mir fünf gespreizte Finger entgegen. Vor ihm lagen Gurken, Tomaten, ekmek (Brot), beyaz peynir (Salzlakenkäse) und eine 2,5 Literflasche Cola auf der schmutzigen Ladentheke. Ich schob die geforderten fünf Lira zu ihm hinüber, formulierte unsicher ein „Teşekkür ederim" (Danke), und trat hinaus in die Menschentraube, die sich vor dem Geschäft gebildet hatte. „Hoşçakal" (Mach's gut), winkte ich nach kurzem Überlegen und bekam ein herzliches „Güle güle" (Geh lachend), nachgerufen. Im Türkischen gibt es, wie mein kleiner Sprachführer verriet, viele Satzpaare. In diesem Fall wird die eine

Abschiedsphrase von dem benutzt, der geht, und die andere von dem, der bleibt. Ich war der, der ging – aber nicht weit. Am Dorfausgang legte ich mich für ein paar Stunden in den Schatten der Bäume und genoss im Liegen die Landschaft jenseits meiner gebräunten Zehenspitzen.

Immer weiter folgte ich am Abend dem Lauf des Çoruh, vorbei an armseligen Häusern mit ausgeklügelten Bewässerungskanälen zwischen grünen Grasflecken. Die herrlich satten Farben einer hellen, erdigen Palette wurden im Licht der

untergehenden Sonne durch scharfe Schatten begrenzt. Tief atmete ich die Landschaft ein.

Nach 38 Kilometern bog ich von der Straße zum Fluss hinunter ab und schlug mein Zelt mit Blick auf das träg fließende grüne Wasser auf. Drei junge Männer fischten unweit von mir. Sie kämen aus Bayburt, erklärte mir einer von ihnen und fragte, ob ich keine Angst vor den verwilderten Hunden hätte. Dabei nahm er die Zeigefinger hoch zu den Ohren und bellte. Einen Moment lang war ich verwirrt. War das nicht die universale Geste für Kühe und Bullen? „Köpek" (Hund), bekräftigte er und machte klar, dass er nicht von bellenden Rindern gesprochen hatte. Ich grinste und schüttelte den Kopf. Aber ganz sicher war ich mir nicht. Ich hatte bislang nur gute Erfahrungen mit türkischen Vierbeinern gemacht. Aber es gab wohl einen Unterschied zwischen Hirtenhunden und ihren verwilderten Artgenossen. Als ich mich wenig später ins Zelt zurückzog, hoffte ich, einer solchen Begegnung zu entgehen.

Eine Stunde später zogen die Fischer ab. Es war dunkel und still. Der Ruf des Muezzins erreichte mich als leises Echo von den Felsen.

Tag 119 – 32 km (4062 km): Das Opel Vectra Gefühl

Die Morgensonne schien ins Zelt. Der Platz war gestern gut – wenn auch zufällig ausgewählt. Und es war trocken. Kein Tau. Kein Kondenswasser in der Zeltwölbung über mir. Perfekt. Ich frühstückte Kekse und einen Schokoriegel, packte meine Sachen und brach auf. Die schmale Fahrbahn blieb nahezu menschenleer. Sie folgte dem Flusslauf und verließ ihn nur, wenn es Felsen, Schluchten oder Schlaufen des Çoruh notwendig machten. Das brachte mir einige steile An- und Abstiege unter der heißer werdenden Sonne ein. Ich hatte

über die letzten beiden Tage kontinuierlich an Höhe verloren und war nun auf 1.300 Metern über dem Meer. Man fühlte die Kraft der Sonne, deren Wärme zusätzlich von den Felsen des enger werdenden Tals abstrahlte.

Dörfer gab es kaum auf meiner Route und ich begann, mir wegen des Wassers Sorgen zu machen. Als ich mit Laleli nach langer Zeit wieder eine Siedlung passierte, konnte ich auch hier keinen Laden finden. Der Brunnen war trocken. Keuchend ging es den nächsten steilen Anstieg hoch. Ich war noch nicht weit gekommen, da tauchte ein Weidebrunnen auf. So ist das mit den Brunnen hier:

Man weiß nicht, ob, wann und wo sie auftauchen. Für diesen hier war ich jedenfalls besonders dankbar und offensichtlich nicht der Einzige, der diese Quelle schätzte. Frösche hatten ihr den Nachwuchs anvertraut.

Mit frischem, kühlen Quellwasser zog ich bis zur Mittagspause weiter, für die ich über eine Brücke zu einem Picknickareal mit „Gartenhausmoschee" wechselte. Nur kurz war ich der einzige Besucher unter der großen Eiche.

Eine türkische Großfamilie klapperte mit einem alten Pick-up – die Frauen und Kinder auf der Ladefläche – die Straße hoch. Es dauerte nicht lange, bis einer der offensichtlich streng religiösen Ehemänner zu mir kam und sich nach meiner Reise erkundigte. Ich griff zu meinem Minisprachführer und suchte brauchbare Phrasen. Mein Gegenüber lächelte milde über meinen Akzent und begutachtete dann das grüne Büchlein. Lange starrte er auf den Umschlag und ich fragte mich, was er nun dachte. Ja, ich fragte mich noch mehr, was sich der Herausgeber dabei gedacht hatte, auf dem Umschlag eine westlich gekleidete Frau abzubilden, die auf der Handfläche eine Spielzeugmoschee präsentiert. Mein frommer und leicht irritierter Muslim schien darauf ebensowenig eine Antwort zu finden wie ich und gab mir das Büchlein zurück. Welcher Religion ich angehöre, wollte er wissen und war sichtlich ein wenig enttäuscht, dass ich mich trotz Bart und Kopfbedeckung – in beidem ihm nicht unähnlich – als Christ zu erkennen gab. Kurz darauf hatten wir unsere sprachlichen Möglichkeiten erschöpft und er kehrte zu seiner Familie zurück. Als ich etwas später aufbrechen wollte, eilte er mit verschiedenen Kostproben von dem zurück, was die Frauen zwischenzeitlich zubereitet hatten. Ich bedankte mich, probierte die Speisen und signalisierte kauend meine (nicht gespielte) Begeisterung. Dann zog ich weiter, immer dem Fluss entlang.

Ich war noch keine zwei Stunden unterwegs, als mich langsam ein Auto überholte. „Halle-Tbilisi" stand in krakeligen Lettern aus weißem Isolierband an der Seite des Opel Vectra. Und er hatte ein deutsches Kennzeichen. Ich brauchte ein paar Sekunden, um diese Eindrücke zu verarbeiten, dann begann ich, heftig zu winken. Der Fahrer hielt am Wegrand und so lernte ich die Bildhauer Schorsch, Katja, Lado und Gugu kennen. Alle vier hatten in Halle ihre Ausbildung gemacht und in diesem Sommer beschlossen, den alten Opel eines Bekannten in einem spontanen Abenteuer in die ursprüngliche Heimat

von Lado und Gugu zu überführen, Georgien. Wir plauderten fröhlich eine Weile, dann verschwand das Vehikel um die nächste Kurve.

Zwei Stunden später sah ich das Auto wieder. Es stand am Flussufer zwischen den Bäumen, wo die vier etwas Abkühlung gesucht hatten. Es wurde beschlossen, gleich dort, auf der anderen Flussseite, gemeinsam zu campen. Ich genoss den Austausch und die Gesellschaft in dieser lauen Nacht unter einem klaren Himmel.

Vorbeifahrende Autos zauberten Lichtspiele auf die Felswände und die Milchstraße streckte ihr helles Band über das Firmament.

Tag 120 – 34 km (4096 km): Erinnerungen aus dem Kinderzimmer

Die Sonne hatte es noch nicht über die Hügel ins Flusstal geschafft, als ich begann, mit meinen zahllosen Plastiksäcken zu rascheln. Manche der Säcke waren schon lange mit dabei, andere hatten ihre Pilgerreise mit mir gerade erst begonnen. Aber jeder Sack hatte einen ganz bestimmten Inhalt und half mir, Ordnung zu halten. Da war zum Beispiel ein ehemals grüner, jetzt praktisch weißer Sack, in dem ich meine Kleidung verstaute, ein slowakischer „Billa"-Sack diente der Verpflegung, ein roter „Spar"-Sack aus Österreich schützte seit Anfang der Reise meinen Schlafsack vor Feuchtigkeit. Ich versuchte, leise zu rascheln. Schorsch, Katja, Lado und Gugu schliefen noch. Aber bis ich um 7.00 Uhr aufbrach, hatte ich die ganze Opel Vectra Crew geweckt. „Bis bald!", verabschiedete ich mich. Zwei Stunden später überholten sie mich und winkten ein letztes Mal.

Es war seltsam. Ich fühlte mich wie damals als 8-jähriger, wenn am Ende einer Geburtstagsfeier alle Freunde von ihren Eltern abgeholt worden waren. Dann war es still im Kinderzimmer. Ich saß auf der gestrickten, bunten Tagesdecke auf dem Bett und „hörte" die Stille. Nur im Kopf hallte das Echo des quirligen Nachmittags. Ich mag Stille. Ich brauche sie. Aber nach längeren Begegnungen muss ich immer erst wieder in sie hineinfinden.

Nach 15 Kilometern mündete meine kleine Straße in eine größere und die innere Stille war alles, was mir blieb. Rund um mich herrschte nach 80 Kilometern wilder Einsamkeit nun reger Baustellenverkehr im Dienst der Straßenverbreiterung. LKWs, Staub, Lärm.

Nach 34 Tageskilometern traf ich am frühen Nachmittag in Ispir ein, bezog Zimmer 403 im Hotel Kaçkar und duschte – kalt. Warmwasser gab es nicht. Dann ließ ich mich auf die weiche Matratze fallen und holte etwas Schlaf nach. Das war gut, denn zu Sonnenuntergang wurden in der Straße unter meinem Fenster die Greatest-Turkish-Hits bis zum Anschlag aufgedreht. Die exotischen Popklänge mischten sich mit Hupen, Straßenlärm und dem Ruf des Muezzins. Um 23.00 Uhr war Ruhe. Ich blickte über das riesige, rostige Wellblechdach gegenüber, das silbern im Mondlicht schimmerte. In diese Stille musste ich mich nicht erst hineinfinden. Von dieser Stille ließ ich mich umarmen.

Tag 121 – 44 km (4140 km): Kemal ist überall

Um kurz nach 7.00 Uhr schweifte mein prüfender Blick ein letztes Mal durch die spärliche ockerfarbene Erlebniswelt meines Zimmers. Ich nickte den rosaroten Bettbezügen zu und schloss die Tür. Der alte, abgenutzte Teppichläufer dämpfte meine Schritte auf dem Weg zur Lobby. Als ich die milchige Glastür des Hotels aufstieß und hinaus in das morgendliche Ispir trat, spürte ich die Augen der goldenen Skulptur von Mustafa Kemal Paşa in meinem Nacken. Dem Begründer und ersten Präsidenten der modernen Republik Türkei wird eine Verehrung zuteil, die nur als Personenkult beschrieben werden kann. Sein Bildnis ist omnipräsent. „Vater der Türken" bedeutet der ihm 1934 vom Parlament verliehene Beiname „Atatürk" und 75 Jahre nach seinem Tod gilt immer noch: Kemal ist überall.

Unter blauem Himmel kehrte ich an das einsame Ufer des Çoruh zurück. Eine erste Staustufe ertränkte das Tal. Riesige Felswände warfen ihre Schatten. Ausblicke auf die vegetationsarmen Berge der Umgebung waren selten. Langsam lief ich flussabwärts. Bis auf das Rauschen des Wassers war es unglaublich still. Einsamkeit auf rauem Asphalt, gesäumt von ausgedienten Strommasten.

Nach 22 Kilometern ließ ich mich im Schatten von Obstbäumen am Straßenrand nieder, verschränkte die Hände hinter dem Kopf und blickte hoch zum Blätterdach. Meine Gedanken wanderten zurück zu den Begegnungen der letzten Tage. Ein klein wenig Melancholie lag in der schwüler werdenden Luft.

Nach zwei Stunden brach ich wieder auf, nunmehr begleitet von Gewitterfronten auf beiden Seiten. Während noch die glühend heiße Sonne aus der letzten blauen Ecke des Himmels auf mich herunterbrannte, trieb der Wind ein paar Regentropfen ins Tal. Mehr Abkühlung gab es vorerst nicht.

Flussabwärts, nach einem mühsamen Stück Baustelle durch loses Füllmaterial, kam ich über eine neue Brücke an das andere Ufer des Çoruh zur alten Straße. Eine Frau – ohne Kopftuch oder Scheu vor Fremden – winkte mich zu ihrem Imbissstand am Straßenrand. Es war ein kleiner Holzverschlag, unter dessen Wellblechdachfragmenten eine ungekühlte Vitrine in der Sonne stand. An die Bretter nebenan waren alte Bilder von Atatürk in Uniform genagelt. Eine rote Fahne mit seinem Konterfei hing vom Dachbalken. Die funktionslose Leuchtreklame für das „Effes Pilsen" lehnte an einem Baumstamm im Schmutz.

„Hier war einmal ein Campingplatz", erklärte sie mir auf Türkisch, mit Gesten und ein paar dazwischengestreuten Brocken Englisch. Sie nahm den Teekessel aus der Asche des offenen Feuers, schenkte mir ein und scheuchte die Hühner weg, um mir ein Stück Kuchen zu holen. Ihre Mutter war vor kurzem unter Tränen zwangsumgesiedelt worden. Das alte Haus war abgerissen. Für eine Weile noch wollte sie hier zwischen den Mauerresten die Stellung halten, erklärte die Frau fast schon rebellisch und zeigte zu ihrem „Schrein" für Atatürk. Dabei war dies lediglich die neue, moderne Türkei, die er geschaffen hatte. Fortschritt als Motto. Und genau diesen versprach man sich vom Staudamm, der schon bald das ganze Tal hier unter Wasser setzen würde.

Neue Kundschaft kam und ich verabschiedete mich. Auf den nächsten Kilometern nahmen die Lastwagen zu, die zur Baustelle donnerten und mich in Staub einhüllten. Dann kam ich zum ersten großen Arbeitercamp. Ich hatte Glück. Es gab einen kleinen Laden und ich konnte ein paar süße Kleinigkeiten kaufen. Bevor ich jedoch das Gelände wieder verlassen hatte, winkte man mich in die Kantine und stellte mir ein volles Tablett Essen vor die Nase. Ich langte dankbar zu. Warme Küche hatte ich nicht oft. Gerne hätte ich mich ein wenig erklärt und die Fragen beantwortet, aber mein kostenloses Türkisch-Wörterbuch am Smartphone lieferte so exotische Übersetzungen, dass die Männer keine Ahnung hatten, was ich sagen wollte. Die verfügbaren Vokabeln der App waren seltsam selektiert. „Altersvorsorgeregelung“ fand ich in der Liste, aber das türkische Wort für „Arbeit“ fehlte.

Als ich weitergehen wollte, hatte sich der Himmel verfinstert und die freundliche Crew bot mir ein Lager für die Nacht in einem Container an.

Trotzdem wollte ich noch ein paar Kilometer schaffen. Ich war noch nicht weit gekommen, als mich Blitz und Donner einzuholen schienen. Es krachte zur Rechten und zur Linken, Regenschleier zogen über die Hänge hinter mir, ich selbst jedoch blieb trocken. Nur der Wind wurde stärker und trieb den Sand in meine tränenden Augen.

Verlassene und demolierte Häuser säumten den Weg. Sie alle werden bald dem Wasser weichen. Ein eigenartiges Gefühl. Wo ich eben noch meine Schritte setzte, wird Schlamm auf den Boden des Stausees sinken. Das Tal mit seinen alten Häusern, seinen Steinterrassen und seinen Feigenbäumen wird untergehen, verschwinden. Ich bin ein letzter Zeuge für das Leben wie es früher war, hier in der kargen Einfachheit und dramatischen Welt der trockenen, gelben Berge. Dann stand ich plötzlich vor der gewaltigen Talsperre. Glatter Beton ragte in den dunklen Himmel.

Über einen Tunnel durch den Fels gelangte ich auf die andere Seite. Dort befand sich das neue Gebäude für die Turbinen. Es war ganz offensichtlich noch eine Baustelle, aber nicht versperrt. Kurz überlegte ich, ob das nicht ein guter, trockener und geschützter Ort für die Nacht sei, bald schon merkte ich jedoch, dass diese Großbaustelle auch in der Nacht nicht ruhte. So wartete ich eine Weile das Gewitter ab, das nicht kommen wollte. Adern aus gleißendem Licht pulsierten in den Wolken, doch es blieb trocken über meinem Flecken. Die Dunkelheit hatte ihren Mantel über die Welt gelegt, als ich schließlich beschloss, weiter zu gehen.

Nach nur 500 Metern kam ich zum nächsten großen Arbeitercamp. Auch hier gab es einen Kiosk. Und innert fünf Minuten hatte ich nicht nur Limonade, sondern ein eigenes Bett in einem der Baucontainer. Fürwahr, die türkische Gastfreundschaft und Hilfsbereitschaft sind keine Legende, sondern legendär.

Tag 122 – 48 km (4186 km): Burgenland

Jemand hämmerte an meine Tür. „Was? Wer?" Kerzengerade saß ich im Stockbett aus blauem Metall aufgerichtet – nicht ganz einfach in der unteren Etage. Meine Augen gewöhnten sich an das schwache Licht. Dann formulierte ich die wesentlich brauchbarere Antwort „One moment." Einer der Bauarbeiter lehnte sich entschuldigend durch die Tür. Man müsse die Baracke zuschließen, gab er mir mit einer Handbewegung zu verstehen. Es war 6.30 Uhr.

So begann ich ein paar Minuten später meinen Weg – auf das Frühstück hatte ich verzichtet – und folgte immer weiter dem Tal des Çoruh, der mir seit Bayburt die Richtung wies. Die Häuser, Gärten und Steinterrassen auf dieser Seite der großen Mauer wird es auch in absehbarer Zukunft noch geben. Sie waren voll Leben. Und über ihnen thronten georgische Burgen und Ruinen auf spektakulären Felsen. Sie stammen aus der Zeit des christlichen Tao-Klardschetien, einem Reich, das hier im Mittelalter

für ein halbes Jahrtausend bestand. Weit entfernt vom arabischen Emirat Tiflis baute der Mönch Grigol Chandsteli in den schwer zugänglichen Bergen an den Ausläufern der 3.900 m hohen Kaçkar Dağı das georgische Klosterleben auf. Zu einem dieser Klöster wollte ich heute Nachmittag aufsteigen.

Nach gut 30 Kilometern im Tal, zwischen Pappeln, Terrassenfeldern und bunten Bergen mit Häuptern aus rotem Stein, erreichte ich den kleinen Ort Tekkale. Ich

ließ die Granatapfelbäume in der drückenden, schwülen Luft zurück und kletterte in einer kühlen Schlucht 600 Höhenmeter in die Berge. Nach vier Kilometern überholte mich ein Dolmus (türkisches Kleinbustaxi) im Schritttempo auf dem holprigen Weg, blieb einige Meter vor mir stehen und signalisierte mir, einzusteigen. Da ich mich hier auf einem „Ausflug" abseits des Weges befand, ließ ich mich überreden. Zwei Frauen packten mit ungeahnter Kraft meinen Carrix und zogen ihn und mich lachend durch die schmale Tür. Die nächsten Minuten verbrachte ich zwischen den Sitzen und meiner Ausrüstung eingeklemmt. Die Mitreisenden halfen freundlich bei der „Stabilisierung". Dann kam mein Halt, den ich beim Einsteigen genannt hatte.

Alle Passagiere zeigten den Hang auf der linken Seite hoch und winkten zum Abschied. So erreichte ich die überwachsene Klosterruine von Dörtkilise – die „Kirche der Vier".

Gras wucherte auf den Dächern der dreischiffigen Basilika. Aus den Ritzen der stilisierten Bögen quoll blühende Vegetation. Ich stieg zwischen Kühen zum Eingang hoch und trat in die hohe gewölbte Halle; in die ehrfurchtsvolle Stille des sakralen Raums. Massive Säulen und Bögen trugen den Himmel aus Menschenhand. Licht fiel in gebündelten Strahlen durch die schmalen Fenster. Der Staub, den ich aufwirbelte, funkelte zwischen den gefallenen Bausteinen. Tausend Jahre alte, blasse Fresken in der Apsis hauchten ihre heilige Botschaft herab vom rissigen Putz.

Eine Stunde verweilte ich staunend und betend, setzte mich auf eine kollabierte Balustrade und stellte mir die Zeit vor, in welcher der weite Raum vom monastischen Gesang geflutet war. Windhauch. Ein Windhauch ist das Leben, bis sich die irdische Liturgie in der himmlischen vollendet.

Unter diesen Eindrücken wanderte ich talwärts nach Tekkale zurück und dann weiter Richtung Yusufeli. Wollte ich es vor Einbruch der Dunkelheit in die kleine Stadt am Çoruh schaffen, musste ich mich sputen. Vorbei stapfte

ich an Felsen und Ruinen, durch Dörfer und entlang fruchtbarer Felder. Noch schneller wurde mein Schritt, als neuerlich Donner über die Berge rollte.

Ich erreichte Yusufeli trocken und fand im Zentrum ein günstiges Hotel. Zufrieden ließ ich mich auf den Boden der Duschkabine sinken. Dampf beschlug die Wände und der Dreck der letzten Tage tanzte wild über die Fliesen, bevor er verschwand.

Tag 123 – 40 km (4226 km): The Human Schnitzel

Den Vormittag in Yusufeli verbrachte ich damit, zu verhindern, dass mein Smartphone in der Türkei zu einem teuren Briefbeschwerer würde. Dazu musste ich die Hardware registrieren. Das kostete Zeit, einen Batzen Geld und die Nerven meiner Übersetzungshilfe Doğan im Turkcell-Shop. So war es fast Mittag, bis ich die breiten Straßen der Stadt hinter mir ließ. „Dann wird es

eben ein kurzer Tag“, murmelte ich und wusste nicht, dass ich mich täuschen sollte. Es wurde kein kurzer Tag. Es wurde ein anstrengender Tag mitten durch die nächste Kraftwerks-Riesenbaustelle – samt Straßensperren und Wartezeiten. In weiße Wolken gehüllt, stapfte ich hustend durch den Staub.

Als es dann aufhörte zu stauben, geschah dies nicht, weil der Verkehr abgenommen hätte, sondern weil nun Tankfahrzeuge die Fahrbahn nassspritzten. Im Grunde war das eine gute Sache, doch für Fußgänger hatte es ganz unerwünschte Nebenwirkungen. Auf beiden Sandalen pappte hartnäckiger Schlamm, der Steinchen sammelte und mein Schuhwerk mit jedem Schritt schwerer werden ließ. Fuhr ein Auto vorbei, wurde ich mit feinen Schlammspritzern übersät. Dann tauchte ich wieder in den Staub einer trockenen Stelle.

Es war fast dunkel, als ich die riesige Staumauer erreichte. Bis dorthin war es unmöglich gewesen, einen flachen und halbwegs ruhigen Zeltplatz zu finden. Auf der einen Seite ragte eine Felswand; auf der anderen wirbelte der Fluss schmutzig ins Tal; dazwischen LKWs und ich, „The Human Schnitzel“ mit einer Panier von Staub und Schlamm.

Nach 40 Tageskilometern – allesamt am Nachmittag absolviert – machte ich im Dunkeln an der Baustelle zweier Stromhäuschen halt und legte mich auf die Fliesen unter den Dachvorsprung des ersten Transformators. Eine Packung Styroporplatten stellte ich als Sichtschutz zur Straße hin auf und versuchte zum Surren der Generatoren einzuschlafen. Der süßliche Geruch von fruchtigen Essensresten, die Arbeiter zurückgelassen hatten, wehte aus einer Ecke herüber.

18. Sonntag – Die Unbarmherzigkeit der Kirche

„Ich habe den Eindruck, die Kirche behandelt Geschiedene besonders schlimm. Das verstehe ich nicht. Ehen können schief gehen. Warum ist man dann exkommuniziert? Nicht einmal Mörder werden so behandelt!“

Das Scheitern einer Beziehung ist wohl immer traurig. Es passiert heute so oft, dass für mich Hochzeiten zu den Dingen gehören, die mir als Priester am meisten Bauchweh bereiten. Kein Scherz, ich hatte schon bei mancher Feier körperliche Schmerzen, wenn ich zwischen dem „Titanic-Song“, drei Fotografen und kaugummikauenden Gästen dem Paar vor mir die Frage stellte, ob sie bereit für eine christliche Ehe seien. „Ja“, kam als Antwort und ich wusste mit einem Krampf im Magen, ich würde das Paar frühestens bei der Taufe ihrer Kinder wieder in der Kirche sehen. In meiner Fantasie habe ich oft fünfmal nachgefragt: „Seid ihr euch wirklich sicher? Glaubt ihr, dass die Ehe, die ihr hier vor Gott und den Menschen schließt, fortdauert in guten und in schlechten Tagen, bis dass der Tod euch scheidet? Seid ihr beide wirklich bereit, als christliche Eheleute Mitverantwortung in der Kirche und in der Welt zu übernehmen? Glaubt ihr das alles? Wirklich? Wollt ihr das?“ Und doch, hätte ich beim Ehegespräch oder beim dreimaligen „Ja“ der Brautleute auf diese Fragen nur einmal gezögert und zweifelnd nachgefragt, es wäre ein Skandal gewesen. Wie kann er nur, der Pfaffe! Wir sind erwachsen! Wir wissen, was wir wollen! Nehmen Sie uns ernst!

Die Kirche nimmt die Brautleute ernst – so ernst, dass die beiden ihr gegebenes Versprechen bindet. „Was Gott verbunden hat, das darf der Mensch nicht trennen“, erinnert der Priester nochmals am Schluss der Trauung.

Eine christliche Ehe zu leben ist einfach in den „guten Tagen“ und gar nicht einfach in den „schlechten Tagen“. In beiden hat man sich die Treue versprochen. Sich dieser Herausforderung zu stellen, wird letztlich nur gelingen, wenn Christus einen Platz in der Beziehung hat; wenn beide

Partner, tief aus dem Gebet, den Sakramenten und der christlichen Gemeinschaft heraus zu leben versuchen. Von Gott her kommt die Kraft, am Ende jedes Tages den anderen mit seinen Schwächen und Fehlern anzunehmen, ihm zu verzeihen, sich selbst zu entschuldigen, seine Dankbarkeit in rechter Weise auszudrücken und sich zu segnen. Damit hat die Ehe ein gutes Fundament.

Schief gehen kann auch dann noch etwas und am Ende steht vielleicht einer der Partner schuldlos da. Er war es nicht, der die Ehe gebrochen hat. Er ist verlassen worden. Er musste sich zur eigenen Sicherheit trennen, weil Gefahr für Leib und Seele bestand. Wahrhaft „schlechte Zeiten" sind angebrochen. Was ist zu tun?

Leicht ist der Weg, den die Kirche nun weist, gewiss nicht. Aber sie weist ihn, weil sie das Versprechen des Paares bei ihrer Eheschließung nicht vergessen hat. Sie nimmt es ernst, immer noch, so wie es gegeben wurde „bis zum Tod". Unerschütterlich ist und muss ihr Glaube sein, dass auch jetzt ein Partner, der gesündigt hat, umkehren kann, dass man Vergebung üben muss, um Vergebung zu erlangen. Sie hofft auf Aussöhnung, auch wenn es im konkreten Fall kaum möglich scheint. Nie gibt sie auf. Sie versucht jenen beizustehen, die in Trennung leben und verlassen wurden. Und das ist übrigens nicht die Pflicht des Priesters, sondern die eines jeden getauften Christen. In den Sakramenten spendet die Kirche Kraft, mit Gottes Gnade und Hilfe auch in dieser schwierigen, scheinbar hoffnungslosen Zeit zu bestehen. Der getrennt lebende Partner, der durch die heilige Beichte seine eigenen Sünden ins Reine gebracht hat, kann und soll zur Heiligen Kommunion hintreten.

Bei jenen, die nach dem Scheitern eine neue Bindung eingehen und die umgangssprachlich oft als „Geschiedene-Wiederverheiratete" bezeichnet werden, gestaltet sich die Frage schwieriger. Wenn ihre erste Ehe gültig war – wenn sie also durch das Versprechen, das sie gegeben haben, „in guten und schlechten Tagen" gebunden sind, dann können sie nicht das Bett eines neuen Partners teilen, ohne ihrem rechtmäßigen Partner damit untreu zu werden. Sie würden in diesem Fall das sechste der Zehn Gebote brechen und sich gegen die klaren Worte Jesu stellen (vgl. Mt 5,27-32).

Doch auch diesen Menschen will die Kirche die ganze Barmherzigkeit Gottes zuwenden. Sie tut es im Aufruf zur Beichte und Umkehr. Nun bedingt die Beichte Reue. Mir muss leid tun, was geschehen ist. Ich muss den Umstand ändern wollen, der ungeordnet ist. Ich kann also nichts beichten, was ich plane fortzuführen. Der Mensch, der unversöhnlich mit seinem Nachbarn im Streit liegt, wird keine Vergebung finden. Der Mensch, der gestohlen hat und am Diebesgut festhält, auch nicht. Ohne Reue und Umkehr ändert sich der Zustand des Sünders nicht. So kann er nicht hintreten zur Heiligen Kommunion, die ja Ausdruck und Vollzug einer innigen Gemeinschaft mit Gott ist.

Wer also aktuell in Untreue zu seinem Partner lebt, wird nicht „herzlos" behandelt. Er ist nicht von einer willkürlichen Exkommunikation oder Kirchenstrafe betroffen. Er ist wie alle anderen gerufen, die Gebote Gottes zu halten und umzukehren, wo er in die Irre geht. Dies bedeutet im konkreten Fall, die Aussöhnung mit dem Ehepartner anzustreben oder, wo ein solcher Neuanfang nicht möglich ist, die Treue „auf Distanz" zu leben. Gegebenenfalls ist eine neue Beziehung damit als Freundschaft zu pflegen, die auf jene Ausdrucksformen verzichtet, die der Ehe vorbehalten sind.

Ich verstehe, dass dies eine Herausforderung ist. Vielleicht ist es auch eine Zumutung. Aber das ganze Christentum ist eine Zumutung: „Wer mein Jünger sein will, der verleugne sich selbst, nehme sein Kreuz auf sich und folge mir nach" (Lk 9, 23). Es ist die Erfahrung eines Pilgers, dass nur steile Wege auch wirklich in die Höhe führen. Gott gibt die Kraft dazu und die Kirche versagt auf diesem Weg niemandem ihre Gemeinschaft und Hilfe.

Tag 124 – 47 km (4273 km): Vertrauensbruch und Dank

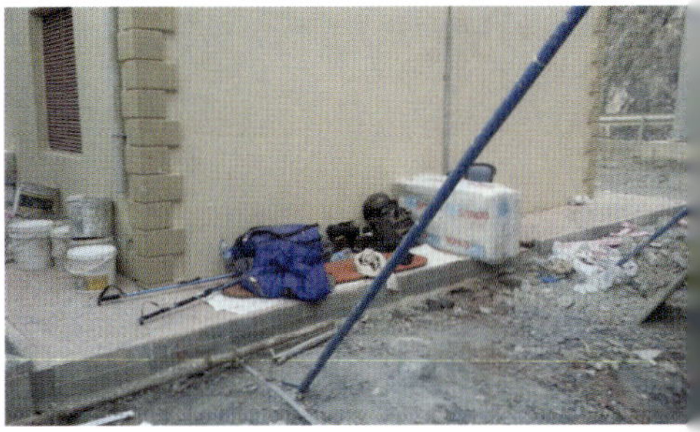

Brumm. Eine Wespe manövrierte trunken und unkoordiniert gegen meine linke Augenbraue. „He!", gab ich zurück, kritisierte ihren rücksichtslosen Flugstil und drehte mich im Schlafsack um. Aber sie war nicht alleine hier. In den ersten Sonnenstrahlen war ein halbes Wespennest rund um meinen Schlafplatz unterwegs. Wie ich im Licht nun sehen konnte, waren es Melonenreste gewesen, welche die Nacht über so süßlich-faul gerochen hatten.

Mir wurde das Gesumme bald zu viel und ich packte meine Sachen. Weiter ging es entlang des aufgestauten Flusses auf einer neuen Straße, für die man zahlreiche Tunnel in die Berge geschlagen hatte. In den Röhren gab es stets einen angehobenen Randstreifen für Fußgänger, allerdings waren die dafür gelegten Betonplatten wackelig und manchmal fehlten sie ganz. Dann klafften Löcher als Hürden und Hindernisse, die man nach vorsichtigen Blicken auf der Fahrbahn umgehen musste.

Nach einer Stunde hielt ich für das Frühstück zwischen kargen Felsen. Es gab Brot, Tomaten, Gurken und Schafskäse. Standardmenü in der Türkei. Ich kaute in der Stille der Bergwelt. Dann kam auch hier aus dem Nirgendwo eine Wespe herbei.

Der Vormittag war wolkenverhangen, dankenswert kühl und weitgehend unspektakulär. An die Aussichten hatte ich mich gewöhnt und die zwei Dörfer, die ich laut Karte hätte passieren sollen, gab es nicht mehr. Das Wasser des Stausees deckte sie zu. Dass dieser neue Damm auch für mich noch

weitreichende Folgen haben würde, ahnte ich zu diesem Zeitpunkt noch nicht. Erst ein paar Stunden später stand ich fassungslos an der Straßenbrüstung und blickte über den künstlichen See – der, zugegeben, gerade in diesem Moment wunderbar blau-türkis in der durchbrechenden Sonne schimmerte. Googles Satellitenbilder zeigten hier einen geraden Wegverlauf; eine Brücke über den Fluss. Alles, was *ich* jedoch sah, war die alte Trasse, die am fernen Ufer aus dem Wasser stieg. Keine Brücke. Die lag jetzt geschätzte 50 Meter unter der Wasseroberfläche. Mein Vertrauen in das Kartenmaterial war erschüttert. Ich konnte die Sache drehen und wenden. Das Ergebnis war immer gleich: 30 Kilometer Umweg über Artvin. Oder 500 Meter Schwimmen mit dem Carrix.

Während ich die zweite Option für ein bisschen Einbildungs-Drama vor meinem geistigen Auge durchlebte, hielt ein Auto mit drei jungen Männern. Sie knipsten lachend Bilder vor dem Panorama, das mir so viel Kopfzerbrechen bereitete. Einer von ihnen arbeitete in London und sprach Englisch. Als ich ihm den Grund für mein langes Gesicht erklärte, hatte er Mitleid und gab mir eine kleine Flasche Wasser und Chips. Das war nun meine einzige Verpflegung für die nächsten 15 Kilometer. Ich bedankte mich und begann leicht mürrisch, der Straße nach Artvin zu folgen. Zwei Minuten später saß ich in einem rasenden Pick-up und blickte sorgenvoll durchs Fenster zurück auf die Ladefläche, wo mein Carrix „lag". Was war geschehen?

Nun, Ich hatte eben ein paar Schritte in den nächsten Tunnel gesetzt, als mich ein Fahrzeug passierte. Am Ende des Tunnels wendete es über eine doppelte Sperrlinie, fuhr zu mir zurück und bevor ich noch viel erklären konnte, saß ich im Auto. Ich hatte in der Enge des Tunnels nicht lange diskutiert, sondern in diesem Toyota mein vom Himmel erbetenes „Boot" erkannt. Die folgenden sieben Minuten brausten die Baustellenarbeiter mit quietschenden Reifen und ungelogenen 120 km/h die kurvige Straße bis ins Tal. Erbarmungslos wurde ich hin und her gebeutelt. Mehrmals meinte ich, der Carrix werde von der Ladefläche geschleudert. Ich schloss mit meinem kurzen und erfüllten Leben ab. Der Himmel hatte mir ein „Schiff" geschickt, doch war sein Name zuletzt gar „Titanic"?

Als ich die Augen wieder öffnete, war ich in Artvin. Ich bedankte mich bei den beiden Männern – mehr noch bei Gott – und setzte mich nach einem Einkauf zur Erholung auf die Bank vor den kleinen Laden. Für eine Weile unterhielt ich mich mit ein paar Jugendlichen und ging dann in langen Kurven auf der anderen Seite der Staumauer wieder den Berg nach oben. Regen setzte ein – unterbrochen von zwei Pausen, wo ich zu Çay eingeladen wurde.

Am Abend fand ich hoch über dem Stausee einen grünen Flecken neben einem Kiosk. Der Besitzer gestattete mir, dort das Zelt aufzustellen. So endete mein Tag 500 Meter Luftlinie entfernt von jener Stelle, an der ich mittags gestanden hatte. Danke, Google Maps!

Tag 125 – 50 km (4323 km): Honk Kong

Seit ich in der Türkei bin, wird gehupt. Leidenschaftlich. Und Richtung Osten wird es immer mehr. Es ist ein freundliches Hupen; eine Art Kommunikation. Den üblichen Vorgang will ich so beschreiben: Der türkische Autofahrer sieht den Pilger. Er hupt. Dann nimmt er beide Hände vom Lenkrad – ob Kurve oder keine – dreht die Handflächen nach oben und zieht fragend die Schultern hoch. Ist das Fenster offen, schreit er meist etwas aus dem vorbeifahrenden Wagen. Meine Standardantwort: Ich blicke den Autofahrer an und hebe meine

Schultern und Hände in ähnlicher Weise. Sehr subtil schwingt in meiner Körpersprache manchmal die Gegenfrage mit: „Was hupst du?“ Bei Bedarf wird dieser Subtext in verschiedenen Situationen gestikulierend verfeinert.

Zum Beispiel: „Warum hupst du? Du füllst als LKW doch ohnehin die Straße aus. Wie soll ich dich da übersehen? Wink doch einfach. Das ist leiser!“ oder „Waaaas? Ich höre nichts! Der letzte Typ hat mir beim Hupen im Tunnel das Trommelfell zerrissen!“

Auch heute wurde gehupt: als ich die Straße zum Stausee runter lief; als ich das geflutete Seitental entlangwanderte; und als ich viele Kilometer später hoch nach Şavşat ging. Meist war es angenehm zu gehen. Es war mehr Schwerverkehr unterwegs, als vor eine Woche in der Gegend von Bayburt und Ispir, aber ich war froh, aus der Baustellenzone raus zu sein. Hier konnte ein Gebirgsbach noch frei und entfesselt zu Tal stürzen. Es gab wieder Trinkbrunnen, und ein paar Obststände am Straßenrand luden zu frischer Verpflegung ein.

Vor der 6.000-Einwohner-Stadt Şavşat warteten ein paar anstrengende Höhenmeter in langen Kehren. Dann war ich wieder mitten im türkischen Gewühl. Allerdings hatte ich bei der Hotelsuche kein Glück. Die einzige anständige Unterkunft war geschlossen und die anderen Etablissements schienen den Namen „Otel“ nur zur Verschleierung ihres eigentlichen Zwecks zu tragen. Zimmer, so schien es, konnte man dort auch stundenweise mieten.

So lief ich suchend durch die Stadt und begegnete Nir, einem israelischen Bergsteiger und Wanderer, der die letzten beiden Wochen in den nahen Kaçkar

Bergen verbracht hatte. Wir unterhielten uns und beschlossen, die Suche nach einem Schlafplatz gemeinsam fortzusetzen – erfolglos zunächst.

Schließlich landeten wir in einem Hotel über der Tankstelle am östlichen Stadtende. Auch hierher schienen sich nicht nur Touristen zu verirren, aber wir nahmen das Zimmer am stillen Ende des Gangs. Es war eine Bleibe für die Nacht – wenn auch eine schäbige. Das Badezimmer war ein schauriger Mikrokosmos; das Loch in der Sperrholztür ein rühriges Zeichen für „Offenheit“; und der neonmintgrüne Vorhang ein gewagtes visuelles Statement ein paar Dezimeter über den fleckigen Bettbezügen.

Ich wünschte Nir eine gute Nacht: „Don´t let the bed bugs bite", witzelte ich aus der anderen Ecke des Zimmers und realisierte im gleichen Augenblick, dass dieser amerikanische Kinderzimmer-Spruch hier sehr ernst genommen werden musste. Es juckte. Hoffentlich waren es nur Phantombettwanzen.

Tag 126 – 38 km (4361 km): Maschinengewehre und Marienkinder

In der Früh verabschiedete ich mich von Nir, der heute über Kars in die alte armenische Hauptstadt Ani fahren wollte und begann meinen langen Anstieg Richtung Ardahan. Es gab verschiedene Routenoptionen. Meine Absicht war es, nach einigen Kilometern die Hauptverbindung zu verlassen und über das hügelige Hochland einen direkten Weg nach Posof zu suchen.

Der Himmel war grau über den gemähten Bergwiesen. Holzhütten mit Blechdächern lagen verstreut. Es war kühl. Oberhalb eines kleinen Almdorfs machte ich eine Rast und blickte auf das beschauliche Treiben unter mir. Rauch stieg aus runden Schornsteinen auf. Ein alter Mann zog seine hölzerne Schubkarre über den erdigen Weg und verschwand im Stall. Nebenan beugte sich eine alte Frau hinter einem Zaun aus blauen Plastikplanen mit Nadel und Zwirn über eine Decke. Dann stand sie auf und rieb sich den Rücken. Ein Junge trat im niedrigsten Gang in die Pedale seines schlenkernden Fahrrads und kam den Feldweg hoch. Hühner waren unterwegs.

Hinter dem kleinen Weiler spielten Jungs und Mädchen mit langen dunklen Zöpfen auf einer Kuppe Fußball. Gute Raumaufteilung. Gutes Zusammenspiel. Schwächen im Dribbling und Abschluss. An der imaginären Randlinie verfolgte ein großer weißer Hirtenhund (ein Kangal) aufmerksam den Plastikball und wäre dem Anschein nach gerne eingewechselt worden. Weil niemand seiner Aufforderung Beachtung schenkte, lief er schließlich in eine andere Ecke, um einem vierbeinigen Kollegen verspielt ins Ohr zu beißen. Ein Idyll, an das ich schmunzelnd ein paar Kilometer weiter bei meiner Mittagsrast immer noch denken musste. Dann hielt ein Jeep.

„Pasaport", sagte ein Uniformierter bestimmt, während vier junge Gendarmen mit Maschinengewehren aus dem Wagen stiegen. Man prüfte das Dokument mit einem langem Blick und gab mir den Ausweis zurück. Alles in Ordnung. Sie zogen ab und wenig später war auch ich zurück auf der kurvigen Straße zum 2470 Meter hohen Pass. Es war schön hier oben und einen Augenblick wurde die kalte Luft von warmen Sonnenstrahlen gemildert. Dann trieb der Wind die nächste Wolke knapp über den Graskuppen vor sich her.

Ich traf zwei Hirten, von denen einer etwas Englisch sprach und sich mächtig über die Gelegenheit freute, es anzuwenden. Er hatte einige Jahre in Izmir gelebt, wo nun sein Sohn studierte. Er selbst war Bauer, unterwegs mit seinen 50 Kühen und unzufrieden mit der Regierung. Seiner Meinung nach tat sie zu wenig für die Menschen auf dem Land. Auch seien viele seiner Tiere krank, erklärte er und zeigte auf ein hinkendes Rind am Straßenrand. Die Tierärzte könnten nichts tun, führte er aus. Dann wollte sein Kollege wissen, ob ich ein religiöser Mensch sei. „Ja", antwortete ich. „Gut", kam es zurück. Dass ich kein Muslim, sondern katholischer Priester war, sorgte für eine kurze peinliche Stille. Der zweite Hirt senkte den Blick unter dem Schild seiner blauen Kappe und fiel zurück ins Schweigen. Der gesprächigere Hirt hingegen nickte und drückte seine Wertschätzung für Isa (Jesus) und die Jungfrau Meryem (Maria) aus. Meryem sei auch seine Mutter, erklärte er. Ich wusste nicht, ob er sich damit auf den Namen seiner Mutter bezog, oder von einer geistigen Kindschaft sprach. Als ich mich kurz darauf verabschiedete, sprach ich still: „Oh Jungfrau, nimm dich aller deiner Kinder in Gnaden an", und bog links in die Hochebene ab.

Entlang der staubigen und steinigen Piste trotzten gedrungene Steinbauten dem rauen Wetter. Es waren die einfachen Hütten von Hirten. Ihre Hunde standen Wache – nicht mehr so vornehm zurückhaltend wie in den Bergen hinter Trabzon, sondern mit Aggression und Zähnefletschen. Fünf Kilometer folgte ich dem Weg und hatte Mühe mit der Orientierung. Das GPS setzte ständig aus, hatte kein Signal. Die Wolken hingen nun so tief in den Hügeln, dass sie meine Mütze streiften.

Eine Kurve weiter und der Wind war zu einem Sturm geworden. Eiskalt blies er mir ins Gesicht. Meine Hände waren klamm. Ich kramte im Rucksack nach meinen Winterhandschuhen. Nach den Alpenetappen hatte ich sie ursprünglich entsorgen wollen. Nun war ich froh, sie noch zu haben. Auch aus den Sandalen musste ich raus. Ich zog zitternd Socken und die Wanderschuhe an. Langsam kam wieder Gefühl in meine tauben Zehen. Bei Temperaturen um den Gefrierpunkt kämpfte ich mich weiter. Immer noch hatte das GPS Probleme mit der Ortung und verlor ständig die Position. Nach der Karte zu navigieren, ging bei diesem Wetter nicht. Ich tauchte ein in die Wolken und verlor die Sicht. Nur in meinem Rücken war noch ein schmaler Streifen für weite Blicke offen. Dort glänzte die Stadt Ardahan in der Abendsonne und schien mich zu verspotten.

Ich hörte gedämpfte Motorengeräusche. Langsam schaukelte ein kleiner, klappriger „Milch- und Käselieferwagen" über den holprigen Weg. Neben mir hielt er an und fragte nach meinem Weg. „Posof", nannte ich mein Ziel und wurde vom Fahrer laut ausgelacht. „Das geht nicht!", gab er mir mit Zeichen zu verstehen. Ich dankte für die Auskunft und ging weiter, denn mein Vertrauen in örtliche Käselieferwagenfahrer war nicht besonders hoch. Auch wenn er direkt hier in den Hügeln aufgewachsen wäre, hätte er wohl noch nie versucht, das 60 Kilometer entfernte Posof zu Fuß zu erreichen. Ich wusste, es gab über weite Strecken Wege. Man konnte Fahrzeugspuren auf den Satellitenbildern erkennen. Ich würde es schaffen.

Nicht lang danach, in der Dunkelheit der nächsten Wolke, musste ich mir die Aussichtslosigkeit meines Unterfangens eingestehen. Graupelschauer gingen nieder. Der Wind peitschte über die Höhen. In diesem Wetter, ohne verlässliches GPS oder Sicht- und Orientierungspunkte, war meine gewählte Route weder schön noch sicher. Ich beschloss geschlagen, den Schutz tieferer Regionen zu suchen und Richtung Ardahan abzusteigen. Im Geiste sah ich einen gewissen Käselieferwagenfahrer grinsen.

Vom Licht der Dämmerung war nicht mehr viel geblieben, als ich unweit der Straße die Sturmleinen meines Zeltes spannte. Regentropfen und Graupel trommeln nun auf mein Dach.

Tag 127 – 23 km (4384 km): Welcome to Ardahan

Ich erwachte zu einem kalten Morgen. Nachdem der grobkörnige Bulgur beim gestrigen Abendessen ob seiner unterschätzten Garzeit ein Reinfall (sprich: „Verhau") gewesen war und ich keine Lust hatte, ihn heute Früh nochmals eine Viertelstunde vor dem Anbrennen zu schützen, stellte ich mich auf ein kleines Frühstück ein: zwei Rippen Schokolade. Das musste für die nächsten

20 Kilometer reichen. Dann stieß ich beim Packen unverhofft auf ein Stück altes Brot und feierte den Fund wie eine Köstlichkeit.

Während ich das zähe Mahl am Zelteingang kaute, kam eine Herde Jungvieh vorbei. Im kargen Alltag der Kühe hier wurde ich zur viel bestaunten Attraktion. Rosa, Berta, Milka und andere Rindviecher standen im Halbkreis um meine Mulde und schnaubten, bis sie der Hirt weiter trieb. Auch ich zog los – hinunter in die Ebene von Ardahan, wo auf gut 1.900 Metern Seehöhe das

kleine Flüsschen Kura seine Mäander durch das letzte Grün des Sommers zog. Plätschernd waren seine Wasser unterwegs zum Kaspischen Meer. Unweit einer Herde Pferde machte ich Halt, breitete mein Zelt in der Sonne zum Trocknen aus und studierte das Sozialverhalten der schönen Tiere. Ein klarer Fall von Mobbing, was sie mit einem jungen Schimmel trieben.

Um Mittag erreichte ich die Kleinstadt Ardahan. Unzählige Gänsescharen reckten ihre Hälse auf den breiten, gepflasterten Gehsteigen und brachen in wildes Geschnatter aus, als ich näher kam. Sankt Martins Verderb. Ich hielt Abstand und irrte etwas später durch das Straßengewirr. Ich suchte mein Hotel und folgte dabei freundlichen Zeigefingern in ganz widersprüchliche Richtungen. Die Adresse stimmte nicht. Als ich meine Bleibe endlich gefunden hatte, war ich immer noch zu früh. Ein Putzmann – wie so oft im türkischen und arabischen Raum – verteilte gerade gleichmäßig Chlorgeruch im Zimmer. Ich solle später wieder kommen, teilte man mir mit. Mit dem Aufzug fuhr ich deshalb zurück zur Lobby und schmunzelte. „Do not use instant fire“, stand dort als humoristisch missglückter Warnhinweis, der vom Gebrauch des Aufzugs im Brandfall abraten wollte.

Ich ging auf die Straße hinaus und zog eine Weile durch den lokalen Markt. Eine Ladefläche voller Karpfen links, gepökelte(?) Schaffelle rechts. Mein Einkauf? Eine Gaskartusche für die gesteigerte Çay-Produktion in diesen kalten Tagen.

Am Nachmittag lag ich auf dem breiten, weichen Bett; recherchierte den weiteren Weg; und entspannte faul auf den weißen Linnen. Warum auch nicht? In der Pilgersprache nennt man das die „Weil-es-gestern-im-Hochland-windig-und-kalt-war“-Kompensation.

Tag 128 – 32 km (4416 km): Sie raubt mir den Verstand

Um 5.00 Uhr wachte ich zum Prasseln des Regens auf. Bei diesem Wetter früh raus? Sicher nicht! Es gab auch keinen echten Grund dafür. Bis ins georgische ახალციხე (Achalziche) hatte ich drei Tage eingeplant und damit durchschnittlich nur 35 Kilometer täglich auf dem Programm.

Gegen neun hörte der Regen auf und ich machte mich für den Abmarsch bereit. Ich wollte einen kleinen Weg über das Hochplateau nehmen und verließ Ardahan auf holprigem Kopfsteinpflaster, das bald einem schlammigen Kuhtrampelpfad wich. Von dort kreuzte ich eine goldbraune Wiese zum eigentlichen Weg, der auf den ersten Kilometern noch geteert war. In der Nacht hatte es nicht nur geregnet. Die Hügelkette, über die ich gestern gekommen war, hatte eine weiße Decke. Die wenigen Autofahrer, die hier unterwegs waren und wie üblich gestikulierend neben mir hielten, machten widersprüchliche Angaben zur Machbarkeit des Wegs. Auch diesmal ließ ich mich nicht beirren.

Das war mein Verhängnis. Hätte ich doch umgedreht! Denn wenig später trat am Straßenrand ein Welpe in mein Leben. Ich weigere mich noch jetzt im Nachhinein, dem kleinen Hundemädel einen Namen zu geben. Das würde die Sache nur noch schlimmer machen. Ich hätte gleich zu Beginn schreien und etwas nach ihr werfen sollen, aber das konnte ich nicht. So wurde ich für kurze Zeit zum Hundevater. Der kleine Fellball trabte neben dem Carrix und ließ sich von nichts und niemand davon abbringen. Drei Jungs, die mich mit ihren Fahrrädern passierten, gab ich zu verstehen, dass sie den Hund doch in ihr Dorf mitnehmen sollten. Aber dies ist ein muslimisches Land. Hunde sind hier Arbeits- und keine Haustiere und werden mehrheitlich als unrein angesehen. Daran hätte auch der herzerweichende Hundeblick nichts geändert.

Die nachfolgenden Versuche der Buben, den Hund abzulenken, während ich 100 Meter davonsprintete, halfen ebenfalls nicht. Kurze Zeit später und die kleinen Hundebeine strampelten wieder neben mir. Es war schlimm, denn wie

gerne hätte ich diese liebenswürdige Begleitung mit auf den Weg genommen. Vor 200 Jahren wäre das kein Problem gewesen. Aber heutzutage waren Grenzen mit Hunden ohne die erforderlichen Papiere und einen Impfpass unpassierbar. Schon übermorgen würde ich nach Georgien kommen. Was würde dann geschehen? Was, wenn ich den Hund jetzt an mich binde und man ihn dann dort mit Steinen verscheucht? Was ist nach Georgien und Armenien, an der Grenze zum Iran? Es half nichts. Ich konnte sie nicht mitnehmen.

Ich versuchte Laufen, Schreien, Schubsen, ohne Erfolg. Sie duckte nur den Kopf und kam langsam wieder auf mich zu. Acht Kilometer folgte sie mir; winselte hin und wieder – weil das Tempo und die Entfernung wohl für die kleinen Beine kraftraubend waren. Ich musste etwas tun.

Aus diesem Grund plante ich diesmal meine Mittagspause minutiös und mit schwerem Herzen. Ich stellte den Carrix 30 Meter weiter vorne auf den Weg, ging zu einem schönen Rastplatz zurück, überprüfte die Windrichtung und begann mit dem Essen. Dem Hund gab ich Wasser und etwas von meiner Ration. Dann bedeutete ich ihr eine Rast und drückte sie sanft in eine Mulde im Gras. Sie verstand, rollte sich ein und begann zu dösen. Immer wenn ich mich bewegte, war sie wieder wach. Aber schließlich war die Müdigkeit größer. Sie streckte sich mit der kleinen schwarzen Schnauze hin zu meinem Fuß – ein unfairer Versuch psychologischer Gefangennahme – und schlief ein. Ich wartete ein paar Minuten. Die Sonne wärmte den Flecken. Der Wind ließ die Blätter rascheln. Noch ein paar Minuten. Dann stahl ich mich leise davon.

Es tat mir wirklich leid, sie so zurückzulassen. Ich hatte Herzschmerz für diese kleine Kreatur, die irgendwann aufwachen würde, nur um wieder alleine zu sein, wie am Straßenrand, wo wir uns vor drei Stunden begegnet waren. Und doch meine ich, es war die einzig richtige Entscheidung gewesen.

Hastig trieb der Sturm die regenschweren Wolken über die karge Landschaft. Dürre Halme knisterten in den Böen. Kuhdung trocknete, in Ziegeln aufgeschichtet, vor

winzigen, schmucklosen Weilern – Heizmaterial für den langen Winter in dieser baumlosen Welt. Und wenn die raue Graswelt dieser rollenden Hochebene in der hervorbrechenden Abendsonne auch manchmal gülden glühte, so zog ich heute mit gesenktem Haupt an der Herrlichkeit vorüber. Ach, diese Vierbeiner! Die großen fressen dich und die kleinen brechen dir das Herz.

Tag 129 – 42 km (4458 km): Reif und Brrr

Ich hatte mein Zelt gestern hinter einem der Strohberge, die wie riesige Ameisenhaufen auf dem Stoppelfeld aufgereiht waren, errichtet. Heute

Morgen bedeckten Eiskristalle mein Zelt – innen und außen. Auch die Sandalen vor dem Eingang waren mit Reif überzogen. Es war eine kalte, klare

Nacht gewesen. Nun kündete ein dünner Steifen in Orange und Rot am Horizont vom neuen Morgen. Gut so. Ich hatte nicht wirklich gefroren in meinem Schlafsack und meiner Daunenjacke, aber bis die Sonne etwas höher am Himmel stand und das steif gefrorene Zelt aufgetaut war, wollte ich nicht wirklich raus.

Eine Stunde später wärmten die ersten Strahlen durch den Zelteingang. Ich verkostete die Minuten, die mir blieben, bis alles innen und außen zu tropfen begann. Morgendliche Eisschmelze auf 2.100 Metern. Ich stand auf, streckte mich und grüßte einen etwas verdutzten Bauern, der auf der anderen Seite des Feldes mit der Sense an den Weizen ging. Als er sich vergewissert hatte, dass ich

hier nur geschlafen und nicht Garben geklaut hatte, war die Sache für ihn in Ordnung und er ging zurück an die Arbeit. Ich hingegen ging meines Weges.

Dieser Weg führte zunächst weiter auf gleicher Höhe bis zum Dorf Damal, bevor die Straße einige Kilometer weiter über einen Pass mit 2550 Metern führte. Die Luft, die von schneebedeckten Bergen aus dem Hochland herüberwehte, war kühl. Ich liebe diese Landschaft, die trotz ihrer Höhe überzogen ist mit winzig kleinen, unförmigen Feldern, Steinhaufen, Terrassen und gemähten Grasstreifen. Überall trugen die Hänge Spuren eines Lebens, das genügsam nahm, was es für ein einfaches Dasein brauchte. Falken standen rüttelnd in der Luft. Bussarde ließen sich von der Thermik in die Höhe treiben.

Nach dem Pass suchte ich hinter einem Erdhaufen Schutz vor dem Wind und machte meine Mittagsrast. Der Ausblick war herrlich. In der Ferne ragten die Gipfel des georgischen Kaukasus in den Himmel. Zu meinen Füßen lag das bewaldete Tal von Posof. Der Luftlinie nach war dieser letzte größere Ort vor der Grenze nicht mehr weit entfernt, aber die Straße wand sich ganze 20 Kilometer in endlosen großen Schleifen hinunter. LKWs quälten sich herauf und krochen langsam an mir vorbei. Fast alle kamen aus dem Iran.

Abends hatte ich Glück und fand ein Stück außerhalb von Posof das „Otel Klas.“ Laut Shampooaufdruck muss es einmal „Otel Klass“ geheißen haben. Aber über die Jahre hatte es nicht nur ein „s“, sondern auch seine „Klasse“

verloren. Schimmelfleckenmuster dekorierten die Wände in Bad und Zimmer. Der Preis war in Ordnung und die Rezeption sehr freundlich.

So liege ich zufrieden auf der alten Federkernmatratze und decke mich mit der bunt zusammengewürfelten Bettwäsche zu. Dies ist meine letzte Nacht in der Türkei – vorläufig.

Tag 130 – 23 km (4481 km): Fremde Heimat

14 Kilometer waren es bis zur Grenze. Vorfreude hatte mich erfasst. Die Zeit in Nordostanatolien war schön gewesen, aber irgendwo da vorne wartete Georgien. Das kleine gebirgige Land zwischen dem Hohen und Niederen Kaukasus war, neben Armenien, eines jener Länder, auf das ich mich seit Monaten am meisten freute.

Ein letztes Mal kaufte ich in einem türkischen Laden vor der Grenze den hier so populären „kayısı suyu" (Aprikosensaft). Dann war ich auf der Zielgeraden zum Grenzübergang. Fünf Minuten dauerte der Übertritt. Freundliche Beamte auf beiden Seiten und ich stand auf grusischem Boden. Zugegeben, der Boden sah nicht so viel anders aus, als auf der türkischen Seite, aber die Schilder! Ich tauchte ein in die geschwungene, runde Welt des Mchedruli-Alphabets.

Die nächsten Kilometer versuchte ich über die Transliteration auf den Schildern ein paar seiner 33 Buchstaben zu entschlüsseln. ა (a), ო (o) und ე (e) hatte ich eben gemeistert, da wurde ich an den Straßenrand zu einem Kartoffelfeld gewunken. Die Arbeiter, die im Schatten der Sträucher Pause machten, drückten mir eine Melone in die Hand und wir unterhielten uns eine Weile auf Russisch. Nachdem ich in den letzten Wochen mit meinem Türkisch nicht weit gekommen war, fühlte ich mich geradezu eloquent mit den paar russischen Phrasen, die ich beherrschte.

Kurz nachdem ich mich von den Kartoffelbauern verabschiedet hatte, traf ich einen Mann, der im Schatten eines Baumes scheinbar auf mich gewartet hatte. Auf Georgisch erklärte er mir, dass er Hilfe mit seinem Heuwagen brauche. Ich musste zunächst meine Begriffsstutzigkeit überwinden – hatte ich doch gemeint, er wolle das Heu auf meinen Carrix laden – und spannte mich dann für die steile Rampe vor die Karre und zog sie aus dem Graben. Er bedankte sich und lief winkend davon.

Im Ort ვალე (Wale) vermutete ich aufgrund früherer Recherchen die ersten Spuren einer katholischen Minderheit. Ich hielt Ausschau nach einem Kirchturm, sah schließlich ein spiegelndes neues Blechdach mit Kreuz und polterte über Schottergruben, Felsen, Schlamm und ein Bächlein – sprich: über eine georgische Nebenstraße – bis vor das Gotteshaus. Es war verschlossen. Aber eine Marienstatue samt Devotionalien am Zaun wies diese Kirche eindeutig als katholisch aus. Ich ging einmal um das Gebäude. Dann sah ich eine Frau, die vor dem Haus nebenan die Stufen fegte. Ich fragte sie auf Russisch nach dem Priester: „Священник?“ (Priester?) Sie sah mich an und entgegnete: „Священник? Что это?“ (Priester? Was ist das?) Ich blätterte geistig im dünnen Heft meines Vokabulars und versuchte es mit der folgenden Definition: „Ein Priester ist ein Mann, der oft sagt: Herr erbarme Dich!“ Mehr gab mein Russisch nicht her. Aber als hätte ich die perfekte Wesensbeschreibung eines Geistlichen abgeliefert, hellte sich das Gesicht der Dame auf und sie führte mich zum Pfarrhaus um die Ecke.

Dort trat aus dem Haus P. Wladimir. Der junge Priester mit dem runden, freundlichen Gesicht bat mich auf Italienisch ins Haus. Die erste Tasse Tee war noch nicht geleert, da stellten wir fest, dass wir einige gemeinsame Bekannte hatten. Klein ist die katholische Welt! Und die katholische Welt war hier – eine weitere Überraschung – römisch-katholisch. Während ich eigentlich gedacht hatte, hier auf armenisch-katholische und damit unierte Ostchristen zu stoßen, folgt dieses und weitere Dörfer der Gegend dem Ritus der Westkirche. Das war keine neue Entwicklung. Das Christentum ist alt in diesem Land, viel älter als der Bruch zwischen Ost und West und vielerorts wurde er inmitten all der anderen Bedrängnisse jener Zeit nie vollzogen. Als nach dem mittelalterlichen Mongolensturm, dem Kalifat und anderen Verwüstungen im 13. Jahrhundert wieder christliche Missionare in diese Bergregion kamen, waren es vor allem Franziskaner und Dominikaner aus dem Westen. Zwischen 1329 und 1507 existierte hier sogar ein lateinisches Bistum. Dann besetzten die Osmanen das Land, bis sie von den Russen abgelöst wurden. Mit dem Kommunismus kam eine neuerliche Welle der Zerstörung, die erst mit den Lockerungen der 1980er Jahre abebbte. Ab dann gab es wieder Priester in den Pfarren hier – meist aus Polen. Und sie fanden lebendige Gemeinden. In all den Wirren hatten die Leute den Glauben nicht verlassen. Sie hatten sich weder in eine regimetreue Orthodoxie zwingen lassen, noch zum „fortschrittlichen" Materialismus bekehrt. Im Gegenteil. Im Dorf არალი (Arali), in das mich P. Wladimir über eine unmögliche „Straße" am Abend mitnahm, gab es eine Kirche, welche die Gläubigen in den 1950er Jahren als geheimen Gebetsort errichtet hatten. Dort waren sie notgedrungen meist ohne Priester zusammengekommen.

Den als Schuppen getarnten Kirchenbau gab es immer noch. Er stand, wie sich herausstellte, auf den 1.400 Jahre alten Mauerresten einer der ersten Kirchen der Region. Als ich den Kopf beugte, um durch den niedrigen Türstock ins Innere der kleinen Kapelle zu treten, war ich gerührt. Die Wände waren übersät mit hunderten Heiligen- und Votivbildern. An den Holzbalken hingen Kreuze, Rosenkränze, unzählige Andachtsbilder und aus Magazinen ausgeschnittene fromme Motive. Ein faszinierendes Sammelsurium des Glaubens. Eine Ikonostase der einfachen Landbevölkerung.

Der voluminöse Vikar Micha, der mich durch die unbeleuchteten Gassen hierher geführt hatte, stimmte andächtig ein Gebet an. Dann kehrten wir in sein Pfarrhaus zurück. Es war erstaunlich, was er in den letzten Jahren in dieser strukturschwachen Region auf die Beine gestellt hatte. Seine Türen standen allen offen. Es gab Glaubensverkündigung, Handwerksunterricht, Schulnachhilfe, Computereinführung und den einzigen Internetzugang des Dorfes, den die Jugend für Bildung und Recherchen nutzen konnte. Daneben hatte er ein Förderungsprogramm für geistig und körperlich behinderte Kinder und Jugendliche initiiert.

Bevor wir am späten Abend nach Wale zurückkehrten, stieß noch P. Jeschi zu unserer Runde. Er war einer der am längsten hier wirkenden Priester und kam gerade aus den Bergen. Er erzählte die rührende Geschichte von den Erstbeichten und Erstkommunionen, die er dort zwei 80-Jährigen gespendet hatte.

Als ich kurz vor Mitternacht die Tür zu meinem Gästezimmer öffnete, war das zweite Klappbett im Raum bezogen. Mein Zimmerkollege war ebenfalls Priester und für das morgige Patrozinium gekommen. Wir hatten ob der späten Stunde keine Gelegenheit mehr, uns großartig auszutauschen, aber er war auch so eine faszinierende Person. Zwischen „Handy-aus" und lautem Schnarchen vergingen – ungelogen – keine fünf Sekunden. Ich war perplex. Konnte man so schnell so laut ins Reich der Träume kippen? Zehn Minuten lag ich mit offenen Augen und Mund im Dunkel des Zimmers. Dann beschloss ich, das Rätsel ungelöst zu lassen und wanderte in die Küche aus. Auf dem alten Fliesenboden rollte ich meine Matte aus und dachte an die letzten Stunden.

Mein erster Tag in Georgien. 3.000 Kilometer war es her gewesen, dass ich das heilige Messopfer zuletzt auf einem echten Altar in einer Kirche dargebracht hatte. Heute in der schlichten Pfarrkirche von Arali hatte ich den Heiland unter der demütigen Gestalt von Brot und Wein emporgehoben. Ich war daheim; daheim in der Fremde.

19. Sonntag – Der seltsame Beruf des Priesters

Die junge Frau blieb auf der Felsstufe über mir stehen und drehte sich um. Ihre Dreadlocks wackelten. Dann fragte sie: „Was ist ein Priester?"

Priester gibt es in vielen Religionen. Sie sind Mittler zwischen Gott und den Menschen. Sie unterweisen die Menschen im Glauben, heiligen das Volk und bringen Opfer dar. Auch im Judentum gab es Priester. Und sie taten genau das: Sie unterwiesen die Menschen im Glauben, heiligten das Volk und brachten Opfer dar.

Das Christentum kommt aus dem Judentum, aber hier ändert sich etwas. Hier gibt es nur mehr einen einzigen Priester: nämlich Christus. So wie andere Priester unterwies er die Menschen im Glauben, heiligte das Volk und brachte ein Opfer dar. Aber er tat das auf so vollkommene Weise, dass man dem eigentlich nichts mehr hinzufügen kann. Jesus ist der vollkommene Mittler zwischen Gott und den Menschen und darum gibt es im Neuen Bund nur noch einen einzigen Hohepriester: ihn.

Wer sind dann die Männer in schwarzen Hemden und Röcken, die in der Kirche herumlaufen? Was sind katholische Priester?

Jesus, so bekennen die Christen, hat am Kreuz ein vollkommenes Opfer dargebracht. Er hat sich selbst dem himmlischen Vater aus Liebe für uns hingegeben. Damit dieses Kreuzesopfer für alle Zeiten gegenwärtig bleibt und die Menschen heiligt, hat Jesus beim Letzten Abendmahl das Sakrament der Eucharistie eingesetzt. Man spricht hier auch vom Messopfer. Es ist kein neues Opfer, sondern die Vergegenwärtigung des Kreuzesopfers. Wie am Kreuz ist Jesus auch in der Messe die Opfergabe und der, der opfert. Er gibt sich seinem himmlischen Vater hin.

Nun ist aber das ganze Geschehen in der Messe nicht nur etwas rein Geistiges, sondern ein Sakrament – also ein von Christus eingesetztes sichtbares Zeichen. Und wenn im Sakrament der Eucharistie sein Opfer unter Zeichen gegenwärtig wird, dann sollte auch der, der opfert, auf eine Weise sichtbar werden.

Und genau hier liegt der Sinn des sakramentalen Priestertums. Der geweihte Priester ist dazu da, Christus zu re-präsentieren – ihn gegenwärtig zu setzen und sichtbar zu machen. Der geweihte Priester handelt nicht aus sich heraus. Vielmehr erhält er durch die heilige Weihe Anteil an dem einen Priestertum Christi. In das eine Priestertum Christi hineingeweiht, handelt er „in persona Christi", wie man auf lateinisch sagt.

Das unterscheidet die Priester im Christentum von Priestern in anderen Religionen. Sie bringen nicht in ihrem eigenen Namen oder aufgrund ihrer besonderen Heiligkeit Opfer für sich und andere Menschen dar. Nein, in der Feier der Sakramente und besonders in der Feier der Eucharistie vergegenwärtigen sie Christus. In den Momenten, in denen sie am meisten Priester sind, sind sie am wenigsten sie selbst. Das klingt mystisch und das ist es auch.

Tag 131 – 12 km (4493 km): Schubert in Georgien

Die Pfarrei, in der ich übernachtet hatte, feierte heute an Mariae Geburt ihr Patronatsfest: bunte traditionelle Gewänder; alte Mütterchen mit tief zerfurchten Gesichtern, schwarzen Kopftüchern und Rosenkränzen um die Hände gewickelt; geschäftige Kinder in der Menge. Das ganze Dorf war auf den

Beinen. Dann wurde der Apostolische Nuntius über die unmögliche georgische Nebenstraße vor die Kirche kutschiert – und zwar echt *kutschiert*, mit einem

Gespann von zwei Schimmeln und einem Kutscher, der in Tracht und Fellmütze seinen Fahrgast mit lautem Rufen ankündigte. Die Kirche war längst auf den letzten Platz gefüllt. Mit Lautsprechern wurde die Messe nach draußen übertragen, wo viele Gläubige auf kurzbeinigen Bänken Platz genommen hatten. In Georgien war es dabei nicht viel anders als bei uns an den großen Festen. Die andächtige Aufmerksamkeit verlief sich irgendwo zwischen der äußeren Kirchenmauer und der letzten Männerreihe, die mit gezogenem Hut in andere Themen vertieft schien – darunter einer der Kartoffelbauern, die ich am Vortag getroffen hatte.

Nach mehr als zwei Stunden Gottesdienst drängten die Menschen aus der engen Tür und zogen fröhlich lärmend auf den Platz vor das Pfarrhaus, wo die Jugend durch das Festprogramm führte. Darbietungen wie ein traditioneller Brauttanz oder poetische Vorträge wechselten sich ab mit gesanglichen Einlagen. Mutig wagte sich ein Mädchen an Schuberts „Ave Maria" und sang es mit so viel Inbrunst und Herz, dass die Menge bei dem einen oder anderen schiefen Ton verzeihend lächelte und am Ende tosend applaudierte. Das Fest war noch in vollem Gange, als für mich die Zeit kam, weiterzuziehen. Ich wollte heute noch nach ახალციხე (Achalziche).

Dort, nach ereignislosen Straßenkilometern angekommen, nahm ich mir ein Hotel im Zentrum und besuchte anschließend die Festung und den Adelspalast der Altstadt Rabati. Man hatte hier in den letzten Jahren viel renoviert – so viel in der Tat, dass man über weite Strecken den Eindruck hatte, die Anlage sei komplett neugebaut.

Ebenfalls am Altstadthügel befand sich ein katholisches Gotteshaus, das jüngst – mit Unterstützung des Großvaters meines Hotelbesitzers in Sotschi (siehe Tag 111) – aus den Ruinen nach einem Erdbeben wiederaufgebaut worden war.

Ich kehrte zurück in das Hotel, löffelte den mittlerweile obligatorischen Liter Eis und zappte auf der Suche nach Nachrichten aus der Welt durch die Fernsehkanäle. Für ein paar Minuten blieb ich kopfschüttelnd bei einem kasachischen Musiksender hängen: „Tschaka, Tschaka doyi baby".

Tag 132 – 44 km (4537 km): Von Wiesen und Wegen

Heute Morgen verließ ich die 17.000 Einwohner zählende Regionalhauptstadt Richtung Südosten. Mein erstes Ziel war das Kloster Sapara, zehn Kilometer von Achalziche entfernt. So versteckt lag es in den Bergen, dass es die Osmanen in ihrer 300 Jahre dauernden Herrschaft angeblich nie entdeckt hatten. Der Komplex umfasste zwölf Kirchen und Kapellen, von denen vor allem die Kirche des Heiligen Saba beeindruckte. Die Ikonostase war nicht mehr im Original erhalten, aber bestaunen konnte man nach wie vor die Fresken aus dem 13. und 14. Jahrhundert. Sie leuchteten von den wuchtigen Wänden, die im hinteren Kirchenschiff mit gedrungenen Säulen gestützt wurden.

Nur wenige Touristen fanden den Weg hierher. Heute war es eine kleine Gruppe Deutscher aus Mainz, die mit einem alten Freund aus Tiflis durch sein

Heimatland reiste. Nach der netten Begegnung wanderte ich vier Kilometer zurück auf der gleichen Strecke und bog dann in einen „Feldweg“ ab.

Bislang kann ich in Georgien drei Straßentypen erkennen. Erstens: Hauptstraßen. Sie sind geteert – und jene, auf denen ich seit der türkischen Grenze gegangen bin, waren in erstaunlich gutem Zustand, wenn auch etwas eng für den Lastverkehr. Zweitens: Nebenstraßen. Das bedeutet grober, runder Schotter, tiefe Furchen, ausgespülte Abschnitte, Lehmpassagen und eine empfohlene Höchstgeschwindigkeit von 7 km/h – so man denn sein Auto liebt und nicht gerade einen ukrainischen Panzer fährt. Den dritten Typ habe ich heute kennengelernt: den georgischen „Feldweg.“ In unseren Breiten ist diese Art von Weg unter dem Namen „Wiese“ geläufig. Wenn es den physikalischen Gesetzen nicht völlig widerspricht, findet sich dieser Wegtyp nämlich überall dort, wo man gerade hin will. Will man nun öfters an den gleichen Ort, entsteht durch das zusammengedrückte Gras eine Art Fahrbahn. Einen solchen „georgischen Feldweg“ wanderte ich also runter ins Tal, wo ich kurz nach Mittag ankam.

Dann musste ich mich entscheiden zwischen Hauptstraße und Nebenstraße. Die Nebenstraße war meine Wahl – für ein Mehr an Abenteuer und ein Weniger an Verkehr. Hunde, einfache Dörfer und eine sehr trockene Landschaft

bestimmten den Nachmittag. Dann zog der Himmel mit dunklen Wolken zu und als die ersten Regentropfen fielen, hatte ich kurz vor ასპინძა (Aspindza) auf dem Hochplateau einen Zeltplatz gefunden. Mit dem verstreuten Vulkangestein schichtete ich einen kleinen Windschutz auf und warf in einer Regenpause den Kocher an: Nudeln au pèlerinage. Zufrieden ließ ich mein Haupt auf meinen Reisepolster sinken: die Daunenjacke umhüllt vom Leinenhemd.

Tag 133 – 40 km (4577 km): Hunde, Mönche, Raumschiff-Sprit

Der Morgen war wolkenverhangen, aber mein Zeltplatz auf dem kargen Grasrücken weit über dem Tal hatte seinen Reiz nicht verloren. Ich ließ mir Zeit mit dem Zusammenpacken und sah zu, wie das zunehmende Licht langsam Konturen in die zerfurchten Berge zeichnete. Gegen acht brach ich auf. Mein Ziel für heute war ვარძია (Wardzia), die berühmte Höhlenstadt und einst das geistige Powerhouse Georgiens.

Zunächst ging es jedoch hinunter nach Aspindza, vorbei an den brennenden Müllbergen des lokalen „Altstoffsammelzentrums“. Die frisch ausgewiesene Mountainbikestrecke, auf der ich zu diesem Zeitpunkt unterwegs war, vermittelte hier zwar keine reizvollen, aber dafür „authentisch rohe“ georgische Eindrücke. Auch Aspindza selbst verbreitete eher den Hauch postsowjetischen Untergangs. Was vom Berg aus noch nach einem Flecken Farbe ausgesehen hatte, wirkte auf Augenhöhe ziemlich trostlos. Am Hauptplatz standen arbeitslose Männer, lagen heimatlose Hunde und telefonierten telefonrechnungslose ältere Damen. Ich saß auf den Stufen des einzigen offenen Ladens, verzehrte georgisches Brot mit Schokolade und ließ das blasse Leben des Ortes an mir vorüberziehen.

Nach einer halben Stunde brach ich auf. Zwölf Kilometer wanderte ich die Hauptstraße entlang bis zur Abzweigung nach Wardzia. Ich war immer noch beeindruckt von der Qualität der Fahrbahn. Georgien mag auf seinen Nebenstraßen der Ukraine den Rang ablaufen, aber auf der Verbindung zwischen der türkischen Grenze und Armenien lag der feinste Asphalt seit dem Verlassen der EU.

Im Schatten der eindrucksvollen Burgruine von Khertvisi (ხერთვისის ციხე) legte ich meine Mittagspause ein und bekam prompt Besuch von

einem Riesenhund – einem Bettler, der mit treuherzigen Blicken mein Herz zu erweichen suchte. Damit war er wesentlich freundlicher als das aggressive Vieh, das mich ein paar Kilometer zuvor von hinten angegriffen und fast gefressen hatte. Ein paar verdiente Krumen fielen daher unter den sprichwörtlichen Tisch und wurden schwanzwedelnd verspeist.

„Captain Hundeblick" war nicht der letzte Vierbeiner des Tages. Am Nachmittag wartete ein weiterer *Bello* am Straßenrand und konnte seine Freude über meine Erscheinung kaum unterdrücken. Er presste sich an mich und der Schwanz wedelte den gesamten Hund hin und her.

Meine Straße führte vorbei an zahllosen alten Ruinen und Bauwerken – darunter ein alter türkischer Sklavenmarkt und eine Karawanserei. Dann, rund drei Kilometer vor meinem Ziel, traf ich die richtige Entscheidung und machte einen wunderbaren Abstecher zur monastischen Höhlensiedlung von ვანის ქვაბები (Wanis Kwabebi). Die Ursprünge des Felsenklosters lagen im 8. Jahrhundert. Zahllose Räume und Tunnel waren hier auf mehreren Etagen in den weichen

Stein der Felswand geschlagen worden. Nach Jahrhunderten der Blüte, dann des Verfalls, waren sie lange verwaist gewesen, bis vor einem Jahr die Mönche hierher zurückgekehrt waren. Fünf von ihnen lebten nun in den untersten Höhlen und luden mich ein zu Wasser und Wein. Weit über ihrem Refektorium, in den höchsten Höhlen und Kapellen, verbrachte ich wunderbare Momente der Stille und des Gebets. Wolken eilten über den blauen Himmel; Schwalben zogen kunstvolle Kreise an der senkrechten Felswand; und weit unter mir toste das Wasser der Kura, deren Lauf ich schon vor einer Woche in Ardahan gequert hatte.

Dann ging es weiter nach Wardzia. Diese Felsenanlage war riesig. 2.000 Mönche sollen zur Zeit ihrer Blüte in der Höhlenstadt gelebt haben. Auch Königin Tamara hatte hier Zuflucht gefunden. Diese Herrscherin führte Ende des 12.

Jahrhunderts das mittelalterliche Georgien in seine goldene Epoche. Sie schuf Elemente von Bürgerrechten, Demokratie und Rechtsstaatlichkeit. Todesstrafe und Verstümmelung setzte sie aus, ließ Kirchen und Klöster errichten, förderte Wissenschaft und Kunst. Gerne hätte Friedrich Barbarossa einen seiner Söhne mit ihr verheiratet, aber sie wählte einen anderen.

800 Jahre später war die durchlöcherte Bergflanke immer noch beeindruckend, auch wenn zahlreiche Erdbeben die außenliegenden Gebäude und Mauern zerstört hatten. Im Herzen der Anlage befindet sich heute noch ein aktives Kloster – mit der weitaus bescheideneren Zahl von fünf Mönchen. Sehr

beschaulich ist ihr Leben hier jedoch wohl nicht. Wardzia zählt als Kandidat für das Weltkulturerbe zu den wichtigsten Touristenattraktionen der Region.

Ich selbst bezog, nach einem kurzen Besuch der Felsengänge im Abendlicht, eine günstige Pension am Fuß des Klosters und spazierte über die Straße zu einem kleinen Bistro. Mangels Chatschapuri (einem traditionellen, überbackenen Käsebrot) löffelte ich am kleinen Plastiktisch eine scharfe, würzige Suppe.

Wenig später stand ein Mönch in der Tür. Auf Russisch wechselten wir ein paar Worte, dann setzte er mir ein „Vierterl" Weinbrand vor. War das herzliche Ökumene oder der Versuch, den Katholiken auszuschalten? Höflichkeit erforderte, dass ich anstieß und trank. Tränen stiegen in meine Augen. Die

Nase brannte. Die klare Flüssigkeit war entweder sowjetischer Raketentreibstoff oder Farbverdünner. Der Mönch lachte.

Während ich nun, eine halbe Stunde später, auf meinem Bett sitze, das leicht zu schwanken scheint, beschließe ich darüber nicht länger nachzudenken und mache die Augen zu.

Tag 134 – 43 km (4620 km): Baustellen im Schatten des Vulkans

Beim Verlassen der Pension in Wardzia wurde ich heute Morgen von vier Hunden schwanzwedelnd begrüßt. Sie bildeten eine Prozession und folgten

mir die Serpentinen hoch. Hätte mich nicht der Hund im letzten Haus der Schlucht als Fokus des „caninen" Interesses abgelöst, würde ich jetzt am Abend wohl in acht fragende Hundeaugen blicken: „Futter?"

Nach drei Stunden über unzählige Kurven auf grobem Schotter erreichte ich das Plateau über den schroffen Felsen. Ich war nur einen Kilometer Luftlinie vom Ausgangsort entfernt und hatte doch schon acht Kilometer und 500 Höhenmeter hinter mir. Die Landschaft hier oben war grandios. Der Gipfel des erloschenen Vulkans Didi Abuli, der mit 3.300 Metern als höchster Berg der Umgebung aus der Ebene stieg, dominierte das Panorama im Osten. Mit Hilfe der Satellitenkarten versuchte ich, eine direkte Route über die sanften grasigen Wellen hinter einem alten Kirchlein zu finden und passierte zunächst eine etwas seltsam

anmutende Siedlung, die wohl in den Zeiten kommunistischer Planwirtschaft hier oben errichtet worden war. Identische Quader aus Beton, einige bewohnt, andere nie fertiggestellt, standen stumm entlang des Weges. Die verstreuten Felsen waren überzogen mit rötlichen und silbrigen Flechten. Ein zweites Dorf gleicher Bauart tauchte wenig später am Horizont auf.

An der Stelle, wo sich der Weg dort verlief, fand ich einen kleinen Laden. Eine Bierreklame, gebleicht von der Höhensonne, war an den grauen, rauen Putz genagelt. Darunter saßen, auf einem Holzbrett zwischen zwei behauenen Steinen, ein altes Paar und ein 12-jähriger roter Lockenschopf. „ნინოწმინდა?" (Ninozminda), fragte ich. „Rechts", antworteten sie und deuteten in die Richtung. „Hund!", fügte die Frau hinzu und hob warnend den Zeigefinger. Der Mann nickte und drückte dem Jungen einen Stock in die Hand. Er solle für meine Sicherheit sorgen und mich bis zum Rand des Häuserfleckens begleiten. Scheu den Blick auf seine blauen Plastikschlapfen gesenkt, ging er mir voraus. Ein Hund kam keiner. Drei Häuser weiter zeigte er auf eine grasige Kuppe und nickte mir zu. „Weg", sagte er auf Englisch und lächelte. Ich bedankte mich, drückte ihm einen Schokoriegel in die Hand, winkte und wanderte die Kuppe hoch. Dort traf ich auf eine dunkle, erdige Fahrspur und folgte ihr nach Südosten. Eine halbe Stunde später lehnte ich meinen Kopf in der stillen Idylle an einen Felsen und streckte für die Mittagspause die Füße aus. Ein kühler Wind strich über die trockenen, kurzen Gräser.

Auf meinem weiteren Weg über die sanften Wellen wurde ich schon nach einer Stunde in den Schatten eines weißen Lieferwagens gerufen. Die drei Männer und der Junge winkten so lange und heftig, bis ich mich zu ihnen setzte, um noch ein zweitesmal zu essen. Ein Glas georgischer Wein machte die Runde. Chatschapuri wurde verteilt. Ich verstand zwar kein Wort, aber immer wieder stand einer der drei auf, um einen Toast oder einen Dank zu sprechen. Die anderen nickten, stimmten zu und das Glas machte wieder die Runde. Hier wurde nicht nur gegessen, hier wurde feierlich gespeist.

Ich zog weiter, vorbei an Rindern und Schafen; wanderte über uralte Pflastersteine, die langsam in den dunklen Boden sanken; und erreichte schließlich wieder die Hauptstraße, die ich gestern weiter nördlich verlassen hatte. Ihr entlang lief ich den restlichen Tag bis Ninozminda. Noch gute acht Kilometer außerhalb der kleinen Stadt passierte ich im einsamen Nirgendwo

die Großbaustelle des neuen „Internationalen Bahnhofs", der als Abfertigungshalle im Dreiländereck Georgien, Armenien, Türkei künftig Baku, Tiflis und Kars verbinden soll. Das architektonisch spektakuläre Projekt war noch nicht für Reisende freigegeben. Hunde waren die Einzigen, die zwischen den staubigen Lastwagen warteten – und sie warteten nicht auf Züge, sondern auf mich. Als eine einzige Fellfurie mit acht bellenden Köpfen wirbelten 31(!) Beine durch die Absperrung. Nur Steine (ohne Absicht, eines der Tiere zu treffen) halfen diesmal, die Aggression zu stoppen.

Eine Baustelle war auch mein Quartier, das ich im letzten Licht des Tages erreichte. Zu einem stolzen Preis bekam ich ein nagelneues Zimmer – so neu, dass noch Staub und Bauschutt über den dunklen Holzboden verteilt waren; dass Klobrille, Klopapier und Warmwasser fehlten; und dass der Arbeiter aus dem Flur in meinem Bad noch seinen Eimer von Spachtelmasse reinigen wollte.

Mittlerweile, um 23.00 Uhr, hämmert er zwar nicht mehr an meine Tür, aber irgendwo gegen eine Wand. Gute Nacht, Georgien.

Tag 135 – 37 km (4657 km): Ich liebe es.

Ich kann kaum glauben, dass ich vor einem Monat irgendwo in Russland in meinem Zelt lag und mich fragte: „Warum mach' ich das?" Aufzuhören

war zwar nie ein Gedanke, der mich ernst beschäftigt hatte, aber die Freude an diesem Weg war verloren gegangen. Ich war es leid gewesen, zu husten und mich in der Schwüle neben dem fürchterlichen Verkehr im Straßengraben entlang zu quälen. Wofür das alles? Ich war nicht auf einem Leistungstrip. Ich hatte mir vorgenommen, diese Reise nicht so zu verstehen. Das Ziel des Weges tatsächlich zu erreichen, sollte Nebensache sein und bleiben. Ich war auf diesem Weg für das einfache Leben, die Begegnungen, die Stille, für Opfer und Gebet. Aber irgendwie hatte ich es damals nicht mehr auskosten können.

Mit ein Grund, warum ich dann nie nach Flügen oder Zugverbindungen in die Heimat gesucht hatte, war die Vorfreude auf Transkaukasien gewesen. Georgien, von dem ich leider nur den Süden kennengelernt hatte, lag nun schon fast hinter mir, als ich heute meinen Weg über das Hochplateau zur armenischen Grenze fortsetzte. Eisig war es in den Morgenstunden unter dem wolkenlosen Himmel, 2.000 Meter über dem Meer. Einfache Häuser und Hütten säumten die Straße. Zum Teil waren sie in die Erde gebaut oder mit Erde und Gras bedeckt, um den strengen und langen Wintern zu trotzen. Es muss ein hartes und karges Leben hier oben sein, das vielleicht genau in seiner Verwiesenheit auf die gegenseitige Hilfsbereitschaft die Wurzel für jene Freundlichkeit war, die mir hier überall begegnete. Da war der lachende Kutscher, der fassungslos seinen Kopf über meine Herkunft und mein Ziel schüttelte; da waren ein liebenswerter, zahnloser Mann und ein freundlicher Hirte.

Aber die netteste Begegnung hatte ich in der langgezogenen Kurve, auf der ich ეფრემოვკა (Epremovka) rechts umging. Dort wurde ich zunächst leidenschaftlich von einem Hund verbellt. Dann hörte er schlagartig auf, weil sich durch sein juckendes Hinterteil eine neue Priorität ergeben hatte. Der Name des Hundes war Coco. Woher ich das weiß? Nun, ein paar Augenblicke, nachdem es still geworden war, hörte ich das Rufen von zwei Buben, sieben und zehn Jahre alt, und wurde von den beiden von der Straße gezogen – wörtlich. Sie nahmen mich an der Hand und erklärten mir in einer Sprache, die ich nicht verstand, dass ich ihnen über die Böschung folgen müsse. Im ersten Moment etwas ratlos, folgte ich ihnen – vorbei an Coco, der sein Hinterteil zwischenzeitlich befriedet hatte. Sie brachten mich zu ihrem einfachen Haus, vor dem ein Teil der Familie in der Morgensonne Kaffee trank. Man servierte mir Tee und kontrollierte genau, ob ich mir auch wirklich genug Süßigkeiten in den Mund stopfte. Wie fast die gesamte Bevölkerung hier im äußersten Süden Georgiens waren meine Gastgeber ethnische Armenier. Russisch war unsere einzige Verbindungssprache. Ich zeigte Bilder aus Liechtenstein und von meinem Weg, kaute Bonbons, lachte und trank Tee. Dann hellte sich das Gesicht

des Familienvaters plötzlich auf. Er lief die Betonstufen hoch, trat durch den rustikalen, hölzernen Türstock und kam wenig später mit der Verpackung eines Föhns zurück. Er drückte mir die geöffnete Bedienungsanleitung in die Hand und pochte mit dem Finger auf eine Seite. Ich musste lachen. In meinen Händen lag wohl die einzige deutsche „Literatur" in weitem Umkreis. Ob ich das lesen könne, wurde ich gefragt. Ich begann schmunzelnd „Sicherheitshinweis: Dieses Gerät darf von Kindern, von Personen mit körperlich, sensorisch oder geistig eingeschränkten Fähigkeiten oder von unerfahrenen Personen nur dann benutzt werden, wenn sie beaufsichtigt oder … " Meiner Rezitation wurde andächtig

gelauscht, als handle es sich um Goethe oder Schiller. Ob der Föhn gut sei, wurde ich gefragt. Immerhin komme er aus Deutschland. „Made in Germany", stand auf der Packung. Ich gestand, auf diesem Gebiet weitgehend ahnungslos zu sein. Meinen Bart, so erklärte ich mit einem Verweis auf die Sonne über uns, würde ich immer nur an der frischen Luft trocknen lassen.

Das Schönste an dieser netten Begegnung war allerdings die Freude der Jungs. Die Tatsache, dass ich ihnen gefolgt und nun ihr Gast war, ließ sie so vor Begeisterung strahlen, dass es einem das Herz erwärmte – ganz ohne deutschen Föhn. Sie waren wie Kinder unter dem Christbaum. Dabei war ich nur ein stinkender, bärtiger Mann – zu schmutzig für den Nikolaus und nunmehr zu dünn für den adipösen Weihnachtsmann.

Die beiden brachten mich nach einer halben Stunde wieder zurück zur Straße, vorbei an ausgebüxten Hühnern und Coco, dessen Namen ich nun erfuhr. Ich gab ihnen den Segen und zog mit so viel dankbarer Freude weiter, dass ich alle Menschen, die mir nun in der herrlichen Landschaft begegneten, hätte umarmen können. Allerdings hielt ich mich wenig später bei der Grenze zurück. Keine Umarmungen. Nur den Reisepass. Zwei Minuten später hieß es: Willkommen in Armenien!

Im ersten Dorf des elften Landes meiner Reise angekommen, trat ich in einen kleinen Laden und kaufte Brot. Als der Ladenbesitzer hörte, dass ich katholischer Priester sei, brachte er Wurst, Käse und Schokolade zu mir nach draußen. „On the house", erklärte er mit einem breiten Lächeln und zeigte dabei auf die Kirche in unmittelbarer Nachbarschaft. Auch katholisch – armenisch-katholisch – meinte er.

Weiter ging es am Nachmittag über die goldene Hochebene. Gleiche Landschaft, neue Schrift auf spärlich aufgestellten Schildern. Häuser aus roten Steinen duckten sich unter den blauen Himmel. Heuballen waren geschichtet zu Pyramiden, aufgetürmt bis über die Giebel der rostigen Dächer aus Blech. Wenig reizvoll und doch kreativ, füllten aneinandergereihte Autowracks breite Löcher in den Zäunen. Ab und an bretterte ein Auto über die löchrige Straße und zerrann als unförmiger Farbklecks am flimmernden Horizont.

So kam ich in den Abendstunden nach Փանիկ (Ashotsk). Ich hatte dieses 2.500-Seelen-Dorf aus einem bestimmten Grund angesteuert. Vor einigen Tagen in Georgien war ich P. Mario begegnet. Der italienische Kamillianerpater betreute hier ein Krankenhaus, das nach dem verheerenden Erdbeben 1988 von der italienischen Caritas gebaut worden war. Mit 100 Betten und 23 Ambulatorien ist es die einzige medizinische Versorgung für die ganze ärmliche Bergregion.

Ich wurde freudig empfangen, versorgt und untergebracht. So geht mein erster Tag in Armenien zu Ende. Welche Freude. Ich kann es kaum erwarten, von Tag zu Tag weiter zu ziehen und mehr von diesem Land und seinen Menschen zu sehen.

Tag 136 – 43 km (4700 km): Wenn der Tod dem Helmi droht

Wer als österreichisches Kind in den 1980ern zwischen Fernsehtestbildern und Sendeschlusszeiten aufgewachsen ist, kennt sicher Helmi, die legendäre

Straßenverkehrsfigur, die versuchte, uns das Überleben auf der Straße beizubringen. Gemeinsam mit Karli Katastrofsky hat er Sinnsprüche in zahllose Kinderköpfe gehämmert. „Links gehn, Gefahr sehn!“, war das Mantra auf seinen aufgemalten Lippen, die im Dienst des Kuratoriums für Verkehrssicherheit nie aufhörten, zu lächeln. Bisher habe ich mich immer brav daran gehalten. Aber Helmi war nie in Armenien gewesen. Als ich heute weiter nach Գյումրի (Gjumri) ging, war die linke Straßenseite keineswegs der sicherste Ort. Der sicherste Ort war der Mittelstreifen. Der wurde so gut wie nie befahren.

Armenische Straßen ähneln jenen in der Ukraine – mit einem Unterschied. Während sich die ukrainischen Schigulis im Walzertakt und bei Schritttempo zwischen den Schlaglöchern vorbeiweben, bestehen die Armenier auf einer Mindestgeschwindigkeit im dreistelligen Bereich. Wenn man dann nicht über die Löcher der Straße poltern will, muss man eben neben die Spur. Also: Zwei Räder am Bankett, zwei Räder noch gerade so am Straßenrand. In der Mitte? Nichts. Hier war Platz für Helmi, seine Freunde, eine Schafherde, ein konzertantes Klavier und für mich.

Wenn ich gerade beim Verkehr in Armenien bin. Stichwort: Scheibentönung. Ohne Scheibentönung werden in diesem Land offensichtlich keine Fahrzeuge zugelassen. Und Restriktionen wie in anderen Teilen der Welt scheint es dabei nicht zu geben. Hier kann man jede Scheibe schwarz einfärben und ich bin mir ziemlich sicher, dass auch der eine oder andere Rück- und Seitenspiegel dunkel überzogen ist. Wie man in der Nacht mit so einer Verdunkelung fährt, kann ich nicht sagen, aber tagsüber verleihen die getönten Scheiben dem kompletten Verkehr einen mafiösen Hauch. Selbst wenn Tante Lyudmilla mit ihrem Kleinwagen zum Gemüsehändler fährt, sieht sie aus wie eine Terrorpatin auf Mission. Soweit zum Verkehr. Er hat mich heute den größten Teil des Tages begleitet, da ich auf der kürzesten Strecke und damit der „größten" Straße nach Gjumri unterwegs war.

Gjumri hatte vor 25 Jahren traurige Berühmtheit erlangt, als ein schlimmes Erdbeben große Teile der Stadt zerstörte. Mehr als 25.000 Menschen verloren damals ihr Leben. 1988 war ich zehn Jahre alt, aber ich kann mich an diese Katastrophe erinnern. Ich meine, dass ich damals zum ersten Mal das Land im Kaukasus auf meinem kleinen beleuchteten Globus im Kinderzimmer wahrgenommen habe.

Nun, ein Vierteljahrhundert später, ging ich durch die Straßen dieser Stadt und sah plötzlich einen Wegweiser zum „Austrian District". Das musste ich mir ansehen. Wenig später spazierte ich die „Mozartstraße" hinunter, vorbei an Häusern, die in ihrer Anordnung und ihrem Pastellfarbenspiel einen Hauch von östlichem Burgenlandbarock verbreiteten. Diese Siedlung war gemeinsam mit einem Krankenhaus und einer Kinderbetreuungsstätte von der österreichischen Erdbebenhilfe errichtet worden.

Ein Mädchen lief mir nach. „How are you? Do you speak English?", fragte sie mich mit einem scheuen Blick aber breiten Lächeln. Ich antwortete und erkundigte mich höflich nach ihrem eigenen Befinden. Sie schaute mich verlegen an und wiederholte ihre zwei Phrasen. Das Vokabular war aufgebraucht. Sie strahlte dennoch. Es war das Gesicht, das sprach; fröhlich mitten hinein in die Schwierigkeiten des modernen Armenien; mit jener Freude, die mich schon tags zuvor angesteckt hatte. Ich verabschiedete mich und wurde auf der „Werfelstraße" von einem aufgebrachten Straßenhund aus dem österreichischen Dorf begleitet. Ich war also doch in Armenien und nicht in Neusiedl, musste ich grinsen.

Im Zentrum von Gjumri dominierte roter, rosa und dunkler Tuff. Nur wenige historische Gebäude hatten das Erdbeben unbeschadet überstanden. Am Stadtplatz besuchte ich die prächtige Yot Verk (Sieben-Schmerzen)-Kirche. In ihr wurde ein Gnadenbild verehrt, das aus einer alten bäuerlichen Kapelle im

Alpenraum hätte stammen können. Vielleicht tat es das auch. Seit dem 12. Jahrhundert waren sich die armenisch-apostolische und die römische Kirche immer wieder sehr nahe gekommen. In der armenischen Liturgie sind so etwa Teile des Stufengebets (Psalm 42), das Schuldbekenntnis und das Schlussevangelium (Johannesprolog) aus dem Westen übernommen worden.

Ich stand vor dem Hochaltar aus Gold und Himmelblau. Das Licht der Abendsonne fiel in gebündelten Strahlen durch die Fenster. Ich blickte auf das Marienbild. Da wurde ich von einem alten Mann angesprochen, der in mir einen Priester erkannte. Er bat um einen Segen. Dass ich ein „Römer" sei, mache nichts, lächelte er und zeigte dabei seinen letzten noch verbliebenen Schneidezahn. Im Gegenteil, er wolle meinen Rosenkranz sehen. Ob ich den auch für seine 94-jährige Mutter beten könne, fragte er mich und ich versicherte ihm mein Gebet. Armenien. Ich bin wieder Priester, pilgernd für das pilgernde Gottesvolk.

Tag 137 – 43 km (4743 km): Spieglein, Spieglein

Ich sollte mich öfters im Spiegel betrachten. Klebte Chatschapuri in meinem Bart? Hatte mir jemand im Schlaf rosa Mäschchen geknüpft? Keine Ahnung. Auf jeden Fall hatte ich etwas an mir, das gestern wie heute sämtliche Kinder

und Jugendliche auf ihrem morgendlichen Schulweg bei meinem Anblick zum Lachen brachte. Eine Witzfigur war ich für sie und vielleicht lagen sie damit näher an der Wahrheit als mein Doktordiplom. Lächelnd und belächelt verließ ich Gjumri.

Der Himmel war strahlend blau. Herbst lag in der Luft. Und vor mir am Horizont hob sich der gebrochene Vulkankegel des Aragaz aus dem Hochland. Auf einer langen Geraden nach Südost begann ich meine Schleife um diesen 4.000 Meter hohen Berg. Greifbar nahe schien er in der klaren Luft und doch würde ich erst in drei Tagen auf dem Gipfel stehen. Einfache, ärmliche Dörfer. Risse in den Mauern. Kaputte Straßen. Ein eindrücklicher armenischer Friedhof, handwerkliche Fertigkeit in Stein gemeißelt. Immer wieder der russische Zuruf: „Откуда и куда?“ (Woher und wohin?)

Am Nachmittag schien die Landschaft langsamer vorbeizuziehen. Vielleicht lag es am fehlenden Schlaf. Bis in die frühen Morgenstunden hatte ich Karten und Routenoptionen studiert. Die Beine waren schwer. Aber es gab keinen Grund zu hetzen. Viele kleine Pausen, keine Panik. Oder doch? Ich schmunzelte, als ich wenig später das Ortsschild von Փանիկ passierte. Auf dem rostigen Schild buchstabierte der latinisierte Name des Dorfes in fünf schwarzen Lettern nämlich genau das: „Panik“.

Im Laden etwas weiter versuchte ich, Proviant und meinen armenischen Wortschatz aufzustocken. Aus Gründen, welche sie selbst nicht genau kannte, hatte eine der Verkäuferinnen in der Schule das Fach Deutsch gewählt und freute sich, mir sprachlich weiterhelfen zu können. Leider erwies sich schon das Wort „Danke“ als Sargnagel meiner armenischen Ambitionen (Շնորհակալություն, gesprochen: Schnorhakalut’jun). Hund hingegen war einfach: շուն (gesprochen: dschun). Ob mir das in kommenden Konfrontationen mit den Vierbeinern allerdings etwas nützen würde, blieb abzuwarten. Für meine Bemühungen und offensichtlich als Trost für mein klägliches Scheitern drückte sie mir noch eine Handvoll Äpfel in die Hand. „Schnorha…ha…“, begann ich, „... Danke“, endete ich grinsend auf Deutsch und winkte.

Gegen Abend bildeten tausende Fliegen riesige Schwärme und drehten sich in turbulenten Spiralen durch die Landschaft. Leider bekamen sie auch „Wind“ von mir und kreisten nunmehr als schwarze Wolke um meinen Kopf. Eine knappe Stunde lang hieß es „Augen zusammenkneifen“ und „Vorsicht beim Einatmen“. Dann bog ich nach 43 Tageskilometern in das goldene Gras der auslaufenden Flanken des Aragaz. Eine Herde Rinder war auf dem Weg nach Hause. Ich wartete und stellte dann mein Zelt hinter ein paar Erdhügeln auf. Zur heiligen Messe gab es diesmal einen Chor von Männerstimmen. Keine Gregorianik bedauerlicherweise. Irgendwo jenseits der Felder grölte eine Gruppe jemandem ein Ständchen. Mehrmals. Ein Proprium der Dissonanz.

20. Sonntag – Priester sind alle pädophile Schweine

Der junge Muslim lachte spöttisch: „Ja stimmt, ihr Priester seid nicht verheiratet. Ihr steht auf Buben."

Die Türkei ist nicht das einzige Land, in dem ich diese oder ähnliche Worte gehört habe. Viel öfter noch tauchen solche Passagen in heimischen Internetforen und bei Stammtischrunden auf. Es sind die Spuren der Skandale, die in den letzten zwei Jahrzehnten die Kirche in verschiedenen Ländern erschüttert haben.

Weder an den Missbrauchsfällen noch am Umgang vieler kirchlicher Autoritäten mit diesem Thema gibt es etwas schönzureden. Hier gab und gibt es schweres Unrecht, für das ich als Glied der Kirche sühnen muss. Für mich ist jeder Fall beklemmend. Wut und Ohnmacht empfinde ich über jede Tat, von der ich lese; über all das Leid, das beschrieben wird. Und ich muss mich stellvertretend für die Täter schämen, wenn mich Jugendliche in einem öffentlichen Verkehrsmittel „Kinderf*cker" nennen, weil ich als Priester erkennbar bin.

Die Lösung des Problems scheint für viele festzustehen. Grund der Missbrauchsfälle sei der Zölibat. Der müsse abgeschafft werden. In einem Laden, wo verklemmte Männer nicht heiraten dürfen und in Frauenkleidern herumlaufen, sei es doch klar, dass große sexuelle Verwirrung herrsche. So sicher ist man sich bei dieser Analyse, dass man es nicht für notwendig erachtet, die mittlerweile vorhandenen Zahlen und Studien zu untersuchen, die etwas anderes nahe legen (vgl. die 300-seitige John-Jay-Studie). Der Zölibat scheint nicht der Grund für die Verbrechen gegen Kinder und Jugendliche zu sein. Das zeigt auch der Vergleich mit anderen Kirchen, kirchlichen Gemeinschaften, Vereinen und sozialen Strukturen, wo der Zölibat als „pathologischer Befund" wegfällt. Dort gibt es Missbrauch im vergleichbaren Ausmaß. Wir finden Täter quer durch die Gesellschaftsschichten. Allein in Deutschland gehen jährlich 1.500 Anzeigen wegen Missbrauch ein. Die Dunkelziffer der tatsächlichen Fälle liegt nach Schätzungen des Bundeskriminalamts zwischen 200.000 und 300.000. Diese Zahlen sind nicht zuletzt deshalb so hoch, weil der Großteil der Täter aus dem Familienumfeld stammt, wo eine Offenlegung die ganze Familie in eine existenzielle Bedrohung bringen kann. Verleugnung und Geheimhaltung sind darum auch hier weitverbreitete Mechanismen.

Man muss sich dem Problem des Missbrauchs ehrlich stellen – in der Kirche und außerhalb. Die Medien leisten dabei einen wichtigen (manchmal schmerzhaften) Beitrag, damit man nicht Schweigen über das Leid der Opfer breitet und die Sache vertuscht. Aber wer sexuellen Missbrauch bekämpfen will, darf sich nicht Vereinfachungen hingeben – oder gar auf dem Rücken der Opfer einen kirchenpolitischen Kampf zum Thema „verheiratete Priester" führen. Auch das wäre Verdrängung, nicht Aufarbeitung von Schuld.

Tag 138 – 44 km (4787 km): Armenische Tankstellen

Tag zwei meiner Runde um den höchsten Berg Armeniens. Nach einer Nacht, in der ich nicht sonderlich gut geschlafen hatte, blickte ich zum Kondenswasser auf der Zeltplane über mir hoch. Tropfen begannen langsam ihre Reise über die Seitenwände, verschluckten kleine Nachbarn, wurden größer, schneller und platschten schließlich auf die dünne schwarze Haut des Unterbodens. Zeit, aufzustehen.

Meine angenehme, verkehrsarme Straße, der ich gestern gefolgt war, traf – während ich eine Abkürzung durch die Felder nahm – auf die M3 von Սպիտակ (Spitak) und war fortan eine wesentlich stärker frequentierte Verbindung.

Aber es gab Ausweichmöglichkeiten am Rand. In Ապարան (Aparan), wo eine der ältesten erhaltenen Kirchen im armenischen Hochland (4. Jahrhundert) steht, machte ich Mittagspause auf der Umgrenzungsmauer einer Tankstelle und plauderte eine Weile mit einer jungen New Yorkerin, die hier ihre Großmutter besuchte.

Auch im weiteren Verlauf des Tages wurde eine Tankstelle zum sozialen Angelpunkt. In den paar Minuten, in denen ich dort im Abendlicht ein Eis schleckte, bildete sich eine Menschentraube und befragte mich über mein Gefährt und meine Reise. Polizist Howhannes hatte eine schier unendliche Freude über unsere Namensähnlichkeit und knipste Bilder. Äpfel wurden mir zugesteckt. Dann ging ich weiter.

Wenig später wurde ich abermals an den Straßenrand gewunken. Drei Männer hatten im Schatten eines Baumes auf dem Kofferraum ihres Taxis das Essen ausgebreitet. Wieder musste ich mich füttern lassen.

Die Schatten wurden länger. Rotgold leuchteten die kargen Wiesen im Abendlicht. Vorne am Horizont legte sich über die Ebene im Süden ein breiter Streifen Dunst. Und dann sah ich ihn zum ersten Mal, angedeutet als blasser, dunkler Kegel gegen den farblosen Hintergrund: den Ararat, den heiligen Berg. Eine Weile stand ich am Straßenrand und blickte in die Ferne. Ein Auto hielt. Styop, der junge Fahrer, sprang aus dem Wagen und blubberte aufgeregt ein paar englische Wörter. Er und seine Eltern waren aus Էջմիածին (Etschmiadsin), der alten Hauptstadt Armeniens. Als Styop hörte, dass mich mein Weg in ein paar Tagen dorthin führen würde, musste ich versprechen, mich bei ihnen zu melden und ihr Gast zu sein. Weil er mich nicht zurücklassen konnte, ohne mir etwas Essbares in die Hand zu drücken, steckte er den Kopf in den Kofferraum und tauchte schließlich mit einem Becher Frischkäse wieder auf.

Die Dämmerung war hereingebrochen. Ein dünner roter Streifen war alles, was vom Tag geblieben war. Ich verließ die M3 und folgte der Zufahrtstraße zum Aragaz. Nach zwei Kilometern schlug ich neben einem alten Friedhof mein Lager auf. Ein Hund bellte. Die ganze Nacht. Warum werden Hunde eigentlich nicht heiser? Gute Stimmtechnik, nehme ich an.

Tag 139 – 29 km (4816 km): Aragaz Basecamp

Heute stand der Aufstieg zum 3.200 Meter hoch gelegenen „Basislager“ auf dem Programm. Ich startete auf der alten, ramponierten Straße in den Tag. Quellwolken bildeten sich, nachdem die klaren Morgenstunden verstrichen waren. Zum ersten Mal, seit ich den Gipfel des Aragaz vor vier Tagen an der armenischen Grenze als blaugraue Silhouette am Horizont gesehen hatte, hüllte er sich nun in Wolken. Und ich war dankbar. Die Wolkendecke linderte die Kraft der Sonne, in dem Moment, als ich erkannte, dass Trinkwasser auf den nächsten Kilometern ein Problem werden würde. Quellen gab es keine. Nur trockene Hänge, nacktes Vulkangestein und dürres Gras. Mehr als zwei Liter Wasser hatte ich nicht dabei.

Ich war nicht der Einzige mit trockenem Mund und klebrigem Gaumen auf der Flanke des Bergs. Ein Hirte kam winkend aus den Schatten eines Busches und bat mich um Wasser. Ich nickte, gab ihm eine meiner Flaschen und stapfte weiter steil bergan. Ich hoffte auf ein Haus, einen Brunnen, irgendetwas.

Dann kam ein Auto (mit getönten Scheiben) und das war praktisch genauso gut. Denn wenn Armenier in ihre Autos steigen, dann haben sie offensichtlich nicht nur Schlüssel und Führerschein dabei, sondern auch immer etwas zu essen –

wohl für den Fall, dass sie unterwegs einen Touristen oder Pilger treffen. So wurde mir, wie schon oft zuvor, Essen – und was wichtiger war: Trinken – aus dem Autofenster gereicht. Im Nachhinein kann ich sagen, dass es ohne diesen Extraliter sehr unangenehm geworden wäre. Denn als ich mich 28 Kilometer durch eine schöne Landschaft hochgeschlängelt hatte und unweit der meteorologischen Station einen polnischen Wanderer traf, war mein Mund so trocken, dass ich Artikulationsschwierigkeiten hatte. Beim englischen „th" blieb die Zunge einfach am Gaumen kleben.

Ein Kilometer war es von da an noch zum Bergsee und zu einem Haus, das sich laut Schild als „Restaurant" verstand. Als ich meinen Kopf durch die Küchentüre streckte und um Wasser bat, wurde ich wohl missverstanden. Man hätte kein Wasser, erklärte man mir, und schickte mich zum Physik-Forschungs-Institut für kosmische Strahlung auf der anderen Seite des Sees. „Wie, kein Wasser in einem Restaurant?", rang ich fragend, kam aber mangels Armenisch nicht weiter. So wanderte ich mit drei leeren Flaschen geradewegs an den „Betreten verboten!" und „Achtung Strahlung!"-Schildern vorbei, kroch unter einer Schranke durch und klopfte an die Türe eines der heruntergekommenen Gebäude. Ein freundlicher alter Herr öffnete. Seit 46 Jahren versah er hier oben seinen Dienst und führte mich an die „erfrischende Quelle" in einem alten sowjetischen Gemeinschaftsbad. Wir unterhielten uns, während die Flaschen unter dem dünnen, tanzenden Wasserstrahl langsam vollliefen. „Ich brauche nicht mehr als einen halben Liter den Aragaz hoch und wieder runter", erklärte er, nachdem ich ihm meinen eigenen, beeindruckenden Wasserverbrauch vorgerechnet hatte. An heißen, schwülen Tagen hatte ich auf dieser Reise schon mehr als zehn Liter in mir verschwinden lassen.

Am Schluss bedankte ich mich und machte mich auf den Weg zurück zur anderen Seite des Sees und eine kleine Kuppe hoch, wo sich neben der 90 Jahre alten Wetterstation ein verhältnismäßig flacher Platz zum Campen befand. Ich war der einzige Bergsteiger an diesem Tag. Die Zeltplane flatterte im kühlen Wind.

Aus Steinen errichtete ich einen kleinen Schutzwall und genoss dann den frühen Feierabend, während die Sonne meine kleine Behausung wärmte. Als ich ein, zwei Stunden später nochmal nach draußen ging, hatte sich ein großer, weißer Hund eingefunden. Stumm blickte er mich an. Ich erinnerte mich an ein Stück alte Wurst für genau so einen Fall. Billig war so seine Freundschaft erkauft und er bezog Quartier am Kopfende meines Zeltes. Nur gut, dass der Wind in die andere Richtung wehte, denn Mundgeruch war ein echtes Problem meines neuen Freundes. Dann kochte ich meine Ration Nudeln und stellte den Wecker auf 4.40 Uhr. Für morgen stand der geographische Höhepunkt der Reise auf dem Plan, der knapp 4.000 Meter hohe Westgipfel des Aragaz.

Mit der Nachtruhe war es vorbei, als in der Dämmerung Blitz und Donner in meine Richtung zogen. Hier oben, exponiert, blickte ich besorgt in den dunklen Teil des Himmels. Allein, ich blieb einmal mehr verschont. Ich hatte bereits die Sturmleinen gespannt und alle Verankerungen geprüft, als sich das dunkle Wolkenband teilte. Und während im Westen und Süden gleißendes Licht über den Himmel zuckte, kamen über mir bald wieder die Sterne durch. Nur kurz einmal, später in der Nacht, prasselte ein Graupelschauer auf das Zelt. Ansonsten schlief ich ruhig und hoffte auf einen klaren Morgen.

Tag 140 – 38 km (4854 km): Zwei Gipfelstürmer

Der Wecker läutete, doch die Sonne war davon unbeeindruckt. Keine Spur von ihr. Nicht einmal ein heller Streifen am Horizont war zu sehen. Ich stellte den Alarm eine halbe Stunde nach vorne. 5.15 Uhr. Sterne prangten am Firmament. Nochmals weiterschlafen. Nächster Versuch um 6.00 Uhr. Nun war ausreichend Licht, um den Weg auf den Gipfel zu finden. Ich packte alle notwendigen Sachen und ließ den Rest im Zelt zurück.

Ich war nicht alleine, als ich meine Schritte in Richtung Gipfel wandte. Der große weiße Hund von gestern spazierte schwanzwedelnd neben mir. „Aloysius" war mein Name für die Kreatur. Es ist mir einigermaßen peinlich zuzugeben, dass Aloysius sich im Tagesverlauf als Aloysia entpuppte. Ich hatte mich von der Größe und dem dichten Fell täuschen lassen.

Hinter meinem Rücken stieg der majestätische Fünftausender Ararat als schneebedeckte Insel aus dem Dunst. Das Wetter war perfekt. Nach zwei

Stunden erreichten wir die flatternde, ausgefranste armenische Flagge am Südgipfel und setzten uns in den Windschatten einer aufgeschichteten Schutzmauer. Zum Frühstück gab es nun Brot und einen Apfel (respektive Apfelputz). Dann bedankte ich mich bei Aloysia für die nette Gesellschaft und begann über den südlichen Vorgipfel steil hinunter zur Scharte neben dem Westgipfel abzusteigen. Es war wichtig hier, nicht den Halt zu verliefen.

Vorsichtig setzte ich die Schuhe auf, schlitterte dennoch kurze Strecken und bremste mit dem Hosenboden. Doch wer war plötzlich wieder hinter mir und rutschte auf allen vieren über Sand und Geröll? Aloysia. Offensichtlich wollte auch sie noch höher hinaus. Vom Abstieg des Südgipfels aus sah der Gegenhang zum Westgipfel ungemein steil und felsig aus. Probieren wollte ich es dennoch und begann wenig später mit dem Aufstieg. Jetzt war auch ich auf allen Vieren unterwegs. Hin und wieder, wenn der Weg über eine vertikale Steinstufe führte, die man nur durch leichte Kletterei überwinden konnte, verabschiedete ich mich mit ein paar netten Worten von Aloysia. Unmöglich, dass sie hier hochkommen würde. Wie erschrak ich dann jedes Mal, wenn sie plötzlich wieder neben oder gar über mir auftauchte, während ich noch vorsichtig meine Griffe und Tritte abwog. Es gab offensichtlich mehr als einen Weg hier hoch, doch so manchen Abschnitt hätte ich einem Hund nicht zugetraut.

Die tatsächliche Höhe des Westgipfels, den wir wenig später zu zweit erreichten, ist seit den ersten Messungen der Sowjets umstritten. 3995 m, 4062 m, 4080 m. ü. M. waren alles Angaben, die ich bei der Recherche fand. Mein GPS zeigte 3985 m. ü. N. und er war damit in jedem Fall der höchste Punkt auf meiner Route ins Heilige Land.

Die Ausblicke waren herrlich. Braun-goldene Farbenspiele in der baumlosen Wildnis zu unseren Füßen. Erodierte Furchen in den farbigen Sanden des Vulkans. Und immer noch die weiße Kuppe des biblischen Berges am südlichen Firmament. Aloysia ließ sich von meiner Euphorie nicht anstecken und lag unbeeindruckt neben dem Aluminiumkreuz. Sie genoss die wärmende Sonne des Vormittags, während der Wind zwischen den Steinen ihren flauschigen Pelz zerzauste.

Der Abstieg, bei diesem losen Gesteinsaufbau haariger als der Aufstieg, gelang uns beiden problemlos. Zurück auf der Scharte bestand Aloysia darauf, etwas Schnee zu fressen. Ich leerte zusätzlich etwas von meinem Wasser für sie in die flache Vertiefung eines Felsens. Dann begannen wir den Rückweg. Hier übernahm nun der Hund die Führung. Allerdings blieb sie alle 50 Meter stehen, um sich zu versichern, dass ich noch bei ihr war. Es war zu diesem Zeitpunkt, dass ich begann, mir Sorgen zu machen. Hatte ich nun wieder

einen Hund im Schlepptau? Mit Aloysia in die Millionenstadt Yerevan? Nein. Aber wie sollte ich ihr das beibringen? Die Antwort gab sie selbst, einfach und unkompliziert. Nachdem ich mein Zelt abgebaut und die Ausrüstung verstaut hatte, sagten wir einander „հաջողդ" (Tschüss) und trennten uns. Ich ging talwärts. Aloysia blieb in der schönen Hochgebirgswildnis zurück. Sie wartete auf den nächsten Kunden. Bergführerin war kein leichtes Leben, aber ein Leben.

Bevor ich in die Ebene am Fuß des Berges stieg, gab ich dem Restaurant, bei dem ich gestern abgeblitzt war, noch eine zweite Chance. Und tatsächlich. Sie hatten heute nicht nur Wasser für mich, sondern auch eine traditionelle armenische Suppe. Die freundliche Bedienung erklärte mir, wie ich sie mit dem dünnen Brot und Knoblauch essen sollte und verschwand. Ich rührte mit dem Löffel. Ein fetter, teils glibbriger, teils knöcherner tierischer Körperteil kreiste, wackelte und schwamm wie eine bizarre Boje auf der wässrigen Suppe. War es ein halber Kehlkopf? Ich stocherte an den Venenstumpen. Das Ding hatte die Größe einer Hand. Erst später sollte ich erfahren, dass hier in meinem „Chasch" ein Kuhfuß schwamm.

Unwissend selig, versuchte ich den Geschmack des dominierenden Fettes mit reichlich Knoblauch zu überlagern. Das machte die Sache erträglich, aber nach ein paar zu großzügigen Löffeln auch ziemlich tränenreich. Mein Hals und Kehlkopf brannten.

Bis ich am Abend meinen Zeltplatz 2.000 Höhenmeter weiter unten, zwischen Obstbäumen und mit Blick auf den Ararat erreichte, stieg mir der unverwechselbare Geschmack der Suppe, versetzt mit zu viel Knoblauch, immer wieder vom Magen in die Nase. Kein Schokoriegel konnte das ändern. So lag ich in meinem Zelt und lächelte. Hatte ich gestern nicht über den Mundgeruch meines vierbeinigen Bergkameraden gelästert? Manche Sünden werden eben gleich bestraft.

Tag 141 – 48 km (4902 km): Armenischer Vatikan im Schatten des Ururus

Schwere Regentropfen schlugen unrhythmisch gegen das Zelt, das von heftigen Windböen gebeutelt wurde. Wie es der alte Physiker am Aragaz prognostiziert hatte, war die Schlechtwetterfront in der Nacht angekommen. Für meine Bergbesteigung hatte ich den letzten schönen Tag erwischt. Sollte ich nun im

Nassen zusammenpacken? Ich wartete eine Weile ab. Tatsächlich wurde es schon bald besser. Dramatisch steckte die aufgehende Sonne die Wolken in Brand.

In vielen Kurven ging es eine neu geteerte Straße in die Ebene hinab. Dann suchte ich nach kleinen Wegen. Manche waren reizende Pfade zwischen alten Weinbergen, andere ein einziger langer Müllabladeplatz. Ich musste mich beeilen. In Էջմիածին (Etschmiadsin), dem Vatikan Armeniens, wartete Styop auf mich. Vor drei Tagen hatte er mich zu sich eingeladen. Gestern hatten wir telefoniert.

In Etschmiadsin ging es zuerst zur wichtigsten, weil ältesten Kirche Armeniens. Gregor der Erleuchter hatte ihr erstes Fundament gelegt. Heute lebte sein bischöflicher Nachfolger als Oberhaupt der armenischen apostolischen Kirche gleich gegenüber. 2001 kam Papst Johannes Paul II. hierher, um das gute Verhältnis der beiden Kirchen zu pflegen.

Das gemeinsame Erbe wurde auch deutlich, als mich Styop zu einer weiteren alten Kirche führte. In einer Nische an der Nordseite des Kirchenschiffs fand gerade eine Taufe statt. Wie bei uns früher allgemein üblich, war hier der Taufstein an der Nordseite der heiligen Hallen eingefasst. Im Norden, dort, wo das Licht der Sonne kaum das Dunkel erhellt, genau dort sollte das Licht Christi die Finsternis zerreißen und die Seele des Täuflings mit dem Licht der Gnade erhellen. Symbolik. Sinnbild. Hier wusste man noch, was das war.

Nach der Tour durch die Stadt nahm mich Styop zu sich nach Hause mit. Ich trat in eine unerwartete Oase hinter den beige-grauen Wänden und dem aufgebrochenen Asphalt des Straßenzugs. Im grünen Innenhof kletterten Trompetenblumen die Wände hoch zum Taubenschlag im ersten Stock. Dort flatterten hundert Flügelpaare. Blumenrohr in rot, orange und gelb bildete ein lichtes Feuermeer aus Blüten. Der kleine Hund bellte nervös – oder hungrig – als weißer Rauch vom Grill in dicken Wolken durch den Garten zog. խորոված (Schaschlik) hatte mir Styop vor drei Tagen versprochen und ein Glas armenischen Cognac.

Man erzählt sich, dass der hiesige Weinbrand im Jahr 1900 in Paris alle Preise gewann und die Franzosen den Armeniern deshalb, überwältigt und gönnerhaft zugleich, erlaubten, ihren Brandy nach der französischen Provinz des Originals zu benennen. In Anbetracht dieses Lobes war es dann auch nicht verwunderlich, dass Winston Churchill sich jedes Jahr ein paar Kisten dieses Tropfens auf die Insel schicken ließ. Ich nippte nur und nickte anerkennend.

Ein paar nette Stunden verbrachte ich bei meiner strahlenden Gastfamilie, dann musste ich los. Երևան (Jerewan) war das Tagesziel und zwei Ruhetage standen in Aussicht.

Auf meinem Weg in die armenische Hauptstadt mit ihren 1,2 Millionen Einwohnern hatte ich eine kleine Offenbarung. Seit Tagen versuchte ich schon, mich über die Transliteration der Schilder mit den 39 Buchstaben des armenischen Alphabets vertraut zu machen. Erst kürzlich hatte ich festgestellt, dass Ararat in armenischen Großbuchstaben so aussieht: „ԱՐԱՐԱՏ" Heute hingegen erkannte ich in den Glyphen über einem Laden erstmals das Lehnwort „Market". Ein großartiges Gefühl.

Ansonsten waren die letzten zwanzig Kilometer über die breite Autostraße kein Genuss. In zunehmender Dämmerung marschierte ich durch heruntergekommene Vorstadt- und Fabrikviertel. Es gab gähnende Löcher, wo einst Kanaldeckel lagen; verwilderte Hunde; Müll; Menschen in Ruinen; dicke Leitungen, deren Isolation in wilden Fetzen hing. Es war dunkel, als ich die innere Stadt erreichte und in den unbeleuchteten Straßen das kleine

Glide Hostel suchte. Armen, Anna und die Mutter der beiden Geschwister erwarteten mich bereits – und natürlich ihr großer, ungestümer Labrador.

Tag 144 – 43 km (4945 km): Heulen und Zähneknirschen

Nach zwei Tagen in Jerewan und Umgebung ging es heute zurück auf den Weg. Nicht mehr mit dabei war mein blaues Funktionsshirt. Nach fast 5.000 Kilometern waren die neonorangen Streifen verblasst, die Fasern dünn geworden, hatten sich Löcher gebildet. Ich werde den abgetragenen Stoff mit seinen slowakischen „beinah-Brandlöchern" (Tag 31) und ukrainischen Teerflecken (Tag 54) vermissen. An seiner statt gab es einen blaugrauen, langärmeligen Ersatz und obendrauf neue Sandalen. Diese hatte ich gestern bei einem Ausflug zum Geghardkloster (Bild rechts oben) ausprobiert. Dünn scheinen mir die Sohlen. Ich hoffe, es wird gehen.

Wie schon auf dem Weg in die Stadt, wanderte ich auch heute wieder durch trostlose Randgebiete. Jenseits der Denkmäler und architektonischen Wunder des Zentrums regierten Plattenbauten und zerfallene Produktionsruinen. Hundebanden verteidigten ihr Revier. Mehr als einmal musste ich zu meinem Schutz auf die wirkungsvolle „Hebe-einen-Stein-auf-Simulation" zurückgreifen. Nur einmal schrammte ich knapp an einer Tollwutspritze vorbei. Als ich einem dreibeinigen Hund, der am Gehsteig in der Sonne lag, auswich, stand dieser auf, humpelte auf die Seite und schnappte von hinten nach meinem Knöchel. Aufmerksame Passanten schrien laut, sodass ich mich erschrocken umdrehte und er nur mehr mein Hosenbein erwischte.

Den ganzen Morgen über ragte der Ararat vor mir in den klaren Himmel. Ein schmales Wolkenband lag wie eine Halskrause unterhalb seines ehrwürdigen, weißen Haupts. So kam ich an den Rand der Stadt. Frisch geschlachtete Schafe baumelten hier auf Haken über der Gehsteigkante, während die lebenden

Kollegen nur einige Meter daneben seelenruhig kauten – noch. Denn dazwischen schächteten und zerlegten jesidische Hirten das Fleisch für den Direktverkauf.

Holztransporter und Anhänger voller Weintrauben begleiteten meinen Weg bis zum Kloster Chor Virap, das 40 Kilometer südlich von Jerewan liegt. Die Ansicht der heiligen Stätte von Nordost gehört zu den bekanntesten armenischen Postkartenmotiven, aber leider hatte sich, bis zu meinem Eintreffen am Abend, der stolze Berg im Hintergrund in Wolken gehüllt.

Wie schon die Kirche von Etschmiadsin, war auch dieses Kloster mit Gregor dem Erleuchter verbunden. 13 Jahre lang hatte König Trdat III. ihn hier in einem Schacht gefangengehalten. Doch auch unter Folter beugte sich der Heilige nicht. Er weigerte sich, anderen Göttern zu huldigen. Als der König später schwer erkrankte und ihn erst das Gebet Gregors zu heilen vermochte, nahm Trdat selbst den christlichen Glauben an. Damit begann im Jahr 301 die Geschichte des christlichen Armeniens, dem ersten Land, das den Glauben an den Gekreuzigten zur Staatsreligion erhob.

Das Kloster war beeindruckend. Und ich fand hier Ruhe, nachdem eine Hochzeitsgesellschaft und eine große Gruppe netter Radfahrer abgezogen

waren. Ich stieg hinab in das Loch, in dem der heilige Gregor so viele Jahre gefangen gewesen war; verweilte vor dem Altar der Hauptkirche, wo Weihrauch in gebündelten Lichtstrahlen zwischen den rußgeschwärzten Steinen tanzte; und ging einige Treppen hoch zur Aussichtsterrasse. Bloß ein paar hundert Meter weiter zertrennte ein Stacheldraht die Ebene. Hier war die geschlossene Grenze zur Türkei. Ein paar Kühe kehrten entlang der Zäune heim – völlig entspannt, unbedarft und unwissend um den Konflikt, den diese emotionale Linie zwischen zwei Völkern markierte. Stacheldraht waren sie gewöhnt. Für mich hingegen war es eigenartig, den Ararat, das allgegenwärtige Symbol Armeniens, dessen überragende Gestalt mich schon einige Tage begleitete, nun hinter einer Absperrung, Wachtürmen und militärischem Flutlicht zu sehen. Ich verließ den kleinen Hügel und schlug, unweit davon, zwischen Obstbäumen mein Lager auf.

Ich war schon eine Weile im Zelt, als die letzten Besucher das Kloster über die kleine Straße verließen. Stimmen und Motorgeräusche, die langsam leiser wurden. Dann war ich mit den Grillen alleine.

Plötzlich standen mir die Nackenhaare zu Berge. In einiger Entfernung hatte etwas zu heulen begonnen. Weitere Stimmen folgten. Der unheimliche Chor schwoll an. Hunde? Konnte das sein? Wölfe? Sicher nicht. In meinen Gedanken blätterte ich durch den armenischen Reiseführer und seine zoologischen Beschreibungen. Streifenhyänen oder Schakale? Das silberne Licht des vollen Monds warf den Schatten der Obstbäume gespenstisch auf mein Zelt. Urzeitlicher Instinkt, gepaart mit einer irrationalen Furcht vor dem Unbekannten aus der Dunkelheit, würde in dieser Nacht wohl einen tiefen Schlaf verhindern. Ich lauschte angestrengt in das Dunkel der Nacht. Dann begann das Heulen wieder. Näher jetzt.

21. Sonntag – Die vielen Söhne des Priesters

Die buschigen schwarzen Augenbrauen wanderten aufwärts zum Rand der traditionellen arabischen Kopfbedeckung des alten Mannes: „Was, du bist 35 und hast keine Söhne?!"

Die Ungeheuerlichkeit des Zölibats spürt man in einem muslimischen Land bei jeder Einladung zum Tee. Sobald man auf die Frage nach Frau und Kindern antwortet, ein eheloser Priester zu sein, bricht Verwunderung oder Entsetzen aus. Aber dafür muss man nicht nach Jordanien reisen. Zwischen Kirchturm und Kaffeehaus in unseren Breiten stößt man für gewöhnlich auf dasselbe Unverständnis.

In der Erklärung meiner exotischen Lebensform habe ich schon einiges versucht. Man kann es mit praktischen Beispielen probieren. Warum waren im Konzentrationslager Dachau 2579 katholische und „nur" 109 evangelische Geistliche inhaftiert? Die Katholiken stellten im damaligen Deutschland lediglich ein Drittel der Bevölkerung und so bleibt eine frappierende Diskrepanz auch nach Abzug der mehrheitlich polnischen Priester bestehen. Nun, einer der Gründe war wohl, dass man evangelische Pfarrer mit Frauen und Kindern massiv unter Druck setzen konnte. Ein Überlebender von Dachau hat mir einmal die dramatischen Szenen aus seiner Gefängniszeit geschildert, auf welche Weise die Gestapo einen verheirateten evangelischen Geistlichen in der Zelle neben ihm bedrohte und drangsalierte. Der Zölibat ist eine Lebensweise, die gerade in schwierigen Situationen eine andere Freiheit ermöglicht.

Eine andere Möglichkeit wäre, zu fragen, wie sich das Leben von Priesterfamilien gestaltet. Dafür kann auch meine Kirche auf Erfahrungen zurückgreifen. Denn wenn es auch im Westen nur wenige wissen, gibt es in der katholischen Kirche neben den römischen Katholiken noch die unierten Ostchristen, bei denen verheiratete Männer zum Priestertum zugelassen sind. Sie pflegen viele der gleichen Traditionen wie die Orthodoxie, erkennen aber den Papst und die Lehre Roms an. Ich habe aufgrund meines Studiums viele solche Priester im Freundeskreis und weiß nicht, ob ich als zölibatärer Priester nicht das einfachere Los habe. Dabei denke ich nicht nur an mich, sondern auch an die Familie. Die Frau, die Tochter oder der Sohn eines Priesters in einem Dorf zu sein, wo man unter den Augen der Gläubigen modellhaft „präsentiert" und „beurteilt" wird, bringt einen Druck mit sich, dem man gewachsen sein muss. In ärmeren Gegenden kommen finanzielle Sorgen hinzu. Man muss seiner Aufgabe und den Bedürfnissen seiner Familie gerecht werden. Einfach ist das nicht, wie ich auf meiner Reise durch die Ukraine erlebte.

Aber bei allen Überlegungen, die man in die eine oder andere Richtung formulieren kann, geht es beim Zölibat letztlich um einen Lebensentwurf, in dem man „um des Himmelreiches willen", wie Christus es sagt, bereit ist, sich ganz in den Dienst Gottes und der Menschen zu stellen. Es ist deshalb kein verkümmertes, beschnittenes Leben, sondern ein Leben in Fülle, das aus der Beziehung mit Gott schöpft. Wo es so verstanden wird, ist es nicht primär Verzicht, sondern die gewählte Freiheit, etwas Großes zu leben. Man wird zum Vater für viele Menschen.

Tag 145 – 39 km (4984 km): Vom richtigen Zeitpunkt und der richtigen Menge

Schakale! Sie waren es gewesen, die des Nachts ihren schauerlichen Gesang über die Ebene gelegt hatten. Dieses Ergebnis brachte ein Vergleich mit Aufnahmen des „canis aureus" im Internet. Doch die „goldenen Hunde" waren nicht der einzige Grund, warum ich in der letzten Nacht vom Lager aufgefahren war. Lange nach Mitternacht saß ich plötzlich senkrecht auf der Matte und starrte in die Dunkelheit. Ein rostiges Quietschen, Klappern und metallisches Schlagen kam auf mich zu. Ich riss den Reißverschluss des Moskitonetzes und des Zelteingangs hoch und fürchtete, in ein Rohr der 21. Türkischen Panzerdivision zu blicken. Stattdessen rollte eine riesige Maschine mit Scheinwerfern 30 Meter neben mir langsam über das Feld. Ein Mähdrescher?! Jetzt?! Verdutzt und doch erleichtert, dass mein Zelt nicht im Pfad der Verwüstung lag, kehrte ich in den Schlafsack zurück. Feldarbeit nach Mitternacht. Eine Stunde lang lauschte ich dem Krachen von Eisen und Stahl und dem dumpfen Aufprall der Strohballen am Boden. Dann wurde es ruhig – bis auf das Heulen der Schakale und die Schüsse, die es unterbrachen.

Unter der Sonne des neuen Morgens verließ ich mein seltsam lautes Nachtquartier, drehte dem Ararat den Rücken zu und wanderte in Richtung der südlichen Berge. Begleitet wurde ich dabei einmal mehr von armenischer Gastfreundschaft.

Schon in aller Früh wurde ich in einem Weinberg gerufen und mit drei Kilo Trauben beladen. Dass ich dies unmöglich alles essen könne, interessierte niemanden. „Nimm und iss!“, hieß es in freundlicher, aber bestimmter Befehlsform. Immer wieder hielten Autos an, um mich mitzunehmen – auch ein KFZ-Mechaniker, der in Deutschland arbeitete und zehn Kilometer weiter am Straßenrand nochmals mit einem Freund (und Essbarem) auf mich warten sollte. Dann war da ein junger Vater mit Kinderwagen, der seinen Spaziergang dafür nutzte, Walnüsse zu sammeln, um sie mir anschließend in die Hand zu drücken. Nüsse hatte ich auch schon kurz zuvor von jemand anderem geschenkt bekommen. Und dann war da noch der Mann mit einem dieser unkaputtbaren russischen „VW-Busse“ (UAZ-452). Er hielt, stieg aus und wollte mir helfen. Mitfahrgelegenheit brauchte ich nicht, gegessen hatte ich schon zu viel und die paar Liter Wasser am Carrix sollten vollends reichen. Ich winkte dankend ab. Der freundliche Herr, der sich als George vorstellte, war geradezu betrübt über meine höfliche Ablehnung. Er ließ die Schultern hängen und stieg zurück in seinen Wagen. Aber so schnell geben Armenier nicht auf. Eine halbe Stunde später überholte er mich neuerlich und überreichte mir strahlend einen Sack voller Äpfel und Weintrauben. Ich war schon fast am Verzweifeln. Wie sollte ich das alles essen? Und wie sollte ich es tragen? Lächelnd nahm ich wenigstens ein paar der Äpfel und Trauben und bedankte mich. Als ich einen Kilometer weiter an einem Hirten vorbeikam, drehte ich den Spieß um. Ich lief zu ihm hin und überreichte ihm mein Obst und widerstand tapfer jedem Versuch, mir im Gegenzug Brot, Tomaten und Wodka zustecken zu lassen. Nun, hauptsächlich „widerstand“ ich dadurch, dass ich schnell davonrannte.

Dann wurde die Straße einsamer und die Nahrungsmittellieferungen hörten auf. Drei Stunden später. Ich lag trocken und absolut satt in meinem Schlafsack.

Unter meiner Bauchdecke blubberten die Trauben. Regen prasselte auf das Zelt. Starker Regen. Aber in meinen vier Kunststoffwänden breitet sich nichts als Zufriedenheit aus – Zufriedenheit, die mit guten Entscheidungen kommt. Ich hatte mir früher als zuletzt, nach knapp 39 Kilometern, einen Platz hinter einer Kuppe gesucht. Und mein Zelt war genau in jenem Moment fertig aufgebaut, als heftiger Regen einsetzte. Ich grinste. Ein Mähdrescher würde hier zwischen den steilen Hügeln keiner kommen. Obwohl … in Armenien wusste man ja nie.

Tag 146 – 55 km (5039 km): Fünftausend

Heute Früh wartete ich auf eine Regenpause und packte dann meine Sachen zusammen. Es war eine angenehm stille Nacht gewesen. Keine Autos. Keine Hunde. Kein Heulen. Kein Mähdrescher. Einmal in den Morgenstunden war ein Maulwurf oder eine Wühlmaus etwas verwirrt auf meine Zeltunterlage,

statt auf die Dämmerung gestoßen, und hatte sich dann schräg über meinem Kopf in die Freiheit hinaus geraschelt, aber das war es auch schon gewesen mit der Ruhestörung.

Die ersten Kilometer führten mich zu einem einfachen Bergdorf. Kinder waren auf dem Schulweg und drehten sich nach meiner seltsamen Erscheinung um – aber es waren die ersten Kinder, die nicht kicherten, sondern einfach nur stumm aus großen Augen blickten. Vermutlich war mein Bart heute besonders wild zerzaust. Nach dem Pass auf gut 2.100 Metern ging es hinunter in das Tal zur armenischen Nord-Süd-Verbindungsroute M2. Sie war in diesem Abschnitt keine sonderlich große oder stark befahrene Straße und es gab am Fahrbahnrand ausreichend Platz für einen Pilger. Diesen Platz musste ich mir auf den Folgekilometern lediglich mit Apfelpyramiden teilen, an denen in regelmäßigen Abständen Obst feilgeboten wurde. Die verschiedenen bunten Sorten, aufgetürmt oder in Kisten gestapelt, boten ein nettes Bild und rundeten herbstlich all jene Angebote ab, die ich die letzten 5.000 Kilometer am Wegrand vorgefunden hatte.

Mein Weg führte allerdings nicht nur an Äpfeln vorbei, sondern auch an komplizierten Grenzziehungen. So gab es winzige Territorien, die Aserbaidschan zugerechnet wurden. Wäre ich schon früher auf die M2 eingeschwenkt, hätte ich beispielsweise ein Dorf passiert, das de jure Baku als Hauptstadt nennt, obwohl es nur eine „Insel" mit zwei Kilometern

Durchmesser mitten in Armenien ist. Historisch ist die Sache auch zwischen diesen beiden Nachbarländern ziemlich belastet. Zwar gilt seit den 1990ern eine Waffenruhe, aber politisch rasseln die Säbel immer wieder rund um jene Gebiete, die sowohl von Armenien als auch Aserbaidschan beansprucht werden. Für mich bedeutete dies, dass ich daran vorbei einen weiten Bogen Richtung Osten machen musste.

Nachdem es am Vormittag weitgehend trocken geblieben war, setzte am späteren Nachmittag der angekündigte Regen ein. Donner hallte durch die Schlucht, während ich im engen Tal der Arpa flussaufwärts lief. Eine kleine Höhle mit üblen Gerüchen bot für eine kurze Zeit Unterschlupf, aber lange konnte ich nicht bleiben. Bis zum Einbruch der Dunkelheit blieben noch drei Stunden und mehr als 15 Kilometer nach Եղեգնաձոր (Jeghegnadsor). Dort hoffte ich auf ein Hotel und eine Dusche.

Es war kalt. Ich war aufgeweicht. Der starke Regen füllte die Schlaglöcher der Straße und bildete in Vertiefungen und Flachstücken eine ganze Seenlandschaft. Wenn ich auch aufgrund der Verhältnisse keinem der Autofahrer böse Absichten unterstellen möchte, so hatte ich dennoch kaum ein Lächeln auf den Lippen, wenn mich wieder eine Fontäne traf. Verbissen und mit dünnen Lippen schritt ich weiter. Das war notwendig. Hatte man den Mund offen, während das Schmutzwasser von der Seite wie eine Welle kam, knirschten in den folgenden Minuten Dreck und Sand zwischen den Zähnen. Eine Lektion fürs Leben: „Mund zu!“

Ich war völlig nass und gebadet, als ich in Jeghegnadsor ankam. Meine Füße waren verschrumpelt wie nach vier Stunden in der Wanne – im Grunde eine zutreffende Beschreibung der letzten Kilometer. Das erste Hotel hatte keine Zimmer mehr oder wollte mich nicht nehmen – und bei meinem Anblick musste man dafür schon fast Verständnis haben. So ging ich stadteinwärts. Die Straße führte bergan und war nicht beleuchtet. Es war dunkel geworden. Und in besagter Dunkelheit kam mir ein trüber Fluss entgegen, der sich überirdisch eigene Wege suchte, nachdem er die überforderte Kanalisation verlassen hatte. Knöcheltief watete ich durch das schmutzige, eiskalte Wasser. Nur das Mantra „heiße Dusche“ wärmte mich noch von innen. So kam ich zu einem neuen Hotel im Zentrum. Als ich jedoch einen Reisebus am Parkplatz sah, kam eine Vorahnung über mich, die wenige Augenblicke später an der Rezeption bestätigt wurde. Alles voll. Aber man zeigte mir freundlich den Weg zu einem Hotel gegenüber – „Sowjet-Style“ und aus der Ära, als Gorbatschow noch ein kleiner Junge gewesen war.

Nun, es war ein – hoffentlich geflicktes – Dach über dem Kopf. Bekam ich hier meine heiße Dusche? Nein. Eine kalte? Nein. Außer einem Kübel Wasser, einer Schöpfkelle und einem Abfluss im Boden des Badezimmers gab es nichts, was man in diesem Badezimmer als Dusche hätte auslegen können. Warmwasser war wohl zu „bourgeois“, damals im Klassenkampf.

Den Rest des Abends versuchte ich noch, einem italienischen Paar eine Unterkunft zu vermitteln, das beim Anblick dieser Bleibe wieder rückwärts das Gebäude verlassen hatte. Aber trotz einer Stunde mit meinem GPS, Telefonaten und einer Fahrt in ihrem Jeep zu einem „Bed and Breakfast“ über eine Schlag- /Schlammlochpiste am Stadtrand, hatten wir keinen Erfolg. Alles voll. Sie kehrten zurück auf die Straße, ich kehrte zurück in mein beige-braun tapeziertes Zimmer. Dort kroch ich in den Schlafsack, visualisierte 15 Minuten lang ein dampfendes Bad und schloss die Augen. Ich dachte zurück an den Anfang der Slowakei und schätzte mich glücklich.

Tag 147 – 39 km (5078 km): Müdigkeit

Ich erwachte auf meiner weichen Federkernmatratze, hatte den Geruch von billigem Waschmittel in der Nase und blickte auf zur „ehrlichen“ – da außen geführten – Verkabelung der Rauchmelder(-imitate). An der Wand waren Muster und Formen, die frühere Möbel auf der bleichen Tapete hinterlassen hatten. Ich hatte acht Stunden geschlafen. Aber ich war müde. Die Beine waren nach den gestrigen 52 Kilometern träge und wie Blei. Im Vergleich zu den langen Sommertagen war es nun schwerer, große Wegstrecken zu bewältigen. Es blieb kaum mehr Zeit für Pausen oder Erholung über Mittag. Zwölf Stunden hatte man Licht. Damit musste man auskommen oder einfach schneller gehen.

Den ganzen Vormittag konnte ich diese Müdigkeit nicht wirklich abschütteln. Als ich nach einer ganzen Weile auf das GPS blickte und dort noch nicht einmal zwölf Kilometer notiert waren, gab es mir einen kleinen Stich. War das alles? Eine 20 hätte ich dort gerne gesehen. Aber ich kam nicht gut voran. Es war mühsamer heute – nicht nur, weil mir der gestrige Tag noch in den Knochen saß, sondern auch, weil der Straßenrand durch den starken Regen aufgeweicht, ausgespült oder schlichtweg schlammig war. Das bremste das Vorankommen und machte es bisweilen zu einer quälenden Geschichte. Auf die Fahrbahn auszuweichen, ging nur bedingt. Lange Abschnitte zogen sich durch ein enges, kurvenreiches Flusstal. Es war schwer, den Gegenverkehr rechtzeitig zu sehen und so „pflügte" ich lieber den Graben um.

Die Müdigkeit erfasste schließlich auch den Geist. Ich musste mich zwingen, immer wieder zu lächeln und den Menschen am Wegrand meine Sache zu erklären. Immer dasselbe. Immer die gleichen Blicke, Gesten, Fragen, Kopfschütteln, „Маладец!" (Wow!). Doch dafür hatte ich heute einfach nicht die Kraft. Die Gefühle lagen an der Oberfläche. Keine Maske. Keine Schminke. Leider war „en naturel" aber nicht immer sehens- oder begegnenswert. Ich war so kurz angebunden wie möglich.

So wie gestern gab es am Nachmittag wieder heftige, teils gewittrige Schauer. Fand ich einen Unterstand, verweilte ich kurz und kehrte nach dem Gröbsten wieder auf die Straße zurück. Und diese begann sich nun aus dem engen Tal Richtung Vorotan Pass zu heben. Mit dem sich weitenden Blickfeld begann sich auch der Himmel zu öffnen. Morgen solle es laut Wetterbericht wieder besser sein. Mich erwartet also eine klare und darum kalte Nacht. So nutzte ich die Gelegenheit, 400 Höhenmeter unter dem Pass, auf gut 2.000 Metern über dem Meer, die Straße zu verlassen und auf einer schönen goldenen Wiese mein Zelt aufzuschlagen. Es war erst kurz nach 17.00 Uhr, das GPS zeigte fast 40 Kilometer und für recht viel mehr hatte ich heute keine Kraft. Ich genoss die Sonnenstrahlen und entspannte, bis es dunkel wurde. Über mir wand sich die Passstraße. Seufzende Motorbremsen. Iranische LKWs krochen von den Bergen.

Tag 148 – 50 km (5128 km): Farbpalette aus Sienabraun

Als ich heute den Kopf aus dem Zelt in die Dämmerung hinausstreckte, fand ich gefrorene Tropfen auf der Regenhülle des Carrix. Grund genug, sich im Schlafsack noch einmal umzudrehen und darauf zu warten, dass der schmale, rosa Streifen Licht am Himmel breiter wurde. Eine halbe Stunde später gab ich mir einen Ruck, streifte die feucht-kalten Hosen und den Fleecepulli über und versuchte mit der Daunenjacke die Kerntemperatur zu sichern. Nur die Hände fielen mir vor lauter Kälte fast ab, als ich mein Zelt und mein Gepäck verstaute. Und die nackten Zehen in den Sandalen? Die bekamen schon bald ausreichend Bewegung auf den ersten acht Kilometern bergan. Nach zahlreichen, sich höher windenden Kehren tauchte plötzlich auch wieder der Ararat in der Ferne auf. Er trug, wie in den letzten Tagen, eine Wolkenkrone, während über mir dankenswerterweise abermals ein tiefes Blau regierte. Grandios war die Fernsicht in der klaren Luft.

Am Pass kaufte ich bei einem Händler ein, der vor der Motorhaube seines Schiguli Äpfel feilbot. Ich probierte auch eine seltsame Kirschfrucht und wunderte mich über die geflochtenen „Grasseile" – Kräuter für die Suppe, wie man mir später erklärte. Den ersten Apfel frühstückte ich umgehend im Windschatten des Passmonuments unter den Argusaugen zweier Hunde. Im Unterschied zu meiner Aragazbegleiterin Aloysia machten sie sich allerdings nichts aus dem Kerngehäuse. „Wurst" stand ihnen ins fragende Gesicht geschrieben.

Zurück auf der Straße, hatte man einen schönen Ausblick auf die kommenden Tage in Südarmenien. Das schmale Band Asphalt wand sich zwischen den Kuppen der Hochebene, unterbrochen von Gräben mit ihren kurzen steilen Rampen. Ein kühler Wind blies von den Bergen, die frischer Schnee bedeckte. Ich befand mich immer noch auf der M2, der Hauptverbindung in den Süden, aber über die nächsten Stunden bestand das Verkehrsaufkommen zu einem großen Teil aus zwei riesigen Schafherden, die von berittenen Hirten auf der Fahrbahn vorangetrieben wurden. Angeführt wurde die wollige Prozession der blökenden Tausendschaft von zwei stolzen Ziegen. Mit ihren gewundenen Hörnern und ihrer gleichsam königlichen Contenance war es dahin, als ich mit dem Carrix an ihnen vorbeiratterte. Zum Leidwesen des vordersten Hirten, schlugen sich die beiden in die Disteln am Straßenrand und ließen sich erst wieder zu ihrem würdevollen Amt überreden, als ich weit genug entfernt von ihnen war.

Bei der Abzweigung nach Սիսիան (Sisian) verließ ich die M2, als gerade eine Blaulicht-Karawane die Straße hinunterraste. Irgendeinem Politiker und seiner Entourage wurde wohl wieder eine der Sehenswürdigkeiten gezeigt. Angesichts der Geschwindigkeit, mit der die schwarzen SUVs an mir vorbeischrammten, musste ich, so gestern schon einmal, von der Straße springen. „Diener des Volkes … ", murmelte ich und folgte der Schlucht, die nun, in der untergehenden Sonne, in hellen Farben glühte.

Sieben Kilometer weiter wurde ich freundlich von den Jugendlichen begrüßt, die auf dem Hauptplatz der Kleinstadt einen Fußball hin und her schoben. „Ah. Ich verstehe. Dein Armenisch ist nicht gut", meinte ein Junge völlig untertrieben auf Englisch, als ich nach seinem „բարև" (Hallo) lächelnd ins Stocken geraten war. Er zeigte mir die Richtung zum Hotel. Es war ein alter Sowjet-Bau mit „Warmwasserupdate". Im Preis inbegriffen war zudem ein kurzes Bett mit hohem Bettende. So lag ich wieder schräg auf der Matratze, ließ die Füße in der Luft baumeln und dachte zurück an die 50 Kilometer des heutigen Tages. Wie doch das sonnige Wetter im Gemüt einen Unterschied macht! Diese Landschaft ist großartig.

Goldene Bergrücken mit weißen Kappen. Vor allem aber liebe ich die Weite, die doch eine ganz andere ist, als jene, die man in der flachen Ebene findet. Südarmenien. Маладец! (Wow!)

Tag 149 – 41 km (5169 km): Bieberfieber

Als ich heute Morgen Sisian verließ, waren die Schüler gerade auf dem Weg zum Unterricht. Nach dem einen oder anderen grüßenden „բարև", kamen heute auch zwei Teenies auf mich zu, um mit mir ein Foto zu knipsen. Dann musste ich ihnen auf Englisch Rede und Antwort stehen. Große Augen, mehr Handyfotos, Fassungslosigkeit, Gekicher und die Aufforderung, sie doch bitte-bitte zur Schule zu begleiten. Dort wollten mich die beiden quirligen Fräulein ihren Freundinnen präsentieren. Ich lehnte dankend ab und verwies auf die anstrengende Bergetappe, die heute vor mir lag. Aber ich verabschiedete mich mit der inneren Zufriedenheit, dass die Bilder eines bärtigen Pilgers heute – wenn auch nur heute – Justin Bieber auf den Mobiltelefonen auf dem armenischen Schulhof ausstechen würden.

Der Weg an diesem klaren und sonnigen Vormittag führte zunächst entlang einer großartigen Schlucht. Ein grünes Band von Bäumen säumte den Fluss, der sich langsam an ihrem fruchtbaren Boden tiefer grub. Leider hatte man unweit der Stadt begonnen, die Furchen am Rand mit brennendem Müll zu füllen. So trübten giftige Wolken die Sicht auf das verlassene Kloster Որոտնավանք (Vorotnavank). Da es in einer Sackgasse jenseits der Hauptverbindung lag, kamen kaum Touristen hierher. Ich verweilte eine halbe Stunde in der schwangeren Stille unter der Kreuzkuppel der Johanneskirche, bis eine Taube vom Gesims flatterte und der aufgewirbelte Staub im Lichtstrahl der schmalen Öffnung einen langsamen Tanz vollzog. Ich trat zurück ins Freie. Kunstvolle Grabsteine und Steinstelen (Chatschkar) lehnten sich im bleichen gelben Gras zur Seite. Wenige Meter weiter fielen Basaltfelsen schroff in die Tiefe ab. Seit dem schlimmen Erdbeben von 1931 war dieser Ort verlassen.

Von hier wand sich die immer schlechter werdende Straße hinauf zum letzten Dorf Լծեն (Ltsen). Dann ging es über einen bergigen und steilen Weg hinauf

auf knapp 2.200 Meter über einen Pass zur anderen Seite des Bergrückens. Unterwegs in der wilden Einsamkeit sang ich alte und improvisierte Fassungen des „Ave" ..., bis ich plötzlich vor vier lächelnden Forstarbeitern stand. Zum Erröten blieb keine Zeit. Und so beschloss ich, den Gesang durchzutragen, mit einem Grinsen im Gesicht.

Um kurz nach 16.00 Uhr erreichte ich die höchste Stelle, machte eine kurze Pause, blickte zu den weißen Gipfeln im Norden zurück und begann dann den Abstieg auf der schattigen Seite des Berges. Die Hände waren kalt. Die Luft war kalt. Und durch die sich färbenden Buchen und Eichen am Weg, begann ich erstmals zu begreifen, dass es wirklich Herbst geworden war. Erinnerungen an meine vielen Wanderungen durch das bunte Laub in den Ötschergräben und am Triesenberg kamen zurück; die kalten Hände und das Gefühl bei der Heimkehr, wenn sie in der Wärme glühten; dampfender Tee und sein Geruch. Nur, heute würde ich nicht nach Hause kommen. Ich freute mich stattdessen auf die berühmte Klosteranlage von Տաթեվ (Tatew).

Von der Seite, von der ich kam, sah der Ort ganz anders aus, als ich ihn mir aufgrund der berühmten Postkartenansicht vorgestellt hatte. Größer war das Dorf, mit mehr Traktoren. Das Kloster, das auf Bildern immer so spektakulär einsam auf seiner felsigen Plattform zu sehen war, lag einfach am untersten Ende des Dorfes. Ja, Fotos sind eben eine elegante Form des Lügens.

Bei der halb-privaten Touristeninformation bekam ich ein Zimmer in einem uralten Haus des Dorfes vermittelt. Dort verdient der spektakuläre Badezimmeranbau im ersten Stock eine besondere Erwähnung. Wenig Komfort, ganz viel Charme. Ich mag solche Häuser.

Tag 150 – 31 km (5200 km): „Bell!" Was soll man da denken?

Auch jenen, die dieses Tagebuch nur oberflächlich lesen, ist mittlerweile aufgefallen, dass es kaum Einträge ohne die Gattung „canis lupus familiaris" gibt. Ich kann nicht leugnen, dass bellende Vierbeiner immer wieder meinen Tag – und meine Nacht – bestimmen. Nur ein Bruchteil ist hier aufgezeichnet. Die meisten Episoden mit fletschenden Zähnen und eingezogenen Schwänzen erspare ich dem Leser. Heute aber wurde mir erklärt, dass meine tägliche Fixierung auf das „Hundeproblem" sich sogar unbewusst auf meine armenische Artikulation zu übertragen schien. Mein Wortschatz in der Sprache dieses Landes ist mit „Hallo", „Hund" und „Tschüss" zugegebenermaßen stark eingeschränkt. Russisch dient mir immer für die Lücken. Als ich mich jedoch heute in einem Dorf von zwei freundlichen Männern nach den üblichen Erklärungen zu meinem Weg mit einem herzlichen „հաջող" verabschiedete, wurde ich umgehend korrigiert. „Bell!" oder so etwas dieser Art, hätte ich gerade zu ihnen gesagt. Ich müsse das Wort weicher aussprechen. „Dsch, dsch, dsch dsch", wiederholte er: „Hadschoch". Ich musste lachen. In diesem Fall hatte ich mich die letzten Wochen über anscheinend öfter mit einer Aufforderung zum Bellen verabschiedet.

Dieser Tag der sprachlichen Weiterentwicklung begann allerdings schon einige Stunden vorher, in meinem alten, sympathischen Gästehaus. Noch vor dem Frühstück ging ich zum Kloster, um dem Touristenansturm aus dem Tal zuvorzukommen. Seit drei Jahren müssen die Besucher hier nicht mehr die halbstündige Fahrt über eine enge, kurvenreiche Straße in Kauf nehmen, sondern sie können mit einer 5,75 Kilometer langen Pendelbahn über die Vorotanschlucht schweben. Gebaut wurde diese längste Pendelbahn der Welt übrigens von einem österreichischen Unternehmen.

Ich trat durch das Tor in die Klosteranlage aus dem 10. Jahrhundert, die in späteren Jahrhunderten mit der bedeutendsten Universität des mittelalterlichen Armeniens zu einem wichtigen spirituellen und kulturellen Zentrum des Landes wuchs. Die Stille unter dem geschwärzten Tonnengewölbe ließ sich greifen. Sie war voll Gegenwart. Ein Mönch betete in der Reliquienkapelle, bevor seine Sohlen über den Steinboden schliffen und er begann, den Altar in der dunklen Apsis für die Feier zu bereiten. Dann begann die Liturgie mit Bischof, Diakon und zwei Gläubigen. Herrlicher, stellenweise orientalisch, fast arabisch anmutender Gesang, gezogene Vorhänge, Verhüllung, spärliches Licht, Weihrauch, Mysterium. Dankbar war ich, am Ende meiner Zeit in Armenien, noch in seine kirchliche Mitte eingetaucht zu sein.

Mit diesen eindrücklichen Bildern verließ ich kurz vor Mittag Tatew und folgte dem Highway H45 – mehr Hikeway 45 – über Schotter, Staub und ein paar wenige Flecken Asphalt Richtung Կապան (Kapan). Die erfreuliche Verkehrsbilanz betrug bis zum Abend: drei Autos.

Ich genoss die herbstlichen Farben einer Landschaft, die dem Norden und Zentrum Armeniens immer weniger glich. In dem einen oder anderen Seitental mit Felsenturm meinte ich die österreichischen Ostalpen oder die französische Chartreuse zu durchstreifen. Bäume waren auf die Hänge zurückgekehrt.

Nach einem Pass führte der Weg vorbei an einer Reihe armseliger Dörfer. Auf den letzten 4.000 Kilometern, seit der Ostslowakei, habe ich mich so an diesen Anblick gewöhnt, dass ich die ländliche Armut kaum mehr wahrnahm. Für mich waren es jetzt einfach Dörfer. Leben wie bei uns vor 70 Jahren – mit dem Unterschied vielleicht, dass hier die Satellitenschüsseln Fenster in

eine glanzvolle, aber gewiss nicht heile und glückliche Welt aufrissen.

In der Dämmerung suchte ich eine gerade, geschützte Fläche und fand lange nichts. Ein Vorsprung im Grabendickicht unterhalb der kleinen Straße musste schließlich reichen. Dort scheiterte ich allerdings mit konventioneller Zelttechnik. Weder Heringe noch Steinnägel ließen sich versenken. Nun konnte man mein Zelt auch freistehend mit Hilfe von Wanderstöcken errichten. In Ermangelung derselben brauchte ich Ersatz und fand lediglich ein paar krumme dünne Hölzer. Damit stand das Zelt. Aber Windstärke „0" war der Grenzwert für die Nacht.

Tag 151 – 41 km (5241 km): Die große Wende

Das Zelt stand heute Morgen noch. Dabei hatte ich in der Nacht beim neuerlichen Ertönen des unheimlichen Geheuls der Schakale kurz an das Märchen mit den drei kleinen Schweinchen denken müssen. Zu mir hätte sich keines der rosa Ringelschwänzchenkameraden vor einem pustenden Schakal flüchten dürfen. Das gab die Statik nicht her.

Das Zelt also stand noch. Aber es war nass, wie nie zuvor – nicht vom Regen, sondern vom Tau. Mit Tau kämpfe ich schon zwei Wochen lang. Es ist mittlerweile schon fast ein kleines Ritual geworden, mein Zelt in der Mittagspause wie einen dicken Drachen im Wind „fliegen" zu lassen.

Am Vormittag erreichte ich Kapan. Ein Ereignis. Die 35.000 Einwohner zählende Stadt sollte der östlichste Punkt auf meiner Pilgerreise sein. Hier war der große Wendepunkt meiner Schlaufe. Von hier an ging es nach Westen, in den Sonnenuntergang. Unspektakulär war die Straßenecke, wo die „R. Minasyan" in die altbekannte M2 mündete. Niemand beachtete den bröckelnden ungepflegten Gehsteigrand. Nur ich hielt hier für einen Moment inne und blickte auf meine Füße. An diesem Punkt war ich Neu-Dehli näher als Triesenberg. Würde ich von hier nach Osten weitergehen, wäre die chinesische Grenze weit schneller erreicht, als in umgekehrter Richtung das kleine Kirchlein von Malbun. Wie klein ist dieses Erdenrund, wenn meine Füße mich in den letzten fünf Monaten

so weit getragen haben. Wie in stiller Anerkennung ließ Kapan bunte Fahnen wehen – hauptsächlich Socken, Shorts und andere Wäsche, die spektakulär zwischen grauen Hochhaustürmen auf den Leinen flatterte.

Dann ging es das Tal hinauf nach Կաջարան (Kadscharan). Entlang des Weges: herbstliche Farbenpracht; schroffe Berge; und jede Menge, höchst autonomer Kühe, die sich auf ihrer schlendernden Reise entlang des Mittelstreifens vom Hupen der Autos aber auch gar nicht aus der Ruhe bringen ließen.

In der kleinen Stadt angekommen, hinter der Armeniens größter einzelner Steuerzahler mit über 4.000 Mitarbeitern nach Kupfer schürft, fand ich unverhofft ein neu saniertes Hotel. Nach einem Bummel durch den Ort bezog ich dort ein bequemes, kleines Zimmer.

22. Sonntag – Ob das Böse böse ist

„Das Böse und das Gute gibt es nicht. Das ist alles eins in Gott. Das ist so wie mit dem Dings … dem Yin und Yang. Das gehört zusammen. Woher soll es denn sonst kommen, das Böse, wenn nicht von Gott?“

Der christliche Glaube bekennt, dass alles, was ist, von Gott kommt und gut ist. Woher kommt dann das Böse? Das verstehen wir, wenn wir begreifen, was das Böse überhaupt ist.

Nehmen wir das Beispiel von Licht und Dunkel. Was ist denn Dunkelheit? Dunkelheit ist nichts anderes als das Fehlen von Licht. Dunkelheit ist real. Es gibt sie wirklich, aber sie ist nicht irgendein schwarzer Nebel, der sich blitzartig ausbreitet, wenn das Licht ausgeht und dann genauso schnell verschwindet, wenn man das Licht wieder anknipst. Nein, Dunkelheit ist ganz einfach das Fehlen von Licht.

Genauso ist es mit dem Bösen. Das Böse, oder ganz allgemein ein Übel, ist ein Fehlen von etwas – und zwar das Fehlen von etwas, das eigentlich da sein sollte. Es ist ein Mangel. Das Böse ist real, aber es ist nicht etwas Seiendes, sondern eben ein Fehlen, ein Mangel davon.

So einen Mangel kann es im Körperlichen geben oder in unserem Verhalten. Letzteres nennt man ein moralisches Übel oder Sünde.

Ein körperliches Übel ist zum Beispiel ein fehlendes Bein. Wenn mir als zweibeinigem, aufrecht gehendem Wesen ein Bein fehlt, kann ich nicht gut laufen. Ich leide unter einem Mangel. Hier spricht man von einem körperlichen Übel.

Ein moralisches Übel hingegen ist es zum Beispiel, wenn ich zu jemandem gemein bin. Das ist ein Mangel an Achtung und Respekt gegenüber dem anderen. Hier fehlt etwas in meinem Handeln, das eigentlich da sein sollte: nämlich Achtung und Respekt.

Moralische Übel sind viel schlimmer als körperliche Übel. Denn wenn mir ein Bein fehlt, dann bin ich vielleicht ein schlechter Marathonläufer; wenn mir aber Achtung vor anderen Menschen fehlt, bin ich in diesem Punkt ein schlechter Mensch. Meine Handlungen bestimmen, wie ich als Mensch bin, und nicht meine körperlichen Eigenschaften.

Das sind die zwei Arten von Übeln, die es gibt. Körperliche Übel sind unser aller Los in dieser gefallenen Welt. Die Sünde jedoch nicht. Ihre Ursache liegt bei uns. Nicht Gott, der die Fülle des Seins ist, bringt Sünden hervor, sondern das Geschöpf, das in der Verletzung der rechten Ordnung einen Mangel aufreißt.

Tag 152 – 43 km (5284 km): Das Ende von Armenien

Heute brach mein letzter voller Tag in Armenien an. Da mischte sich in die freudige Aufregung über die kommenden persischen Etappen, doch auch ein klein wenig Traurigkeit. Transkaukasien war alles gewesen, was ich mir erhofft hatte und mehr – nicht zuletzt mehr Äpfel, mehr Weintrauben und ein Mehr an anderen durchs Autofenster gereichten Lebensmitteln.

Es war kühl. Wolken und Nebel hingen zwischen den steilen Hängen, während ich über Rampen mit zwölfprozentiger Steigung langsam zum

Meghripass aufstieg. Den Großteil des Verkehrs machten iranische LKWs und Öltankwagen aus. Jene, die schwer beladen nach oben krochen, ließen mich hustend in schwarzen Abgaswolken stehen; jene, die mir entgegenkamen, zogen den Geruch verbrannter Bremsklötze und manchmal hellen Rauch hinter sich her. So war der Weg auf den 2535 Meter hohen Übergang trotz reizvoller Aussichten kein übermäßig schöner Abschnitt für Pilger. Das änderte sich auch auf der Südseite nicht, aber es wurde merklich wärmer. Luft aus dem Iran strömte das Tal herauf und wehte mir sanft in das Gesicht.

Es gab freilich auch am letzten Tag in diesem Land wieder zahlreiche Begegnungen. Eine sei herausgegriffen. Am Straßenrand, schon weit talabwärts, stand plötzlich der Englischlehrer Hrach mit verschränkten Armen an seinen dunkelblauen Schiguli gelehnt. Er war auf dem Weg zu seinem Garten. Da ich sein Angebot, mitzufahren, dankend ablehnte, gab er mir genaue Anweisungen, wo ich sechs Kilometer weiter abbiegen solle, damit ich vor meiner Ausreise noch einmal so richtig „Armenien verkosten" könne. Eine gute Stunde später verließ ich daher am genannten Parkplatz die Straße und ich folgte einem sichtlich stolzen Hrach in sein grünes Reich. Tomaten, Feigen, Granatäpfel und eine besondere Zuchtform der Kakifrucht wurden mir gereicht. Ich kaute und schmatze, während mir der süße Saft in den Bart tropfte. Hrach hob seine Augenbrauen

und sah mich fragend an. „Ja, Armenien schmeckt gut!", antwortete ich lachend und zu seiner vollen Zufriedenheit.

Von Լեհվազ (Lehvaz) war es nicht mehr weit zu meiner Pension am nördlichen Rand von Մեղրի (Meghri). Dort begann nun meine letzte Nacht in Armenien etwas „antiklimaktisch". Zum einen schien sich die nicht übertrieben freundliche Hotelbesitzerin durch die Anwesenheit eines Gastes gestört zu fühlen, zum anderen war ich nun, nach Wochen großartiger Internetverbindungen an allen möglichen und unmöglichen Orten, in einem totalen Funkloch gelandet. Gerne hätte ich noch ein bisschen virtuell auf die nächsten Tage geblickt.

So saß ich nun in einem feuchten, praktisch fensterlosen Raum auf dem kurzen Bett und schraubte nach der heiligen Messe langsam die kleine Plastikflasche mit dem Messwein wieder zu. „*Der* wird eine der Herausforderungen in der Islamischen Republik", sagte ich nachdenklich zu mir selbst, als ich ihn in seinen Beutel wickelte und probeweise einen schwarzen Socken drüber stülpte. Ich ließ das „Paket" von einer Hand in die andere wandern und wog gedanklich meine Möglichkeiten ab. Dann dachte ich an die letzten drei großartigen Wochen im Kaukasus zurück. Vor mir liegt der Iran, ein neues Land, eine neue Kultur, das Ungewisse.

Tag 153 – 45 km (5329 km): „You make me problem!"

... mit diesen vier Worten wandte sich der junge iranische Soldat leicht verzweifelt nochmals an mich. Da war etwas Flehentliches in der Stimme. Was war geschehen? Nun, wenige Minuten zuvor war ich durch das widerspenstige Grünzeug am Oasenrand im Arastal gestiefelt, in der Hoffnung, einen Bauern zu finden und um von ihm einen Zeltplatz zu erbitten. Als ich dann aber erfolglos auf die Straße zurückkehrte, sah mich eine Grenzpatrouille mit zwei Soldaten auf einem Motorrad und hielt an. Reisepass. Langes Studium. Wo ich hin wolle? „Jolfa", antwortete ich und zeigte in Richtung der untergehenden Sonne. Blicke. جلفا (Jolfa) lag 40 Kilometer westlich von hier. In Erwiderung der offensichtlich entstehenden Frage beschloss ich, aktiv die Sache in die Hand zu nehmen. Ich deutete auf mein Zelt und fragte naiv und unschuldig – wie ich eben bin – wo ich hier gut campen könne. Die Gesichtszüge meines Soldaten wurden lang. Kurz rang er nach Luft. „Here no camping!", sagte er beinahe fassungslos und wies in meine Marschrichtung. Das konnte zwei

Dinge bedeuten. Entweder war dort vorne ein geeigneter Platz, oder ich solle verschwinden – nach Jolfa. Grundehrlich – in anderen Worten: realitätsfremd – zückte ich mein GPS und bat ihn, mir die Stelle zu zeigen. Als er meine Satellitenkarten von der sensiblen Grenzregion sah, weiteten sich seine Augen bis zum dünnen Stahlrand seiner Brille. In diesem Moment muss er erkannt haben, wie sinnlos die „No-Photo-Politik“, die mich schon den ganzen Tag entlang der iranisch-armenischen und dann der iranisch-aserbaidschanischen Grenze begleitet hatte, in Anbetracht der detaillierten Bilderflut aus dem Weltraum eigentlich war. Er murmelte etwas zum Kollegen. Dann, zu mir gewandt, sagte er: „You wait here!“ Die beiden stiegen auf das Motorrad und fuhren in die Richtung, aus der sie gekommen waren; langsam, irgendwie unschlüssig, mit gelegentlichen Blicken über die Schulter. Ich saß am Straßenrand und wartete brav, wie mir befohlen. Zehn lange Minuten verstrichen. Das Licht der Sonne schwand. Dann kamen sie zurück. Ich hatte fast den Eindruck, sie waren frustriert, dass ich noch nicht verschwunden war. Denn eine Lösung hatten sie auch diesmal nicht. Sie variierten nur die Frage. „Why you“, und dabei zeigte der Uniformierte auf mich, „no car, no bus, no bicycle, you walk?“ Dann kratzte er sich unschlüssig. „You make me problem.“

Eine Pause der Hilflosigkeit entstand. „Taxi“, meinte er plötzlich und wollte ein nahendes Auto an den Straßenrand winken. Ich aber lehnte ab und bedeutete bestimmt, dass ich zu Fuß weiter wolle. Gut, dann müsse ich ihnen bis zu ihrem Militärposten, einen Kilometer weiter, folgen. Im Schritttempo fuhren sie mir voraus. Das Motorrad schlenkerte. Ich trottete ihnen froh hinterher. Die ganze Zeit über hatte ich gehofft, – so wie von anderen Reisenden beschrieben –, im Schutz eines Polizeipostens ungestört zelten zu können.

Schatten hatte sich über das Tal gelegt. Nur mehr ein paar Bergspitzen glühten in der Abendsonne. Nach zwei Minuten wendete das Motorrad und kam zu mir zurück. Der Soldat, der schon zuvor die Konversation in gebrochenem Englisch geführt hatte, klappte das Visier hoch und sagte: „You go!“ „To the Police station?“, fragte ich nach. „No! No!“, schüttelte er schnell den Kopf. „You go five, six kilometers …“ Und dann ließen sie mich stehen. Das Knattern des Motors entfernte sich und verstummte schließlich hinter den Felsen. Ich war allein. Eine warme Brise strich mir über das Gesicht. Ob die beiden jungen Soldaten mit dem plötzlichen Abschied mir oder sich selbst Ärger ersparen wollten, blieb im

Dunkeln – im Dunkel der beginnenden Nacht. Ich vermutete, dass fünf bis sechs Kilometer von hier einfach nur ihr Zuständigkeitsbereich endete.

* * *

Viele Stunden zuvor hatte der Tag natürlich auf der armenischen Seite der Grenze begonnen. Ich startete in Meghri und wanderte bald schon entlang von Gittern, Zäunen, Wachtürmen und Stacheldraht. Zwischen den großartigen, schroffen Felsburgen des Arastals kamen Gefühle auf, die ich als „grenzverweichlichter" EU-Bürger kaum mehr kannte. Hier waren die Dinge ernst. Keine fünf Minuten später wurde ich auch schon von einer Patrouille mit strenger Miene und Schäferhund kontrolliert. Dann ging es zum eigentlichen Grenzübergang. Für einen guten ersten Eindruck wiederholte ich still in der Schlange der Passkontrolle immer wieder mein erstes farsisches Wort: دستت درد نکنه (gesprochen: dastet dard nakone). Persisch ist eine sehr poetische Sprache. Diese Formulierung ist nur eine von zahlreichen Wendungen, um sich zu bedanken. Wörtlich bedeutet sie „möge deine Hand nicht schmerzen" und bezieht sich laut meiner Vokabelliste auf einen erwiesenen Dienst. Ich erhielt am Schalter meinen Pass zurück und brachte strahlend mein Farsi zur Anwendung. Der Beamte blickte mich wortlos und fragend an. Ich wiederholte „dastet dard nakone". Möglich, dass dies nicht die beste Phrase für den Anlass war und ich die Höflichkeitsform vergessen hatte. Nach ein paar weiteren ratlosen Sekunden, bekam ich trotzdem ein Lächeln und hilfreiche Aussprachetipps.

Die Einreise selbst war einfach und problemlos. Das Gepäck wurde durchleuchtet, aber nicht eingehend kontrolliert. Niemand wollte meine Wandersocken sehen. Niemand fragte nach meinem Messwein. Ein Glück in beiden Fällen. So verabschiedete ich mich nach wenigen Minuten im Terminal mit einem herzlichen خُدا حافظ (gesprochen: khodafez; wörtlich: „Möge Gott dein Beschützer sein") und betrat die Wechselstube, um ein paar Euro in Scheine mit dem Antlitz Ayatollah Khomeneis einzutauschen. Als Multimillionär mit einem umständlich dickem Bündel Rial verließ ich das Gebäude und trat hinaus in das Land der Perser. Viele freundliche Gesichter. Mitfahrangebote.

Mein erster Weg in der Islamischen Republik führte von نوردوز (Norduz) in der Schlucht des biblischen Aras Richtung Jolfa. Im Unterschied zu den in der Planung studierten Satellitenbildern, gab es durchaus regen Verkehr auf der engen Straße. Und da der Belag hervorragend war, sahen die Iraner kaum die

Notwendigkeit, vom Gas zu steigen. Ein Peugeot 405 nach dem anderen raste an mir vorbei. Dazu kam der gelegentliche LKW, der, wenn er Schafe geladen hatte, den intensiven Geruch der Tiere über die Strecke legte.

Mein Fortschritt am Nachmittag schien mir langsam. Die Sonne brannte zwischen den trockenen Felsen herunter, und nun, da ich wieder nach Westen ging, schien sie mir direkt ins Gesicht. Hatte ich in den letzten kalten Tagen schon mehrfach den nahenden Winter vor Augen gehabt, herrschte hier noch Sommer. 30 Grad und mehr zeigte das Thermometer während des Tages an. Schwalben und Stechmücken flogen gleichermaßen – die einen bei Tag, die anderen bei Nacht.

Im einzigen Ort, den ich heute nach der Grenze passierte, kaufte ich abends ein paar Nahrungsmittel ein und blätterte 110.000 Rial auf den Ladentisch. Drei Euro. Dann wanderte ich mit meinem länger werdenden Schatten weiter und kam in der wüstenartigen Berglandschaft zu jener Oase, wo mich die eingangs erwähnte Patrouille stellte.

Wie war die Sache ausgegangen? Nun, ich ging brav die vorgeschriebenen fünf Kilometer und nahm, im letzten schwachen Licht abseits der Straße, eine Ruine und Mauerreste wahr. Perfekt. Ich wartete, bis kein Auto kam und der Scheinwerfer des nächsten Wachturms in die andere Richtung zeigte, dann huschte ich zu diesem gut versteckten Zeltplatz. Vorsichtig, aus Sorge vor Skorpionen, befreite ich den Platz von Steinen und errichtete mein Zelt. Meine erste Nacht im Iran begann. Warmer Wind blies durch den Zelteingang.

Tag 154 – 37 km (5366 km): Carrix sucht Zuhause

In der Nacht frischte der Wind auf und kam von der einzigen Seite, die meine „Ruinen-Wände“ offen ließen. So stand ich in den ersten Morgenstunden auf und spannte Sturmleinen. Die Seile waren kaum verankert, da legte sich der Wind.

In der Früh packte ich hinter der Deckung der Mauer meine Sachen, hielt Ausschau nach Motorradpatrouillen und huschte zurück auf die Grenzstraße. Schon über die letzten Kilometer gestern hatte sich das enge Tal geweitet und gab Blicke in die Ferne frei. Imposant und über den ganzen Tag hinweg mein Begleiter, war ein Berg in der aserbaidschanisch-autonomen Republik Nachitschewan, den ich ob seiner Form „Faust Gottes“ nannte (2. Bild, links im Hintergrund). Die Menschen dort nennen ihn İlandağ (Schlangenberg). Die Legende will es, dass die tiefe Furche auf seinem 2415 Meter hohen Gipfel, vom Kiel der Arche Noe stammt, die über ihn hinwegschrammte, als sich das Wasser zurückzog.

Das Wasser schien sich auch auf meinem Weg zurückgezogen zu haben und dieser Mangel entwickelte sich zum Problem. An heißen, trockenen, windigen Tagen hatte ich bislang nie Mühe gehabt, zehn Liter und mehr zu trinken. Doch hier gab es keine Dörfer oder Brunnen. Hier gab es nur Wachtürme. So beschloss ich, nach etwas Zögern, eine der Zufahrten hochzulaufen. Auf der Plattform über mir richtete ein Soldat sein Fernglas auf mich. Ich winkte. Dann hielt ich meine Flaschen hoch und rief, als ich nahe genug war: „آب“ (gesprochen: ab; Wasser). Freundlich wurde mir gewährt und einer der Soldaten kam mir, mit Wasser und geschultertem Maschinengewehr, bis zu den Schlaufen messerscharfen Klingendrahts entgegen.

Ein paar Kilometer weiter drängte mich die Mittagshitze zu einer Pause im Schatten niedriger Bäume. Nicht lange und meine dösende Gegenwart wurde von einer Streife bemerkt. Die Beamten schickten mich freundlich, aber sehr bestimmt, zurück auf den Asphalt. Diese Straße entlang der Grenze sei für den Transit nach Jolfa. Pausen seien hier illegal, erklärten sie. Ich versuchte, meine Bedürfnisse als Pilger zu erklären, aber es hatte keinen Sinn, zu argumentieren. Schließlich musste ich energisch abwinken, weil der andere Soldat in der Zwischenzeit ein Auto angehalten hatte, das mich mitnehmen sollte. „On foot", bekräftigte ich und ließ Zeige- und Mittelfinger verdeutlichend durch die Luft spazieren. Der Autofahrer zuckte verwirrt mit den Schultern und fuhr wieder los. Ich zog weiter und spürte den suspekten Blick der Patrouille in meinem Rücken.

Eine kurze Pause – diesmal ganz legal –, konnte ich später beim Portal der Aras Free Trade Zone einlegen. Fünf freundliche Männer luden mich zum Çay. Dort wurde ich auch aufgeklärt, dass mein enthusiastisches „Danke" auf Farsi bei vielen Menschen hier gar nicht recht verstanden wurde. Problem sei dabei noch nicht einmal mein Akzent, sondern die Tatsache, dass in dieser Region des Iran vorwiegend Aserbaidschaner leben, von denen viele nur ihre Muttersprache (eine Turksprache) beherrschen würden.

Am frühen Nachmittag lief ich in Jolfa ein und begab mich auf Herbergssuche. Sie endete im „Jolfa Tourist Hotel". Ich wollte an diesem Ort nicht nur eine Nacht verbringen, sondern überlegte, ein paar Ruhetage einzulegen und einen Abstecher ins tausend Kilometer entfernte اصفهان (Isfahan) zu unternehmen. Weil man an der Rezeption kein Englisch sprach, fertigte ich eine erklärende Zeichnung an und versuchte, den Verbleib des Carrix und der Wanderausrüstung zu verhandeln. Für vier bis fünf Tage wollte ich die Sachen hier unterstellen. Dass ich damit abblitzen könnte, schien mir gar keine reale Möglichkeit. Meine dreigliedrige Darstellung beinhaltete: eine Karte des bisher zurückgelegten Weges; eine nette Graphik mit den geplanten Folgetagen samt Sonne, Mond, und einem Strichmännchen; und zuletzt eine Zeichnung des Carrix mit einem Pfeil zu den Worten: „Jolfa Tourist Hotel. Ok?" Mein Blatt Papier wurde vom Rezeptionisten aufmerksam studiert, verstanden und dann eher teilnahmslos mit „No" quittiert. Dabei hatte ich angeboten, für die Lagerung zu zahlen. Ein kleiner Dämpfer. Ich zog mich in mein Zimmer mit rotem Teppichboden zurück und rätselte, was schief gegangen war. Über die Karten gebeugt, nahm ich mir schließlich vor, es in zwei Tagen in خوی (Khoy) nochmals zu versuchen. Meine ursprünglich geplante Route änderte ich entsprechend und konnte so, dank eines kürzlich neu eröffneten Grenzübergangs zur Türkei, sogar einige Kilometer sparen.

Tag 155 – 32 km (5398 km): Kreisverkehr, Schmeisverkehr, Papperlapapp

Durch die Änderung der Streckenführung lag das Stephanskloster nicht mehr auf dem Weg. Die Tradition ließ den Apostel Bartolomäus an jenem Ort das erste Gotteshaus erbauen – Grund genug, am heutigen Vormittag einen Ausflug dorthin zu unternehmen und die Zeit bis zum Check-out vollends auszunutzen. Ich heuerte auf dem zentralen Ashuraplatz ein Taxi an und saß nach kurzen Preisverhandlungen neben meinem aserbaidschanischen Taxler

in einem knallgelben Peugeot 405. Großzügig überließ er mir die Wahl der musikalischen Umrahmung für die folgenden 17 Kilometer. Azeri-Pop oder Farsi-Hits? Dann läutete das Handy meines Fahrers und die Entscheidung wurde vertagt, schließlich vergessen. Es spielte auch keine Rolle. Für mich zählten auf der Strecke ohnehin nur die großartigen Blicke ins rote, zerklüftete Arastal und das Bemühen, die ungemein kreative Auslegung der Kreisverkehrsregeln in ihrer Systematik zu verstehen.

Zwanzig Minuten später stand ich vor einem schön renovierten armenischen Kloster, dessen heutige Form auf das 14. Jahrhundert zurückgeht. Während

ich auf die Öffnung der Pforte wartete, kam noch ein weiterer ausländischer Tourist hinzu, Paul aus Irland. Gemeinsam knipsten wir Bilder des religiösen

Monuments und unterhielten uns über seine Pläne, in ein paar Wochen im Irak, einen Marathon zu laufen.

Zurück in Jolfa, nach einer weiteren wilden Fahrt, machte ich erstmals reale Bekanntschaft mit der iranischen Höflichkeitsform des Taarof. Dabei wird dem Kunden oder Gast etwas angeboten, was dieser dann abzulehnen hat. In meinem Fall schlug der Taxifahrer die Bezahlung aus. „For you, free“, betonte er am Ende der Reise und hob abwehrend die Hände. In der Regel muss von hier an der fröhliche Wechsel von Weigerung und Nachdruck einige Mal vollzogen werden. Erst danach wird alles ganz normal abgewickelt. Mein Chauffeur hatte allerdings schon nach der ersten förmlichen Ablehnung die Hände auf dem Geld. Ich vermute, dass er den Touristen in der Welt des Taarofs nicht ganz traut. In der Tat denke ich, dass so mancher westliche Reisebericht aus Persien, gespickt mit unglaublichen Gesten der Gastfreundschaft, genau hier seine Wurzeln hat. Während der Europäer nicht fassen kann, dass ihn jemand stundenlang kostenlos durch die Landschaft kutschiert hat, und winkend voll des Lobes davonspaziert, verwünscht der „bestohlene" Fahrer mit einem verbissenen Lächeln die kulturelle Ignoranz seines Gastes.

Am Stadtrand von Jolfa, im Neubaugebiet, war es schwierig, die Route Richtung Khoy zu finden. Jemand bei Google hatte kreativ, aber wirklichkeitsfern, ein paar Striche in die kartographierte Landschaft gemalt. Mit der Realität hatte das nichts zu tun. Nach einigen Sackgassen fand ich dann trotzdem den Schotterweg nach Khoy. 50 Kilometer Einsamkeit auf kaum auszumachenden Feldwegen, versprach der Reiseführer und warnte motorisierte Reisende vor dieser Route. Für mich war dies kein Hindernis, sondern Anreiz. Ich lud sieben Liter Wasser auf und bereitete mich gedanklich auf eine spektakuläre, einsame Nacht in rauer Natur unter dem klaren Sternenhimmel vor. Und zunächst sah alles danach aus. Eine trockene, staubige Berg- und Wüstenlandschaft breitete sich vor mir aus.

Nach zehn Kilometern mündete meine Trasse jedoch völlig überraschend in einer frisch geteerten Fernstraße. Zwar gab es kaum Verkehr, aber die Wildnisromantik war auf dem glatten, schwarzen Zivilisationsstreifen definitiv verflogen. Es ging hoch zu einem kleinen Pass und dann auf einer langen, sanft abfallenden Geraden in die Ebene hinab.

Die Sonne sank in den Westen und verschwand hinter Wolken am Horizont. Ich hingegen verschwand hinter ein paar Hügeln und liege nun bei nächtlichem Gezirpe in meinem Zelt ein paar hundert Meter neben der Fahrbahn. Ein bisschen Wildnis. Ein bisschen Einsamkeit. Wenigstens, wenn nicht gerade ein Peugeot 405 über die Straße rauscht.

Tag 156 – 51 km (5449 km): Tanzende Teufel

Eine stille Nacht lag hinter mir. Gerade in den frühen Morgenstunden, als der Verkehr völlig zum Erliegen gekommen war und selbst die Hunde der Gegend keinen Grund mehr für ihr Bellen gefunden hatten, war es großartig still gewesen. Nur wenn ich mich auf der Matte in eine andere Seitenlage drehte, weil der Arm wieder eingeschlafen war, knarzte der Kunststoff unter mir. Rückenschläfer haben hier eindeutig Vorteile.

Gegen halb acht (Teheraner Zeit) kehrte ich auf die Straße zurück. Lange Geraden. Monotonie. Steigende Temperaturen. Den nächsten Abschnitt, hinter einer großen Kreuzung mit Auffahrtsrampen, konnte ich schon stundenlang vor meiner Ankunft dort sehen. Allerdings schien ich, verloren in der trockenen Ebene ohne markante Punkte, dem Ziel einfach nicht näher zu kommen.

Kurz nach der genannten Kreuzung mit der Hauptverbindungsstraße nach تبریز (Täbris) saß ich gegen Mittag eine Stunde im Schatten. Hinter meinem Rücken leuchtete ein pinkes persisches Graffiti an der Wand. Neben mir

lag Müll. Ich beobachtete das Treiben vor der muslimischen Version der „Autobahn-Kirche" – einer Art „Drive-Thru-Moschee".

Als ich zu den verbliebenen 30 Kilometern aufbrach, hatte der Wind zugenommen. Staub lag in der Luft. Beim Blick zurück in die Richtung, aus der ich gekommen war, konnte man die Silhouette der Berge nicht mehr sehen. Alles war eingehüllt in hellbraune Schleier. Heftige Böen und kleine tanzende Sandteufel wirbelten Staub und Abfall dutzende Meter in die Höhe oder trieben ihre körnige Fracht quer über die Fahrbahn, mir ins Gesicht und in die Sandalen.

Im Unterschied zu den vorangegangenen Kilometern hatte die Fahrbahn nun wieder einen breiten, begehbaren Seitenstreifen. Aber ein Honiglecken war der Marsch nach Khoy beileibe nicht. Auf diesem alten Arm der Seidenstraße schob sich eine ununterbrochene Karawane von Autos und LKWs in beide Richtungen.

Dann kam die Stadteinfahrt in die fast 200.000 Einwohner zählende Stadt. Schmutz und unendlich viel Verkehr, der sich ohne jede Regel zwischen den unzähligen Geschäftsbaracken schlängelte. Aber je näher ich zum Stadtzentrum kam, desto mehr hatte ich auch das Gefühl, nun wirklich im Iran zu sein. Lärm, Geruch, Gestalten.

Im „Khoy Tourist Inn" fand ich ein Bett für die Nacht. Am morgigen Tag wird das Management über meinen weiteren Weg entscheiden. Wenn sie den Carrix aufbewahren, dann kann ich meinen Ausflug ins Herz des Landes unternehmen. Tun sie es nicht, dann folge ich der Route westwärts und mein Iran-Abenteuer wird schon in zwei Tagen an der türkischen Grenze sein Ende finden.

Tag 157 – 32 km (5481 km): Tanzende Hosen

Klack. Um 6.00 Uhr morgens lag ich auf meinem großen Doppelbett und malte mir die kommenden Tage aus – vor allem, wie sich eine 19-stündige Bus(ß)fahrt auf engen Sitzen nach 157 Tagen totaler Beinfreiheit anfühlen würde. Klack. Brauchte ich Thrombosestrümpfe? Sollte ich mir das wirklich antun – zwei Tage im Bus für zwei Tage Isfahan? Klack. Der Kühlschrank der Minibar, bestückt mit alkoholfreiem islamischen Bier, war nach seiner gestrigen geräuschbedingten Stilllegung über Nacht abgetaut und hatte am Morgen begonnen, zu tropfen. Rhythmisch fiel das Wasser vom Gefrierfach auf den Plastikboden. Klack. Ich stand auf und steckte den alten, lärmenden Kasten wieder ein. Zurück im Bett las ich – nunmehr zum Klang des heftig scheppernden Geräts mit Kühlrückstand, die Abschnitte des Reiseführers zu Isfahan.

Um kurz vor neun ging ich zur Rezeption. Niemand war da. Auch nach dem Frühstück nicht. Als ich den Rezeptionisten endlich fand und ihn auf sein gestriges Versprechen ansprach, zuckte er mit den Achseln und meinte: „Islamisches Wochenende." Heute würde also niemand von der Administration kommen. Niemand würde über die Lagerung des Carrix entscheiden. Ich nahm das als Wink und Fügung. Da nun auch der zweite Versuch, diesen Abstecher zu organisieren, fehlgeschlagen war, beschloss ich mich auf den Weg nach Westen zu machen. „Wird schon für etwas gut sein", murmelte ich beim Packen mit Blick nicht nur auf die ersparte Busfahrt, sondern auch auf die kommenden Wochen in den anatolischen Bergen, wo vom iranischen Spätsommer nichts mehr zu spüren sein wird.

Vor meinem Aufbruch schlenderte ich noch durch den alten Basar. Hosen tanzten wild im kanalisierten Wind der gewölbten Gänge. Muss ein Fachgeschäft für Derwische sein, mutmaßte ich, und zog weiter durch das ruhige, weit verzweigte Labyrinth. Ich kam zu einem Seifen- und Parfümverkäufer, der nun, am Morgen, seine Regale neu sortierte. Großartiges Licht, großartige persische Musik. Ich filmte ein paar Szenen und zeigte ihm das Resultat. Schulterklopfen. Dann nahm er ein Spray aus seinem Warenregal. Ich blickte ihn fragend an. Wohl, um die Unbedenklichkeit seines Vorhabens zu demonstrieren, sprühte er kurz auf seine Kleidung und richtete dann unerwartet die Düse auf mich. Kräftig sprühte er und erwischte nicht nur das T-Shirt, sondern auch den Bart, während ich unter Lachen versuchte, ihn zu bremsen. „Ok. Ok. تمام." (gesprochen: tamam; genug) So gestunken kann ich doch nach der Dusche und in frischgewaschenen Kleidern gar nicht haben?

Mein intensiver neuer Duft begleitete mich auf dem Weg hinaus in Richtung der 70 Kilometer entfernten türkischen Grenze. In den ersten Stunden dominierten kleine Felder mit Netzwerken aus Bewässerungskanälen und Pappelreihen. Auch Beispiele für den klassisch persischen Garten, der hinter hohen Lehmmauern in der Wüste blüht und gedeiht, konnte man sehen.

Wie gestern lag Staub in der Luft, aufgepeitscht vom kräftigen Wind, gegen den ich mich den ganzen Tag über stemmen musste. Gebündelt und gelenkt durch steile Felshänge, trieb er Sand und kleine Steine vor sich her. Vermummt mit einem T-Shirt ums Gesicht gewickelt, stapfte ich westwärts, vorbei an heißen Quellen und Felsskulpturen.

Nach meinen Etappen entlang der menschenleeren Grenzregion nutzen heute die Iraner (ob Perser, Aserbaidschaner oder Kurden) die vorletzte Gelegenheit, mich im Minutentakt anzuhalten und einzuladen. Çay. Abendessen. Gebäck. Wasser. Oder einfach nur ein Bild für das digitale Fotoalbum. Auch ein iranischer Everest-Besteiger wollte es sich nicht nehmen lassen, mit einem fremden, stark parfümierten Mann, dessen Bart waagrecht im Wind stand, abgelichtet zu werden.

40 Kilometer vor der Grenze passierte ich einen Polizeiposten. Auch hier warteten drei Männer – nicht, um mich zu kontrollieren, sondern um mit ihren Handys Fotos zu machen. Aber jenseits des Schlagbaums war ich wieder in einer sensiblen Zone und gab mir Mühe, einen versteckten Platz für die Nacht zu finden.

Schließlich wurde ich am Flussufer hinter Büschen und unter grünen Pappeln fündig. Ich liege im Zelt. Rauschen in den Wipfeln, Rascheln im Blattwerk und aus meinem Bart steigt immer noch süßlicher Duft nach oben – ein Kontrast zum üblichen, ehrlich verdienten und absolut männlichen Schweißgeruch.

Tag 158 – 41 km (5522 km): Die Nacht im Niemandsland

Jeder, der zeltet und campiert, träumt von schönen Lagerplätzen; von Orten, die er nie vergessen wird. Ja, im Stillen träumt der moderne Abenteurer vielleicht sogar von einem Fleckchen, an dem er als Erster die Heringe im Boden verankert – eine Leistung, eine „Erstbeliegung", ein Everest der Horizontalen. Nun, das mit dem Verankern der Heringe war am heutigen Abend nicht ganz so einfach und der Reiz des Ortes, an dem ich jetzt liege, ist nicht landschaftlicher Art. Aber er ist einzigartig. Er ist exotisch. Und er ist extrem stark bewacht. Ich zelte drei Meter vom Stacheldraht der Grenze entfernt, im schmalen Streifen Niemandsland zwischen dem Iran und der Türkei. Kein Idyll, auch wenn man sich den Hauch von Dieselgeruch, der von irgendeinem Generator herüberzieht, wegdenkt, oder die drei Hunde, mit denen ich mir die Heimatlosigkeit teile. Alles deutet darauf hin, dass ich mich an die kommende Nacht noch lange erinnern werde – wie, steht noch nicht fest. Aber beginnen wir von vorne.

Der freundliche Iraner, der mir gestern Abend beim Polizeiposten nicht ohne Komik mit geräuschloser „Fress-Mimik" die Gefahren des Zeltens in dieser Gegend hatte deutlich machen wollen, hatte nicht Recht behalten. Weder wilde Hunde noch persische Leoparden hatten mich verspeist. Auf was die vielen Geräusche der Nacht zurückzuführen waren, kann ich hingegen nur vermuten. Aber so ist das, wenn man in einer grünen Oase zwischen kargen Bergen übernachtet. Wildtiertreffpunkt.

Die Nacht war frisch gewesen. Nach dem kurzen iranischen Hitzegastspiel bin ich wieder im Herbst gelandet. Da fiel das Aufstehen nicht ganz so leicht. Raus aus dem Schlafsack, in die Kälte. Aber mit der Sonne taute ich über die ersten Kilometer wieder auf. Beschleunigt hätte das Ganze sicherlich ein Bad in einer der vielen schwefeligen Heißwasserquellen, die, eingerahmt von bunten Algenteppichen, aus dem geothermal aktiven Boden blubberten. Kaskaden wie aus flüssigem Wachs und Freilufttropfsteine säumten meinen Weg. Dazwischen Dörfer mit braunen

Stein- und Lehmhäusern; Terrassen mit Feld- und Gartenbau; und jede Menge alter Paykans in der weißen Limousinen- und blauen Transportvariante.

Im letzten Dorf vor der Grenze füllte ich meine Nahrungsreserven auf und bekam einen Sack kurdisches Brot und frischen, würzigen Käse. So erreichte ich nach acht Kilometern die Grenze. Die Ausreise aus dem Iran war eine Sache von Minuten. Beim türkischen Schalter fünfzig Meter weiter hingegen, stand eine lange Schlange. Das computergestützte System war nun ein computer*gestürztes* System. Trotz mehrmaligen Hoffnungsschimmern ließ es sich nicht wiederherstellen. So wurde schlussendlich der Befehl erlassen: zurück in den Iran oder hier übernachten. Zurück in den Iran ging mit meinem abgestempelten Visum nicht mehr. Und darum steht mein Zelt nun ganz frech im Niemandsland und ich winke vor dem Schlafengehen der iranischen und der türkischen Maschinengewehrpatrouille. Wir werden sehen, was der Morgen bringt.

23. Sonntag – Der Heilige Schein

„Ich mag es nicht, wenn man mir Schuld einreden will. Ich bereue nichts. Alles, was ich getan habe, hat mich hierher gebracht. Es hat mich zu dem gemacht, der ich bin. Es gibt keine Sünden. Es gibt nur Erfahrungen, an denen wir wachsen. Sich selbst muss man annehmen. Erlösung kommt nicht von außen."

Ich kann diese Gedanken verstehen. Alles, was passiert, das Gute und das Schlechte, formt uns, prägt uns und auf eine Weise macht es uns zu der Person, die wir sind. Aber ganz durchdacht scheint mir diese Haltung dann doch nicht. Gibt es wirklich nichts, was man bereuen sollte? Gibt es nichts, was Sünde ist? Gibt es nichts, wodurch ich schuldig werde? Kann der, der anderen Leid gebracht hat, sagen: „Ich bereue nichts?" Kann der Mann, der seine Frau schlägt, sagen: „Das ist Teil meines Lebens. Ich muss mich so annehmen." Kann der Pädophile sagen: „Missbrauch ist eine Erfahrung, an der ich wachse?"

Gewiss nicht. Und das liegt nicht in der Tatsache, dass die beispielhaft erwähnten Dinge uns vielleicht besonders schrecklich scheinen, sondern es liegt am Wesen der Sünde. Sünden sind ein moralisches Übel. Sie sind ein Mangel in unseren Gedanken, Worten und Werken: ein mangelhafter Akt.

Sie zeigen, dass etwas fehlt. Und was fehlt, ist die rechte Liebe gegenüber Gott und meinem Nächsten.

Wenn ich nun auf mein Leben zurückblicke, sehe ich sicher nicht nur aneinander gereihte Situationen mit Defiziten, sondern auch Wachstum. Aber dieses Wachstum kommt nicht vom Mangel selbst, sondern von der Überwindung des Mangels. Die Sünde, weil sie nichts „Seiendes", sondern ein Mangel ist, kann nicht der Grund für eine positive Entwicklung sein, sondern höchstens ihr Anlass. Ein Beispiel: Jemand sitzt betrunken am Steuer und überfährt ein Kind auf dem Schulweg. Daraufhin ändert er sein Leben zum Guten. In diesem Fall ist der Tod des Kindes nicht der Grund für die positive Entwicklung, sondern der Anlass. Die positive Entwicklung setzt ein, da die Person nun endlich beginnt, den Mangel in ihren Handlungen zu beheben. Und weil der tragische Tod nicht in sich notwendig gewesen wäre, um eine positive Änderung zu bewirken; weil man auch aus einer anderen Überlegung heraus sein Verhalten hätte ändern können, darum finden wir hier Sünde und Schuld.

Dieses Eingeständnis, die darauffolgende Reue und Umkehr bremsen nicht die „persönliche Entwicklung", sondern ermöglichen Wachstum erst. Die Wunden und Narben der Sünden, gerade jener, die sich nicht rückgängig machen lassen, werden uns manchmal ein Leben lang prägen. Wir überwinden sie nicht, indem wir sie uns schönreden – als sei ein Mangel eine positive Kraft. Wir überwinden sie durch die Fülle, die dem Mangel entgegensteht; durch Reue, Umkehr und Buße; durch die Liebe, die aus der unerschöpflichen Quelle des erlösenden Kreuzes fließt.

Tag 159 – 41 km (5563 km): Vom Sandsturm zum Schneesturm

Etwas zermartert stand ich am Morgen vor meiner Behausung und grüßte gähnend die Soldaten durch den Stacheldraht. Drei Hunde hatten mir zwischen

zwei und halb vier mit ihrem Gebell den letzten Nerv gezogen. Zeit für Çay, kurdischen Smalltalk und das Entgegennehmen eines Heiratsantrags. Bärte haben offensichtlich nicht überall die gleiche abschreckende Wirkung. Grenzöffnung war um neun.

Um 9:17 Uhr war ich dann ein freier Mann auf türkischem Boden – genauer:

auf einer überdimensionalen türkischen Straße, die eine Landebahn für Transportflugzeuge hätte doubeln können. Aber wie vermisste ich den glatten iranischen Belag. Die Straße hier war ein einziges Meer an spitzen Steinen, die von wenigen spärlich verteilten Tropfen Teer zusammengehalten wurden.

Das Wetter war zunächst freundlich, aber kühl. Ein paar Kurven weiter änderte sich das. Eisiger Wind peitschte Regen über die Hügel im Westen. Die dunklen Wolken zogen in meine Richtung. Kurz suchte ich Schutz im Straßengraben und wärmte meine klammen Hände, bevor ich die Handschuhe hervorkramte und, mit der Kapuze tief ins Gesicht gezogen, auf die Straße zurückkehrte. Nach dem Regen kam der Schnee. Waagrecht. Ich begann, mir um die frierenden Beine Sorgen zu machen und hielt das Tempo hoch, um warm zu bleiben. So kam ich nach wenigen Stunden nach Saray. Hier nahm nicht nur die Straße eine Wende, sondern, wenigstens für kurze Zeit, auch das Wetter. Es blieb kalt, aber die Sonne riss Löcher in den dunklen Himmel und sorgte für dramatische Stimmungen im Hochland.

Hinter Saray wurde die Verbindung in den Westen zur Baustelle. Hier entstand eine neue achtspurige „Landepiste" für 3.700 Einwohner im hintersten Winkel der Türkei. Über die Trasse trieb der Wind feinen Staub als undurchdringliche Wolken vor sich her. Dann kam der nächste nasse Schneesturm – diesmal von schräg vorne. Immer wieder blieben Autos stehen. Die „Was-machst-du-da-Handbewegung", war wiederholt zu sehen. Ganz generell verstand man hier im Osten nicht, warum jemand zu Fuß ging – noch dazu bei diesem Wetter … Und dass man gerade unter diesen Umständen Mitfahrangebote ausschlagen würde, ließ sich überhaupt nicht einordnen. Oftmals deuteten die Fahrer warnend zum Himmel und befahlen mir förmlich, einzusteigen. Ich aber, komplett vermummt und eingepackt, lehnte mit heftigen Handbewegungen ab. Hinter meinem um den Kopf gewickelten T-Shirt musste ich dann grinsen,

wenn es tatsächlich mit der nächsten Böe schlimmer wurde, kurz nachdem ein Auto weitergefahren war. Und ich meine, nicht wenige der freundlichen Kurden dachten kopfschüttelnd, beim Blick in den Rückspiegel: „Ich hab´s ihm ja gesagt ..."

Ich stapfte weiter Richtung Özalp. Die Pausen abgezogen, lag meine Durchschnittsgeschwindigkeit heute weit über 6 km/h. Alles darunter und ich wäre zu einem Eisklotz erstarrt. Auch der Gedanke an eine heiße Dusche hatte mich vorwärtsgetrieben – und vielleicht die himmlische Hilfe des heiligen Bruno. Dieser Gottesmann, dessen Gedenktag heute war, hatte einst sein Kloster in der unwirtlichen Bergwelt der französischen Chartreuse gegründet, wo noch heute seine geistigen Söhne inmitten der harten, alpinen Witterung ein Leben der Stille und des Gebetes führen. Und vielleicht denken ja auch die Mönche, wenn einer ihrer Mitbrüder, trotz Warnung, mit weißer Kutte im Schneesturm verschwindet, still: „Ich hab´s ihm ja gesagt."

In Özalp angekommen, suchte ich ein Hotel. Nur gab es keines. Ich irrte durch die Straßen, bis schließlich ein Obsthändler zum Retter wurde. Er brachte mich liebenswürdigerweise zum örtlichen Studentenheim. Wermutstropfen Badezimmer. Auch wenn ich den ganzen Tag über das dampfende heiße Wasser einer Dusche visualisiert hatte, kam hier nun kein Tropfen aus dem Hahn. Zähneklappernd schmiegte ich mich an den Heizkörper im Zimmer. Das musste zum Aufwärmen reichen, nach einem Tag, dessen Höchsttemperatur nicht weit über 2 Grad hinausgekommen war. Ich muss in den Süden. Schnell.

Tag 160 – 34 km (5597 km): Haben Flamingos kalte Füße?

Der heutige Tag verlief die ganze Zeit über auf dem fürchterlichen Straßenbelag der türkischen D300. Die spitzen Steine bohrten sich selbst durch die praktisch neuen Sandalen, die ich in Jerewan erworben und bislang im Rucksack mitgetragen hatte. Mit einem Gesicht, das sich immer wieder in Schmerzen verzog, und Füßen, die schon beim Aufsetzen versuchten, das Gewicht wieder auf den anderen Fuß zu verlagern, muss ich eine mitleiderregende Erscheinung gewesen sein. Vielleicht blieben deshalb auch heute wieder so viele Autos stehen, um mich mitzunehmen. Andere begnügten sich damit, zu hupen und die klassische „Schulter-zucken-Handflächen-hoch-Bewegung" zu machen.

Ich muss gestehen, in meinem gegenwärtigen Zustand der Müdigkeit nervte das ein ganz klein wenig – nicht nur das Hupen, auch die Gestik. So hielt ich meinen Kopf unten und versuchte, den Verkehr zu ignorieren. Ob des kalten Wetters fiel das nicht sonderlich schwer. Den letzten Sonnenschein des Tages genoss ich bei der Mittagspause, wo ich einen Granatapfel zerpflückte und meine Bartspitzen rot färbte. Gegen Ende der Mahlzeit erschienen Vater und Sohn – nicht jene der uralten Comicgeschichten, aber zwei nicht minder skurrile Exemplare. Zehn Minuten versuchte ich, passende Antworten auf die Fragen zu geben, die ich auf Kurdisch nicht verstand. Manchmal landete ich mit meinen Standardantworten Glückstreffer, manchmal verriet der Blick meiner beiden Gegenüber, dass ich die Kategorie verfehlt hatte.

Nachdem der Granatapfel verspeist war, verabschiedete ich mich höflich und zog weiter, dem Erçek Gölü entgegen. Diesen klaren blauen Salzsee hatte ich für die nächsten 15 Kilometer immer im Blickfeld. Bald meinte ich jedoch,

einen rosa Flecken am Ufer auszumachen. Und tatsächlich stiefelten hier auf fast 2.000 Metern Höhe hunderte Flamingos durch das eiskalte Wasser. Da hatte ich schon vom Zusehen kalte Füße und beschloss, ein paar Kilometer weiter hinter einem Hügel auf Strohstoppeln das Zelt aufzuschlagen. Was sollte ich auch tun? Weitergehen machte im Etappenplan keinen Sinn. Morgen würde ohnehin ein kurzer Tag. Und in dem klirrend kalten Wind, der die schneebedeckten Gipfel der Dreitausender herunterpfiff, weiterzugehen, war keine verlockende Aussicht. So stand mein Zelt irgendwann zwischen drei und vier Uhr und ich bezog für die nächsten 14 Stunden meinen vom Wind gebeutelten Kubikmeter Heimat.

Tag 161 – 30 km (5627 km): Der ganz normale Vansinn

30 Kilometer lagen heute Morgen vor mir bis in die Provinzhauptstadt Van. Das Wetter war besser und weitgehend niederschlagsfrei, aber nach wie vor windig und kühl. Kopf runter und marschieren. Mehr war da nicht. Nach zehn Kilometern radelte mir eine Gestalt entgegen. Charley, ein Brite, war auf dem Weg von Europa nach Singapur – mittlerweile ein Klassiker, der jedes Jahr von dutzenden Abenteurern in Angriff genommen wird. Wo einst ihre Eltern auf dem Hippietrail mit einem alten VW-Bus nach Indien zogen, ist heute die Gore-Tex-Generation auf dem Welterkundungstrip.

Kurz nachdem sich unsere Wege wieder getrennt hatten, betrat ich glatten, frischen Asphalt – eine Straße mit großzügigem Seitenstreifen; eine Komfortstrecke für Pilger. Zügig ging es hinunter in die Stadt mit 350.000 Einwohnern. Schon gegen 13.00 Uhr bezog ich mein Hotel im Zentrum und kehrte, nach einem längeren Aufenthalt im Badezimmer, auf die wurlenden Gehsteige der Stadt zurück. Meine Mission? Schuhe. Ich musste etwas mit stabiler Sohle finden; etwas, das dem türkischen Killerasphalt gewachsen war. Zweitens war es Zeit, das berühmte Pistazienbaklava zu essen. Diese Süßspeise hat soviel Zucker, dass sich Cola daneben wie ein Diätgetränk ausmacht. Genau das Richtige für meine nun schon sichtbaren Rippen. Der dritte Punkt auf meiner Einkaufsliste war etwas haariger. Wo bekam ich frischen Messwein her? Dank fehlender Grenzkontrollen hatte ich ein kleines Fläschchen durch

den Iran gerettet, aber eine Reserve für zwei sparsame Messen war alles, was geblieben war.

Es ist so eine Sache mit Alkohol in islamischen Ländern. Ich wandte mich verstohlen an meinen Hotelportier. „Wein?", wiederholte er. „Wein", nickte ich. Er runzelte die Stirn, blickte nach links und rechts und beschrieb mir den Weg zu einer dunklen Gasse mit einem dubiosen Laden. Einkäufe wurden hier in Zeitungspapier gewickelt und verließen das kleine Geschäft in schwarzen, undurchsichtigen Plastiktüten. Es war der Ort, wo sich sündige Muslime und (sündige) christliche Pilger die Klinke in die Hand gaben. „Wein?", fragte ich. „Wein", sagte der Verkäufer. Er führte mich in den hinteren Teil des Ladens und zog eine Flasche aus dem Regal. Ich hob die Augenbrauen. Es war Klosterwein vom Tur Abdin, dem letzten Siedlungsgebiet syrisch-orthodoxer Mönche und Christen in der Südtürkei. Ich nickte und schob Lirascheine über die Theke. Mit einem schwarzen Plastiksack trat ich zurück an die frische Luft. Meine Shoppingtour durch Van war damit beendet und ich kehrte ins Hotel zurück.

Übrigens, weil ich immer so viel über Hunde schreibe, hier mal etwas für Katzenliebhaber. Nach Van und dem See, an dem es liegt, ist die Vankatze benannt. Häufig mit zwei Augenfarben, ist sie der David Bowie unter den Mäusefressern. Mitnehmen darf ich jedoch keine. Auf die Ausfuhr der seltenen Rassenmieze steht in der Türkei eine Strafe von umgerechnet 35.000 Euro. Mi-autsch!

Tag 162 – 47 km (5674 km): Zehen oder Sohle

Der Wecker war für 6.04 Uhr gestellt. Um 6.02 Uhr hob ich mein Haupt vom Lager und lobte meinen Biorhythmus. Ich begann zu packen und warf die Fernbedienung vom Nachtkästchen. Ich hob sie auf, blickte zum Fernseher und klickte. Ein Musiksender plärrte los. Im Video, das gerade über den Bildschirm flimmerte, stellte sich ein junger Herr die bemerkenswerte Frage nach tierischer Kommunikation. Konkret schien ihn die Frage zu beschäftigten: „What does the Fox say?" Ich war gewillt, für einen Moment in die interessante Überlegung einzusteigen. Doch statt einer Antwort, hopste der Nachwuchsbiologe nur mit anderen zoologisch Interessierten in Tierkostümen durch das Bild. An der Wissenschaftlichkeit der Methode zweifelnd, schaltete ich das Gerät wieder aus und kehrte in die Stille meines Hotelzimmers zurück. Und doch wiederholte ich für mich leise: „Now, what does the Fox say?" Ohne befriedigende Antwort, aber mit neuen Schuhen, verließ ich das Zimmer und machte mich auf den Weg in den Süden.

Es war ein wolkenloser Tag und auf einer langen Geraden stieß ich auf Container links und Neubauten rechts. Vor zwei Jahren hatte ein schweres Erdbeben die Stadt erschüttert. 2.300 Häuser waren damals eingestürzt; 600 Menschen hatten den Tod gefunden. Ich dokumentierte den Wiederaufbau mit einem Bild. Aber kaum hatte ich abgedrückt, sprangen zwei Männer aus einem weißen Lieferwagen, zeigten ihre Polizeidienstausweise und regten sich fürchterlich auf. Es sei verboten, militärische Einrichtungen und Personal abzulichten. Ja, und wie sollte ich armer Tourist „unmarkierte" Beamten in Zivilfahrzeugen als „sensible militärische oder polizeiliche Objekte" erkennen? Natürlich löschte ich das Foto brav, wie von mir verlangt. Trotzdem wollte der Beamte meine rund 3.000 Fotos überprüfen und wischte endlos über das Display. Dann zog er, immer noch schimpfend, ab. So viel überflüssige Unfreundlichkeit ließ auch mich ein wenig murren.

Mein Gemüt fand allerdings schnell zum Frieden zurück, als sich am Seeufer herrliche Ausblicke auf den über 4.000 Meter hohen, schneebedeckten Vulkan Süphan Dağı auftaten. Der Verkehr war erträglich und der Belag mit den neuen

Schuhen ebenfalls. Allein die Zehen waren soviel Einschränkung nicht mehr gewöhnt. Bei der Schuhnummer hatte ich einen Kompromiss eingehen müssen, der leider schon nach 20 Kilometern spürbar wurde.

Kurz vor Gevaş beschloss eine Polizeistreife, die Sache ihrer Kollegen wieder auszubügeln. Der Polizeichef persönlich fragte mich aus dem Beifahrerfenster nach meinem Vorhaben, gab mir seine private Nummer und ließ mich versprechen, ihn bei allfälligen

Problemen oder Wünschen sofort anzurufen. Von diesem Service musste ich allerdings auf den restlichen 17 Kilometern keinen Gebrauch mehr machen.

Kurz vor Dunkelheit kam ich zu einem Restaurant, neben dem ich nach dem Abendessen mein Zelt aufstellen durfte. Gegenüber lag der Hafen für die nahe Klosterinsel Akdamar, mein Ziel für morgen früh.

Tag 163 – 23 km (5697 km): Echt woa? Des is jo voi supa!

Die Nacht auf dem kostenlosen Campingplatz des Restaurants war nicht annähernd so erholsam gewesen, wie es mein satter Magen voll Kürt Tavası (Tomaten, Paprika, Peperoni, Fleisch im Tontopf) verdient hätte. Der Verkehr der Schnellstraße war deutlich zu hören und zwischen vier und fünf beschlossen zwei Hunde, Ruhestörung zu betreiben. Einer der beiden riss mich aus dem Halbschlaf, als er direkt vor dem Zelt zu bellen begann. Erschrocken fuhr ich hoch und schüttelte abwehrend die Zeltplane. Der Hund verstummte. Ich griff zur Taschenlampe und leuchtete durch den Spalt am Boden in die Richtung, aus welcher der Lärm gekommen war. Und was sah ich, als ich hinausspähte? Einen Riesenhund, der auf mein schimpfendes Grummeln mit reumütigem Schwanzwedeln antwortete. Sehr echt kann die Reue aber nicht gewesen sein, denn ein paar Minuten später bellte er mit dem Kollegen wieder im Duett. In Anbetracht dieser nächtlichen Vorkommnisse war es gut, dass die Fähre nach Akdamar erst um 10.00 Uhr ablegte. Es blieb ausreichend Zeit, den verlorenen Schlaf nachzuholen – für mich und die Hunde, die ich am Morgen ebenfalls müde hingestreckt vor dem Zelt antraf.

Das Wetter war großartig, aber die Klosterinsel selbst war eine kleine Enttäuschung. Die schönen gemeißelten Relieffiguren machten die Kirche sehenswert, aber hier war keine Ruhe, keine Besinnlichkeit. Arbeiter, zwei Reisegruppen aus Deutschland und eine Handvoll Individualtouristen lärmten in und um das Sakralgebäude.

Es war nach 12.00 Uhr, als ich zurück ans Seeufer kehrte und begann, von den 100 Kilometern bis Tatvan etwas abzuknabbern. Es ging hinein in die Berge, vorbei an kleinen Dörfern mit türkischen Militärposten, wie überall in Kurdistan. Im letzten Dorf versuchte ich, Peynir (Käse) zu kaufen. Käse gab es keinen, aber vor jedem kleinen Laden, den ich betrat, bildete sich ein Rattenschwanz

lebhafter Kinder, die ihr einziges englisches Wort „Hello" etwas gar übertrieben oft zur Anwendung brachten. Denn wie oft kann man schon auf „Hello" mit „Hello" antworten, bevor die Sache seltsam wird?

Einige der Kinder beschlossen, mich aus dem Dorf zu begleiten. Dabei redete ein Junge mit rötlich-blonden Haaren, Sommersprossen und lebhafter Mimik auf mich ein – Kurdisch. In all den Monaten, in denen man mich bisher in einer mir fremden Sprache zugetextet hatte, hatte ich immer nur höflich gelächelt oder fragend mit den Achseln gezuckt. Genug davon. Zeit für etwas Neues. Ich beschloss, den Knaben in einer kurzen Redepause mit astreinem Mühlviertler Heimatdialekt zu überhäufen. Der leicht hilflose Blick war nun in seinem, nicht mehr in meinem Gesicht. Ich grinste. Ergebnis des Sprachduells: Unentschieden mit technischen Vorteilen für das Mühlviertel.

Ein paar Kilometer weiter war es Zeit, sich in die Büsche zu schlagen. Zwischen Pappeln, neben einem kleinen Bächlein errichtete ich mein Zelt. Das klingt romantischer, als es war – schließlich kippten die Leute hier ihren Müll meist einfach in den Bach. Und so schwimmen Plastikflaschen vorbei am Zelt, den Pappeln, bachabwärts, dann flussabwärts, wohin es sie auch tragen mag auf ihrer Plastikflaschenpilgerreise.

Tag 164 – 38 km (5735 km): Durchs wilde Kurdistan'sche Wohnzimmer

Der Tag begann mit einem erfreulichen Überraschungstunnel, der auf meiner Karte noch nicht eingezeichnet war. Das sparte unerwartet 300 Höhenmeter

und fünf Kilometer Weg. Aber der Tunnel konnte natürlich nicht verhindern, dass manche Fahrer darin hupen mussten. Massensterben der feinen Härchen im Innenohr.

Unter den Hupenden war auch jener LKW-Fahrer, der später am Nachmittag (nochmals hupend), am Straßenrand anhielt und ein Foto von mir knipste. Auf seiner Tour zwischen Van und Tatvan hatte er mich nun schon zum vierten Mal gesehen. Das wollte er verewigt wissen.

Der Rest des heutigen Weges war relativ ereignislos. Schöne gold-braune Grasberge, wie ich sie eigentlich schon seit August vor Augen hatte, hoben sich entlang der kurvigen Straße. Nur leuchteten jetzt vereinzelt gelbgefärbte Pappeln in den Furchen an ihren Flanken. Der Herbst zog ins Land.

Am Nachmittag begann ich meinen Anstieg durch die Disteln. Ich wollte über einen Bergrücken und dabei die lange Schleife der Straße abkürzen. Oben, nach steilen, ausgewaschenen Wegen, begann ich die Suche nach einem geeigneten Schlafplatz. Ich fand einen perfekten Flecken „mit Balkon" und herrlicher Aussicht auf eine Bucht des Vansees. Es war erst 16.00 Uhr, aber es machte Sinn, hier anzuhalten und den Abend zu genießen. Ich lag in der Sonne, nähte ein Loch in meiner Hose und spazierte zwischen den Disteln umher.

Dann kam Blöken vom Kamm über mir. Ich blickte nach oben und sah eine Schaf- und Ziegenherde zwischen den niedrigen Büschen grasen und einen Mann, der den Weg zu mir herunter spazierte. Es war der Bauer, dem die Schafe gehörten und der sie für die Nacht mit den Hirten und Hunden auf der Höhe zurückgelassen hatte. Vesyi hieß er und er setzte sich zu mir, während ich mit dem Abendessen begann. Ich offerierte Brot und Käse, die der Endzwanziger jedoch ablehnte und sich stattdessen eine Zigarette anzündete.

Beide blickten wir auf das abendliche Farbenspiel. Es würde kalt werden ...

und die Hunde ... wiederholte Vesyi mehrmals mittels Zeichensprache. Ich solle doch mit ihm ins Tal kommen. Dort unten, bei den Lichtern, sei sein Haus, deutete er. Ich war unsicher. Ich mochte meinen Platz. Ich freute mich auf die Nacht hier oben. Aber nach zwanzig weiteren Einladungen gab ich schließlich nach und packte mein Zelt zusammen.

Ich folgte meinem kurdischen Gastgeber zum Seeufer, wo Frau und Kinder uns die Tür öffneten. Der schmutzige Überraschungsgast wurde freundlich empfangen und die beiden Jungs (6 und 4) zeigten keine Spur von Scheu. Nach dem (zweiten) Abendessen in der Küche wurde im Wohnzimmer Çay serviert. Über die Mattscheibe des kleinen Fernsehers flimmerte ein türkischer Film aus den ersten Jahren der Farbfilmära. Dazu gab es jede Menge verzücktes Gequietsche der Jüngsten (Dilara, 1) und der beiden herumtollenden Jungs, die zwischendurch immer mal wieder versuchten, wenn ihre Mutter nicht hinsah, eine Süßigkeit vom Teetablett zu stibitzen.

Eine Stunde später lag ich auf meinem Lager und war trotz Verlust der großartigen Aussicht froh, die Einladung angenommen zu haben.

Tag 165 – 29 km (5764 km): Veysi und das Fernbedienungskreuz

Rückblickend sind alle nennenswerten Dinge des heutigen Tages in den frühen Morgenstunden geschehen. Den Rest des Tages habe ich die knapp 30 Straßenkilometer nach Tatvan absolviert, 9-Jährigen beim Rauchen zugesehen, einen Liter Pistazieneis verspeist und dabei die Karten für die Route der nächsten Tage studiert.

Zurück also zu heute Morgen. Wecker um 6.04 Uhr. Wenig später stand auch mein Gastgeber im Zimmer und bat mich zu Çay und dem klassischen Frühstück der Gegend: Brot, Frischkäse, Tomaten und Gurken. Der Fernseher lief. Der Rest der Familie schlief. Da mangels sprachlicher Möglichkeiten und den bereits am Vortag erschöpften Themenbereichen nicht mehr viel Konversation möglich war, beschloss Veysi mir seinen größten Schatz aus der DVD-Sammlung zu präsentieren. So saß ich zwei Minuten später mit einer Tomate in der Hand vor dem schlechten amerikanischen Remake des japanischen Horrorfilms „Ju-on", bekannt als „The Grudge". Ich mache mir nicht viel aus solchen Filmen, auch wenn sie durch die türkische Synchronisation mit all den „Ü's" sicher an Unterhaltungswert gewannen. „The Grüdge", sozusagen. Neben dem türkischen Voice-Over gab es auch noch kurdische und pantomimische Hinweise von meinem Gastgeber mit dem ungefähren Inhalt: „Achtung, jetzt kommt gleich ein Geist."

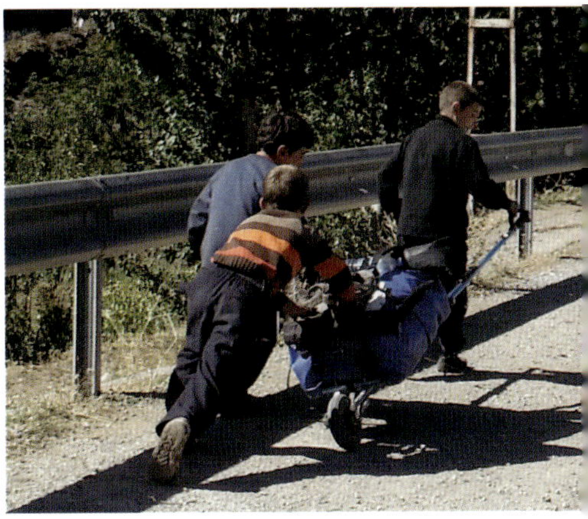

Nach 20 Minuten verwirrendem Kapitelspringen hatte Veysi mir das Wichtigste gezeigt. Eine neue DVD wurde eingelegt, mit ernsterem Sujet. Es war die islamische Version eines Bibelfilms, mit uralten Spezialeffekten und der Umdeutung und Neuerzählung des Lebens Abrahams gemäß dem Koran. Hier hatte das Zappen zwischen den Kapiteln bald ein Ende. Der Film wurde zum Hintergrundgeschehen. Veysi wollte mich für den muslimischen Glauben gewinnen.

Er nahm die zwei Fernbedienungen und legte sie in Kreuzform übereinander. Das war irgendwie stimmig, da ich ja eben unter einem schlechten Horrorfilm „gelitten" hatte. Dann jedoch machte er mit den Fingern ein Herz und deutete auf mich und das Kreuz, um zu sagen, dass ich Isa (Jesus) als Christ gern hätte. Ich nickte. Im nächsten Zug schob er das Fernbedienungskreuz zur Seite und erklärte mit seinen Händen: Allah riesig, Mohammed groß, Isa klein. Das Kreuz muss weg und der Weg ist frei zu Allah. Wir wären dann kardeşler (Brüder) und kämen in den Himmel. Als Christ würde ich in die Hölle kommen, wie Veysi effektvoll mit dem hervorgekramten Feuerzeug zeigte.

So entstand für mich als Gast eine etwas unangenehme Situation. Erst amerikanischer Horror, dann Hölle zum Frühstück. Ich hatte nicht die sprachlichen Mittel, meine Probleme mit dem islamischen Gottesbild oder der Lehre des Propheten darzulegen. So stellte ich mich einfach etwas dümmer, als ich beklagenswerterweise ohnehin schon bin. Immer, wenn er neu mit dem Fernbedienungskreuz ansetzte „Du bist Christ ...", bejahte ich voll Freude und blickte dann skeptisch, während er die weiteren Dinge ausführte. Als der Teil mit dem Feuerzeug kam, beschloss ich, mich mit den Händen daran zu wärmen – schließlich war doch gerade das Feuer ein Zeichen der kraftvollen Liebe Gottes, die unser Herz entflammen soll.

Ich weiß nicht, wie lange ich noch die geduldigen Erklärungs- und Konvertierungsversuche meines lieben Gastgebers „missverstehen" hätte müssen, wenn nicht irgendwann sein Sohn mit einem ganz anderen Problem ins Zimmer gekommen wäre. Für mich war es das Zeichen zum Aufbruch. Ich bedankte mich für die Gastfreundschaft und zog in den neuen, klaren Morgen hinaus. Oben an der Straße sprach ich einen Segen. Ich wünschte der Familie den Frieden des eingeborenen Gottessohns, der in die Welt gekommen war, um das Dunkel der Herzen zu erleuchten – ganz ohne Feuerzeug.

24. Sonntag – Der Wischmob im Beichtstuhl

„Also bei uns in der Kirche sind im Beichtstuhl nur mehr die Putzsachen. Geht denn heute noch jemand beichten? Ich kann mir das Ganze doch direkt mit Gott ausmachen. Warum soll ich meine Sünden einem Priester erzählen?"

Für den gläubigen Christen kann die Antwort auf diese Frage denkbar kurz sein. Jesus sagte zu den Aposteln einst: „Wem ihr die Sünden vergebt, dem sind sie vergeben. Wem ihr die Vergebung verweigert, dem ist sie verweigert" (Joh 20,23). Die Versöhnung ist also ein Auftrag, den die Kirche von Christus erhalten hat. Und sie übt diesen Dienst bis heute durch die Beichte aus.

Es gibt jedoch auch ein paar gute Gründe, warum die Beichte, so wie sie ist, Sinn macht.

Erstens lässt Gott den Menschen durch die Sakramente an seinem Erlösungswerk teilhaben. Der Mensch, der in der Sünde Unheil bringt, soll ein neues Geschöpf werden und Segen bringen. In diesem Fall darf der geweihte Priester im Sakrament der Beichte ein Werkzeug Christi sein. Er handelt dabei nicht aus eigener Kraft, sondern Christus handelt durch ihn.

Zweitens werden in den Sakramenten unsere Sinne angesprochen. Sakramente sind ja genau deswegen zeichenhafte Handlungen, damit wir Menschen mit den Sinnen wahrnehmen können, was sich unsichtbar an unserer Seele vollzieht. Das entspricht unserem Wesen. Und so wie wir in unserem Leben ständig das Innere versuchen auszudrücken, damit es für andere verstehbar wird, so handelt Gott an uns in gleicher Weise durch sichtbare Zeichen. In der Beichte ist das nicht anders. Mit der Lossprechung hören wir, dass uns die Sünden wirklich vergeben sind; dass uns ein Neuanfang geschenkt ist.

Drittens ist der Christ vor Gott nicht ein Einzelkämpfer, sondern er ist ein Glied am mystischen Leib Christi. Und wenn ein Glied krank ist, leidet darunter der ganze Leib. Wenn die Kirche zum Beispiel von der Liebe Gottes zu den Menschen spricht und sich dann manche Glieder der Kirche ganz anders benehmen, dann schadet das der ganzen Kirche. Unsere Sünden schaden ihrem Auftrag und ihrer Glaubwürdigkeit. Daher ist es sehr passend, dass die Versöhnung mit Gott auch als eine Versöhnung mit der kirchlichen Gemeinschaft gefeiert wird.

Die Beichte, als Sakrament und Dienst der sichtbaren Kirche, macht also durchaus Sinn.

Tag 166 – 43 km (5807 km): „Hello. What's my name?"

Es gibt im Leben Fragen, die schwer zu beantworten sind. Einige davon sind gewichtig, andere werden einem von Kindern am Straßenrand zugerufen. Neben dem universalen, gern ad nauseam wiederholten „Hello!", kam heute vermehrt die Frage: „What's your name?", hinzu. Gelegentlich wurde mir auch die wesentlich schwierigere Rumpelstilzchen-Frage: „What's my name?", nachgerufen. In diesen Fällen offerierte ich dann grinsend die Mühlviertlerische Replik: „Geh Bua, des muast do söba wissn!" (zu dt.: Junger Mann, das musst du doch selbst wissen).

Ansonsten war heute nicht wirklich mein Tag. Ich fühlte mich müde. Mag es das ständige Gehupe oder das noch ständigere „Hello" gewesen sein. Ich wünschte mir eine einsame Route. Aber durch die vorgerückte Jahreszeit blieb mir zwischen den schneebedeckten Bergen nur mehr der Weg über die Straße. Und die Straße führte zunächst nach Bitlis – einer Kleinstadt, deren jugendliche Bevölkerung mich orgiastisch mit „Hello! Hello! Hello!", begrüßte. Ich grüßte einmal, zweimal, zehnmal zurück und ging dann schweigend mit gesenktem Kopf durch die Altstadt. Hier wurden mir erstmals auf meiner Reise Steine nachgeworfen. „Hello?!", drehte ich mich nach den frechen Buben um.

Bitlis war leider nur halb so sehenswert, wie vom Reiseführer beschrieben und nach der Stadt war der gute Asphalt zu Ende. Es ging weiter auf dem üblichen Fußzertrümmerungsbelag. Und meine Laune verbesserte sich nicht wirklich, als, einige Kilometer weiter, die nächsten Kinder begannen, Steine nach mir zu werfen. Ich wiederhole lieber nicht, was sie auf Mühlviertlerisch zu hören bekamen, als eines ihrer Geschosse mit einem „Klonk" auf der Leitplanke direkt neben mir einschlug. In jedem Fall machten sie schleunigst kehrt. Schluss war mit „Hello". Von diesem Steinewerfen hatte ich schon mehrmals gehört – von Radfahrern und Wanderern – aber es stimmte mich traurig, diese Unart nun tatsächlich zu erleben.

Die Straße wand sich weiter vom Hochplateau nach Südwesten. In der Schlucht unter mir rauschte grün-braunes Wasser über Felsen dem Tigris entgegen. Schafe zogen mit ihren Hirten auf dem steilen Gegenhang flussaufwärts. Allerdings hatten zwanzig der Tiere offensichtlich den Anschluss verpasst und waren jetzt etwas panisch und verloren in die andere Richtung unterwegs. Bei der nächsten Brücke rannten sie mir entgegen. Eingedenk des biblischen Bildes und meiner beruflichen Verpflichtung, beschloss ich, ein Auto anzuhalten. Und klarerweise wollte nun – im Unterschied zu all den Tagen zuvor – keines stehen bleiben. Als sich schließlich doch ein Herr in einem weißen Kompakten erbarmte, war er verwirrt, als ich nicht einsteigen wollte. In Zeichen und Worten machte ich ihn auf die kleine verwaiste Herde aufmerksam und bat ihn auf dem Weg flussaufwärts auf der Höhe der Hirten anzuhalten und „Hello!" aus dem Fenster zu schreien, damit sie kommen und ihre Tiere einsammeln können. In der Hoffnung, die Rettungsaktion würde erfolgreich sein, zog ich weiter und ließ die belämmerten Tiere in der Dämmerung zurück.

Eine halbe Stunde später machte ich selber Halt, kletterte auf einen riesigen Erdhaufen, der von Straßenverbreiterungsmaßnahmen geblieben war und konnte ungesehen und vom Lärm geschützt mein Zelt aufbauen. Dann blickte ich auf die dunklen Konturen der Berge und versuchte, etwas von der inneren Ruhe zurückzugewinnen, die mir tagsüber abhanden gekommen war. „Hello?", sprach ich leise und hob die Augen zum Himmel.

Tag 167 – 40 km (5847 km): Ein Pilger unter Pilgern

Heute ging mein Weg im großen Graben weiter, der von Tatvan bis Ziyaret auf 80 Kilometern rund 1.000 Höhenmeter verlor. In den ersten Stunden passierte ich einige Baustellen für den geplanten Ausbau der Strecke. Ein neuer „Tünel" hier, ein neuer „Tünel" dort. Derzeit aber wand sich die Straße noch durch die Schlucht, die an schönen Rastplätzen zu Ausblicken in die Tiefe einlud.

Ich passierte zwei große Schaf- und Ziegenherden und hielt Ausschau nach den verlorenen Wollknäueln des gestrigen Tages. In den Hundertschaften waren sie nicht auszumachen. Wenn sie den Anschluss dank meiner Hilfe geschafft hatten, dann war ich aber nicht zu ihrem Retter geworden. Wie mir nämlich einer der Hirten erklärte, ist morgen das islamische Opferfest. Kurban Bayramı nennt man es in der Türkei. Im Gedenken an die „Beinahe-Opferung“ des Sohnes Abrahams durch die Hand seines Vaters – im Islam ist dies für gewöhnlich Ismail statt Isaak – kommen an diesem Feiertag die Familien zusammen und schlachten (schächten) ein Schaf, das sie zubereiten und verspeisen. Viele der Tiere, die mit mir über den Asphalt wanderten, waren also zu den Feierlichkeiten „eingeladen“.

Auf den nächsten 20 Kilometern bis Baykan passierte nichts – vom gelegentlichen „Hello“ aus dem Straßengraben abgesehen. Die Landschaft über dem Flussbett war trocken und in Gedanken malte ich das eine oder andere Kloster auf die schroffen Felsen.

Kurz nach Baykan hielt mich eine zivile Polizeistreife an. Passkontrolle. Dann bekam ich den ersten Hinweis, dass in Ziyaret, wo ich übernachten wollte, ein für den Islam bedeutsamer Ort sei. In der Tat begegnete ich riesigen Menschenmassen, als ich in dem kleinen Nest einlief. Sie kamen als fromme Wallfahrer hierher zum Schrein des Sufi-Meisters Veysel Karani. Sufismus ist streng genommen eine vorislamische Bewegung, die auf verschiedene Weise, meist verbunden mit Askese und anderen geistigen Übungen, versucht, mit Gott in Berührung zu kommen. Die berühmten tanzenden Derwische sind ein Zweig davon. Wenn auch der Sufismus von strengen islamischen Rechtsschulen als „unislamisch“ abgelehnt und verfolgt wird, sind seine Vertreter heute im Allgemeinen als Sunniten oder Schiiten im Islam und seiner Lehre integriert. Weil Sufis aber im Unterschied zum reinen Gesetzesislam eine unmittelbare liebende Nähe und Erfahrbarkeit Gottes lehren, ist der Sufismus – wenigstens äußerlich – einigen zentralen Gedanken des Christentums näher als andere Strömungen im Islam. Dass der interreligiöse Dialog auf dem Pilgerweg, aber auch am

Sufiheiligtum zunächst „durch die Hölle geht", wurde mir beim abendlichen Einkauf klargemacht. Ein netter Herr, der gut Deutsch sprach, war stark um mein jenseitiges Los besorgt und lud mich dringend ein, zu konvertieren. Weil ich neben dem aufgezwungenen Gespräch auch noch Tomaten und Bananen im Laden jonglierte, hatte ich nicht die Gelegenheit, eine Frage zu formulieren, die mich die letzten Tage über beschäftigt hatte. Was macht eigentlich Mohammed glaubwürdig? Warum vertrauen Muslime seiner Botschaft? Mohammed hat in seinem Bemühen, den Eingottglauben Abrahams zu verbreiten, den Juden und Christen vorgeworfen, sie hätten die Schrift und die Botschaft der Propheten und Jesu verfälscht. Aber wenn ich auf die Apostel und die ersten Christen blicke, dann frage ich mich, wie ich diese Anklage verstehen soll? Stellt man die Dinge einander gegenüber, gingen die ersten Christen für ihren Glauben in den Tod; ja, sie vergaben ihren Mördern im Akt der Feindesliebe. Sie bekannten einen gekreuzigten Heiland; eine Liebe stärker als der Tod. Da war kein irdischer Gewinn, kein diesseitiger Triumph. Mohammed hingegen zog mit seinen Anhängern in den Kampf, übte Rache für seine Vertreibung, überfiel Karawanen, brachte seinen Gegnern das Schwert und machte Beute. Er siegte. Er erlitt Niederlagen. Schlussendlich blieb er ein erfolgreicher Feldherr und seine Nachfolger fegten wie ein Sturm über die bekannte Welt und unterwarfen sie im Krieg für ihren Gott. Auch der hier verehrte Sufimeister war mit dem Säbel in der Hand gestorben. Er fand im ersten muslimischen Bürgerkrieg, 25 Jahre nach dem Propheten, den Tod. Soll man nun jenen glauben, die bereit waren, für ihren Glauben zu sterben, oder jenen, die bereit waren, für ihren Glauben zu töten? Ich bin mir bewusst, dass dies keine letzte Entscheidungsfrage über den Wahrheitsgehalt einer Botschaft ist. In der Tat, hätte ich nur das Alte Testament gelesen, ich wüsste nicht, was meine eigene Antwort darauf wäre. Aber es gibt ein Neues Testament. Es gibt die Botschaft Christi. Wie antwortet auf diese Frage ein gläubiger Muslim? Vielleicht habe ich noch einmal die Gelegenheit, einen zu fragen.

Tag 168 – 38 km (5885 km): Baş Mast

Beim Verlassen von Ziyaret waren die ersten Schlachtungen für das Opferfest im Gang. Blut tropfte auf den staubigen Boden. Kinder rannten mit Spielzeugpistolen und Knallkörpern durch die Landschaft. Ich hingegen ließ den Lärm bald hinter mir und begann den Aufstieg über steile Rampen zu einem Bergrücken, der wie eine Mauer das Tal entlanglief. Es war, als hätte ich ein neues Land betreten. Van, die hohen Berge und der See lagen hinter mir. Vor mir gab es trockene Hügel, Felsen, drahtiges, gelbes Gras. Vor mir lag der Nahe Osten.

Oben auf dem Grat, gleich einer wachsamen Bastion, saß ein Dorf mit glänzend weißem Minarett. Beinahe wäre hier Endstation gewesen. Zwei Jugendliche aus dem ersten Haus der Straße eilten herbei, erklärten das Gebiet zur Türkei – oder zum Gegenteil davon? Ich solle zurück. Ich verstand nicht und blickte sie fragend an, während sie ihre Hände weiter in die Richtung wedelten, aus der ich gekommen war. Sechs Kilometer zurück? Nein. Nicht nach diesem Aufstieg. Ich versuchte, mein Ziel zu erklären, aber dieses lag so weit im Süden, dass sich keiner der beiden darunter etwas vorstellen konnte. Geduldig zeigte ich mein GPS und die sich windenden Wege hinter ihrem Dorf. Erst als ich den nächsten kleinen Ort nennen konnte, war man zufrieden und wedelte nun in die andere Richtung. Ich wünschte der mittlerweile herbeigeströmten Menschentraube ein frohes Fest und zog unbehelligt weiter. Nach dem Ortsschild am Ausgang genoss ich die Ruhe und Einsamkeit, die herrliche Landschaft und die Abwesenheit jeglichen Verkehrs.

Bei sommerlichen Temperaturen flüchtete ich für die Mittagspause in den Schatten hoher Bäume und übersäte meine Hose mit roten Granatapfelspritzern. Zwei Jungs mit Spielzeugpistolen kamen die Straße entlang und spielten für eine Weile Krieg, rund um kleine Hütten aus Lehm. Dann folgte ich weiter dem Talverlauf, stieg über die nächste Hügelkette und blickte in eine weite Ebene hinab, durch die drei Staubteufel als dünne, blasse Säulen wirbelten.

Im Dorf Oyuktaş hatten zwei Mädchen die größte Freude daran, mir unter Gekicher „Hello" hinterherzurufen. Dann verstummten sie, weil ihnen jemand von einem Fenster aus etwas zurief. Sie wechselten von „Hello, Hello" zu „Çay, Çay" und zerrten mich und den Carrix eine Hauseinfahrt hinauf. Weil Flüssigkeit ein Thema war, nahm ich die Einladung gerne an und saß kurz darauf zwischen Polstern im Obergemach einer großen Familie.

Man servierte mir die Reste des heutigen Festmahls samt selbstgemachtem Joghurt (kurd.: Mast). Erhan, einer der zehn Geschwister, studierte in İzmir und sprach ein wenig Englisch. Die Begegnung war herzlich. Lauter freundliche, lachende Gesichter, viele Scherze und Späße. Das ließ mich die eigenen Lieben vermissen und dankbar auf das Geschenk meiner Familie blicken.

Beim Abschied schulterte Sercan, der Jüngste, meinen Rucksack und begleitete mich hinunter zum Fluss, dem ich dann bis zum Einbruch der Dunkelheit entlang von Baumwoll- und Maisfeldern folgte. Angenehme Temperaturen. Im letzten Licht fand ich ein Plätzchen. Die Stechmücken waren zurück.

Zrrrriit. Soeben ist ein Frosch gegen das Fliegengitter meines Zelts geprallt. Es ist zu dunkel, um die Verwunderung in seinen Augen zu sehen, aber mit dieser Hemmung mitten im Sprung hatte er wohl nicht gerechnet. Nun, so etwas kann passieren, wenn sich Pilger und Frösche im Flusstal begegnen.

Tag 169 – 42 km (5927 km): The gig is up, Mr. Wayne!

Die Nacht auf heute war kühler gewesen, als ich es erwartet hatte – wenigstens gemessen an den Gelsenschwärmen des Vorabends. So kostete es etwas Überwindung, in die kalten, feuchten Sachen zu schlüpfen und loszumarschieren. Mir blieben etwa zehn Kilometer auf der schmalen Spur nach Süden, bis ich die nächste größere Straße erreichen würde.

Die Sonne stieg in den klaren, blauen Himmel und ließ mich wissen, dass sie in diesen Breiten auch Mitte Oktober noch viel von ihrer sommerlichen Kraft bewahrt hatte.

In diesen Tagen kommen mir immer wieder frühere Stationen meines Weges in den Sinn. Bilder aus den Alpen, der Ukraine und von anderswo. Es gibt Szenen, die ich einen Moment lang erst einordnen muss, um mich zu erinnern, wo sie sich zugetragen haben. Viel, so viel, war in den letzten 24 Wochen geschehen.

Am Nachmittag verließ ich die verkehrsreiche Straße nach Batman (Bruce Wayne?) und wanderte auf einem kleinen Weg zwischen Schafen, Staubteufeln und brennenden Stoppelfeldern Richtung Süden. Im letzten Dorf, auf das ich nach neun Kilometern stieß, machte ich den Fehler, nicht länger nach einem Laden oder Brunnen zu suchen. Nun, am Abend, nutzt mir meine Reue wenig. In meinen Flaschen ist kaum mehr Wasser. Nicht zum ersten Mal auf dieser Reise habe ich quälenden Durst. Mir bleibt etwas mehr als ein halber Liter für den Abend, die Nacht und den Morgen. Das ist wenig – so wenig, dass ich mir das Abendessen spare. Brot, Schokolade und Kekse würde ich nur mit Flüssigkeit runter bekommen.

Wasser rationieren, nach einem heißen Tag wie heute, tut weh. So liege ich mit trockenem Gaumen zwanzig Meter von der stark frequentierten Straße entfernt im Graben, hinter einer frisch aufgeschütteten Trasse. Sie dient mir als notdürftiger Sicht- und Lärmschutz. Im baumlosen, kargen Tal mit steilen Wänden war dieser Flecken der einzige Schlafplatz, den ich hatte finden können.

Tag 170 – 43 km (5970 km): Von Pferden und Fischen

Es ist Abend. Schmunzelnd liege ich im Zelt. Unweit von mir leuchtet die „Skyline“ des 5.000-Einwohner-Städtchens Gercüş. Das ist jedoch nicht der Grund, warum ich schmunzle. Der Grund dafür frisst zehn Meter neben mir Gras.

Heute früh hatte sich meine jüngere Schwester gemeldet und mehr Pferdefotos zu den Berichten im Internet gefordert. Ich musste ihr dieses Defizit mit der Abwesenheit der Tiere erklären. Stunden später tastete ich mich dann im Dunkeln einen Feldweg und eine Reihe Disteln entlang zu dem Platz, an dem ich nun liege. Einmal erschrak ich dabei kurz, bevor ich lachte. Eine dunkle Gestalt wachte über den Ort; ein Pferd, schwarz wie die Nacht. Nur seine Zeichnung am Kopf schimmerte weiß. Schnaubend beäugte es den Zeltaufbau. Das Foto für meine Schwester gibt es morgen. Nun aber zurück zum Anfang dieses Tages.

Mit meinem kleinen verbliebenen Wasserrest machte ich mich durstig auf den Weg. Das Zartrosa im Osten wich bald einem strahlenden Blau. Die hellen Felsen warfen das Licht der Sonne grell zurück. So kam ich nach langen

Geraden ins geschichtsträchtige Tal des Tigris. Die Freude über einen kleinen Kiosk am Straßenrand überstrahlte jedoch bald die steilen Wände, uralten Wohnhöhlen und Ruinen. Ich füllte meine Flasche und trank, bis es unter der gewölbten Bauchdecke blubberte. Dann folgte ich dem großen Strom, der sich träge und glatt durch die Wüstenlandschaft wand.

Kurz vor Mittag erreichte ich den Ort Hasankeyf. Sein klingender Name wird bald von den Landkarten verschwinden. Der Ilısu-Staudamm soll das ganze Tal dem Untergang weihen. Dann werden selbst die mächtigen Pfeiler der 900 Jahre

alten Brückenruine nicht mehr aus den Fluten ragen. Fische, statt Touristen, werden das kleine mittelalterliche Juwel mit seinen Felsenwohnungen, Minaretten und der eindrucksvollen Zitadelle patrouillieren.

Mit der Überschreitung des Tigris bei Hasankeyf kam ich nach Mesopotamien; ins legendäre Zweistromland zwischen Euphrat und Tigris; in die Wiege der Zivilisation. Ich wanderte eine Weile das Tal entlang und dann hinauf in eine trockene Ebene. Staub lag in der Luft und sorgte für einen Sonnenuntergang in intensiven Farben. Für mich kam damit die Zeit, einen Zeltplatz zu suchen.

Um keine Zeit zu verlieren, wollte ich nicht den langen Umweg durch den Ort auf mich nehmen, sondern versuchte, meine Einkäufe an der Umfahrungsstrecke bei einer Tankstelle zu erledigen. Sie war geschlossen.

Ein paar hundert Meter weiter waren wieder Zapfsäulen mit einem kleinen Verkaufs-Bunker. Hier gab es nur Motoröl. Gegenüber jedoch stand eine kleine „Gartenhäuschen-Bar". Anders kann man den hölzernen Fertigschuppen aus dem türkischen Baumarkt nicht beschreiben. Aber hier gab es kein Wasser. Kein Cola. Keinen Tee. Nur Bier. So nahm ich in der Not ein Pilsen mit auf den Weg und spülte es die trockene Kehle runter.

Über die nächsten 500 Meter merkte ich, dass ich mich zunehmend konzentrieren musste, den „geraden Weg" zu gehen – keine Trunkenheit, aber, neben dem Pferd, vielleicht ein zweiter Grund, warum ich die letzten Minuten so viel geschmunzelt habe?

Tag 171 – 42 km (6012 km): Das Sandmännchen kommt

Kurz nach Mitternacht begann ein kräftiger Wind in mein offenes Zelt zu wehen. Kälte war diesmal kein Problem. Die Luft war warm. Sie kam aus Südost, dem syrisch-irakischen Grenzgebiet. Jede Menge Sand und Staub hatte sich mit auf die Reise gemacht und so stieg die Sonne als blasse Scheibe hinter einem braunen Schleier in den morgendlichen Himmel.

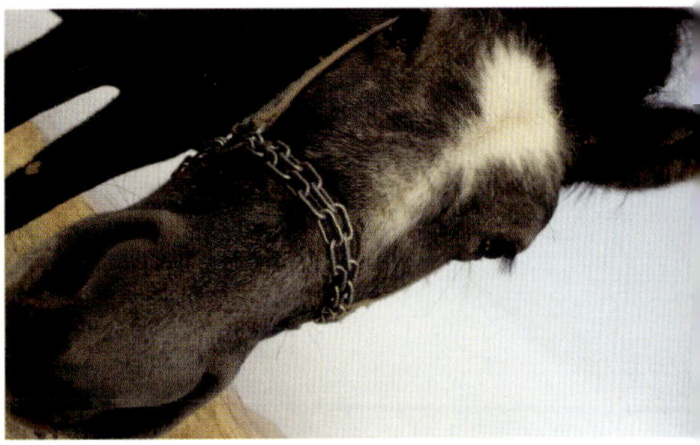

Ich packte zusammen und wollte das geforderte Pferdefoto knipsten. Da stand er immer noch, der schwarze Hengs... Gaul? Was gestern in der Dunkelheit wie ein Abkömmling des Schlachtrosses von Süleyman dem Prächtigen ausgesehen hatte, präsentierte sich heute als klappriges Tier, das Mühe hatte, das von mir mitleidig offerierte alte Brot zu kauen. Aber es war ein Pferd, so wie bestellt. Klick.

Ich stieg auf einen Bergrücken, wo der Wind Plastikflaschen in einer surrealen Klangkulisse über die raue Fahrbahn galoppieren ließ. Große Verpackungskartons, Esstabletts, Plastik jeder Art hob er in die Lüfte. Säcke segelten über meinem Kopf. Ein unwirkliches Schauspiel.

Sieben Kilometer vor Midyat bog ich für meine Schlaufe durch den Tur Abdin nach Osten ab. Nun wurde der Wind noch stärker. Mit Tüchern vermummt, wanderte ich durch die staubige Luft. Die Außenwelt im Seitenverhältnis 10:1.

Nur durch einen schmalen Spalt nahm ich die Landschaft wahr und empfand diese Einschränkung bald als eigenartig beklemmend.

Meine erste Station auf dem „Berg der Gottesknechte“, wie der Tur Abdin aus dem Syrischen übertragen heißt, war das orthodoxe Kloster Mor Yakup. Vor 1.600 Jahren gegründet, war es eines der ältesten Klöster im Oberen Zweistromland. Ich fand einen Mönch, der außerhalb der dicken Festungsmauern zwischen den Bäumen seiner Arbeit nachging. Er zeigte mir auf meine Bitte hin den Weg zur Kirche.

Es war kurz vor Mittag. Einladung zum Essen gab es keine. Ich hätte sie aus Zeitgründen auch abgelehnt und doch war ich irgendwie enttäuscht. Seit Tagen freute ich mich auf die erste Begegnung mit den syrischen Christen und hatte wohl vergessen, dass hier niemand auf mich gewartet hatte. Zurückhaltung. Man erfüllte meine Bitte. Ich konnte die Kirche sehen; dort beten. Wer ich war, was ich tat oder wie ich hierher in diese Einsamkeit gekommen war, interessierte niemanden. Ich wurde zurück zum Tor gebracht und die schwere Eisentür des Klosters fiel hinter mir ins Schloss. Meine Begegnung mit den Glaubensbrüdern war anders verlaufen, als ich es mir auf dem Weg hierher ausgemalt hatte. Ich wickelte wieder Tücher um den Kopf. Meine Stimmung war gedrückt. War ich dabei zu vergessen, wo die eigentliche Mitte unserer Begegnungen liegt? Dort, vor dem Herrn, hatte ich verweilen dürfen. Und damit müsste ich zufrieden sein. Doch ich vermisste die Menschlichkeit zwischen den Mauern, wo der menschgewordene Gott angebetet wird.

Ich setzte meinen Weg fort. Vermummt. Eingeschränkt. Betrübt. Hatte ich in der Früh noch gedacht, der Staub würde mir aufgrund der Brechung des Lichtes einen spektakulären Sonnenuntergang bescheren, wurde der braune Nebel im Verlauf des Nachmittags so dicht, dass es bereits um 16.00 Uhr dunkel war. Durch die Unmengen an Staub, Sand und den beständig starken Wind, der nach jeder Kurve doch immer wieder von vorne kam, war diese Etappe extrem kräfteraubend. Erschöpft betrat ich nach 42 Kilometern den Hof des syrischen Klosters von Hah.

Nach der lokalen Überlieferung ging es auf die heiligen drei Könige zurück. Sie waren, so die Legende, zu zwölft aus dem Morgenland aufgebrochen. An diesem Punkt jedoch hatten sie aus ihrem Kreis drei Männer ausgewählt, die Reise zu vollenden. Als diese mit der frohen Kunde aus Bethlehem zurückkamen und vom Kind in der Krippe berichteten, stifteten sie zum Dank dieses Gotteshaus.

Der Wind peitschte den Sand gegen die alten Mauern. Alle Türen waren verschlossen. Eine Weile überlegte ich, was ich nun tun sollte. Da wurde ich von Hanna entdeckt. Mit ihrem Mann und den drei Kindern Yohanan (13), Maryam (11) und Sarah (3) bewohnte sie ein Nebengebäude des Marienheiligtums, das heute nicht länger als aktives Kloster dient. Hanna und ihre Familie betreuten die wenigen Pilger, die an diesem Ort Zuflucht, Heilung oder Ruhe suchten. Sie zeigte mir freundlich ein Zimmer und lud mich zum Abendessen im Kreis ihrer Familie ein.

Das Notstromaggregat ratterte im Nebenraum und über die dampfenden Suppenteller und gefüllten Paprika hinweg wurde aramäisch gebetet – in jener Sprache also, in der Jesus einst seinen Jüngern das Vaterunser gelehrt hatte. Im schwachen Licht der flackernden Glühbirne saßen wir wie in eine andere Zeit zurückversetzt. Draußen war es dunkel. Der Sturm heulte und rüttelte an den Fenstern. Über der Küchenzeile hing eine Ölbergszene im Nazarenerstil.

Nach dem Essen kehrte ich dankbar über die Dachterrasse zu meiner Zelle zurück. Immer noch blies der Wind Sand und Staub über die Dächer. Mit zusammengekniffenen Augen tastete ich mich vorwärts und ließ schließlich die Tür meines Zimmers hinter mir ins schwere Schloss fallen. Ich war Gast; Gast in biblischer Vergangenheit.

Tag 172 – 48 km (6060 km): Der wehleidige Gast

Aus den Einträgen in diesem Tagebuch spricht immer die Summe der Eindrücke, die an einem bestimmten Tag zusammenkommen. Das können enttäuschte Erwartungen sein, freudige Begegnungen, das Wetter, der Asphalt, die Länge der Tagesetappe oder Kinder, die Steine werfen. All diese Dinge, und nicht zuletzt ihre Reihenfolge, bestimmen mein Gemüt am Abend, wenn ich meine Erlebnisse zusammenschreibe. Wie dünn mir manchmal dabei meine „Haut" vorkommt, habe ich schon an anderer Stelle beschrieben. Vermutlich würde ich also diesen Eintrag mit Abstand und unter den neuen Eindrücken anders schreiben. Aber jetzt gerade bin ich traurig und will den Bericht aus diesem Gefühl heraus authentisch schreiben. So bleibt er stehen als eine „echte" Erinnerung – nicht unbedingt an die objektive Wirklichkeit, aber doch an meine innere Verfassung.

* * *

Blitze zuckten durch die Nacht und erhellten mein Zimmer in Hah. Ich sah auf die Uhr. Viertel nach zwei. Hinter den dicken, uralten Klostermauern lauschte ich dem Regen, der auf die Steinplatten vor der Türe prasselte. Absolute Geborgenheit. Das Gewitter war heftig, zog aber in großer Eile über das Labyrinth von Natursteinmauern und die rote Erde des Tur Abdin hinweg. Immer leiser wurde das Grollen. Der Regen hörte auf. Die staubige Luft war reingewaschen von der Naturgewalt. Ich drehte mich auf der Matratze um und schloss wieder die Augen.

Als ich mich um sechs vom Lager erhob, begann es draußen hell zu werden. Die wahre Schönheit der Gebäude zeigte sich nun im Licht der „Goldenen

Stunde" nach Sonnenaufgang. Wie Erz aus Ophir und Bernstein leuchten die hellen Steine vor dem Hintergrund einiger dunkler Wolkenreste.

Um kurz nach sieben war ich, ohne mich von meinen freundlichen Gastgebern verabschieden zu können, zurück auf der Straße. Ich wollte zunächst eine Abkürzung nach Hanlar nehmen, doch der eingeschlagene Feldweg entpuppte sich als unmöglicher, mit Disteln überwachsener Pfad, dessen Ziel ob der verschwommenen Satellitenbilder zudem nicht ganz sicher war. So blieb mir nichts anderes übrig, als fünf Kilometer auf dem Weg von gestern zurückzugehen, um mich dann erst nach Süden zu wenden. Es war letztlich eine glückliche Fügung, da ich in Ortaca Köyü die erste und letzte Möglichkeit des Tages haben sollte, meine erschöpften Nahrungsmittelvorräte aufzustocken – wenn auch nur mit altem Brot und Keksen.

Dann ging es auf einer staubigen Piste vorbei an der klassisch ländlichen „Müllentsorgung" am Ortsausgang und Dorfbewohnern, die Mühe hatten, zu verstehen, wohin ich in dieser Einöde wollte. Landschaftlich waren die sanften Hügel des Tur Abdin mit ihrer typisch kargen Vegetation, den Steinmauern und den gedrungenen Steineichengewächsen sehr reizvoll. 30 Kilometer wanderte ich mal auf uralten Straßen, mal auf Stein und Schotter. In dem einen oder anderen Dorf, dessen Häuser sich wie in der Toskana an Hügel schmiegten, zeigte ein Kirchturm christliche Präsenz oder christliche Vergangenheit.

Bei Kilometer 35 kam ich zurück auf eine asphaltierte Straße, die in einem verschwenderischen Bogen nach Norden zur Abzweigung nach Mor Gabriel führte. Gegründet im Jahr 397 gehört auch diese Anlage zu den ältesten christlichen Klöstern der Welt und ist gleichzeitig Bischofssitz der syrisch-orthodoxen Christen im Tur Abdin. Trotz des unbestreitbaren Alters gab es in den letzten Jahren immer wieder politisch und religiös motivierte Übergriffe aus den umliegenden muslimischen Gemeinden. Sie unterstellen dem Kloster, sich das umliegende Land unrechtens angeeignet zu haben. Die letzte, bizarre Wendung der Dinge vor Gericht hat das Gebiet nun dem Staat der Türkei zugesprochen.

Nach der herzlichen Aufnahme durch die Familie von Hanna in Hah, ging ich heute voll Freude und Zuversicht die letzten Kilometer. Freilich musste ich davor noch einen halbstarken Jüngling passieren, der, zuerst nervend, dann mich am Fortkommen hindernd, Geld von mir wollte. Aber ich trage meinen zotteligen Bart nicht umsonst. Ich ließ kurz den Rübezahl aus den Gesichtszügen „hängen" und frei war er wieder, der Weg.

Kurz vor Einbruch der Dunkelheit kam ich zum Kloster. Ich hatte Glück. Der Portier war eben dabei gewesen, seinen Dienst zu beenden. Er telefonierte kurz, brachte mir Tee und teilte freundlich sein Gebäck mit mir. Ich dankte ihm jeweils mit dem mir gestern beigebrachten aramäischen Wort ܬܘܕܝ ܣܓܝ (gesprochen: taudi sagi; Danke). Nach einer Weile wurde ich von einem Jungen abgeholt und in einen Raum begleitet, wo allem Anschein nach der Metropolit mit drei Herren saß. Der Versuch, dem Bischof meine Hand zum Gruß zu erbieten, scheiterte. Meine ausgestreckte Rechte hing peinlich in der Luft – Sinnbild für all die Male in meinem Leben, wo ich keine Ahnung gehabt hatte, wie ich den „Hohen Herrn und Damen" dieser Welt der Etikette gemäß begegnen soll. Mir wurde ein Platz auf der Bank zugewiesen und bischöflicherseits zwei Fragen auf Englisch gestellt. „Was ist Ihr Beruf?" Antwort: „Katholischer Priester. Aus Liechtenstein, dem kleinen Land zwischen Österrei…" Ich wurde unterbrochen. „Tragen katholische Priester jetzt Bärte?" Antwort: „Nun ja. Nein. Nicht unbedingt." Das war alles. Das Interesse an mir war erschöpft. Die nächsten fünfzehn Minuten saß ich da und studierte das Muster der Bodenfliesen, während sich die anderen unterhielten. Ich war verschwitzt, hatte meinen Rucksack bei mir, wollte aus den Schuhen raus, mich waschen. Aber ich sollte hier auf das Essen warten. Also wartete ich und zählte die dunkelblauen Tupfer auf dem hellblauen Grund der Fliesen. Dann läutete man zum Essen. Ich wurde gebeten, den anderen zu folgen. Man betete, aß und kehrte zurück in den Fliesenraum. Der Bischof setzte sein Gespräch mit den drei Männern fort. Ich stand eine Weile. Man bedeutete mir, mich zu setzen. 30 Minuten saß ich still. Immer noch verschwitzt, mit Rucksack, in den Schuhen, ungewaschen. Ich betete die Vesper. Dann starrte ich weiter auf die Fliesen. Der heilige Benedikt soll einst gesagt haben, dass man einen jungen Mann, der ins Kloster eintreten will, drei Tag lang an die Tür pochen lassen soll. Wenn er dann immer noch da sei, wisse man, dass er es ernst meine. Nur wollte ich hier nicht eintreten. Ich war ein einfacher Pilger, schmutzig und müde. Als schließlich mein Kopf schwerer wurde, ich ihn in die Hände stützte und begann einzunicken, rief jemand nach dem Gastmeister. Dieser Herr führte mich in den Gästeschlafsaal, wo ich nun als einziger Gast auf meinem Bett liege.

Wie nach meinem Besuch in Mor Yakup war ich betrübt. Ich war versorgt worden, das stimmt. Doch hatte ich nicht das Gefühl, willkommen zu sein. Auf meinem langen Weg haben mich so viele Menschen – katholische Benediktiner, baptistische Ehepaare, orthodoxe Dorfpriester, Agnostiker, Armenier, Muslime, Kurden, syrische Familien – nicht nur in ihr Haus, sondern in ihr Herz gelassen. Sie haben mir, dem Fremden, nicht nur Nahrung und ein Dach, sondern Menschlichkeit geschenkt. Für mich trat dies in den letzten Monaten als der kostbarste Aspekt der Gastlichkeit hervor. Und nun vermisse ich ihn. Vielleicht ist es lediglich der neue arabisch-syrische Kulturkreis, der zurückhaltender ist. Vielleicht sind es die Leiden und geschichtlichen Wunden der Menschen hier. Vielleicht bin ich für die Mönche nur ein weiterer Tourist, der eine günstige Unterkunft wollte. Vielleicht ist es nur meine überzogene und nun enttäuschte Vorfreude auf ein Treffen mit Brüdern im Glauben. Oder fühle ich gar eine kleine narzisstische Kränkung, weil man mich, den „Weitgereisten", einfach ignoriert?

Aus all dem ist nun die Gott-geschenkte Gelegenheit geworden, einen Aspekt des Menschseins tiefer zu erfahren: das Fremdsein. In der Wildnis, in der Einsamkeit war ich noch niemals fremd. Fremd kann man nur unter Menschen sein; dort, wo man nicht willkommen ist, wo man nicht auf- und angenommen wird. Doch Herr, lass mich trachten, nicht, dass ich getröstet werde, sondern dass ich tröste; nicht, dass ich verstanden werde, sondern dass ich verstehe; nicht, dass ich geliebt werde, sondern dass ich liebe.

25. Sonntag – Über das, was Gott vorgestern gemacht hat

„Ich tu mich schwer, den Gott der Bibel zu verstehen. Mal ist er zornig, mal gütig, mal vergibt er, mal schweigt er. Irgendwie kommt mir dieser Gott zu „menschlich" vor. Für mich ist das ein Problem. Kann Gott wirklich so sein?"

Ja, die Bibel beschreibt, wie Gott durch das Paradies wandelt, er Adam sucht, er zornig wird und er es sich dann wieder reuen lässt. Und das sind nur die ersten paar Seiten der Heiligen Schrift. An anderen Stellen wird erklärt, dass Gott allwissend, allgegenwärtig und unveränderlich sei. Passt das zusammen?

Nun, die Bibel spricht in bildhafter Sprache; einfach und zugleich eindrucksvoll. So kann man sich die Aussagen über Gott nämlich besser merken als durch irgendeine abstrakte philosophische Erklärung.

Dabei werden die Dinge meist so beschrieben, wie sie auf uns Menschen wirken, und weniger, wie sie in Gott tatsächlich sind. Auf manchen Seiten der Bibel erscheint Gott deswegen vielleicht erst vergeltend und dann wieder barmherzig – und das, obwohl Gott doch ewig und unveränderlich ist.

Die Antwort darauf ist, dass die Veränderung, die hier beschrieben wird, eigentlich nicht in Gott liegt, sondern in uns und in der Beziehung, in der wir zu Gott stehen. Das kann der folgende Vergleich deutlicher machen.

Die Schwerkraft hält eine Porzellanfigur auf dem Sockel. Wenn die Statue ihre Position ändert und umkippt, ist es die gleiche Schwerkraft, welche die Figur in 1.000 Stücke zerspringen lässt. Die Schwerkraft selbst ist dabei natürlich gleich geblieben. Aber die Auswirkungen, die sie auf die Statue hat, unterscheiden sich gewaltig.

Ähnlich verhält es sich mit der menschlichen Seele. Gott selbst verändert sich nicht. Aber das Verhältnis, in dem der Mensch zu Gott steht, kann sich ändern – mit allen Konsequenzen, und damit auch, wie wir das Wirken Gottes in unserem Leben erfahren.

Die Bibel beschreibt Gott also oft im Spiegel der menschlichen Erfahrung und in aussagekräftigen Bildern. Wenn wir diese Bilder recht verstehen, dann bringen sie uns Gott näher, auch wenn Gott natürlich alle Bilder übersteigt.

Tag 173 – 27 km (6087 km): Das Kreuz und der Halbmond

Ich atmete tief, füllte die Lungen mit frischer, kühler Luft und wischte den kalten Schweiß von der Stirn. Wenigstens war ich nicht umgekippt. Früher in der Pfarrei hatte ich immer lächeln müssen, wenn die Leute zu husten begannen, sobald sie das Weihrauchfass sahen – auch wenn es leer war. Heute Morgen hätten sich diese Gläubigen vielleicht mit einem Grinsen revanchiert: „So, so, dem Weihrauch-liebenden Kaplan ist also schlecht geworden?“ Ja, schlecht war mir geworden. Aber ich glaube nicht, dass es die Schuld des

Weihrauchs war. Die Kombination aus einer zweistündigen Sonntagsliturgie um sechs Uhr morgens mit wenig Schlaf, viel Stehen und einem Kreislauf, den ich großteils im Badezimmer neben der Zahnbürste vergessen hatte, war wohl die eigentliche Ursache für meine „Fast-Ohnmacht". Ich kehrte in das alte Gewölbe der Kirche zurück und tauchte nochmals ein in den mystischen Nebel und die exotischen Klänge des syrisch-arabischen Gesangs.

Beim Frühstück saßen mir ein Mann und eine Frau gegenüber, mit denen ich mich auf Englisch unterhalten konnte. Sie war eine türkische Aktivistin, die sich für die christlichen Minderheiten und die geschichtliche Aufarbeitung des Völkermordes (der „Armenierfrage") einsetzte; er war ein christlicher Heimkehrer aus Schweden, der vor zehn Jahren zurück in den Tur Abdin gekommen war. Nach interessanten Gesprächen verweilte ich den Rest des Vormittags im Kloster.

Dann brach ich zum Halbtagesmarsch nach Midyat auf. Ich habe keine besonderen Erinnerungen an diesen Straßenabschnitt. Midyat selbst ist eine Stadt, die bis ins 20. Jahrhundert stark christlich geprägt gewesen war. Davon zeugen heute noch fünf Kirchen. Aber nur wenige Familien sind geblieben. 1915, im „Jahr des Schwertes", erreichte nicht nur die systematische Verfolgung

der armenischen Christen einen dramatischen Höhepunkt, sondern auch die Tötung und Vertreibung der assyrischen und aramäischen Bevölkerung. Und viele der noch verbliebenen oder zurückgekehrten Christen emigrierten in den 1980er Jahren als Folge des bewaffneten türkisch-kurdischen Konflikts. Nach fast zwei Jahrtausenden droht hier wie in den südlichen Nachbarländern Irak und Syrien, das Gebet der bedrängten Christen zu verstummen. Minarette schießen stattdessen für die wachsende kurdische Bevölkerung aus dem Boden und der Adhan weht über die alten Kreuze hinweg: „Es gibt keinen Gott außer Allah. Mohammed ist sein Gesandter." Blutgetrankt ist die Erde hier und der Gesang des Muezzins bedrückt mich irgendwie.

Tag 174 – 41 km (6128 km): Gedankenversunken

Der Weg aus Midyat führte durch ein großes Neubaugebiet. Ganz allgemein erlebt und sieht man überall in der Türkei den seit Jahren anhaltenden, wirtschaftlichen Boom des „kleinasiatischen Tigers". Baustellen und Projekte an jeder Ecke. Schöner wurde die Landschaft dadurch nicht und der mörderische Straßenbelag irritierte umso mehr, eben weil er so neu war.

Ich versuchte auch heute wieder – wenigstens zeitweise – dem Asphalt zu entkommen und wählte, wo vorhanden, kleine, staubige Feldwege. Oft führten diese dankenswerterweise parallel zur Straße. In Gedanken über G. K. Chestertons provokanten, aber anregenden Roman „The Ball and the Cross" versunken, gingen die landschaftlichen Eindrücke etwas unter – wenigstens, bis die sinkende Sonne meinen Zeltplatz in feurige Farben kleidete. Ich genoss die letzten wärmenden Strahlen und die Stille. Dann rief in der Ferne der Muezzin auch hier das islamische Bekenntnis aus.

Tag 175 – 39 km (6167 km): Magisches Mardin

Als male sie ein Spiegelbild des gestrigen Abends in den östlichen Himmel, erschien die Sonne am heutigen Morgen. Ein Spiegelbild des gestrigen Tages war auch die sanft hügelige Landschaft und der schmerzhafte Asphalt, der mich erwartete. So war es nur natürlich, dass ich wieder nach ungeteerten Strecken Ausschau hielt. Die Karte versprach tatsächlich ein Netzwerk landwirtschaftlicher Wege und ich notierte kurz meine neue Route im Kopf. Geradeaus. Dann rechts, zweimal links. Ich marschierte wieder los.

Bei der dritten Kreuzung runzelte ich die Stirn. Etwas stimmte nicht. Ich hatte wohl die erste Abzweigung übersehen und einen anderen Weg als geplant, genommen. Das machte nichts. Auch von hier konnte ich weiter kommen. Links, dann gerade, dann links und einmal rechts.

Ich kam zu einem Dorf und hier wollte mich ein Traktorfahrer sehr beharrlich zurück zur Hauptstraße schicken. Zu viele „Brumbrum" erklärte ich pantomimisch und verstärkte die Botschaft fachmännisch mit den labialen Motorsimulationslauten eines Kleinkindes. Ein zweiter Mann wurde hinzugezogen. Er schickte mich auf der kleinen Straße weiter – aber nicht auf dem Weg, den mir das GPS gezeigte hatte. Höflich ging ich 100 Meter in die gewiesene Richtung, wartete, und ging nach seinem Verschwinden wieder zurück zur Kreuzung, um dreist und ungehorsam „meinen" Weg zu nehmen. Und dieser brachte mich auch wunderbar und direkt in das nächste anvisierte Dorf. Dort war dann allerdings Endstation. Meine Karten erzählten eine Mär. Nachdem ich jeden Weg probiert hatte und entweder in Sackgassen, der falschen Richtung oder bei wütenden Hunden gelandet war, kehrte ich über eine Verbindungsstraße dann doch wieder zur Hauptroute zurück. Das war vermutlich besser so. Die Bevölkerung des kleinen Dorfes hatte sich nämlich zwischenzeitlich bereits versammelt und leicht argwöhnisch meine Schritte und „Rückschritte" verfolgt. Ich war wohl auch Gegenstand eines Telefonats gewesen. „Turist" wurde da mehrmals und kopfschüttelnd in ein altes Nokia gesprochen.

Zurück auf der Hauptstraße war das Fazit: sieben Kilometer gelaufen, ein Kilometer Netto-Fortschritt. Mein ganz eigenes Bonusmeilenprogramm. Aber heute war das Ganze nicht so schlimm. Mein Ziel lag nicht sehr weit entfernt.

Am Nachmittag eröffneten sich erste Blicke auf Mardin mit seiner imposanten Zitadelle. Aber richtig groß wurden meine Augen erst, als ich am Abend durch die Altstadt lief. Honigfarbene Häuser hatte man mir im Reiseführer versprochen. Und honigfarbene Häuser schmiegten sich im Licht der untergehenden Sonne an den Berg. Und was für ein Ausblick! Nach Süden und Südosten konnte man über dutzende Kilometer in die mesopotamische Ebene nach Syrien hinunterblicken. Fantastisch und seltsam zugleich – nach fast zwei Monaten in den Bergen.

„Ohs" und „Ahs" gab es auch von der Terrasse meines schönen Hotels. Großartig. Herrlich. Ein Hauch von Assisi auf Arabisch. Mardin ist mit Abstand die schönste Stadt, die ich bislang in der Türkei besucht habe, ja,

vielleicht ist Mardin gar die schönste Stadt meiner Reise bis hierher. Ich werde morgen einen Ruhetag einlegen und mit der Kamera einen Streifzug durch die verwinkelten Gassen unternehmen.

Tag 176 – Ruhetag: Die Märtyrer von Mardin

Während ich heute zwischen Eseln, Marktschreiern und Gewürzen durch den Basar und die verwinkelten Gassen Mardins schlenderte, waren meine Gedanken immer wieder beim 2001 seliggesprochenen, armenisch-katholischen Erzbischof dieser Stadt, Ignatius Maloyan. Vor bald hundert Jahren war er auf dem Weg zu seiner Hinrichtung ein letztes Mal über dieses Straßenpflaster gegangen.

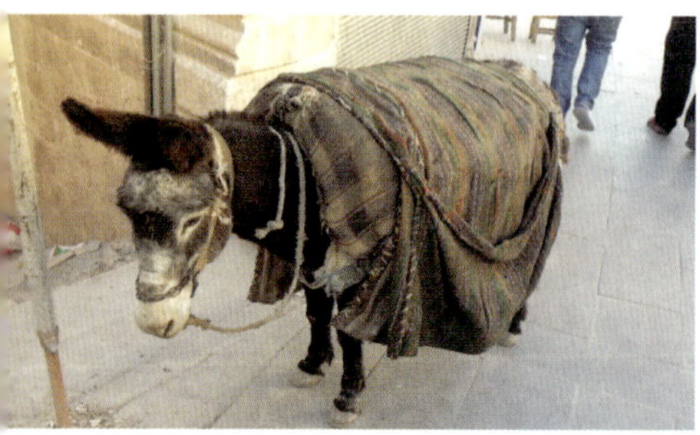

Als die türkischen und kurdischen Milizen im April 1915 mit der Vernichtung der armenischen und syrisch-aramäischen Bevölkerung begannen, wurden auch der Bischofssitz und

die katholische Kirche in Mardin umstellt. Den Christen wurde vorgeworfen, Waffen zu verstecken und sich mit den Feinden der Türkei im damaligen Weltkrieg zu verbünden. Waffen wurden nicht gefunden. Ignatius, der wenige Wochen zuvor noch vom Sultan für seinen sozialen Dienst geehrt worden war, bekräftigte gegenüber den Polizisten seine Treue zur türkischen Regierung und zum Herrscher. Die angebotene Konversion zum Islam lehnte er jedoch ab. Er gab zur Antwort, dass er Christus und Seine Kirche nicht verleugnen werde.

Am 3. Juni wurde er zusammen mit 27 anderen katholischen Würdenträgern in Ketten gelegt und in den Hof gezerrt. Am darauffolgenden Tag wurden 25 Priester und 862 Gläubige verhaftet. Man begann einen Schauprozess. Im Gefängnis wurde er mit Schlägen misshandelt. Man zog ihm die Zehennägel, um ihm ein Geständnis zu entlocken. Am 10. Juni trieb man 447 Armenier zusammen. Gemeinsam mit dem Erzbischof wurden sie in die Wüste geführt. Ignatius ermutigte seine Herde, stärkte, tröstete, segnete im Blick auf das nahe Martyrium. Nach zweistündigem Marsch wurden die Gläubigen vor den Augen des Geistlichen ermordet. Ein letztes Mal forderte Polizeichef Mamdooh Bek (Bey) Ignatius auf, zum Islam überzutreten. Wie ein Augenzeuge berichtete, war seine Antwort: „Ich habe bereits gesagt, dass ich für meinen Glauben und meine Religion lebe und sterbe. Ich verehre das Kreuz meines Gottes und Herrn." Ein Schuss aus der Pistole des wütenden Polizeichefs nahm ihm das Leben, das im selben Augenblick zur ewigen Vollendung gelangte.

Am selben Tag wie Ignatius wurde sein leiblicher Bruder Malallah getötet. Faride, die Mutter der beiden, wurde einen Monat später deportiert und umgebracht. Von den etwa 2.500 armenischen Geistlichen des Osmanischen Reiches überlebten nur 400 den Völkermord und die anschließenden Verfolgungen. Mehr als eine Million Christen wurden damals getötet oder kamen infolge von Hunger und Todesmärschen um.

Am 11. Juni 1915, am Tag nach der Hinrichtung des Erzbischofs von Mardin, stellte die Polizei in Diyarbakır seinen Totenschein aus. Darauf stand geschrieben: „Hinscheiden von Msgr. Maloyan, unterwegs auf einer Reise, Grund: Herzembolie." Das ist auch jenseits der Lüge eine letzte Unwahrheit. Denn das Herz des seligen Bischofs war nicht „verstopft". Vielmehr war es weit und suchte sich nach dem Herzen seines Herrn zu formen; zu segnen, statt zu verfluchen, Freund und Feind.

Tag 177 – 49 km (6216 km): Von der Kunst, Rampen zu bauen

Nach fünf Stunden Schlaf blickte ich aus geschwollenen Augenlidern auf die Uhr, als gerade das Takbir („Allahu akbar") aus den krachenden Lautsprechern der Minarette durch die Gassen dröhnte. Ich war natürlich selber schuld an meiner Müdigkeit. Ich hatte gestern auf dem Rückweg zum Hotel Miroslav getroffen, einen der wenigen europäischen Touristen um diese Jahreszeit. Der Tscheche arbeitete am Oriental Institute in Prag und schwärmte von den Ruinen in diesem Teil der Welt. Die nächsten Stunden verbrachten wir mit Kebab, Çay und langen Gesprächen über Gott und die Welt und wieder Gott.

Als ich dann um halb elf ins Hotel zurückgekommen war, wartete natürlich noch Arbeit auf mich: Routenplanung und das Stopfen eines weiteren Lochs in meiner Hose.

Dann kam die Nacht, dann der Morgen. Mit Ausschlafen war nichts, denn ich hatte mich entschlossen, die knapp hundert Kilometer bis Viranşehir in zwei Tagen zu absolvieren. Warum hatte ich nach einem Ruhetag immer das Gefühl, etwas aufholen zu müssen?

Der Weg heute führte zunächst in Kehren in die fruchtbare Ebene hinab, verlor dann jedoch schnell an Reiz. Zwei lange Geraden und eine einzige Kurve beschrieben das ganze, langweilige Streckenprofil entlang der syrischen

Grenze. Zwei positive Dinge seien trotzdem kurz vermerkt. Entlang der stark befahrenen E90 gab es praktisch durchgehend Platz für Pilger am Straßenrand – und was noch wichtiger war: Der Straßenbelag war glatt. So sprach ich glücklich und frei nach Galilei: „Und sie teeren doch!"

Aber auch ein Problem möchte ich an dieser Stelle erörtern: Gehsteige. Als ich von Russland nach Trabzon kam, war ich noch voll des Lobes für die türkischen Gehwege und ihre sanften Schrägen. Gut ließ sich der Carrix über die Rampen ziehen und schieben. Wie es schien, war mein Preisen jedoch im pontischen Gebirge verhallt. Hier im Süden gehören Gehsteige eindeutig zu den halsbrecherischsten Konstruktionen, die je im Dienst der Gemeingefährdung errichtet worden waren. Dafür sorgten zum einen offene Kanalschächte, lose Steine, Löcher und Erosionsschäden; zum anderen waren sie wohl nicht wirklich durchdacht. Es gab zwar Rampen für Fahrräder, Kinderwägen oder Pilger mit Carrix, aber jede Rampe begann oder endete in einer 20-30 cm hohen Stufe. Das entzog sie jeder Logik und leider auch der praktischen Nutzbarkeit. So war ich erleichtert, als der heute wieder abnormal hohe Gehweg weit vor den Toren der Stadt in einen breiten Pannenstreifen mündete.

Im Tagesverlauf kam mir auf diesem Pannenstreifen ein Pferdegespann entgegen. Die beiden Kutscher hielten an und gestikulierten Richtung Mardin. Ich lächelte, hob die Hand zum Gruß und ging weiter. Drei Minuten später hatte das Pferdegespann über die doppelte Sperrlinie gewendet und überholte mich kurz darauf rechts. Dann querte es wieder die stark frequentierte Fahrbahn und kam so schließlich neuerlich vor mir zum Stehen. Das wildes Lichthupen der heranbrausenden LKWs spiegelte mein eigenes Entsetzen über das gewagte Manöver. Unbeeindruckt starrten die Pferde in den Osten. Einer der Kutscher bedeutete mir, stehen zu bleiben und drückte mir kurz darauf sein Mobiltelefon ans Ohr. Zu gefährlich sei es hier, für Touristen an der Straße zu gehen, teilte mir der Unbekannte am anderen Ende der Leitung auf Englisch mit. Ich solle zurück nach Mardin. Als ich erklärte, dass ich bereits „eine längere Weile" unterwegs sei, warnte er mich nochmals. Ich bedankte mich für die Sorge, zuckte mit den Achseln und gab das Telefon zurück. „Gefährlich ist, was ihr mit eurem Fuhrwerk macht", murmelte ich und winkte dem davontrabenden Pferdegespann. Mit Fury „full circle" auf der Autobahn. Ich schüttelte den Kopf.

Etwas später hielt ich in einem kleinen Laden – mit Teppichboden und Schuhverbot –, um Nahrung zu kaufen. Daraus wurde sofort eine freundliche Zwangsverpflichtung, aus dem großen gemeinschaftlichen Reistopf zu essen.

Dass ich in der versammelten Männerrunde mein gesamtes kurdisches Vokabular auspackte und vieles davon auch sinnvoll anwenden konnte, freute sie riesig. So musste ich mich schon fast gewaltsam von der Gastlichkeit losreißen, um noch die notwendigen Kilometer für den heutigen Tag hinter mich zu bringen.

Zwei Stunden später liege ich nun zwischen Maisfeldern. Sie sind der einzige Sichtschutz in der Ebene. Der Wind, der den Straßenlärm anfangs noch von mir fortgetragen hatte, ist mittlerweile eingeschlafen. So begleitet mich neuerlich das Rauschen der LKWs. Und Hunde bellen ein paar Felder weiter.

Tag 178 – 50 km (6266 km): Nicht schon wieder

Das kleine weiße Wollknäuel blickte mich an. Aus den schwarzen Knopfaugen sprach Angst und Hoffnung zugleich. Ich hatte das „Problem“ kommen sehen. Der Knirps mit dem zotteligen Fell voller Kletten war mir auf dem Pannenstreifen im Zickzack entgegen gelaufen und dann in den Straßengraben geflüchtet. Als ich mich zwang, ungerührt vorüberzugehen, kam erbärmliches Winseln, Schwanzwedeln und der Versuch, mir auf kurzen Beinen zu folgen. Keine Schwäche zeigen, beschloss ich. Die Erinnerung an den Welpen, der mir vor zwei Monaten acht lange Kilometer nachgelaufen war, kam wieder hoch. „Ich täte dir damit nichts Gutes“, sagte ich apologetisch und scheuchte das Hundebaby weg von der Straße, in Richtung der Felder. Dann lief ich weiter, den Kopf gesenkt und mit schlechtem Gewissen.

* * *

Der Morgen hatte ohne Hund begonnen. Ja, ich meine, der Großteil der Nacht zwischen den Maisfeldern war ohne Gebell geblieben. Zurück am Straßenrand änderte sich das schnell. Haus- und Hofhunde walteten pflichtbewusst ihres Amtes. Amüsant waren hingegen zwei streunende Vierbeiner, die nicht so recht wussten, ob sich mich verbellen oder schwanzwedelnd begrüßen sollten. Sie taten schließlich beides. Gleichzeitig.

Und dann gab es natürlich jede Menge Pfiffe und „Hey“- und „Hello“-Rufe aus dem Schatten der Tankstellen, Läden und Holzbaracken entlang der E90. Wäre ich jeder Einladung zum Tee gefolgt, hätte ich heute kaum mehr als zehn Kilometer geschafft. So winkte ich meist nur kurz, hielt den Kopf tief und tat so, als höre ich die immer dringlicher werdenden Rufe im Lärm der vorbeirasenden LKWs nicht mehr. Meistens half das. Nicht immer.

Ein besonders freundlicher Kurde, der auf der Gegenfahrbahn jenseits des Trenngrabens zwischen den Spuren angehalten hatte, winkte mir und begann sich dann durch den Verkehr beider Fahrtrichtungen zu weben. Auf eine skurrile Weise erinnerte er mich mit seinen Manövern an das 80er-Jahre Computerspiel „Frogger". Als er bei mir angekommen war, gab ich meine üblichen Erklärungen, schrieb Zahlen in die Luft für Tage und Kilometer und zog dann lächelnd weiter. Ein paar Minuten später war der kurdische Gentleman wieder auf gleicher Höhe. Neuerlich versuchte er, die stark befahrene Straße zu queren. „Frogger Level 2". Als er endlich vor mir stand, deutete er auf seinen weißen Talbot auf der anderen Straßenseite und begann, meinen Carrix am Rad hochzuheben. „Zehn", wiederholte er und zeigte alle seine Finger. Zehn Kilometer wollte er mich mitnehmen – auch ohne mein Einverständnis, wie es schien. Geduldig versuchte ich, nochmals zu erklären, dass ich Pilger war. „Nur zu Fuß. Kein Auto", gestikulierte ich und blickte in ein ratloses Gesicht. Dann verstand er. Das heißt, vermutlich verstand er nicht, aber er ließ mich enttäuscht gewähren. Wir lichteten uns gegenseitig für spätere Erinnerungen ab und gingen unserer Wege – immer schnurstracks geradeaus.

Eine letzte Begegnung am heutigen Tag muss ich noch erwähnen. Keram, ein junger Türke mit geflochtenem Bart aus Ankara, kam mir auf einem vollgepackten Klapprad entgegen. Es war der erste echte Langstreckenpilger, dem ich seit Tirol begegnet war. Keram, der eine leicht esoterische, „freikirchliche" Version des Islam vertrat, war auf seiner Haddsch und unterwegs nach Mekka. Allerdings wollte er zuvor noch einen langen Bogen durch Persien machen. Die Zeit der Pilgerschaft ist im islamischen Kalender geregelt und so würde er bis zum nächsten Oktober für die siebenmalige Umrundung der Kaaba (Tawaf) warten müssen. Wir unterhielten uns eine Weile am Straßenrand über Gott, das Konzept der Vorsehung und tauschten Geschichten von unseren Wegen aus. Dann winkten wir uns und zogen weiter. Zwei Pilger. Zwei Richtungen.

Um halb sechs versank die Sonne im Westen, wo schon die ersten Lichter meines nicht mehr allzu weit entfernten Tageszieles funkelten. Blitze zuckten durch die dunklen Wolken, die sich hinter meinem Rücken zusammengezogen hatten.

Nach 50 Kilometern und einer Dusche wechselte ich die Kleider und begann in den dunklen, unbeleuchteten Straßen einen Laden zu suchen.

Tag 179 – 40 km (6306 km): Über Stock und Stein ohne Stock

Die Route für die kommenden drei Tage bis Harran legte ich am Morgen beim Frühstück fest. Ruinen und Höhlen markierte ich als Wegpunkte und begann mit den Einkäufen. Wasser, Brot und noch mehr Wasser. Die Aussichten zur bevorstehenden Versorgungslage ließen mich auch später bei praktisch jeder Tankstelle noch mehr Nahrung und Flüssiges aufladen. Und immer, wenn ich ein Stück weiter war, dachte ich, es sei immer noch zu wenig.

Die ersten zwanzig Kilometer waren ein Spiegelbild der letzten beiden Tage: lange Geraden, viele LKWs, ausreichend Platz auf dem Pannenstreifen, Pfiffe, „Heys“, „Hellos“ und Hunde. Dann kam ein Sträßlein zur Linken und damit mein Abschied von der Hauptverkehrsader, der ich für 120 Kilometer gefolgt war. Traurigkeit sah anders aus. Nur der glatte Asphalt der E90 hatte einen sentimentalen Erinnerungswert.

Ich passierte ein paar Baumwollfelder und fand mich zunehmend in jener trockenen, steinigen Landschaft, die vor den großangelegten

Bewässerungsprojekten der letzten Jahre die ganze Gegend dominiert hatte. Schon nach hundert Metern musste ich aus Zeitmangel die erste Einladung ablehnen. Es würde nicht die letzte bleiben. Besonders hartnäckig war ein Mann, der mir den Weg abschnitt und dann via Telefon einen Übersetzer engagierte. Ich erklärte mich, versicherte mein Wohlbefinden und versuchte noch ein paar Kilometer zu gehen, bevor die Sonne hinter den sanften Hügeln verschwand. Über mir fiel Regen – jener Regen, der nie zu Boden fällt, sondern als ausfransender Vorhang vom Himmel hängt und verdunstet, bevor er die Erde erreicht.

Einen Kilometer, nachdem ich ein Dorf mit einer Horde Kinder („Turist, Turist, Hello!") passiert hatte, verließ ich die kleine Straße, querte ein paar Kuppen und fand einen flachen Flecken, der sich, von Blicken geschützt, als Zeltplatz anbot. Ich setzte mich auf einen Stein, blickte nach Westen und wartete, ob das Bellen, das mich seit dem letzten Dorf begleitet hatte, aufhören oder näherkommen würde. Erst als es still war, errichtete ich mein Einzelzimmer ohne Bad.

Gelegentlich höre ich nun Schüsse – vermutlich wegen einer Feierlichkeit – doch ich muss an die Menschen denken, die, nur wenige Kilometer von hier entfernt, im syrischen Kriegsgebiet leben.

26. Sonntag – Die Bartlänge des lieben Gottes

„Mich stört, dass für die katholische Kirche Gott ein Mann mit langem Bart ist. Warum, bitteschön, soll Gott denn keine Frau sein?" Im Gesicht meines Gegenübers war eindeutig Empörung abzulesen.

Ich finde Bärte großartig. Aber Gott hat keinen. Gott ist kein Mann. Gott ist auch keine Frau. Gott ist reiner Geist. Geschlechtlichkeit hat ihre Bedeutung in der Fortpflanzung zum Erhalt einer Spezies. Gott braucht das nicht. Er ist ewig und einfach. Er vereint in sich alle Vollkommenheiten des Männlichen und Weiblichen. So steht es im Katechismus der katholischen Kirche.

Aber wenn das stimmt, warum lehrt uns Jesus dann trotzdem ein „Vaterunser?" Und warum pinseln Künstler einen bärtigen, alten Mann an die Kirchenwand? Ein Blick in die Religionswissenschaft kann zur Erklärung hilfreich sein.

Jede Kultur hat ihre Gottheiten. Und obwohl sie unterschiedliche Namen haben, gibt es unter ihnen doch Gemeinsamkeiten: Weibliche Gottheiten sind meistens Muttergottheiten und Fruchtbarkeitssymbole; eng mit der Welt und der Erde verbunden – eben, weil die Erde selbst etwas Fruchtbringendes ist. Mit einem Fachwort bezeichnet man solche Gottheiten als „immanent". Sie verschmelzen gleichsam mit der Welt.

Männliche Gottheiten hingegen stellt man sich so vor, dass sie die Welt übersteigen. Das nennt man „transzendent". Dass das so ist, hängt mit den Konzepten des Männlichen und Weiblichen zusammen, die tief in unserer Psyche eingegraben sind. Männlichkeit und Weiblichkeit sind ja eine Ur-Erfahrung des Menschseins und das Ganze prägt uns natürlich. Das kann sich zum Beispiel in der Sprache niederschlagen und ist ein Grund, warum wir manche Dinge mit männlichen und andere mit weiblichen Artikeln und Attributen bezeichnen.

Wenn wir nun, wie Christus es uns lehrt, Gott als Vater bezeichnen, dann wie gesagt nicht, weil Gott männlich ist oder weil er nicht genauso gut unsere Mutter wäre, sondern weil uns das Konzept des Vaters besser hilft, zu verstehen, dass Gott diese Welt „transzendiert", sie übersteigt, das heißt: von dieser Welt verschieden ist.

Aufgrund der tiefen Verwurzelung dieser Konzepte in uns Menschen lassen sich männliche und weibliche Bezeichnungen für Gott auch nicht beliebig austauschen. Man würde damit das Gottesbild radikal verändern. Es gibt eben einen Unterschied zwischen einem Gott, der die Welt übersteigt und einer Göttin, die mit der Erde und dem Kosmos gleichsam verschmilzt.

Gott ist also weder Mann noch Frau, sondern reiner Geist. Keine Darstellung wird dem göttlichen Wesen gerecht, sondern kann nur versuchen, Eigenschaften wie Weisheit oder Ewigkeit bildlich darzustellen. Es gibt auch keine Anrede Gottes, welche die Wirklichkeit ausschöpft oder einfängt, aber diese Bezeichnungen sind trotzdem nicht beliebig oder austauschbar. Sie spiegeln das wider, was wir von Gott verstehen und ausdrücken können. Und darum sollten wir beim Vaterunser bleiben, so wie Christus es uns gelehrt hat.

Tag 180 – 43 km (6349 km): Mondgott Sin und seine Freunde

Der Wind trug den morgendlichen Gebetsruf zu meinem Lagerplatz – überraschend laut, aber blechern wie die Stimme am Ende eines

Joghurtbechertelefons. Ich blickte auf die Uhr. Zeitumstellung. Es war kurz nach fünf. Aber schon länger lebe ich nicht mehr nach dem, was die Zeiger sagen. Die Sonne bestimmt den Tagesablauf – mehr noch jetzt, wo die Tage kürzer werden. Es wurde hell und damit Zeit, aufzustehen.

Mein Weg führte durch eine fantastische, karge Landschaft. Die Hitze im Sommer hier wäre für mich gewiss nur schwer erträglich. Doch jetzt, Ende Oktober, war es nur warm, angenehm warm. Mein erstes Ziel lag in der vegetationslosen Steinwüste des Tektek-Gebirges. Dort bei Soğmatar befanden sich mehrere in den Kalkstein geschlagene Gestirntempel, wo man schon vor Jahrtausenden den assyro-babylonischen Mondgott Sin und seine Freunde verehrt hatte. Zwischen den wasserlosen Tälern und hellen Felsen, die das Licht der Sonne grell in die Augen zurückwarfen, war es eine Reise zurück in die Vergangenheit; in die Zeit vor 4.000 Jahren, als Abraham von diesen Hügeln aus nach Kanaan aufbrach und den Polytheismus hinter sich ließ.

Ich betrat das kleine Dorf, das heute zwischen den ehemaligen Kultstätten liegt, und wurde von einem Teenager begrüßt. Tahir bot sich als Führer an und hoffte auf etwas Taschengeld. Er sei „Fifteen", erklärte er, und zeigte mir zwölf Finger. Ich schmunzelte. In der Schule, die wir auf unserem Weg passierten, lerne er seit kurzem Englisch, berichtete er sichtlich stolz. Das sei nach Türkisch seine zweite Fremdsprache, denn wie für die meisten Menschen in dieser Ecke des Landes war seine Muttersprache Arabisch.

Vom grau-weißen Kalksteinplateau mit seinen gravierten Götzenbildern und Jahrtausende alten Schriftzeichen, bot sich ein großartiger

Blick auf die Landschaft, deren Hügel wie versteinerte Wellen eines leblosen Ozeans schienen. Auf manchen Erhebungen waren pyramidische und runde Tempelruinen. Sinkende Schiffe auf dem Göttermeer.

Die ganze Zeit während seiner Führung begann Tahir auf liebenswerte Weise jeden Satz mit „It is …" („It is Tahir." „It is ‚irgendwas Arabisches'." Oder, an mich gewandt: „It is name?" Oder, bezüglich meiner Herkunft: „It is Holland?"). Nun fragte er mich: „It is Çay?" Ich schmunzelte, nickte und folgte ihm nach Hause. Hier konnte ich meine Wasserflaschen auffüllen und bekam zum Tee auch ein ausgezeichnetes, scharf gewürztes Mittagessen. Wir nahmen es auf Polstern im einzigen Raum des Hauses – Bad und Küche waren vor der Tür – zu uns, während die kleinen Geschwister von Tahir über mich kicherten. Ich nutzte die Gelegenheit, ein paar neue Wörter zu lernen, auf Arabisch diesmal.

Von Soğmatar ging es Richtung Süden nach Şuayb Şehri, einer antiken römischen und byzantinischen Stadt, deren einstige Größe nur mehr die Ausdehnung des Ruinenfeldes bezeugt. Die meisten Häuser waren in den Fels geschlagen und damit teils Höhlen, teils Steinbauten. In der muslimischen Version der Geschichte soll dies die Heimat von Moses' Schwiegervater Jithro (im Koran: Şuayb) gewesen sein. Hier soll der spätere Anführer der Israeliten auch beim Schafehüten seinen berühmten Stab (siehe: Plagen, Zug durch das Rote Meer) erhalten haben.

Ich selbst hatte im Vorfeld gehofft, vielleicht in der Ruinenstadt ein improvisiertes „Höhlenhotel" für die Nacht zu eröffnen, aber ein einzelner türkischer Besucher oder Wächter ganz oben auf der Tempelplattform machte auch in der Dämmerung keine Anstalten, woanders hinzugehen.

So kehrte ich im letzten Licht des Tages noch einmal auf die Straße zurück, ging drei Kilometer und bog dann in die einsamen, steinigen Hügel ab. Auf einem flacheren Stück schlug ich mein Zelt auf. Es war still. Und in diese feierliche Stille hinein begann ich im Licht der Taschenlampe mit dem Introitus zum alten Christkönigsfest.

Tag 181 – 42 km (6391 km): Im Bauch des Berges

Ich weiß, dass ich so etwas eigentlich nicht mehr gesondert erwähnen muss, aber auch in der größten Stille der Steinwüste wehte der Wind in dieser Nacht von irgendwo her leises Hundegebell zu meinem Zelt.

Am Morgen waren meine knirschenden Schritte im Gelände das einzige Geräusch. Ich kehrte zur Straße zurück, als die Sonne rot in den Himmel stieg. Nach ein paar Kilometern kam ich zur Ruine von Han El Ba'rur, einer Karawanserei. Der Erbauer der antiken Raststätte hatte, laut Hinweistafel, die Vorahnung, dass sein großzügiges Erholungszentrum für müde Händler und „Touristen“ einst verfallen und von Ziegen belagert werden würde. Ja, die

Vergänglichkeit alles Irdischen. Ziegen habe ich allerdings keine gesehen, nur Truthähne, die sich über die Ruhestörung aufgebläht entrüsteten.

Sechs Kilometer weiter kam ich zu den Bazda-Höhlen. Sie waren kein natürliches System, sondern der Steinbruch, der einst die Erbauer von Harran und Şuayb Şehri beliefert hatte. An einem heißen Tag waren Höhlen immer willkommen für eine Rast, aber ich hatte keine Vorstellung davon, wie großartig die Anlage war. Hinter ein paar verlassenen Stein- und Lehmhäusern sah man schon aus einiger Entfernung die Klippen, von Menschenhand geschaffen. Raben und Tauben nisteten in den Felsen über ihnen. Ich trat durch ein riesiges Portal in den kühlen Bauch des Berges. Der Mund stand offen. Die Hallen, getragen von wuchtigen Säulen, waren eine Mischung aus den Farben von Petra (Jordanien) und der Nüchternheit Morias (Tolkiens Mittelerde). Ich überwand eine drei Meter hohe Felsstufe und erkundete den hinteren Teil. Großartig.

Eine Stunde später brach ich mit dem Gefühl auf, in Bazda ein echtes, unerwartetes Juwel besucht zu haben. Vor drei Tagen hatte ich noch nicht einmal gewusst, dass es diese Höhlen gab, und dann meine Route hierher in das Umland von Harran verlegt – glücklicherweise.

Ich ging ein kleines Stück des Weges, den ich gekommen war, zurück und steuerte einen kleinen Hügel rechts von mir an, um ein Foto der gesamten Anlage zu machen. Dabei stieß ich auf einen weiteren Höhleneingang. „Wenn ich schon mal hier bin“, sagte ich mir nach einem kurzen Blick auf die Uhr und stieg trotz der vorgerückten Stunde den steilen Schotterberg hinunter in ein Labyrinth, dessen Eingangsbereich kollabiert war. Ich war nun, wie sich später herausstellte, im Hauptsystem. Es reichte so tief in den Berg, dass ich nur mit der Stirnlampe weitergehen konnte. Unglaublich. Großartig.

Nach einer Weile kam ich in jenen Teil der Höhle, der anscheinend durch den offiziellen Eingang erreicht wurde. In die große steinerne Halle nahe dem Eingang strömte durch eine Öffnung in der Decke Licht, das die Farben der Felsen wunderbar zur Geltung gebracht hätte, wären da nicht unzählige Graffitis an die Wände geschmiert gewesen. Warum Menschen ihren Namen in krakeligen Lettern auf ein solches Denkmal sprühen oder malen, bleibt mir ein Rätsel. Wollen sie wirklich, dass sich künftige Besucher denken: „Ahmet – augenscheinlich ein hirnloser Vandale – war hier?“

Ich verließ die Höhlen – ohne meine Insignien zurückzulassen. Ein beeindruckender Ort. Ein Highlight. Und ich war die ganze Zeit über völlig einsam und allein gewesen. Kein „Henry, stand up straight for the picture, will you?“ Oder „Robert, lass das!“ Oder „Ahmet, was, um Himmels willen, machst du mit der Spraydose?!“

Die Sonne stand tief am Himmel, als ich zwanzig Kilometer weiter das Ortsschild von Harran passierte. Die Ruinen der Stadt und die markanten Bienenkorbhäuser leuchteten im letzten Licht des Tages. Nach knapp sechs Monaten und 6.400 Kilometern war ich hier. Die Stadt Abrahams war immer ein großes Ziel dieser Reise gewesen. So wird es vielleicht den Leser wundern, dass ich nach nur zwei Stunden Richtung Urfa weiterzog.

Nun, zum einen waren von der einstigen Weltstadt Harran nur ein Haufen Steine und ein Dorf mit 6.000 Einwohnern geblieben. Zum anderen war ich ja genau deswegen hierher gekommen, weil Abraham hier dem Ruf Gottes gefolgt war, der den Beginn der drei großen monotheistischen Religionen markiert. Doch dem Echo dieses Rufes war ich in der kargen Steinwüste, vor den Toren der alten Götzentempel und unter dem stillen Sternenzelt der letzten beiden Nächte, viel näher gewesen, als an den stacheldrahtbegrenzten Gruben der Archäologen dieser Stadt. „In jenen Tagen sprach der Herr zu Abram: Zieh weg aus deinem Land, von deiner Verwandtschaft und aus deinem Vaterhaus in das Land, das ich dir zeigen werde. […] Da zog Abram weg, wie der Herr ihm gesagt hatte (Gen. 12).“ Vertrauen. Es steht am Beginn.

Tag 182 – 41 km (6432 km): Edessa!

Ein klingender Name – nicht zu verwechseln mit Odessa, der ukrainischen Metropole an der Schwarzmeer-Riviera mit ihren Mafiabossen, die ich vor einigen Monaten nördlich passiert hatte. Eine Mafia gab es in Edessa nicht – es sei denn, sie hielt sich im Schatten von Dönerspießen gut versteckt.

Edessa, das heutige Şanlıurfa, ist ein religiöses Zentrum. Hier ehren Muslime ihre Version von Abraham (Ibrahim), seinen Geburtsort und die Stätte seines ersten prophetischen Auftretens. Für Christen ist diese Stadt bedeutsam, weil das armenische Alphabet von hier stammt; in ihren Stadtmauern soll einst das heilige Mandylion versteckt gewesen sein, das manche mit dem Grabtuch von Turin gleichsetzen; und die „Zither des Heiligen Geistes," der Kirchenlehrer Ephräm der Syrer, dichtete hier seine theologischen Verse. Diesen geschichtsträchtigen Boden betrat ich heute – müde.

Die Müdigkeit verdankte ich den Stimmen der letzten Nacht; den Stimmen Harrans. Im Unterschied zu Abraham war es jedoch nicht unmittelbar Gott selbst gewesen, der zu mir gesprochen hatte – sondern ein Hunderudel. Und die einzige tiefere Botschaft, die ich im endlosen Bellen erkennen hatte können, war: „Wachse in Geduld!" Kraftlos hob ich mich deshalb heute in der Dämmerung vom Lager, zwischen den Feldern nördlich von Harran.

Auch der Weg nach Şanlıurfa war nicht allzu schön. Kleine Straßen. Große LKWs mit Baumwollladungen. Dann eine lange Stadteinfahrt. Und damit kann ich die Wegbeschreibung eigentlich schon schließen.

Ich bezog mein Hotel und nutzte die Abendstunden für einen Spaziergang zum historischen und religiösen Zentrum, das Şanlıurfa zur fünft-heiligsten Stätte des Islam machen soll. Die lokale Überlieferung berichtet, wie Ibrahim (Abraham) eines Tages beschloss, die Götzenbilder seiner Landsleute zu zerstören. Klingt vernünftig, wurde aber von König Nimrod anders eingeschätzt. Er stellte Ibrahim nicht zur Rede, sondern auf den Scheiterhaufen. „Doch da wurde das Feuer zu Wasser, die Kohlen zu Fischen und Ibrahim wurde durch die Luft geschleudert, um etwas weiter sanft in Rosen zu landen." Ibrahim: 1, Nimrod: 0.

Im 13. Jahrhundert wurde eine schöne Anlage mit Teichen, Karpfen und Rosen angelegt, welche diese Erzählung vor den Augen des Besuchers gleichsam lebendig machen sollte. Als ehemaliger Aquarien- und mehrfacher Biotopbesitzer staunte ich nicht schlecht. In den Teichen waren mehr Fische als Wasser. Angeln wäre hier wohl ein höchst unsportliches Vergnügen. Doch Vorsicht! Die Legende besagt, dass, wer einen der heiligen Tiere aus dem Wasser zieht, erblinden muss. Die Menschen schienen sich daran zu halten. Denn Blinde sah ich keine, nur jede Menge adipöser Karpfen.

Tag 183 – Ruhetag: Der Glaube von Fred F.

Heute gönnte ich mir den nächsten Ruhetag. Schließlich gab es hier in der Umgebung einiges zu sehen. Elf Kilometer von Şanlıurfa hatte 1995 die archäologische Anthropologie einen Kopfstand gemacht. Man fand Göbekli Tepe, einen Kultort, der Stonehenge jung aussehen ließ. Schließlich waren die 12.000 Jahre alten Steinkreise mit schönen Tierskulpturen fast dreimal so alt wie die Anlage auf den britischen Inseln. Der Ausgrabungsort zeigte zur Überraschung vieler Anthropologen, dass die „einfachen" Menschen in der Jungsteinzeit nicht nur damit beschäftigt waren, endlich Ackerbau zu erfinden und Haustiere zu zähmen (der Ursprung des häuslichen Hundegebells). Nein, Herr und Frau Jäger-Sammler waren religiös! „Zuerst kam der Tempel, dann die Stadt", fasste der Archäologe Klaus Schmidt die revolutionäre Entdeckung zusammen. Familie Feuerstein saß also nicht ohne Priesterkaste am Lagerfeuer und klopfte dümmlich lächelnd Steine aneinander. Der Mensch war auch damals schon ein „homo religiosus", auf der Suche nach Gott.

Am Nachmittag schlenderte ich durch das alte Edessa, besuchte nochmals die Karpfen, erkundete den bunten Basar, sah alten Männern beim Teetrinken und bei Brettspielen zu. Dann kehrte ich in mein dunkles, fast fensterloses Zimmer zurück. Am Abend erledigte ich meine Korrespondenz und schrieb eine Reihe von E-Mails an Reedereien, die für die bevorstehende Umschiffung Syriens in Frage kamen. Dazu betrieb ich gediegenes Faulenzen und Rasten, wie es sich für einen Ruhetag, spätestens seit der Jungsteinzeit, nach einem Besuch im Tempel gehört.

Tag 184 – 45 km (6477 km): Weniger

Es gibt Tage, an denen geschieht viel und Tage, an denen geschieht wenig. Manchmal ist weniger mehr; manchmal eben nicht. So gibt es Tage, an denen ich nicht recht weiß, was ich schreiben soll. Heute war so ein Tag.

Als der Wecker läutete, war ich schon wach. Ich hatte nicht gut geschlafen. In meinem Zimmer war es einfach zu heiß gewesen. Ich glaube, allein schon die vibrierende, scheppernde Minibar hielt im Raum die Temperatur auf über 30 Grad. So kehrte ich auch heute wieder müde auf die Straße zurück und spazierte entlang des alten Friedhofs aus der Stadt. Für die nächsten drei Tage würde ich über weite Strecken einer verkehrsreichen Straße in den Westen folgen. Um die Sache erträglicher zu machen, „las" ich Audiobücher. Ich hatte Chestertons „Heretics" und „Orthodoxy" im Ohr. Seine brillanten Formulierungen und stets überraschenden Wendungen nährten meine Gedanken für viele Stunden.

Nur einmal nötigte mich der Ruf der Natur, anderen Stimmen zu folgen. Ich begann mich nach einem geschützten Örtchen umzusehen. Die Suche verlief umso dramatischer, weil eine kleine Darmverstimmung die Dringlichkeit erhöhte. Ich hatte bereits einen geeigneten Platz gefunden und bezogen, als eine plötzlich auftauchende Figur auf der nahen Nebenstraße das Notwendige unmöglich machte. Abbruch. Zwei verbissene Kurven weiter: Erleichternde Erleichterung und der Vorsatz, in den kommenden Tagen mein Dürüm sorgfältiger auszuwählen. Vielleicht gab es ja doch eine Mafia im Schatten der Dönerspieße Şanlıurfas.

Ich kehrte an den ereignisarmen Straßenrand zurück und bis zum Abend geschah kaum mehr etwas Berichtenswertes. Für die Nacht bezog ich einen Platz im örtlichen Olivenhain.

Tag 185 – 40 km (6517 km): Das Känguru und der Waldrapp

Wie schon erwähnt, sage ich den Menschen hier im Osten selten, dass ich in Liechtenstein aufgebrochen bin. Das habe ich bereits kurz hinter Wien aufgegeben. Liechtenstein kennt hier niemand. So nenne ich Österreich als mein Ursprungsland – auch nicht falsch. Auf Türkisch heißt Österreich „Avusturya". Aber bis auf ehemalige Gastarbeiter und LKW-Fahrer nicken neun von zehn Leuten bei meiner Herkunft immer wissend und wiederholen dann andächtig „Ah, Avustralya." Ein bisschen kränkt mich das schon. Schließlich standen die Türken 1529 und 1683 vor den Toren Wiens. Jahrhundertelang war alle Energie gebündelt, die Donaumonarchie zu erobern und nun kannte man meine Heimat noch nicht einmal.

Heute war in dieser Hinsicht ein Tag wie jeder andere. Am Straßenrand wurde ich zu Çay geladen, während meine Gastgeber von hüpfenden Beuteltieren schwärmten. Ansonsten führte die breite Straße durch trockene, fast weiße

Hügel zwischen Oliven- und Pistazienbäumen. Nach 40 unaufregenden Kilometern kam ich so nach Birecik.

Das alte Birtha, das im syrisch-aramäischen „Palast" bedeutet, hatte kaum etwas von seinem alten Ruhm bewahrt. Hoch oben über den flachen Dächern thronten auf einem Kalkfelsen die Überreste der „Weißen Festung" und am Ufer des Euphrats darunter plätscherte das Leben gleich dem trägen Fluss.

Bekannt ist Birecik vielleicht den Hobby-Biologen für seine Waldrapp-Population. Früher hob der schwarze, gänsegroße Cousin des Ibisses seinen kahlen Kopf in vielen mitteleuropäischen Wäldern aus dem Laub. Nur sah

er dabei zwischen Paris und Istanbul bald so oft in den Flintenlauf eines Jägers, dass er bis zum 17. Jahrhundert ausgerottet war. Nur hier in Birecik überlebte ein kleiner Bestand. Das war wohl auch dem Umstand zu verdanken, dass er in der islamischen Umerzählung der Geschichte Noes jener Vogel ist, der die Arche zu ihrem Landungsplatz wies. Dass die Tauben mit diesem Statusverlust nur schwer umzugehen wussten, demonstrierten sie mit lautem Gurren vor dem Fenster meines Hotelzimmers.

Tag 186 – 38 km (6555 km): Der Wanderaltar und der Streifenwagen

Ich Schussel. Beim morgendlichen Messmarathon für die Armen Seelen patzte ich bei der Gabenbereitung zur zweiten Messe versehens ein paar Tropfen Wein auf das Korporale – und schlimmer noch: auf das Antimension. Das Antimension, für jene, die jetzt fragend die Brauen heben, ist ein besonderes Tuch, das mir erlaubt, die Messe nach dem uralten Brauch der Kirche zu zelebrieren, ohne die Unbequemlichkeit, dafür einen Altar(stein) mitschleppen zu müssen. Seit den frühesten Jahrhunderten feiern Christen nämlich die Heiligen Geheimnisse auf den Gräbern der Apostel und Heiligen. In jedem fixen Altar einer katholischen Kirche befinden sich deshalb auch heute noch Reliquien. Das Antimension ist nun ein Leinentuch, in dem Reliquien eingenäht sind. Im orthodoxen Osten gehört es zur Grundausstattung jeder Liturgie. Und auch für mich ist dieses wertvolle Geschenk meines Bischofs ein ultraleichter, faltbarer Wanderaltar – den nun Rotweinflecken zieren. Jetzt muss ich mir überlegen, wie ich diese wieder lokal und schonend entfernen kann. Ach, so lange hatte ich es geschafft, das Tuch sauber zu halten.

Die ersten Schritte des heutigen Tages führten mich über den mächtigen Euphrat. Damit lag Mesopotamien – das Zweistromland, das korrekt übersetzt eigentlich „Zwischenstromland" heißen müsste – hinter mir. Unweit von hier lagen die Ruinen der römischen Stadt Zeugma, die bei der Fertigstellung des Birecik-Damms in den Fluten untergingen. Einen Teil der sensationellen Mosaike hatte man gerettet und in ein eigenes Museum in Gaziantep überführt, ein anderer Teil liegt nun 300 Meter unter Wasser. Zu den berühmtesten Steinchenbildern des Ortes gehört dabei zweifellos die als „Gypsy Girl" berühmte Darstellung einer

Frau, die mit ihren großen, traurigen Augen fast so aussieht, als habe sie gerade Rotwein auf ein Antimension getropft.

Der Weg heute führte vorbei an Nizip, wo ein Flüchtlingslager für 100.000 Syrer steht. Schon die letzten Tage über war ich praktisch immer in Sichtweite des tragischen Bürgerkriegs marschiert. Eine gewisse Anspannung spürte man auch auf der türkischen Seite, wo Militär und Polizei stark präsent waren. Als ich am späten Vormittag einen Streifenwagen passierte, hörte ich kurz darauf die krachende, knacksende Stimme eines Beamten durch den Lautsprecher. Unsicher, ob damit ich oder ein anderer Verkehrsteilnehmer gemeint war, drehte ich mich um. Ich sah niemanden und ging weiter. Krachendes, knacksendes Lachen. Ein Streifenwagen fuhr vor, hielt mitten auf der Spur gegenüber und fragte – immer noch krachend, knacksend durch das Megaphon: „Where are you from?“ Ich war kurz versucht, „Australien“ zu sagen, gab dann aber doch meine eigentliche Herkunft an. Schließlich musste ich mit einer Personenkontrolle rechnen. Aber Kontrolle kam keine. Man war zufrieden, winkte und fuhr weiter – im Schlepptau nun eine lange Schlange von Fahrzeugen, die sich nicht getraut hatten, das Polizeiauto zu überholen.

Am Nachmittag verließ ich die breite Straße und wanderte auf kleinen Wegen durch Olivenhaine der untergehenden Sonne entgegen. Um 15.30 Uhr fand ich in den kargen Hügeln einen schönen, stillen Lagerplatz für die Nacht. Eine gute Stunde hatte ich noch Licht. Nach dem Zeltaufbau genoss ich die absolute Stille, sang die Vesper und ließ die Blicke, in Gedanken versunken, über die sanften, steinigen Hügel schweifen. Ein paar Grillen begannen ihren unaufdringlichen Klangteppich zu weben. Am heutigen Allerseelentag gebe der Herr den Verstorbenen die ewige Ruhe und das ewige Licht leuchte ihnen. Er lasse sie ruhen in Frieden.

27. Sonntag – Die seltsamen Götter der Christen

Der junge Jordanier setzte sich auf die Stufen der Tempelruine und holte nochmals aus: „Eine Sache musst du mir erklären, Priester. Wie könnt ihr Christen an drei Götter glauben? Wie können Jesus und Maria Allah, dem Einzigen, gleichkommen?“

Diese Frage zeigt ein weitverbreitetes Missverständnis, das mir oft in muslimischen Ländern begegnet ist. Christen glauben nämlich nicht an drei Götter und schon gar nicht, dass Jesus und Maria zusammen mit dem Vater die Dreifaltigkeit ausmachen. Die Quelle dieses Irrtums liegt wohl im Verständnis einiger Suren des Korans, wie ich beim Lesen des heiligen

Buchs der Muslime über die letzten Wochen festgestellt habe. In diesen Stellen scheint der Glaube der Christen falsch wiedergegeben oder der Gott Mohammeds wendet sich in seiner Kritik der „Ungläubigen" vorrangig gegen eine winzige Sekte von Marienanbetern, die es zweihundert Jahre vor dem Propheten in Arabien gegeben haben soll.

Aber nicht nur Muslime missverstehen die Lehre der Dreifaltigkeit, auch viele Christen haben kaum mehr eine Vorstellung, wie sie Vater, Sohn und Heiligen Geist gedanklich jonglieren sollen. Es ist tatsächlich nicht einfach, eben weil Gottes Wesen – wenig überraschend – den menschlichen Verstand übersteigt. Theologen haben während der ersten vier Jahrhunderte um Formulierungen gerungen, die den Aussagen Jesu über sich selbst und über den Heiligen Geist gerecht werden. Dabei gab es einige Stolpersteine und Diskussionen, die geholfen haben, den Glauben an die Heilige Dreifaltigkeit zu präzisieren. Auf diese Weise kam man schließlich zur geschärften Einsicht, dass es einen Gott gibt, aber dass dieser eine Gott eine Gemeinschaft von drei göttlichen Personen ist: Vater, Sohn und Heiliger Geist. Und diese drei sind eben nicht drei Götter oder drei Drittel-Götter oder drei Masken eines Gottes oder ein Übergott und zwei Untergötter, sondern die drei göttlichen Personen sind ein einziger Gott, jede von ihnen mit der Fülle der einzigen und unteilbaren göttlichen Natur identisch. Sie unterscheiden sich nur in der Beziehung, in der sie zueinander stehen. Der Vater bringt als sein vollkommenes Ebenbild den Sohn hervor; der Sohn wird vom Vater gezeugt, nennt man das. Der Heilige Geist geht aus dem Vater und dem Sohn als Liebe hervor. Das ist nicht irgendwann passiert, sondern das ist von Ewigkeit her.

Der ewige Sohn, die zweite Person der Heiligen Dreifaltigkeit, hat nun in Jesus Christus unsere menschliche Natur angenommen, also einen menschlichen Leib und eine menschliche Seele. Er ist in Bethlehem geboren, auf Golgotha gekreuzigt. Und jenen, die sich zu ihm bekennen und ihm nachfolgen, wird der Heilige Geist geschenkt. Durch den Heiligen Geist wird der Mensch hineingenommen in die Liebe zwischen Vater und Sohn. Der Mensch taucht ein in das Leben Gottes selbst, findet darin seine Freude und einst die letzte Erfüllung und Vollendung.

Tag 187 – 30 km (6585 km): Faustdick Fistik

Ich weiß nicht mehr, welchen Film wir angesehen hatten. Ich weiß auch nicht mehr, ob wir im „Apollo" oder im „Kolosseum" gewesen waren. Und auf mein exaktes Alter könnte ich nicht schwören. Neun oder Zehn, glaube ich. Aber ich weiß noch, wie wir nach dem Kino an jenem warmen Abend im Herbst einen Eissalon besuchten und unsere Blicke über die Auswahl schweifen ließen. Und, dass ich an jenem Abend dem Gelatier, der mit einer Waffeltüte hinter der Theke auf meine Ansage wartete, feierlich die Antwort gab: „Pistazie und ‚Schtratztschatella" (Stracciatella). Ich gestehe, diese Entscheidung fiel nicht, ohne ein bisschen auf meine ältere Schwester und ihre damals beste Freundin geschielt zu haben. Aber das spielt hier keine Rolle. Für mich war es ein Meilenstein im Erwachsenwerden. Ich betrat die Bühne einer neuen Welt; einer Welt, in der man auch im Herbst Eis essen konnte; einer Welt des völlig neuen geschmacklichen Erlebens. Pistazieneis. Wer hatte so etwas schon gehört? Das andere mit den Schokostückerln, das Straz … , Schra … war auch nicht schlecht, aber Mann, das Pistazieneis! An jenem Abend ließ ich die Combo Erdbeer-Vanille-Schoko für immer zurück.

Warum ich den Leser dieses Tagebuchs tief in meine Kindheit entführe und ihm – literarische Geisel, die er ist – das Erleben meiner ersten Pistazieneiskugel aufnötige? Nun, weil ich heute in die Welthauptstadt der grünen Nuss (welche sie botanisch gar nicht ist) eingelaufen bin. „Fistik" (Pistazie) steht in Gaziantep an jedem zweiten Laden. In nicht weniger als 180 Patisserien gibt es alle erdenklichen Pistazien-Leckereien, allen voran die „grüne Variante" des Baklava.

Aber ich sollte wohl besser vorne anfangen. Der Tag begann natürlich dort, wo er gestern geendet hatte. Und er begann mit einer wundervollen Stille. Ich hatte

kaum meine Gebete beendet, da kündeten Glocken vom Ende der Andacht und vom Kommen der blökenden Schöpfung. Der Hirte, der sie begleitete, rief mir aus einiger Entfernung etwas zu. Ich zuckte mit den Achseln, zeigte auf mich und gab „Avusturya" (Österreich) zur Antwort. „Suriye?" (Syrien?) kam es zurück. „Yok, yok, Avusturya“ (Nein, nein, Österreich), versuchte ich es noch einmal, aber der Hirte war stehen geblieben. Er griff zum Handy – ja, es ist nicht mehr viel geblieben von der alten Hirtenromantik – und telefonierte. Ich fuhr mit dem Packen fort und ging anschließend zum Frühstück über. Granatapfel, Kekse und Pistazien. Der Hirte hatte 200 Meter von mir Stellung bezogen und warf gelegentlich einen skeptischen Blick herüber.

Dann knatterte es hinter den Hügeln und ein Motorrad mit zwei Männern tauchte auf. Sie blickten gewichtig und ernst, waren aber sichtlich erleichtert, dass ich nur ein „Turist“ war. „Avusturya!“ rief einer der beiden dem Hirten lachend zu. „Na, sag ich doch!“, murmelte ich und winkte grinsend den scheuen arabischen Teenager herüber. Aufgrund der sprachlichen Barrieren konnten wir uns nicht wirklich unterhalten. Ich teilte meine Pistazien und wir kauten eine Weile in Stille. Dann wünschte ich ihnen einen gesegneten Tag und zog weiter. Ich dachte zurück an gestern, als mich ein Ladenbesitzer nach meiner Herkunft gefragt hatte: „Afghanistan?“ So ähnlich war es wohl dem jungen Hirten gegangen, der mich vermutlich für einen islamistischen Kämpfer auf dem Weg nach Syrien gehalten hatte.

In Frieden, gleich meinen Absichten für die Welt, ging ich die nächsten Stunden durch schöne alte Olivenhaine und die Hügel vor Gaziantep. Dann kam die übliche Vorstadt, gefolgt vom Menschengewühl der Innenstadt. All das führte mich zu einem günstigen Hotel, dessen Einrichtung mich nostalgisch an weitere Szenen meiner Jugend erinnerte: die Schullandwoche in Weyer.

Kultur und Pistazien waren das Programm für den Nachmittag. Geduscht und frisch gewandet, machte ich mich auf den Weg zum neu eröffneten Zeugma-Mosaik-Museum. Ein paar Stunden später verließ ich die gut aufbereitete Ausstellung mit einem Schmunzeln. Dafür sorgten nicht nur naive Elefanten-, Hyänen- und Gepardendarstellungen, sondern ein paar Hundeportraits aus kleinen Steinen. Auch hier, in den heiligen Hallen der Kunst also, war ich auf den Hund gekommen. Es ist das Los meiner Reise.

Tag 188 – 42 km (6627 km): Die Cola-Eiscreme-Diät

In meinem Hotel in Gaziantep stand eine Waage. Zweimal hatte ich mich ungläubig auf das Teil gestellt. Es gab viele Anzeichen, wie rutschende Hosen, hervortretende Beckenknochen oder meine dünnen, sehnigen Ärmchen – wenigstens kamen sie mir jetzt so vor. Doch trotz all dieser Dinge war ich erschrocken, als sich der Zeiger eingependelt hatte. Das Gerät zeigte einen Gewichtsverlust von fast 30 Kilogramm in den letzten sechs Monaten.

Manche werden jetzt sorgenvoll die Hände über dem Kopf zusammenschlagen. Andere, bin ich mir sicher, fragen sich: „Wie hat er das geschafft?“ Mein „Geheimnis“? Meine „Wisch-und-weg-Wunder-Diät“? Hier zum Mitschreiben: täglich literweise Cola oder wenigstens gezuckerten Fruchtsaft. Stichwort: „Trink deine Kalorien! Zucker ist dein Freund!“ Dazu jede Menge Schokolade, Kekse und, wenn möglich, abends noch einen Liter Eis. Als Snacks für zwischendurch ein Dürüm hier, einen Döner dort und gelegentlich darf man auch etwas essen, das gesund ist und schmeckt. Natürlich sollte man bei all dem täglich die Marathondistanz zurücklegen. Teure Diätprogramme? Aufwendige Kalorienzähler? Zsss. Iss herzhaft und pilgere! Nur bin ich schon auf den Jo-Jo-Effekt gespannt, wenn ich in Jerusalem die Sandalen für den Winter in die Ecke stelle.

Zwischen Gaziantep und meinem nächsten großen Ziel, dem alten Antioch (Hatay), lagen, so wie in den vergangenen Tagen, wieder viele Oliven- und Pistazienhaine – diesmal jedoch in ausgesprochen hügeliger Umgebung. Der ramponierte Asphalt des Sträßleins, auf dem ich marschierte, wand sich deshalb in vielen Kurven in die Berge.

Im letzten Dorf vor meinem Halt für die Nacht waren die Hunde offensichtlich unterversorgt. Drei der Kreaturen unternahmen den Versuch, das Frischfleisch zu verkosten, das da in Form eines glücklichen Pilgers vorüberzog. Es war nicht das erste Mal auf diesem Weg, dass ich die Stein-aufheb-Simulation nicht nur simulierte. Aber es war eines der wenigen Male, an denen ich den Stein auch tatsächlich in Richtung der Hunde warf – ohne die Absicht freilich, die Tiere zu treffen. Einen Moment später bereute ich meinen spielerischen Wurf und griff eilig nach weiteren Steinen, um die zweite Angriffswelle zu stoppen, die mir nun mit fletschenden Zähnen entgegenrollte. Erst dann zogen sich die monströsen Nagelhalsbandträger zurück.

Bei Sonnenuntergang erspähte ich einen geeigneten Schlafplatz und wollte gerade dorthin abbiegen, als eine Schafherde mit ihrem Hirten aus dem Graben kam. Ich ging langsam weiter und wartete ab, bis sie außer Sichtweite waren. Jetzt aber … Da kam eine zweite Schafherde eilig hinterher und folgte der anderen einen steilen Hang hinauf. Warten. Nun war die Luft rei … Ein Mann mit Säge und zwei Jungs kamen, auf einem Esel reitend, den schmalen Pfad herunter. Ich simulierte eine Trinkpause und nippte so lange an meinem Orangensaft, bis sie vorüber waren. Nun ging e … Ein Auto kam um die Kurve und fuhr langsam die Straße hoch. Den ganzen Abend war mir kein Auto begegnet. Und der eine Wagen hatte offensichtlich genau auf diesen Moment gewartet. Als er verschwunden war, blickte ich um mich. Einmal. Zweimal. Dann sprintete ich in den Schutz einer großen Kiefer und errichtete unter ihren tiefhängenden Zweigen mein Lager.

Tag 189 – 50 km (6677 km): Durch die türkische Toskana

Der Großteil des heutigen Weges wand sich durch eine schöne, hügelige Kulturlandschaft. Ein bisschen wie die Toskana – nur ragten hier Minarette, statt der Kirchtürme, in den verhangenen Himmel. Und die Häuser der winzigen Dörfer waren um einiges armseliger. Die großen Mühlsteine, welche seit Jahrtausenden von Eseln im Kreis gezogen wurden, waren hier noch im Gebrauch.

In Anbetracht der zahlreichen, zum Teil heftigen Steigungen war ich froh, dass die Sonne nicht ihre ganze Kraft ausspielte – froh auch, weil ich nur begrenzte Wasservorräte mit mir schleppte. Auf 70 Kilometern war kein Laden zu finden und die lokalen Wasserquellen waren für eine den Aufstand probende Darmflora nicht sonderlich verheißungsvoll. Das kühle Wetter kam mir also gerade recht.

Nach dem letzten Bergkamm und der Mittagspause führte die Straße steil in die Ebene hinab und ließ die Hänge mit Nadelholz zurück. Ein paar lange Geraden brachten mich nach İslahiye. Ich hatte aufgrund eines alten Berichtes beschlossen, trotz der Entfernung bis zu der Stadt durchzugehen. Denn stimmten die Angaben, würde ich in der

Kleinstadt ein Hotel finden. Im Dunklen erreichte ich den Ort und steuerte die Adresse an. Doch dort gab es nichts – schlimmer noch, dort war ein Loch in der Häuserreihe. Hatte man das Hotel abgerissen? Niemand konnte mir Auskunft geben. Ich war eben dabei, mich dieser Vorstellung zu ergeben, als ich im einsetzenden Nieselregen durch das Zentrum kam. Und dort sah ich den beleuchteten Schriftzug „Hotel Kent". Das Etablissement stand zwar nicht dort, wo Google behauptet hatte, aber der Fehler lag mit Sicherheit nicht bei dem Gebäude, das um ein Vielfaches älter war als die Suchmaschine. Rosa und gelbe Farbschichten blätterten wechselweise von den Wänden. „Ein Dach für die Nacht", sagte ich mir fröhlich und folgte dem Rezeptionisten über den schäbigen Gang zu meinem Zimmer.

Tag 190 – 45 km (6722 km): „Ich nehme Sie aus!"

Der heutige Tag hatte eigentlich alles, was ein kurzer Eintrag braucht: bedeckten, grauen Himmel, die undeutlichen Umrisse einer Landschaft im Dunst, 40 Kilometer dieselbe Straße entlang und kaum ein nennenswertes Ereignis, außer den Eindrücken von einem weiteren syrischen Flüchtlingslager am Straßenrand. Im Grunde war der heutige Tag nur eine unschöne Pflichtübung, um nach Antioch zu kommen.

Gegen Abend bog ich bei einem Dorf die Straße hoch, um in den Weinbergen hinter der Siedlung einen Zeltplatz zu suchen. Ich spazierte auf schönen Wegen, eingerahmt von Natursteinmauern und dem herbstlichen Kleid der Rebstöcke. Dass so viele Bewohner noch mit ihren Arbeitsgeräten unterwegs waren, ließ

meine Hoffnung schwinden, völlig ungesehen einen Schlafplatz zu finden. Zwei Minuten später trat dieses Problem allerdings in den Hintergrund.

Kurzes Tuten einer Polizeisirene. Ich drehte mich um. In den tiefen Rinnen des erdigen Feldwegs hatte ein blauer Jeep angehalten. Kontrolle. Drei Männer in Militäruniform stiegen aus. Zwei von ihnen richteten Maschinengewehre auf mich. Runter mit dem Rucksack … langsam … bedeutete mir der Dritte. „Ben bir … rahip“ (Ich bin Priester“), versuchte ich mich in meinem armseligen Türkisch zu erklären. Unbewegte Gesichter. Ich legte meine Ausrüstung ab und trat einen Schritt zurück. Man wollte meinen Pass sehen. Aus der Erklärung hörte ich heraus, dass ein Zivilist, der nun ebenfalls aus dem Wagen stieg, eine höchst suspekte Person gemeldet hatte – mich. Er habe einen bärtigen Mann beim Fotografieren gesehen, erklärte man in Zeichensprache weiter. Aha. Ich wurde also für einen ausländischen Dschihadisten mit Hang zu kitschigen Landschaftsaufnahmen gehalten. Ich holte mein Umhängekreuz hervor, wiederholte, dass ich Priester sei, zeigte die Bilder vom Sonnenuntergang und die Lage begann sich etwas zu entspannen.

Nach der Passkontrolle wurden einige Telefonate geführt, in denen der Offizier Details zu meiner Person weitergab und Instruktionen empfing. Dann benutzte er mein Smartphone und eine meiner Sprachen-Apps zum Übersetzen des weiteren Vorgehens. Er tippte. Dann gab er mir das Gerät zurück. „Ich untersuche ihren Hausrat“, stand da. Ich nickte schmunzelnd und begann, beim Auspacken meines „Hausrats“ behilflich zu sein. Alles in Ordnung.

Weitere Anrufe. Der Zivilist wurde zwischenzeitlich ins Dorf zurückgebracht. Ein Beamter blieb bei mir, bis der Jeep zurückkam. Rückruf. Dann wurde neuerlich auf dem Smartphone getippt. „Diese Straße ist gefährlich. Terroristen“, war auf dem Display zu lesen. Ich nickte langsam und blickte um mich. Ein weiterer Satz folgte: „Ich nehme sie aus.“ Ich wollte grinsen, blieb aber ernst. Ich musste in den Jeep steigen und dachte, man würde mich jetzt zum drei Kilometer entfernten Militärposten mitnehmen, wo ich in Sicherheit übernachten könne. Das Wort „Çay“ fiel. Aber als wir zurück zur Kreuzung kamen, wo ich die Hauptstraße eine Stunde zuvor verlassen hatte, wurde ich ausgeladen und freundlich verabschiedet. Und jetzt? Jetzt war es praktisch finster. Aus der „Gefahr“ der einsamen Weinberge gerettet, wanderte ich nun im Aufblendlicht der entgegenkommenden Fahrer auf dem schmalen Straßenrand. Soviel zum Thema „Sicherheit“. Ich grollte ein wenig.

Häuser, Zäune, Fabriken. Hier im Dunkeln einen Schlafplatz zu finden, gestaltete sich nicht einfach. Schließlich blieb ich an der Abzweigung zu einem kleinen Feldweg stehen, schaute nochmals in alle Richtungen, um zu sehen, ob jemand mit dem Finger auf mich zeigte und telefonierte. Dann lief ich in die Nacht hinaus.

Nun liege ich völlig uneben zwischen Reben und Mais. Der Wind trägt den Geruch einer nahen Molkerei herüber, dazu kommt Verkehrslärm und die Tatsache, dass ich diese Zeilen unter der Decke schreiben muss, damit das einsame Licht im Feld nicht für die Taschenlampe eines Tagebuch schreibenden Terroristen gehalten wird.

Tag 191 – 32 km (6754 km): Die Religion der Liebe

Die Pfarrei, in der ich die letzten neun Jahre tätig war, hat viele liebenswerte Originale hervorgebracht. Und die meisten Triesenberger würden zustimmen, dass das Fromahus Annali eines davon ist. Und wie mir mein ehemaliger Chef heute schmunzelnd aus der Heimat berichtete, hatte sie ihm gegenüber trocken bekundet, dass es das, was der alte Kaplan da mache, früher nicht gegeben hätte. Und s'Annali hatte natürlich recht. Früher gab es dieses ganze exzessive Herumgepilgere nicht – da hatte man andere Sorgen. Aber ganz früher gab es das exzessive Herumgepilgere eben schon. Aus der ersten Hälfte des 4. Jahrhunderts haben wir das „Itinerarium Burdigalense" eines anonymen Pilgers, der auf dem Landweg von Bordeaux nach Jerusalem reiste. Und nur wenige Jahrzehnte jünger sind die wertvollen Reisebeschreibungen der frommen Pilgerin Egeria. Damals, nach drei Jahrhunderten der Christenverfolgung, gab es einen richtiggehenden Pilgerboom.

Und auch heute sind wieder viele Menschen unterwegs, wenngleich für die meisten die religiösen Gründe in den Hintergrund getreten sind. „Spiritualität" suchen sie und nicht länger die heiligen Orte des Glaubens ihrer Väter. Manche pilgern für den Frieden, manche sammeln Spenden, andere sehen sich als Boten für ein Miteinander der Religionen und wieder andere suchen geistige Erleuchtung oder wollen schmalere Hüften. Auch das gab es früher nicht, würde das Fromahus Annali zutreffend sagen.

Als ich so die E-Mail aus der Heimat las und über das Pilgern im Wandel der Zeit nachdachte, fiel mir der Spruch wieder ein, den ich kürzlich im

Zusammenhang mit einer dieser vielen Pilgerreisen gelesen hatte: „Es gibt keine Religion – außer die Religion der Liebe." Das klingt schön. Das klingt wahr. Und es ist beides, wenn man unter „Religion der Liebe" eine sehr konkrete religiöse Gesinnung meint. Ich weiß nicht, wie die Pilger, die sich diesen Spruch zu eigen gemacht haben, ihn verstanden haben wollen. Dazu kann ich nichts sagen. Aber viele Menschen würden heute den Satz vermutlich so verstehen: Im Grunde wollen alle Religionen, dass wir gut zueinander sind. Und darum – egal, welche Religion wir haben – seien wir doch endlich gut zueinander. Im Gutsein, im Lieben hätten wir den verbindenden Kern aller Religionen gefunden – die Religion der Liebe, die einzig zählt.

Bei diesem Gedanken runzelt sich meine Stirn – und hoffentlich auch die vom Fromahus Annali. Das will ich erklären. In wichtigen Fragen, wie dem Steuersatz, dem Bildungssystem und dem perfekten Apfelstrudelrezept, gibt es immer wieder Menschen, die anders denken als wir selbst. Man kann und soll darüber reden, es abwiegen und nachdenken. Bei all dem käme wohl niemand auf die Idee, es als besonders „fortschrittlich" zu betrachten, allen anderen die Ernsthaftigkeit ihrer Positionen schlichtweg abzusprechen. Warum tun wir dies dann, wenn es um die wichtigste Frage, um den letzten Grund unseres Daseins, geht? Zu sagen „Deine Religion, meine Religion – das ist doch im Grunde alles das Gleiche", bedeutet, den anderen in seinen Überzeugungen nicht ernst zu nehmen. Man weigert sich, tiefer zu blicken. Man ignoriert Unterschiede. Als „unwesentlich" wird bezeichnet, was dem anderen heilig ist. Und so diktieren die „Toleranten" der Moderne die angebliche Austauschbarkeit der Religionen mit einer geradezu herablassenden Überheblichkeit. Sie ersetzen jedes echte religiöse Gedankengebäude mit einer Ruine von „allgemeiner Nettigkeit" und zelebrieren sich darin als „Friedensstifter". Aber Toleranz ist das nicht. Denn Toleranz kommt von „tolerare" und bedeutet in seiner lateinischen Sprachwurzel „ertragen" und „erdulden". Von toleranten Menschen kann man also – in einem gewissen Rahmen – die Duldung der Religion und das Ertragen der Unterschiede erwarten. Die zwangsverordnete Verstümmelung aller Glaubensrichtungen auf den kleinsten Nenner nimmt den anderen nicht ernst; nimmt ihn nicht an, so wie er ist und wie er sich selber sieht. Denn es gibt viele Religionen und die wenigsten von ihnen lassen sich pauschal und im gleichen Sinn auf eine „Religion der Liebe" reduzieren. Man täte ihnen dabei Gewalt an. Das muss man nicht gut finden. Aber aushalten muss man es können – eben tolerieren.

Ich denke, nur wenn wir anderen ihre Positionen nicht absprechen, sondern zugestehen, kann es Dialog geben, Gespräch, Diskussion. Wenn wir über Apfelstrudel und politische Parteien streiten dürfen, warum sollen sich uns dann die wichtigsten Fragen des Lebens ganz ohne Ringen, Suchen und ehrliches Streiten eröffnen? Die „Religion der Liebe" würgt all diese Prozesse ab. Sie ist dogmatisch in ihrer Ablehnung aller Unterschiede. Sie ist totalitär, weil sie intolerant ist. Sie ist lieblos, weil sie dem Menschen die Suche nach der höchsten Wahrheit dort untersagt, wo er anderen widersprechen könnte.

Über diese Dinge habe ich heute auf dem Weg nach Kırıkhan nachgedacht und als ich dort ankam, zuckten, als dramatischer Schlusspunkt der Betrachtung, Blitze über den Novemberhimmel. Regen kündigte sich an. Ich beschloss, frühzeitig einzukehren und bog zu einem schäbigen Hotel hin ab. Gerüche, Teppichflecken, schiefe Sonnenuntergangsbilder – ein Feuerwerk der Sinne gab es in meinem fensterlosen Zimmer. Und vielleicht sind sie darum so lang geworden, meine Gedanken zur „Religion der Liebe". Aber man kann ihn auch anders verstehen, diesen Begriff. Und dann ist die „Religion der Liebe", die frohe Botschaft, die Gottes eingeborener Sohn vom Kreuz herab verkündet hat – mitten hinein in die gleichmachende Gleichgültigkeit unserer Welt.

Tag 192 – 46 km (6800 km): Die Sackgasse in der Sackgasse

Unter dem üblichen Gekicher der Schulkinder verließ ich heute meine trübselige Bleibe in Kırıkhan und machte mich auf den Weg nach Süden. Gemessen an dem kurzen Wintertag hatte ich eine satte Etappe vor mir. Aber ich bin die ganze Strecke förmlich gerannt. Die Sandalen flitzten über den Asphalt und das Rad des Carrix surrte hinter mir. Ich freute mich auf mein Tagesziel. Antioch, das einst, nach Rom und Alexandrien, die drittgrößte Stadt im römischen Weltreich war, ist jener biblische Ort, an dem sich die Christen erstmals „Christen" nannten; der Ort, von dem Paulus auf seine Missionsreisen aufbrach; und der Ort, an dem Petrus eine Zeit lang die Gemeinde der Gläubigen leitete. Später war es eines der bedeutendsten theologischen Zentren der Christenheit. Antioch war auch der Ort, wo sich mein weiterer Weg entscheiden musste, denn wegen dem furchtbaren Krieg in Syrien war ich nun am südlichsten Fortsatz der Türkei in einer Sackgasse unterwegs.

In Antioch hatte ich schon vorab die katholische Pfarrei kontaktiert und um Aufnahme gebeten. So schreibe ich diese Zeilen aus dem schönen Gästehaus, wo mich P. Domenico untergebracht hat.

Ich betrat meine kleine Zelle und fühlte mich sofort zuhause. Im Innenhof des orientalischen Altstadthauses bogen sich Orangen- und Zitronenbäume unter der Last ihrer Früchte, während Vögel den Brunnen für ein Bad aufsuchten.

Und wenn der Muezzin, gleich um die Ecke, nicht gerade sein Mikro anmachte, war es sagenhaft still und erholsam hier.

Nachdem ich mein Quartier bezogen und etwas ausgespannt hatte, wanderte ich zum Stadtrand, um Antiochs Petruskirche aufzusuchen. Seit einigen Jahren wird sie in der Türkei als „erstes christliches Gotteshaus" beworben und soll eine Felsengrotte sein, in der sowohl Petrus als auch Paulus gepredigt haben.

Nach zwei Kilometern bog ich in einen Weg und stand wenig später vor einem rundlichen Herrn in verblasster Warnweste, der mich mit „Yok!" (Nein), begrüßte. Endstation. Renovierungsarbeiten. Steinschlaggefahr. Kein Zutritt zum Heiligtum. „Sabah?" (Morgen?), fragte ich. „Yok!" Ein bisschen enttäuscht machte ich kehrt und wanderte aus der Sackgasse in der Sackgasse zurück zu meinem Quartier.

Tag 193 – Ruhetag: Reisepläne

Am heutigen Tag habe ich bei einem Spaziergang noch mehr vom morbiden Charme Antiochs aufgesogen. Ansonsten habe ich geruht und überlegt, wie ich von hier weiterkomme. Ursprünglich hatte ich natürlich auf Frieden in Syrien gehofft – für die Menschen und auch für meinen Weg über Aleppo und Damaskus nach Jordanien. Mit dem anhaltend herben „arabischen Frühling" wurde eine Einreise in das kriegsgeplagte Land jedoch unmöglich. Ich musste um Syrien herum. Und im Grunde gab es drei Möglichkeiten, die ich im Vorfeld recherchiert hatte.

Die erste Option kam wie eine Gebetserhörung vor einem Jahr auf das Tableau. Für den Gütertransport gab es gerüchteweise seit November 2012 ein regelmäßiges Frachtschiff von Iskenderun ins israelische Haifa. Dort konnte man auch als Passagier anheuern. Nicht billig, aber ein direkter Weg auf dem Wasser um Syrien herum. Doch seit einigen Monaten war die Seite der Reederei nicht erreichbar und Antworten auf meine Anfragen erhielt ich nie. Offensichtlich hatte man den Dienst wieder eingestellt. Zu wenig Container und Pilger auf der Strecke, vermute ich.

Die zweite Möglichkeit stellte der von manchen Pilgern begangene Weg über Zypern dar. Für die meisten Jerusalempilger war es eine günstige Alternative, weil sie vom Westen kamen und ohnehin durch Alanya, Taşucu oder Mersin marschierten. Für mich lagen diese Hafenstädte ungünstig. Aber das größte Problem war der weitere Weg vom Süden der Insel nach Israel. Ich hatte über die letzten Wochen von der Reederei keine Antwort auf meine sieben E-Mails bekommen und P. Domenico berichtete, dass der letzte Pilger, der von hier nach Zypern gereist war, von dort aus dann nach Israel geflogen sei. Die Frachter schienen im Winter nicht zu verkehren.

Aus diesen Gründen hatte sich schon über die letzten Tage eine dritte Option abgezeichnet. Ich werde nun von hier in die jordanische Hauptstadt Amman fliegen und „hinter Syrien" meinen Weg planmäßig fortsetzen. Ich gebe zu, ich steige nur ungern ins Flugzeug. Es ist kein Drama. Ich befinde mich auf einer Wallfahrt, keinem Rekordversuch. Nein, es ist das Fliegen – der plötzliche Ortswechsel – nach so vielen Kilometern am Boden. Es fühlt sich seltsam an, zu denken: jetzt bin ich in Antioch, ein paar Stunden später im quirligen Amman. In den vergangenen Monaten waren Grenzübertritte, bei allen Unterschieden vor und hinter den gezogenen Markierungen, doch immer etwas Fließendes. 450 Kilometer Luftbrücke würden mich in wenigen Stunden in eine andere Welt verfrachten. Aber gut. Diesmal „fließt" es eben nicht. Das Ticket ist gekauft. Der Abflug ist morgen in der Nacht.

28. Sonntag – Gott braucht die Kirche nicht

„Jesus ist o. k. Aber die Kirche brauche ich nicht. Ich bin Christ – ohne den ganzen Schnickschnack."

Für jemanden, der sich Christ nennt, ist Jesus der Messias, der Retter, der Gesalbte – denn das ist es, was die Bezeichnung „Christus" bedeutet. Und dieser Gesalbte des Herrn hat kein Buch geschrieben oder eine Lebensregel in einen Felsen geritzt. Er hat gepredigt, Jünger um sich versammelt und ihnen aufgetragen, seine Botschaft und sein Heil bis an die Enden der Erde zu tragen. Damit war es Jesus selbst, der eine Gemeinschaft gegründet hat und ihr mit den Aposteln eine Verfassung und einen Auftrag gab. Die Kirche kommt von Jesus. Doch warum? Ein Gleichnis des englischen Schriftstellers C. S. Lewis entfaltet den tieferliegenden Wert dieser Gemeinschaft sehr schön:

Ein kleiner Junge möchte seinem Vater eine Freude machen. Er will ihm ein Geschenk kaufen. Aber er hat kein Geld. Er geht zu seinem Vater und bittet ihn um ein paar Münzen. Jetzt hat er Geld. Aber das Geschenk ist im Laden, und der Laden ist in der Stadt. Er braucht wieder die Hilfe seines Vaters. Im Laden nun ist das Geschenk ganz oben im Regal. Der Vater muss ihn hochheben. Genauso an der Kasse. Wieder zu Hause angekommen, überreicht der Sohn dem Vater stolz und strahlend das Geschenk.

Strenggenommen könnte man nun sagen, dass der Vater sich selbst ein Geschenk gemacht hat. Schließlich musste er jeden Schritt seines Sohnes begleiten und ermöglichen. Wenn er jedoch alles selbst gemacht hätte, dann wäre es doch nicht das Gleiche gewesen. Denn so wie es geschehen ist, hat der Vater dem Sohn ermöglicht, etwas zu sein, was der Sohn allein nicht hätte sein können: ein Schenkender.

Diese Geschichte kann uns zeigen, wie Gott zu uns Menschen ist. Gott braucht den Menschen nicht. Aber Gott gibt dem Menschen Anteil an seinem Heilswerk. Der Mensch darf mitwirken. Das zeigt die eigentliche Größe Gottes. Er bevormundet den Menschen nicht in seiner Unselbständigkeit, sondern Er begleitet und befähigt ihn zum Guten.

Und genau das ist auch der letzte Grund, warum es die Kirche gibt. Gott für sich genommen braucht die Kirche nicht. Aber, Er will die Kirche, damit die Menschen durch sie und in ihr Mitwirkende an seinem Erlösungswerk werden. Auf diese Weise kann der Mensch, der in der Sünde so viel Unheil über die Welt bringt, das Heil ausspenden und teilhaben an der Heiligung der Welt. Er wird gleichsam rehabilitiert. In der Kirche wird der Mensch zu einem neuen Menschen.

Gott also braucht die Kirche nicht, aber wir brauchen die Kirche – und genau darum hat Er sie uns zu unserem Heil geschenkt.

Tag 194 – Ruhetag: Rundreise

Ich hatte einiges vor am heutigen Sonntag. Geworden ist daraus nichts. Ich bin nicht zum Kloster von Simon dem Säulensteher (dem Jüngeren). Ich bin nicht zum alten Hafen von Hatay und auch nicht zum Mittelmeer. Ich habe E-Mails beantwortet, Sachen gepackt, geschlafen, entspannt und auf den Flug gewartet.

Nach der Abendmesse verbrachte ich die letzten Stunden in der Türkei unter Orangenbäumen und trank Tee. Die einheimischen Familien zerstreuten sich. Es blieben ein syrischer Flüchtling aus Latakia, dessen Familie nach wie vor im Kriegsgebiet war; eine brasilianische Fotografin, die das Leben rund um die Grenzen Syriens porträtieren wollte; zwei NGO-Mitarbeiter aus Frankreich und der Slowakei; und ein türkischer Goldhändler, der mich bat, in der Grabeskirche Kerzen für seine Familie zu entzünden. Kirche in Antioch: wie im römischen Schmelztopf vor zweitausend Jahren immer noch eine bunte Sache.

Dann ging es für mich in einem knallgelben Uralt-Renault-Kombi-„Taksi" zum Flughafen. Als ich die Wartehalle betrat, hatte ich ein seltsames Gefühl. Aber nicht aus den Gründen, die ich gestern beschrieben habe. Es war die Tatsache, dass hier überall Touristen waren. Ich sah mich versucht, alle zu fragen, woher sie kamen und was sie machten – wie das eben entlang des Pilgerweges immer üblich gewesen war. Nun war dies aber ein Flughafen und nicht ein Eselspfad in Kurdistan. Hier die Leute anzureden, würde vermutlich das Sicherheitspersonal auf den Plan rufen.

Die Distanz zwischen Hatay und Amman beträgt rund 450 Kilometer. Der Flug mit einmal Umsteigen sollte jedoch acht Stunden dauern. Einmal in den Lüften, ging es zuerst quer durch die Türkei, dann in einem schönen Bogen über Zypern, Kairo, den Sinai und Aqaba wieder hoch nach Amman. Luftraumsperren vermuteten auch der irakische Kanadier, rechts, und die junge jordanische Schwedin, links neben mir. Wir unterhielten uns eine Weile über die Zukunft arabischer Talkshowmoderation und kanadische Kamelzucht. Dann döste ich ein. Auch in dieser Nacht bellten Hunde. Aber sie bellten tausende Meter unter meinem Vogel aus Metall.

Tag 195 – 8 km (6808 km): Falafelicious Amman

Meine violetten Converse (Schuhe) flitzten über den Asphalt. 300 Meter waren es zur Ecke Broadway, Moutainstreet. Zwei Seitenstraßen queren, dann eine Fußgängerampel. „Hello, my friend!", wurde ich wie immer begrüßt, als ich die drei Stufen des kleinen Ladens auf einmal nahm. Das war keine bloße

Floskel mehr. Fünfmal die Woche stand ich in der Tür des libanesischen Schnellimbisses in Sydney und verließ ihn drei Minuten später mit frisch frittierten Falafelbällchen, milchsaurem Gemüse und einer scharfen Spezialsauce in einem Wrap. Australischer Alltag im Herbst 1994. Damals begann meine Liebe zu den Kichererbsengerichten des östlichen Mittelmeerraums. Und seit damals lasse ich keine Gelegenheit für Falafel aus. Ich habe sie selbst zubereitet, in allen möglichen Ländern die Speisekarten nach ihnen abgesucht und werde immer noch magisch zu jedem libanesischen Fastfoodladen hingezogen. Aber im Stillen schluckte ich mit all den Falafeln seit 1994 auch stets ein wenig die Enttäuschung hinunter, dass sie an das geschmackliche Erleben bei „meinem" Libanesen nie heranreichten. Nach Wochen von Dürüm und Döner landete ich nun heute Früh in einem Falafelland. Vier Stück habe ich im Lauf des Tages bei meinem Rundgang durch die jordanische Hauptstadt verspeist. Allein, die Wehmut über die goldene Falafelzeit von vor 20 Jahren ist dabei nicht gewichen.

Das Haschimitische Königreich hatte allerdings nicht nur Hülsenfruchtspezialitäten zu bieten, sondern viele großartige biblische und historische Stätten. Amman selbst ist jene alttestamentliche Stadt der

Ammoniter, die König David in Schutt und Asche legen ließ. Heute zählt sie knapp zwei Millionen Einwohner, die sich in einem stimmungsvollen Meer beigefarbener Betonbunker auf sieben Hügeln verteilen. Die Spuren der bedeutsamen Vergangenheit sind an vielen Stellen zu sehen. Unter den Hellenen und den Römern hieß die Stadt Philadelphia (also die Stadt „brüderlicher Liebe"). Das römische Theater und die Tempelruinen der Zitadelle waren die eindrücklichsten Reste jener Zeit. Nach den Byzantinern, welche die Tempel mit Kirchen ersetzten, kamen die Araber und wenig später ein schweres Erdbeben, von dem sich die Stadt lange nicht erholte.

Ich kam gegen 7.00 Uhr morgens müde am Flughafen an. Der Besitzer der kleinen Pension holte mich ab und brachte mich ins Zentrum, vorbei an den ersten Kamelen am Straßenrand – cameli dromedarii, für zoologisch Pingelige. Das Zimmer konnte ich so früh am Morgen noch nicht beziehen, so ließ ich mein Gepäck im Vorraum und begann meine Erkundungstour. Die Augenlider irgendwo zwischen „verschlafen-verschlossen" und „staunend-aufgerissen" gaben einen schmalen Blick auf meine neue Umwelt frei. Ich war froh, in der südöstlichen Südtürkei bereits in die arabische Kultur eingetaucht gewesen zu sein. Auf diese Weise war mein Flug über Syrien hinweg nicht wirklich der befürchtete, abrupte Wechsel.

Tag 196 – 38 km (6846 km): Seitenwind

Kilometer um Kilometer ging es heute zwischen den cremefarbenen Bungalows auf den breiten, verkehrsreichen Zufahrtswegen hinaus aus der Metropole. Bis zum Abend hörten die Häuser am Straßenrand eigentlich nie ganz auf. Dazwischen lagen Kamele im Müll vor Beduinenzelten und kauten. Jordanische Suburbia. Plastiksäcke hingen in den Büschen und flatterten verzweifelt im Versuch, sich loszureißen. Der Wind kam von der Seite.

Winde sind nicht unbedeutende Begleiter eines Pilgers. Manche säuseln friedsam-freundlich, andere blasen aufmunternd-antreibend, wieder andere stürmen herausfordernd-hemmend. Der unbestreitbare Liebling der meisten Pilger ist der Rückenwind. Und er hat es – wie sein Counterpart, der gefürchtete Gegenwind – in zahlreiche rhetorische Figuren geschafft. Es gibt „Nasen, die im Wind stehen". Man kann „in einer Sache Rückenwind erfahren" oder „Gegenwind spüren".

Der Seitenwind hingegen – so wie kernlose Weintrauben – erhält selten die Würdigung, die er verdient. Und fehlt mir auch die lyrische Kunstfertigkeit, ihn adäquat zu preisen, so will ich doch ein paar prosaische Gedanken zu seinem größeren Ruhm aufbieten. Denn nicht nur Winde begleiten den Pilger, auch die Gerüche, die sie tragen. Und führt der Weg eine Straße entlang, dann steigt in regelmäßigen Abständen der Gestank der Verwesung in die Nase.

Auf den letzten 7.000 Kilometern lag schon einiges im Straßengraben – von der Eule bis zur Katze bis zum Rind. Dass ich diese Dinge nie ausführlich beschrieben und dokumentiert habe, soll mir vom Leser als Verdienst angerechnet werden – auch wenn ich damit den Weg in der Vorstellung der Daheimgebliebenen etwas geschönt habe.

In diesen Fällen ist nun der Seitenwind des Pilgers bester Freund. Nur kurz treffen Schock und Ekel auf den Zinken, das Hirn und den Magen. Dann ist es vorbei. Ein „memento mori" und weiter wandert man. Rücken- und Gegenwind hingegen sind in diesen Situationen ein Graus! Man läuft in die unsichtbare Wand der Verwesung und hat dann keine Möglichkeit, der Sache auszuweichen. Jeder Japser nach Luft wird im Korridor des Todes zur stinkenden Qual. Und wenn die aufgeblähte Leiche eines Esels in einem Wasserloch am Wegrand schwimmt, dann ist der Korridor lang – sehr lang.

Und damit höre ich auch schon wieder auf mit allzu barocken Details zum Tod am Straßenrand. Ich wollte wenigstens einmal in aller Direktheit geschrieben haben, was man bisweilen auf dem Weg erlebt. Nicht, dass sich der eine oder andere Leser noch schwermütig-seufzend in der Pilgerromantik verliert.

In Madaba führte mein Weg zur St. Georgskirche. Als man Ende des 19. Jahrhunderts mit dem Neubau des Gotteshauses auf den Resten einer älteren Kirche begann, trat ein Mosaik aus dem 6. Jahrhundert ans Licht. Es zeigt

Palästina und ist die älteste erhaltene Karte des Heiligen Landes. Gleich nebenan befand sich das Pilgerhaus der Gemeinde, wo ich ein Zimmer bezog und dann zu weiteren Erkundungen aufbrach.

Mein erstes Ziel war die katholische Kirche. Dort lernte ich von Mark, der in der Pfarrei und dem dazugehörigen Museum arbeitete, dass die Christen vor etwas mehr als hundert Jahren aus der südlicher liegenden Stadt Karak vertrieben worden waren und sich daraufhin hier in Madaba angesiedelt hatten. Damals war es nicht viel mehr als ein Ruinenhügel gewesen. Heute leben hier 150.000 Menschen. Die Christen machen immer noch ein Viertel der Bevölkerung aus und stellen damit eine der größten christlichen Populationen der Region dar. Es war faszinierend, die ausgestellten Schwarzweiß Bilder des Archivs zu studieren und dann mit der Aussicht über das Häusermeer zu vergleichen, die sich von der Brüstung hoch oben am Kirchturm bot.

Nachdem ich Mark den erbetenen Segen gespendet hatte, drehte ich meine Runde durch den Ort zu Ende – vorbei an zahlreichen Läden, der Moschee und der Apostelkirche mit schönen byzantinischen Mosaiken. Zwei Falafel später stieß ich auf Michal, einen jungen polnischen Volontär, der sich einen Monat lang im Dienst der Caritas um syrische Flüchtlinge gekümmert hatte. Auch er wohnte im Pilgerhaus. So klang mein erster jordanischer Wandertag bei netten Gesprächen auf der Dachterrasse aus. Es war kühl. Die Lichter der Stadt funkelten. Und ein sanfter Seitenwind trug einen Hauch von Weihrauch von der Kirche herüber.

Tag 197 – 40 km (6886 km): Schlar-Affen-land

Der Gedenktag des heiligen Didacus begann mit einer ungewöhnlichen Messe. Zu den Chören der Engel und Heiligen zwängte sich heute auch nach langem wieder einmal eine irdische Gottesdienstkongregation um den improvisierten Altar. Michal hatte sich, dankbar für die Stille Messe, auf der Dachterrasse eingefunden.

Beim Verlassen des Pilgerhauses traf ich auf einen ganzen Reisebus aus Kraków, den ich mit meinem polnischen „Szczęść Boże!" (Grüß Gott!), verzücken konnte. Dann zog ich nach Westen zum neun Kilometer entfernten Mount Nebo. Die Tradition sieht hier jenen Berg, auf den Moses stieg, das Gelobte Land zu seinen Füßen sah und dann ergriffen und satt an Jahren starb. Ergreifende Stille fand *ich* auf diesem Felsen nicht. Mount Nebo ist ein Pflichtpunkt für jede jordanisch-israelische Reisetour und so war der Parkplatz voll mit klimatisierten Touristenbussen. Von der Aussichtsplattform hatte ich nicht nur Palästina im Blickfeld, sondern auch rosarote Hemdsärmel, Reiseleiterfähnchen, Grüppchen mit gefrorenem „Cheese" auf den Lippen und „meine" Polen, die Smartphones und Tablets für ihre Selfies positionierten.

Ich beschloss, die Kuppe zu verlassen und eine „Etage" tiefer den ungestörten Blick in die Weite zu genießen. Dunst lag über dem Jordantal und nur schemenhaft konnte man die Umrisse der Berge auf der anderen Seite erkennen. 45 Kilometer Luftlinie von hier lag Jerusalem, dessen funkelnde Fenster man an einem klaren Tag in der Morgensonne hätte leuchten sehen können. Ich blickte nach Süden. Ich war noch nicht auf der Zielgeraden. Ich wollte noch eine Schleife von tausend Kilometern drehen und so wanderte ich in langen steilen Kurven durch die heißen Wüstenberge ins Tal hinab.

Es gab kaum Verkehr. In einer Rechtskurve wurde es dann aber trotzdem nochmals eng. Ein uralter Traktor schoss um die Ecke und schrammte knapp an der Übertretung aller physikalischen Gesetze und an mir vorbei. Auf dem stark federnden Sitz hob ein Araber in Kaftan und wild wehendem Kufiya (Kopftuch), der Fliehkraft trotzend, die Hand zum Gruß. Und dann war die knatternde Erscheinung auch schon wieder verschwunden. Wie er die Kurve in der Geschwindigkeit hatte nehmen können – noch dazu, ohne mich vom Rand zu fegen – ist ein veritables Wunder. Aber Wunder hatte es in diesem Landstrich ja schon öfter gegeben.

Ein Nebeneffekt dieser „Begegnung" war gewesen, dass der Fahrtwind meine neuen Begleiter kurz durcheinander gewirbelt hatte. Fliegen. Nicht fünf. Nicht fünfzig. Immer mehr! Sie verließen ihre Kamelhaufen, um mir um den Kopf zu schwirren oder faul bis zur nächsten Pause auf dem Carrix zu rasten. Wüstenfliegen besitzen ob des spärlichen Angebots einen besonders hartnäckigen Wesenszug. Während man unsere gemeinen, zivilisationsverweichlichten Stubenfliegen verscheucht, um sie dann ein paar Sekunden später von einer anderen Stelle wegzuwedeln, muss man die Wüstenfliegen regelrecht vom Körper pflücken – und selbst dann wehren sie sich noch.

Mit meiner stark angewachsenen Entourage wurde ich eine Stunde später bei einem Polizeiposten angehalten. Es war wohl pure Neugierde, dass mein Gepäck Stück für Stück kontrolliert wurde. Aber trotz der Schikane hatte ich die ganze Zeit ein Grinsen auf dem Gesicht. Dafür sorgte ein junger Soldat, dessen einziger englischer Brocken offensichtlich „Oh my God!" war. Ich weiß nicht, ob er wußte, was diese Phrase bedeutete, aber bei jedem Gepäckstück, das ich präsentierte, vom Schlafsack bis zum Moskitokopfnetz, erklärte er bewegt: „Oh my God!"

In der Nähe des Kontrollpostens muss auch irgendwo das Meeres-Nullniveau gewesen sein, von dem ich nun abstieg in das tiefste Tal der Welt. Beduinenzelte. Dromedare. Reisebuskarawanen mit Polizeieskorte. So wanderte ich langsam in der flimmernden Novemberhitze Bethabara entgegen.

Um 16.00 Uhr passierte ich endlich ein Schild, das mit „Welcome to Baptism Site" grüßte. Aber willkommen war ich nicht. Ich war zu spät. Nach einer gescheiterten Abkürzung, die am Stacheldraht geendete hatte, stand ich nun vor dem geschlossenen Schlagbaum der Stätte. Um 15.00 Uhr sei hier Schluss, erklärte mir ein Wachmann achselzuckend. „Come again tomorrow." Eine Weile stand ich einfach da.

Dann machte ich kehrt und suchte ein Lager für die Nacht. Zwei Kilometer zurück hatte ich eine Bananenplantage gesehen und dort schlug ich nun, im Schutz der Stauden, mein Zelt auf. Den Großteil der Fliegen, die mich immer noch treu begleiteten, konnte ich vor der Behausung lassen. Nur 130 oder so, waren jetzt bei mir im Zelt. Dass sie mich, den Pilger, einem Haufen Ziegendung, der unmittelbar neben dem Zelt als Dünger aufgeschichtet war,

vorzogen, verrät wohl einiges über meine Gerüche.

Ich lag auf meiner Matte und lauschte in den Abend hinaus. Ein schillernder Vogel beschwerte sich lautstark auf einem Bananenblatt. Sein Geschrei mischte sich schon bald mit dem vertrauten Chor der Hunde, dem Meckern von Ziegen, dem Blöken von Schafen, dem Röhren eines Kamels und dem Verzweiflungsschrei eines Esels. Und als im letzten Graublau der Dämmerung eine weiße Eule mit lautlosen Schwingen die Zeile, in der ich lag, entlangglitt, hatte die Artenvielfalt zwischen den krummen gelben Früchten einen Höhepunkt erreicht. Nur Affen fehlten jetzt noch. Rascheln zwischen den Stauden.

Tag 198 – 44 km (6930 km): Kuscheldeathmetal

Warum habe ich zugestimmt, zu bleiben? Weil der Ausblick auf den salzigen Spiegel des Toten Meeres, der den Sonnenuntergang ein zweites Mal auf die Erde holte, wirklich großartig war. Warum zweifle ich jetzt, drei Stunden später, an der Weisheit meiner Entscheidung? Weil vor dem verträumten, spelunkigen Holzverschlag am Straßenrand, wo ich auf Einladung mein Zelt errichtet habe, nicht nur ein Stroboskop für epileptische Anfälle bei den vorbeifahrenden Autofahrern sorgt, sondern mich ein paar überforderte Boxen mit arabischem Hardcore-Metal-Death-Kuschelrock auf traditionellen Saiteninstrumenten beschallen. Und weil die Musik natürlich auch noch drüben in Palästina zu hören sein soll, müssen die Unterhaltungen der eingetroffenen Gäste schreiend ablaufen. Ich derweil liege im Zelt und wundere mich, dass der Ziegenkotgeruch der letzten Nacht so hartnäckig auf dem Zelt haften geblieben ist. Und das bringt mich zurück zur letzten Nacht und dem heutigen Morgen.

* * *

Als ich in der Früh das Zelt abbrach, waren alle Fliegen wieder vollzählig versammelt, um ihre Reise mit mir fortzusetzen. Wir verließen den Bananenhain und gingen gemeinsam zurück nach Bethabara (Betanien). Um neun – hatte es gestern geheißen – würde uns der Shuttlebus durch das Militärsperrgebiet zur Taufstelle bringen. Um 9.52 Uhr ging es los. Mit dabei war Hassan, der Tourguide, dem wir nicht von der Seite weichen durften. Selbstbestimmte Pilgerromantik hatte zwischen Minen keinen Platz. Gemeinsam mit ein paar anderen Pilgern und Touristen wurden wir zu den Resten der ersten byzantinischen Basilika geführt, die am Ort der Taufe Jesu stand. Von ihr konnte man einst, über eine lange Steintreppe, in die Fluten des Jordan steigen. Heute liegt alles im Trockenen. Vom Jordan, der zur Zeit Jesu eine Breite von 60 Metern gehabt haben soll, ist aufgrund der Bewässerung der Felder talaufwärts nur ein trübes, fünf Meter breites Flüsschen geblieben. Unweit der historischen Stätte wuchs eine ganze Allee von Kirchbauten unterschiedlicher Konfessionen empor. Auch eine katholische Kirche, für die Papst Benedikt XVI. bei seinem Besuch 2009 den Grundstein gelegt hatte, war im Entstehen. Dass hier so viel gebaut wurde, hängt nicht damit zusammen, dass der Ort neu entdeckt worden wäre – von ihm berichten bereits die Pilgerberichte aus der Antike – sondern die Tatsache, dass erst der 1994 geschlossene Friedensvertrag zwischen Jordanien und Israel eine solche Bautätigkeit im Grenzgebiet möglich gemacht hatte. Militärisch sensibel war die Zone aber nach wie vor und es ist fast ein kleines Wunder, dass an der Stelle des Jordan, wo Pilger sowohl von der israelischen Seite wie auch von Jordanien aus in den Fluss steigen können, kein Stacheldraht im Wasser schwimmt. Dass jemand hier illegal übertritt, verhindern zwei stoische Soldaten auf beiden Seiten.

An diesem Morgen lag trotz der Pilger und Touristen eine Stille über dem Ort. Fast meinte man noch das Echo der Stimme zu hören: „Das ist mein geliebter Sohn, an dem ich Gefallen habe." Hier ließ sich Jesus von Johannes taufen. Hier verwies der Täufer auf ihn, das „Lamm Gottes". Von hier zog Jesus 40 Tage in die Wüste.

Auch im Alten Testament spielte diese Furt eine bedeutsame Rolle. Joshua kam hier mit den Israeliten durch den Fluss, um das Land zu erobern. Es ist gewiss keine zufällige Symmetrie, dass der Eintritt ins Gelobte Land mit dem späteren Tauf-Ort zusammenfiel. Denn die Taufe, so lehrt der Glaube, ist der Eintritt in das Leben aus der Gnade; ein Leben, das Anteil gibt am himmlischen Reich, für welches das verheißene Land der Israeliten nur ein Abbild war.

Auch wenn dieser Ort zum Pflichtprogramm eines Pilgers gehört, hatten die restriktiven Öffnungszeiten meinen Zeitplan durcheinander geworfen. Erst eine halbe Stunde vor Mittag verließ ich den Ort und wanderte in der gleißenden Sonne flussabwärts in Richtung des Toten Meeres. Bald glänzte

seine spiegelnde Fläche zu meiner Rechten. Im weißen Dunst verschmolzen Himmel und Meer am Horizont. Zur Linken hob sich die bröckelnde Mauer goldener Berge aus dem Grund, immer wieder durchbrochen von Wadis (Wadi, arab. Tal) und Oasen.

Aufgrund des späten Starts schaffte ich es nicht vor Einbruch der Dunkelheit, die Abzweigung nach Machaerus zu erreichen und landete bei der eingangs erwähnten Teehütte, samt dem beschriebenen Problem. Was bleibt, ist die Hoffnung auf baldige Besserung … und die leise Vorahnung, dass eine solche Hoffnung vergeblich ist.

Tag 199 – 36 km (6966 km): „Hello, Mr. President"

Aus der *leisen* Vorahnung von gestern Abend war bis zum Morgen *laute* Gewissheit geworden. Viel Lärm, wenig Schlaf. Als um vier Uhr Neuankömmlinge zwei Meter neben meinem Zelt das Auto abstellten und die Geräuschkulisse um einige Facetten reicher wurde, war ich nur mehr ein Häuflein Elend mit Schlafentzug. Geschätzte 40 Minuten habe ich, auf die nächsten drei Stunden verteilt, noch gedöst und dann mein Zelt abgebrochen. Nebenan posierten im Halbdunkel arabische Teenager mit angespannten Muskeln im Blitzlicht der Handykameras. Damit war Facebook zweifellos wieder um einige Ultra-coole-Sonnenbrillen-auf-der-Nasenspitze-Selfies reicher.

Müde brach ich auf und suchte den Weg in die Berge nach Mukawir. Ich war noch keinen Kilometer unterwegs, als ich eine ganze Meile von Straßencampern passierte. Sie hatten das islamische Wochenende für einen Ausflug zu den heißen Quellen genutzt. Street-Sleeping, auf Decken neben dem Auto. Am Ende dieses Auflaufs, der zu dieser Stunde noch in der Horizontalen weilte, fand ich meine Abzweigung und ich begann den steilen Aufstieg. Unterwegs passierte ich den dampfenden Bach, der die Menschen hierher gelockt hatte. Kein Schwefelgeruch, nur extrem heißes Wasser, das sich weiter unten zwischen Palmen und dichtem Grün verlor. Selbstverständlich mussten da nun meine Füße rein und nach kurzem Zögern nutzte ich die Gelegenheit zu einer ausführlichen Körperpflege.

Erfrischt setzte ich meinen Weg fort. Meine Route führte nun immer höher auf einen Bergzug aus dunklem Gestein, der nach Norden spektakulär in ein tiefes Wadi abfiel. In der faszinierenden, vegetationslosen Landschaft kam ich an einigen Beduinenzelten vorbei. Aber was die Ziegen hier zu fressen fanden, blieb mir ein Rätsel. Nach zwei Stunden erreichte ich eine gut ausgebaute, praktisch unbefahrene Straße. Sie führte in einer völlig neuen Definition von

„steil" ein paar kurze Serpentinen hoch in das Bergland. Mein erstes Ziel lag nun in Blickweite. Machaerus war eine von Herodes zum Palast umgestaltete Burg, in der, gemäß dem jüdischen Geschichtsschreiber Josephus Flavius, Johannes der Täufer enthauptet worden war. Hier hatte Salome getanzt, in einer Ecke mit der Mutter ihren Lohn besprochen und den Kopf meines Namenspatrons eingefordert. Für mich war der Besuch dieser Stätte, die ich eine ganze Stunde über völlig für mich allein hatte, doch bewegend. Und während ich in der Mittagshitze aus dem Schatten einer Säule auf die kargen Hügel blickte und an die Entbehrungen von Johannes im Kerker dachte, beschlich mich Beschämung über meine eigene so geringe Leidensfähigkeit.

Nach der Mittagsrast setzte ich meinen Weg über die Berge fort. In Anbetracht der kommenden ortslosen Kilometer war ich froh, dass ein kleiner Obst- und Gemüsetransporter vorüber kam, der etwas Arabisches durch die Lautsprecher in die zerstreute Häusersiedlung plärrte. Mein Einkauf: ein Kilo Tomaten, ein Kilo Orangen. Zu Trinken bekam ich einige Kilometer später von der örtlichen Jordanian Civil Defense. Und wieder etwas später stand dann ein kleiner Laden mit Bäckerei in der einsamen Landschaft. Vom Rationierungsplan bis zum Überangebot innert einer Stunde. So kann es manchmal gehen.

In den späten Nachmittagsstunden erreichte ich den Rand des Wadis Heedan. Die Sonne tauchte diesen tiefen Riss in der Erdkruste in zahlreiche Schattierungen von gelb bis rot. Entlang der kurvigen Straße ins Tal warf sich eine ältere Frau auf ihrem Teppich am Straßenrand in Richtung Mekka, während vier junge Männer vor dem Auto warteten und rauchten. Ein paar Burschen kamen auf Eseln die steile Straße herauf und fragten mich nach Wasser. Dank der Civil Defense und dem Laden hatte ich nun mehr als genug und half gerne. Als ich weiter unten im Tal von der Straße abbog, um einen möglichen Schlafplatz zu erkunden, kam mir ein Beduine mit einer Herde Ziegen entgegen. Der 23-jährige Anas sprach etwas Englisch, warnte mich vor all den gefährlichen Tieren und bestand darauf, dass ich ihm nach Hause folgte. Und so saß ich eine Viertelstunde später im offenen Bereich des Zelts, dessen grober Stoff mit den Jutesäcken eines indischen Kaffeeimporteurs geflickt worden war. Hier lernte ich drei weitere der insgesamt neun Brüder kennen. Die Frauen, mit Ausnahme der Mutter, die man mir kurz vorstellte, blieben im hinteren, mit Stoff abgetrennten Bereich des Zeltes, dort wo sich die Küche befand.

Reisenden in den Ländern des Nahen Ostens wird in der Regel empfohlen, zwei Themenbereiche zu meiden: Politik und Religion. Beide Themen waren schon bald der Gesprächsstoff auf den Polstern rund ums Feuer. Dabei hatte alles sehr unschuldig mit meiner Frage nach dem Namen des Hirtenhundes begonnen. Es sei sein bestes Tier, erklärte Ahmet stolz. Sein Name sei Bush – George W. Es war eine wenig schmeichelhafte Hommage an den ehemaligen US-Präsidenten, der in den Augen meiner Gastgeber die katastrophalen Zustände im Irak zu verantworten hatte. Ich konnte damit punkten, dass sich die österreichische Außenpolitik schon lange lediglich auf die globale Verbreitung von Mozartkugeln beschränkte und langsam gelang es mir, das Thema wieder in andere Bahnen zu lenken. Womit wir natürlich bald bei der Religion gelandet waren. Neben Fladenbrot und hervorragenden Speisen

wurde mir als katholischem خوری (khouri, Priester) auch die etwas heikle Frage serviert, was ich über Mohammed denke. „Good man or bad man?", wollte Anis in aller Einfachheit wissen. Im Versuch, mit dem notwendigen Feingefühl und den erforderlichen Differenzierungen, klar zu sprechen, ohne dabei jemanden vor den Kopf zu stoßen, begann ich, die christliche Botschaft von Jesus und seine Umdeutung im Islam als Ausgangspunkt zu nehmen. Während ich meine Wertschätzung für Aspekte des muslimischen Gebetslebens hervorheben konnte, wurde deutlich, dass Jesus nicht beides sein konnte: Sohn Gottes und lediglich ein Prophet. Weil nun der Koran ersteres ausdrücklich ausschloss, für mich aber genau dies im Kern meines Glaubens stand, konnte ich als Christ in Mohammed keinen Propheten sehen. Damit konnte ich an etwas anknüpfen, das ich in einer der ersten Suren des Korans gelesen hatte und das Gespräch, das weiterhin sehr freundschaftlich geführt wurde, ging wenig später wieder neue, unverfänglichere Wege.

Um halb elf war dann Schluss und man bettete sich dort auf den Polstern, wo man gegessen und geredet hatte, zur Nacht. Das Feuer erstarb. Es wurde still. Nur Gelsen surrten um mein Haupt. Für sie galt das islamische Genussverbot für Blut ja leider nicht.

Tag 200 – 34 km (7000 km): „Hello Mom, it´s Tuesday"

August 2012. Naoki, ein japanischer Seidenstraßenreisender, und ich schaukelten über die postsowjetische Schlaglochpiste durch den Südosten Kasachstans. Aus den Lautsprechern über uns kam seit fast vier Stunden ein russischer Redeschwall. Die Dame, die im vorderen Teil des Busses eine endlose Kette an Informationen strickte, hätte kein Mikrophon gebraucht. In der Tat, sie schien das schwarze Ding in ihrer Hand völlig vergessen zu haben und hob deshalb zunehmend ihre Lautstärke an, „um den ganzen Bus zu erreichen". Das wiederum brachte die krachenden Lautsprecher an die Grenzen ihrer Leistungsfähigkeit. Wir hielten uns vier Stunden lachend die Ohren zu, und warteten darauf, den Charyn Canyon zu sehen. Er wurde in Reiseführern als kleinere Version des Grand Canyon vermarktet. Als jemand, der im Jahr zuvor an beiden Rändern des Coloradoplateaus gestanden und in die gigantischen, farbigen Gräben und Schluchten geblickt hatte, war die Erinnerung an das Original noch frisch und die Erwartung folglich hoch.

Was wir nach der langen Busfahrt zu sehen bekamen, war nett, aber es war kein Grand Canyon – auch keine kleine Version davon. Charyn war einfach nicht „Grand" genug. Das Erhabene fehlte.

Nun wurde das Wadi Mujib, das heute auf meinem Programm stand, ebenfalls gern als lokaler Grand-Canyon-Ersatz gehandelt. Meine Erwartungen waren nach dem kasachischen Reinfall also nicht sonderlich groß. Aber diesmal wurde ich nicht enttäuscht. Das Wadi Mujib war zwar nicht wirklich mit

seinem amerikanischen Pendant vergleichbar, aber es hatte doch dieselbe majestätische Qualität, welche das Attribut „Grand" verdient. Bevor ich jedoch den Blick über das weit klaffende, sandfarbene Tal schweifen lassen konnte, musste ich zuerst aus dem nicht minder tiefen Seitenarm, dem Wadi Heedan, aufsteigen. Zurück also zum Anfang des Tages.

Während der Nacht im offenen Beduinenzelt hatte sich eine hungrige Ziege den Sack mit Tomaten aus meinem Rucksack gegriffen. Und weil Ziegen keinen Daumen zum Lösen von Knoten besitzen, weckte sie mich und einen der Brüder mit ihrem Geraschel. Anas' Plastiksandale flog daraufhin in die Richtung des Störenfrieds.

Nach einer halben Stunde kamen wieder Geräusche. Frau Ziege ging diesmal an meinen Carrix. Ich zischte sie kurz und abweisend an. Ich könnte schwören, dass sich das freche Tier praktisch unschuldig pfeifend von meiner Ausrüstung abwandte, mir den „Waaas iiiich?"-Blick zuwarf und im Licht des Vollmonds, indigniert über die Anschuldigung, fortstolzierte.

Etwas später kam dann Töpfeklappern und Geraschel aus dem Küchenbereich hinter dem Trennvorhang. Und weil gleich darauf genervte Frauenstimmen aus demselben Bereich drangen, glaube ich zu wissen, wer dort herumgestöbert hat. Es gilt die Unschuldsvermutung.

Nach Frühstück, Tee und der vielmaligen Erneuerung des Adoptionsstatus, den mir die Familie gestern gewährt hatte, packte ich meine Sachen, sah meinen abgefressenen Fliegenwedel aus Schilf – „Ziiieeege!!!" – und ging die letzten Höhenmeter runter zum kleinen Fluss im Tal. Dann musste ich sogleich wieder 600 Höhenmeter steil bergan.

Oben, im Bergland bei Dhiban, traf ich erstmals seit Madaba wieder auf den „King's Highway", eine historische Strecke, die einst mehrere Königreiche von Damaskus bis Ägypten miteinander verbunden hatte. Entlang dieser Straße lagen auch viele wichtige touristische Ziele Jordaniens: Karak, Shobak und natürlich Petra. Als ich am Ortsrand von Dhiban kurz pausierte, war ich bald von Kindern umringt, die in unterschiedlicher Intensität um meine Aufmerksamkeit warben. Es war nach kurzer Zeit unmöglich, auf jedes „Hello! What's your name?", adäquat zu antworten und ich begann, die Zurufe zu ignorieren. Bis sich ein junges Mädchen vor mir aufbaute und durch eine Zahnlücke sprach: „Hello Mom, it's Tuesday." Ich lachte laut und nahm das breite Grinsen mit auf den weiteren Weg hinunter in das imposante Wadi Mujib. Vier Kilometer breit, einen Kilometer tief und durchzogen von einer 16 Kilometer langen Straße, die sich von einem Rand zum anderen wand. Der sich verändernde Sonnenstand sorgte in den tiefen Furchen für großartige

Farb- und Schattenspiele, die sich kaum in Worten beschreiben, sondern nur im Staunen fassen ließen.

Auf der Südseite des Canyons angekommen, bezog ich, nach einem üppigen Abendessen, das etwas spartanische „Notquartier" des Trajan Guesthouse. Hundegebell drang durch das zerbrochene Fenster, als ich mir in der kalten Luft meinen Schlafsack über die Ohren zog.

29. Sonntag – Die Verteidigung des Leierns

„Ich finde es immer so entsetzlich, wenn die alten Frauen in der Kirche dieses ewig lange Gebet herunterleiern." „Sie meinen den Rosenkranz?", fragte ich nach. „Ja genau. Der ist schrecklich", nickte die Dame.

Wenn buddhistische Mönche ihre Mantras rezitieren, dann ist das „spirituell"; wenn ein Yogameister summt, ist es „hoch energetisch"; wenn ein Guru sieben Töne singt, ist es „mystisch". Nun, den alten Mütterchen, die mit dem Rosenkranz in der Kirche knien, fehlen orangene Kutten, kahlgeschorene Häupter oder Räucherstäbchen, aber wenn sie den Rosenkranz ordnungsgemäß leiern, dann fehlt ihnen eines nicht: das Sprungbrett zu einer tiefen geistigen Erfahrung. Denn während man heute im Westen für „geballte Spiritualität" gerne verklärend in den Osten schielt, geraten bei uns die eigenen Reichtümer in Vergessenheit. Der Rosenkranz, eine lang gepflegte Technik aus dem Herzen unserer christlichen Kultur, ist einer dieser Schätze.

Um was geht es im Rosenkranz? Im Rosenkranz nimmt man in der ständigen Wiederholung des „Ave" die Mutter Jesu gleichsam an der Hand und betrachtet – neudeutsch: meditiert – für die Dauer von zehn Wiederholungen eine Episode aus dem Leben Jesu. Warum macht man das „an der Hand" Mariens? Nun, weil Maria das Leben ihres Sohnes praktisch immer begleitet hat: von der Empfängnis bis Pfingsten.

Um die Meditation zu fokussieren, fügt man in das „Ave" passende Worte der Betrachtung ein. Also betet man zum Beispiel: „... und die Frucht deines Leibes Jesus, der zu Bethlehem geboren worden ist. Heilige Maria ..." Für die Dauer von zehn „Ave" versucht man sich nun, das heilige Geschehen geistig vorzustellen: den Stall, die Krippe, Maria und Joseph, Ochse und

Esel, die Hirten, die Freude, das Lachen, den Frieden, das Staunen, die Armut, die Einfachheit, die Stille, den Glanz …

Das gelingt am besten, wenn man nicht mehr auf die Worte achtet, die man spricht – oder besser noch leiert – sondern die ganze Aufmerksamkeit auf dieses innere Bild lenkt. Man versucht es sich einzuprägen. Wenn ich mir jeden Tag eine Stunde Szenen mit blutigem Horror und brutaler Gewalt ansehe, dann wird mich das formen, abstumpfen, verängstigen oder gar schlecht schlafen lassen. Wenn ich hingegen jeden Tag eine halbe Stunde lang das Leben Jesu betrachte, wird dieses mich prägen. Idealerweise werde ich die Güte, die Stille, die Armut, die ich in der Szene von Bethlehem betrachte, verinnerlichen, so dass diese Qualitäten auch in meinem Leben mehr hervortreten. Wo das geschieht, bringt der Rosenkranz Früchte – er „erblüht", wenn man beim Namen der Gebetsschnur bleiben will.

Nicht der Rosenkranz ist also schrecklich, sondern der Umstand, dass mancherorts nur mehr „ein paar Mütterchen" geblieben sind, die ihn beten. Es lohnt sich, diese großartige katholische Meditationstechnik in der eigenen Spiritualität neu zu beleben.

Tag 201 – 40 km (7040 km): Nicht viel

Die meisten Kilometer des heutigen Tages verliefen ereignislos und ohne großartige Höhepunkte. Auch die hügelige Landschaft südlich des Wadi Mujib war nicht sehr aufregend. Zwischen unschönen Siedlungen waren einzelne Häuser gestreut und der rege Lokalverkehr brummte in beide Richtungen. Das Highlight des Tages kam zum Schluss. In Karak stand eine alte, imposante Kreuzritterfestung, durch welche die Europäer einst den Osten ihrer Eroberungen sichern wollten. 40 Jahre erfüllte sie diesen Dienst, bis sie nach einer langen Belagerung von Saladin eingenommen wurde. Nach einem Rundgang durch die dunklen Gänge und Ruinen, deren einstiger Herr, der unselige Renauld de Châtillon, hier seine Grausamkeiten getrieben hatte, kehrte ich in mein preiswertes Zimmer vor den Toren Karaks zurück. Die schwindligen Konstruktionen von der Trennwand bis hin zum Badezimmer verliehen der Unterkunft einen abenteuerlichen, wenn auch nicht unbedingt ritterlichen Charme. Mehr habe ich für heute nicht. Hunde und

hupende Autofahrer habe ich diesmal aus der Beschreibung ausgelassen. Es gab natürlich beides.

Tag 202 – 44 km (7084 km): Stürzende Fluten

In der Theorie bin ich mit Sturzfluten vertraut. Ich kenne die Hinweisschilder aus der australischen Wüste und den Schluchten Arizonas. Im zauberhaften Antelope Canyon, der oft jahrelang staubtrocken bleibt, ertranken 1997 zwölf Menschen. All das weiß ich, aber was sich jetzt, in diesem Augenblick, vor meinem Zelt abspielt, ist eine Gewalt, die in ihrer Rohheit jenseits meiner bisherigen Vorstellungen liegt. Seit einer Stunde regnet es stark. Seit einer halben Stunde stürzen die Fluten brausend und tosend in den Graben; ein Lärm, der mich selbst auf meiner sicheren kleinen Kuppe noch beklemmt.

* * *

Der Wetterbericht heute Morgen verhieß Regen und ich startete in einen kühlen, wolkenverhangenen Tag. Parallel zum King‘s Highway wanderte ich Richtung Süden und deckte mich im letzten Dorf vor dem Erreichen der Verbindungsstraße mit ausreichend Wasser für die nächsten 24 Stunden ein. Brot und Bananen aus dem Jordantal komplementierten meine Essensvorräte. Ich war nach dem Einkauf noch nicht sonderlich weit gekommen, als mich zwei ältere Herren am Arm nahmen und in einen kleinen Laden zum Tee führten. Widerstand zwecklos. Der Enkel des Besitzers wurde als Übersetzer hinzugezogen. Das Gespräch kreiste hauptsächlich um die Notwendigkeit, schleunigst eine Frau für mich zu finden. Ein Leben ohne Söhne war für die beiden Araber unvorstellbar. Dass ich auf meine zölibatäre Weise eine große Familie im weiteren Sinn besitzen würde, überstieg die Fantasie meiner Gesprächspartner. Nach der Präsentation einiger Bilder von der Reise und nachdem ich meinem Fotoalbum wie befohlen zehn Bilder der Ziegen und ihrer Besitzer hinzugefügt hatte, durfte ich – auch ohne Frau – weiterziehen.

Kurz nach der Ortschaft begann die Straße an Höhe zu verlieren und bog wenig später in das Wadi Hasa ein. In biblischer Zeit war es einmal die Grenze zwischen Edom und Moab gewesen und wird als Zeredtal in der Heiligen Schrift erwähnt. Moses und die Israeliten lagerten in diesem Tal 38 Jahre nach dem Auszug aus Ägypten. Wie das Wadi Mujib war auch diese tiefe Falte in der Erdkruste ein atemberaubender Anblick. Der Kontrast der hellgelben Felswände mit den zunehmend dunklen Wolken und einem schwarzen Felsen auf der Nordseite war schon beim Abstieg viele Bilder wert. Unten am Talboden wurden Tomaten gepflückt. Kaktusfeigen leuchteten an den dicken, ledrigen Blättern. Palmen wogten im stärker werdenden Wind. Ich blickte auf das drohende Gewitter im Westen und beschleunigte meine Schritte. Ein Blitz zerriss den Wolkenhimmel und ein langes, tiefes Donnergrollen rollte das Wadi herauf. Wenig später fielen die ersten schweren Tropfen. Regen in der Wüste. Der Geruch war fantastisch.

Ich war schon ziemlich nass, als ich mich endlich bei überhängenden Felsen unterstellen konnte. Dort harrte ich eine Weile aus, bevor es in der letzten hellen Stunde des Tages trocken weiter ging. Da viele der besten Plätze im Tal von Beduinen und ihren Hunden bewohnt waren, dachte ich kurz daran, auf einer Insel im ausgetrockneten Bachbett zu übernachten, verwarf aber den Gedanken wieder – mögliche Sturzfluten im Hinterkopf. So suchte ich stattdessen auf einer Anhöhe einen ebenen Platz, der bisher – den Spuren und Hinterlassenschaften nach zu urteilen – lediglich von Ziegen frequentiert worden war. Mein Zelt stand keine zwei Minuten, als es begann, wie aus Eimern zu gießen. Der Boden verwandelte sich in Schlamm. Rote, flüssige Erde spritzte durch das Fliegengitter am Boden. Ich zog die Wände der Bodenwanne höher, als sich draußen die ersten Pfützen bildeten. Über die

nächsten Minuten schwoll, neben dem Hämmern der schweren Tropfen auf meinem Zeltdach, ein zweites Geräusch immer weiter an. Einige Meter neben mir stürzte Wasser in einem Graben dem Bachbett des Wadis entgegen, riss polternde Steine und Felsen mit und vereinigte sich mit dem kochenden, schäumenden braunen Fluss, der nun dem Toten Meer zustrebte. Nur gegen Ende, als der Regen langsam an Intensität verlor, hörte ich mich in all dem Lärm die Vesper singen.

Tag 203 – 43 km (7127 km): Der Reifen und der Stock

Kalt und nass war der Morgen. Mit dem ersten Schritt aus dem Zelt sammelten die Sandalen Schichten aus Schlick und Schlamm. Mit schweren Schritten stapfte und rutschte ich hinunter zur Straße. Die Spuren der nächtlichen

Zerstörung waren deutlich im Flussbett zu sehen.

Die ersten Kilometer führten bergan aus dem Wadi Hasa hinauf auf das nächste Plateau. Mit der Regenjacke gegen den eisigen Wind kam ich trotz der Kälte ordentlich ins Schwitzen. Nach rund zehn Kilometern traf ich auf eine Weggabelung, die sinnvollerweise beide Richtungen mit meinem nächsten Ziel beschilderte. Normalerweise hätte ein Blick auf das Navigationsgerät genügt, aber über diesem Quadranten zeigten die Satellitenbilder eine flauschig weiße Wolkendecke. So nahm ich, dem Sinnspruch zum Trotz, den Pfad nach الطفيلة (Tafila), der mehr betreten war. Im nächsten Ort verlor ich mich eine Weile in dem undurchsichtigen Straßennetz und stand am Ende eines kleinen Feldwegs plötzlich völlig überraschend auf einer neuen Straße, die auf keiner meiner

Karten eingezeichnet war. Autos? Gab es ebenfalls nicht. Mit einer gewissen Unsicherheit und einem Wechselbad der Gefühle, je nachdem, in welche allgemeine Richtung sich die vielen Kurven bogen, folgte ich dem schwarzen Teerband, um dann, nach einem langen Bogen, tatsächlich in Tafila zu landen. Eine Abkürzung war diese Strecke nicht gewesen, aber – und das schien ihr Vorzug – ich hatte auf diese Weise nicht unzählige Höhenmeter in den tiefen Rachen eines Wadis geworfen, nur um sie auf der anderen Seite wieder hochsteigen zu müssen.

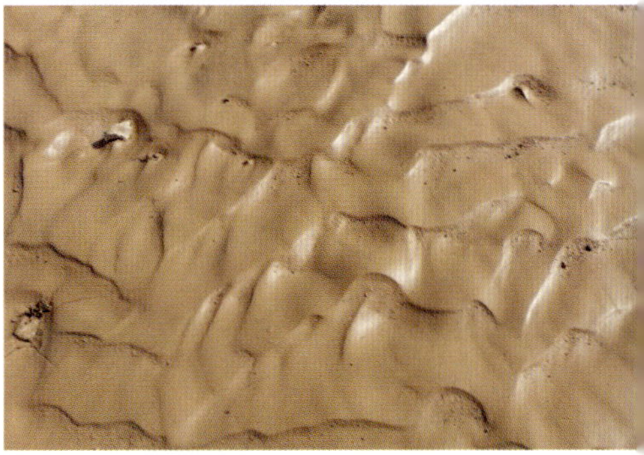

Zurück in der Zivilisation kaufte ich zwei Falafel und folgte dann dem sich endlos windenden King´s Highway Richtung Süden. Eine Weile lang begleitete mich ein freundlicher Junge, der mit einem Stock einen Gummireifen antrieb. Ziel dieser nicht olympischen Sportart war es, den Reifen aufrecht zu halten. Und dabei bekam ich immer das nervöse Flattern, wenn es den jungen Reifenkünstler vom Straßenrand hin zur Fahrbahnmitte trieb.

Nach 43 Kilometern bog ich von der Straße und stellte mein Zelt in der windgeschützten Ecke einer Baugrube auf. Das freundliche Angebot einer netten älteren Frau wenige hundert Meter zuvor hatte ich dankend abgelehnt. Ihr Mann war noch nicht heimgekehrt und ich wollte keine kulturellen Sensibilitäten verletzen.

Nun bellen Hunde beruhigend in der Ferne.

Tag 204 – 34 km (7161 km): „Hallo, bist du noch dran ...?"

Ich startete spät in den neuen Tag. Das Zelt war am Morgen innen und außen völlig durchnässt und ich versuchte es in den ersten schwachen Sonnenstrahlen ein wenig zu trocknen. Ich rieb mir die kalten Hände und frühstückte. Gegen neun begann ich den Anstieg in die Berge und wurde wenig später für die steilen Meter mit grandiosen Blicken ins Wadi von Dana belohnt. Auch hier genoss ich wieder das herrliche Farb- und Schattenspiel der jordanischen Fels- und Wüstenlandschaft.

Von diesem Aussichtspunkt ging es zunächst in den Ort Rashadiya hinunter, wo ich einen Einkauf tätigte. Schon seit Osteuropa hatte ich eigentlich keine Preisschilder mehr gesehen und ein- und derselbe Einkauf kostet an verschiedenen Tagen wohl auch im selben Laden immer etwas anderes. Während heute die Bäckerei das Brot praktisch verschenkte, leerten die Bananen, Mandarinen und vier Schokoriegel im Geschäft nebenan fast meinen

Geldsack. Selbst die inflationsresistenten Falafel waren im Vergleich zu den Vortagen nicht wirklich günstig – oder schmackhaft.

Ich verließ das Dorf und folgte wieder der Königsstraße in den Süden. In den vielen Ländern, durch die ich mittlerweile gewandert bin, habe ich immer wieder Unterschiede in den Straßenverkehrsordnungen festgestellt. In Jordanien, so habe ich über die letzten Tage gelernt, war zum Beispiel Parken bis in die dritte Spur des Gegenverkehrs erlaubt. Sperrlinien wiederum hatten nur eine Orientierungsfunktion für Fahrer mit Sehschwäche. Damit sie nicht vom Weg abkamen, konnten sie versuchen, den weißen Strich immer mittig vor dem Kühler zu halten. Aber die für mich sicher interessanteste Entdeckung war, dass in Jordanien – entgegen dem allgemeinen legalistischen Trend – offenbar ein Gesetz existierte, das Autofahren nur mit Mobiltelefon erlaubte. Handy am Steuer war vorgeschrieben. Ob nun wirklich alle „vorschriftsmäßig" telefonierten oder nur aus Angst vor der Polizei ein Gespräch vortäuschten, kann ich nicht sagen. Aber nur ganz, ganz wenige Menschen fuhren hier ohne Handy am Ohr – und sie schauten dabei ziemlich schuldig drein.

Am Nachmittag kam ich nach Shobak. Hier stand eine weitere Kreuzritterburg. Ich muss sagen, dass sie von ihrem Standort her Karak in jedem Fall übertraf. Mochte die Anlange auch kleiner sein, so war es hier bedeutend stiller. Dazu hatte die Festung mit ihrem tiefen Geheimtunnel, der in den Berg hinein zu einer Quelle führt, eine besondere Sehenswürdigkeit zu bieten. Auch die Reste der Kirche, deren Apsis nach Osten hin fehlte und die so den Blick in ein weites, karges Kalksteintal freigab, ließen erahnen, warum der Name der Anlage einst „Mons Realis“ (der königliche Berg) gewesen war.

Tag 205 – 44 km (7205 km): Tu es Petra!

Herbst 1989. Ich rieb mir den Nacken. Schuld an der Verspannung war mein Kinoticket. Denn steil blicken jene zur Leinwand empor, die auf den billigen Plätzen der ersten Reihe sitzen. Und nun, 50 Schilling später, beschäftigte meine Freunde und mich nur die Frage, ob Harrison Ford und Sean Connery in ihren Filmrollen als Vater und Sohn fortan unsterblich waren oder nicht. Schließlich hatten beide aus dem Heiligen Gral getrunken. Und von dem hatte es im Film geheißen, dass er Unsterblichkeit verleiht. Wie würde das die dramaturgische Handlung künftiger Abenteuer der Helden beeinflussen? Diese und verwandte Themen wurden in der Linzer Straßenbahn auf dem Weg nach Hause so sachlich, logisch und ernst diskutiert, wie es nur knapp 12-Jährige vermögen.

Mit ganz anderen Fragen und Erkenntnissen zur Unsterblichkeit kehrte ich heute an den berühmten Ort aus „Indiana Jones und der letzte Kreuzzug“ zurück; einen Ort, den man eigentlich problemlos für eine erfundene Filmkulisse Hollywoods hätte halten können. Doch den „Tempel“ aus dem Film gab es wirklich. Er war Teil der größten touristischen Attraktion Jordaniens: Petra. Und zwischen den monumentalen Gebäuden der Nabatäerstadt hörte man, wenn man leise genug war, gar manchen Besucher summen: „Ta-tata-taaaa Ta-ta-taaaa ...“

Der Tag begann natürlich etwas weiter nördlich am Fuß der Burg von Shobak, die sich im Licht der Morgensonne noch einmal meiner bleibenden Erinnerung empfahl. Ich kehrte zurück auf den King's Highway und ging, in teils eisiger

Kälte, weiter nach Süden. Sanfte Wellen und Hügel. Frischer Wind. Später begleiteten mich Straßenlaternen, die in der steinigen Wüste so exotisch wie Palmen wirkten.

Nach rund 30 Kilometern erreichte ich Wadi Musa, die jordanische Boom Town am Rand der historischen Felsenstadt. In den Neunzigern, nach dem Friedensvertrag mit Israel, erlebte der Ort einen enormen Wildwuchs. Seither grüßen unschöne Hotelbauten an jeder Ecke. Einen herben Dämpfer für die stark gewachsene und völlig vom Tourismus abhängige Bevölkerung gab es in Folge der Anschläge vom 11. September 2001 und nochmals zehn Jahre später, als der „Arabische Frühling" für Umwälzungen in der Region sorgte. Beide Male brach der Tourismus ein. Auch heute noch, zwei ruhige Jahre später, war von den einst 4.000 täglichen Besuchern nur ein Viertel

geblieben. Das bedeutete unter anderem, dass viermal so viele Kameltreiber, Esel-Chauffeure und „For-you-special-price-Verkäufer" um jeden einzelnen Touristen buhlten. Es war zwar nicht meine erste touristische Station am Weg, aber die bunte und lautstarke „Kampfstimmung" nach so langer Zeit relativer Stille war doch irgendwie surreal.

Als ich nach dem 1,2 Kilometer langen Siq (Schlucht) in das Treiben vor dem berühmte „Schatzhaus" trat, standen neben hüfthohen Postkartenverkäufern und lautstarken Pferdewagenlenkern plötzlich Kim und Matt wieder vor mir. Ich hatte die beiden gestern auf der Burg von Shobak getroffen. Das junge US-amerikanische Ehepaar lebte und arbeitete in Katar, dem kleinen Emirat an der Ostküste der arabischen Halbinsel. Matt war Rettungsassistent und kümmerte sich über den Gebäudetürmen von Doha im Helikopter um intensivmedizinische Fälle. Nach einem netten Plausch folgte ich dem Weg ins Herz der Anlage und nutzte die Abendsonne für stimmungsvolle Aufnahmen. Dabei wurden mit dem Ruf „Happy Hour! Everything only one Jordan Dinar!" Tongefäße, Plastikelefanten, Suppenknochen, Bleigusskamele, Sägefischsägen, Gehstöcke, Steine, rostige Sicheln und andere Dinge von zweifelhaftem Wert feilgeboten. Vielleicht verdienen die weitläufigen Wege, welche die Sehenswürdigkeiten Petras verbinden, deshalb den Namen „Wadi Ramsch".

Tag 206 – 23 km (7228 km): In der historischen Sandkiste

Ich setzte heute meinen Weg nicht nach Süden fort, sondern beschloss, bis zum Abend auf 23 Kilometern alle Ecken und Enden Petras zu erkunden. Ich wanderte durch den roten Sand, steckte meinen Kopf in alle Höhlen, kletterte auf gelbe Felsen, trank Tee mit Beduinen hoch über den Schluchten und blickte lange von zwei Aussichtspunkten (markiert auf Schildern als „The Best View" und „More than the Best View") in die Aravasenke, wo heute die Grenze zwischen Israel und Jordanien verläuft.

Mit Lisa traf ich dann die erste Österreicherin östlich von Košice. Die Innviertlerin arbeitete seit drei Jahren in Uganda und setzte sich dort für die Idee des Microbankings ein. Zusammen mit ihr, einem sanften englischen Gentleman, Klaus aus Deutschland und den polnischen Reisenden Ania und Raffael aus Lodz und Poznań, wurde nach dem Abendessen und ein paar Pilgergeschichten die Gottesfrage erörtert – unvergleichlich spannender als die üblichen Themen Zölibat, Kreuzzüge und Hexenverbrennung.

Tag 207 – 49 km (7277 km): Hirte, folge den Schafen

Heute war ein Tag der großen Vistas und damit einer der landschaftlich schönsten Tage im ohnehin schönen Jordanien. Auch flatterte hier im Süden etwas weniger Plastikmüll durch die Landschaft. Zum Sonnenaufgang verabschiedete ich mich von meinen neuen Bekanntschaften, die ihre Reise nach Norden fortsetzten, und wanderte in den Süden. Nach der Abzweigung einer wichtigen Verbindungsstraße Richtung Osten wurde es still auf meinem Weg. Das Panorama über den Bienenkörben aus rotem Fels und die Lichtspiele der Morgensonne an den hellen Sandsteinen, die sich von den dunklen Klippen im Hintergrund abhoben, waren großartig. Vielleicht verrät ja die Tatsache, dass selbst ein abgebrühter lokaler Taxifahrer mit Zigarette im Mundwinkel

anhielt und bei der heutigen Morgenstimmung Schnappschüsse machte, den epischen Charakter der Aussicht. Auch eine Polizeistreife blieb wenig später stehen, interessierte sich jedoch nur für den bärtigen Pilger. Die Begegnung war kurz und freundlich, so wie jene beim Checkpoint ein paar Kilometer weiter. Bei diesem zweiten Halt hielt mir der Beamte im Anschluss an die kurze Passkontrolle sein Handy ans Ohr. Sein Vorgesetzter, der Englisch sprach, entschuldigte sich am anderen Ende der Leitung für die Unannehmlichkeiten, fragte nach meinem Wohlbefinden und ob mir Petra gefallen habe.

Ein paar Stunden später hielt dann noch ein Pick-up, der mich mit der Frage aus dem Beifahrerfenster: „Can you help?", kurz verwirrte. Schließlich verstand ich, dass dies natürlich keine Hilfesuche, sondern ein Hilfsangebot war. Ich lächelte und verneinte. Der Fahrer zeigte mit dem Finger in die Fahrtrichtung und hob die Augenbrauen: „Where?" „Aqaba". Dann zeigte er zurück: „From?" „Amman", antwortete ich und sparte die vorausgegangenen Monate meiner Reise aus. „No problem", schob ich beim Blick in das fassungslose Gesicht des Fahrers hinterher. „It's very problem!", kam es aus dem Auto zurück. Ich lachte, schüttelte den Kopf und winkte zum Abschied.

Nach dem Dorf Ar Rajif und dem letzten Laden für die nächsten zwanzig Kilometer wurde es noch ruhiger auf der Fahrbahn, die sich nun im leichten Auf und Ab auf einem 1.600 Meter hohen Kamm nach Süden erstreckte. Nach 43 Tageskilometern mündete mein ruhiges Sträßlein in den stark frequentierten Desert Highway. Diese jordanische Hauptverkehrsroute führte steil in eine weite Ebene hinunter. Ich hatte die Wahl. Links: schwarze Abgaswolken der im Schritttempo heraufkriechenden Tanklaster. Rechts: Donnernde tonnenschwere Geschosse, die auf dem gebrochenen Asphalt die Steigung hinunterbretterten.

Als ich zur Kurve nach der ersten „Abfahrt" kam und dort die Einschläge, zerstörten Leitplankenreste und ausgebrannten Wrackteile am Fuß der Böschung sah, wuchs mein Unbehagen. Im abschüssigen, felsigen Gelände gab es allerdings keine Möglichkeit, diesen vierspurigen Witwenmacher zu verlassen. Erst ein paar Kilometer weiter, als ich auf einer Schuttplattform verzweifelt nach Wegen ins Tal suchte, fand ich die wegweisenden Hinterlassenschaften von Schafen und Ziegen. Ein schmaler, steiniger Pfad führte steil von der Straße weg und brachte mich schließlich in die auslaufenden Hügel am Rand der Ebene. Dort baute ich mein Zelt zwischen den Steinen auf. Spektakulär setzte der Sonnenuntergang den Himmel in Brand. Zum Abendessen rollte ich zwei Schokoriegel in ein Fladenbrot, blickte auf die rote Scheibe im Westen und dann auf den Tag großartiger Fernsichten zurück.

30. Sonntag – Was zur Hölle?

„Die Hölle ist doch nur eine Angstmacherei. Wenn Gott die Liebe ist, wie kann es dann eine Hölle geben?"

Das Problem liegt nicht bei Gott. Das Problem liegt beim Menschen. Der Mensch ist berufen zu einer Gemeinschaft der Liebe mit Gott. Aber Liebe kann nicht etwas Erzwungenes sein. Liebe muss ein freies Geschenk sein. Wenn ich jemandem den Arm umdrehe, „bis er mich liebt", dann führt das nirgendwo hin. Er wird unter Schmerzen vielleicht sagen, dass er mich liebt, aber lieben wird er mich ganz sicher nicht. Liebe kann einfach nicht erzwungen werden. Liebe muss in Freiheit geschenkt werden.

Dieselbe Freiheit ermöglicht dann dem Menschen natürlich auch, sich gegen Gott zu entscheiden. Jede schwere Sünde richtet sich gegen Gott und trennt uns von ihm. Wenn wir nicht umkehren, bleibt diese Trennung bestehen. In diesem Sinn ist es nicht Gott, der uns zur Hölle verdammt, sondern wir selber sind es.

Der englische Schriftsteller C. S. Lewis hat in seinem Werk „Die große Scheidung" das folgende Bild der Hölle gezeichnet. Er beschreibt sie als eine graue Stadt, die sich immer weiter ausdehnt. Die Menschen kommen im Zentrum an und liegen sich schon nach kürzester Zeit in den Haaren.

Sie ziehen immer weiter weg in die Vororte. Lieber Einsamkeit rund um das eigene Ich, als in irgendeiner Form auf andere zuzugehen. Glücklich sind sie dabei nicht, aber sie sind unfähig, sich zu schenken. Sie haben nie gelernt, zu lieben und dabei wirklich auf den anderen zu blicken.

In der Erzählung von Lewis versammeln sich nun einige Bewohner der Hölle bei der Bushaltestelle. Ein Bus braust heran, sie steigen ein und fahren in den Himmel. Doch als sie dort ankommen, ist es für die Seelen aus der Hölle nicht auszuhalten. Die Klarheit und Reinheit, das Licht, all das ist zu blendend für die Schattenfiguren der grauen Stadt. Sie verblassen. Alle kehren sie zurück in die Dunkelheit. Der Mensch in der Hölle ist lieber eingeschlossen in der Welt des eigenen Ich.

Dabei sind Egoisten keineswegs jene, die alle anderen hassen. Auch Egoisten lieben andere, aber sie tun es vorrangig, weil sie selbst davon einen Nutzen haben. Echte, hingebende Liebe ist dem Egoisten nicht möglich. Eingeschlossen im Ich ist er unfähig für eine Gemeinschaft mit Gott. Darin liegt der unüberbrückbare Graben, den nicht Gott, sondern der Mensch aufreißt.

Tag 208 – 43 km (7320 km): Die Liebe zum Kamel

In der Morgendämmerung trug der Wind die ersten Motorbremsgeräusche von der steilen Rampe des Desert Highway zu mir ans Zelt. Zeit aufzustehen. Meine erste Aufgabe war es, den richtigen Geißensteig in die Ebene zu finden. In der Ferne sah ich neben Zelten nicht nur die Silhouetten von Kamelen, sondern auch die Reflexion der Sonne auf der Windschutzscheibe eines Pick-ups. Und so lehrt eine arabische Weisheit: Wo ein Pick-up, dort ein Weg. Im Übrigen ist die Kombination von KFZ und Kamel in der modernen Beduinenkultur auf eine lustige Weise verschmolzen. Während früher Kamele die Lasten trugen, tragen die Ladeflächen der Toyotas und Nissans heute die Kamele. Zweimal hat mich heute ein solcher Höckertiertransport überholt. Die Kamele – in Liegeposition mit Spanngurten fixiert – schienen Gefallen an diesem System zu haben. Sie ließen die hängende Unterlippe im Fahrtwind flattern und wirkten hochzufrieden. Leicht spöttisch sogar, könnte ich meinen, warfen sie mir, dem Fußgänger, im Vorbeifahren Blicke zu.

Nach ein paar steinigen und steilen Passagen, nach der einen oder anderen Querung eines trockenen Flussbettes, kam ich auf eine sandige Spur, die mich nach ein paar Kilometern zurück auf den Desert Highway „spuckte". Dort war zwar weniger Verkehr als gestern Abend, aber der überaus schmale Rand machte das Gehen dennoch sehr unangenehm. Ich war froh, die Strecke bei der

ersten Gelegenheit gegen die alte Straße eintauschen zu können. Sie war teils von Sanddünen bedeckt, verlief aber parallel zur Hauptverbindung. Nach einer Stunde erreichte ich ein kleines Dorf und saß für eine kurze Mittagspause vor der etwas skurrilen Kulisse eines Kiosks. Reifenberge flimmerten in der Hitze neben einem einfachen, drei mal vier Meter großen Werkstattbungalow. Ein paar arabische Herren schlürften, auf dem Beton liegend, ihren Tee und einer

spielte im Schatten seiner Winterjacke mit dem Handy. High Noon in Jordaniens greller Sonne – ohne die ganze Anspannung. Ich selbst saß auf einem abgenudelten Plastikstuhl, schlürfte eine Pepsi – Jordanien ist Pepsiland – und knabberte an Schokokeksen. Dann brach ich wieder auf, kehrte auf die alte Straße zurück und rückte auf ihrem rissigen Asphalt nach Süden vor.

Am Rand von El Quweira konnte ich dann etwas größere Streuner als üblich beobachten. Da war ein Kamel, das durch den spärlich bebauten Vorort spazierte und seinen großen Kopf in die Mülltonnen steckte – zum großen Entsetzen und Schrecken der Katzen, die wie der Blitz fauchend aus den Tonnen fuhren. Zum anderen war da ein ungebundener Esel, der, als er das Kamel bemerkte, mit spitzen, langen Ohren und elegantem Tänzeln (wenigstens für einen Esel) um dessen Aufmerksamkeit warb.

Ich kehrte der seltsamen Beziehungsgeschichte den Rücken zu und begann, im letzten Licht des Tages, der Straße nach Rum zu folgen. Auf der kleinen Sackgasse in Richtung der berühmten „Wüste der Berge" war ziemlich viel Verkehr. Ich passierte ein Flüchtlingslager und einige Trucks, die voll mit Tomatenpflückern und der letzten Ernte auf dem abendlichen Heimweg waren. Nach einigen Kilometern bog ich in die Berge ab und suchte in einer sandigen Mulde Schutz vor den Blicken und dem Lärm.

Tag 209 – 32 km (7352 km): Väter und Söhne

Stille. Vollkommene Stille in dieser großartigen, weiten Landschaft. Dann plötzlich weiche, aber gerade noch hörbare Fußtritte im ausgetrockneten Flussbett zwanzig Meter neben mir. Als ich hinausleuchte, reicht meine Stirnlampe nicht weit genug. Ich mache sie wieder aus und spähe angestrengt in die Nacht hinaus. Dann kann ich langsam schwarze Schatten ausmachen, die sanft schaukelnd an mir vorüberziehen. Kamele. Sie sind wie Elefanten. Groß, furchtlos und völlig entspannt – selbst wenn in einem Zelt entlang ihres Weges jemand raschelt und mit der Taschenlampe in ihre Richtung fuchtelt.

Ich liege an einem herrlichen Zeltplatz am südwestlichen Ende des Wadis Rum. Das GPS zeigt 68 Tageskilometer. Hinter mir liegt jedoch nicht die längste Etappe der Reise. Ich habe ein bisschen geschummelt.

* * *

Mein Tag begann am nördlichen Rand dieser stimmungsvollen Wüstenlandschaft. Auf der kleinen Straße waren schon wieder jede Menge Pick-ups unterwegs, die aus den Beduinensiedlungen Richtung Highway strömten. Aber auch in Richtung Wadi Rum waren Autos unterwegs, darunter das Vater-Sohn-Gespann Sven und Oskar aus Schweden, die mich am Straßenrand für ein paar Fragen zu meiner Reise anhielten. Ein Taxifahrer, der in mir ein mögliches Geschäft sah, hielt auf der anderen Straßenseite und bildete schweigend mit uns eine Art Straßensperre. Hupen und Schlängelmanöver der Nach- und Entgegenkommenden. Nach

Auflösung der Blockade wanderte ich 19 Kilometer zum nahezu verwaisten Visitor Center, wo mir einer der Angestellten lustlos die Eintrittskarte in den Naturpark verkaufte. „Three Dinars", murmelte er, während er auf seinem Mobiltelefon tippte. Im fast menschenleeren Restaurant saßen zwei Beduinen in der Ecke am Boden und starrten ebenfalls auf ihre Handys. Im Wadi Rum war offensichtlich in diesen Tagen wenig los.

Ich folgte der Straße weiter bis ins Dorf. Erstmals im Westen bekannt gemacht wurde die großartige Landschaft durch die Beschreibungen von T. E. Lawrence. Sein 1926 erschienener, autobiographischer Kriegsbericht „Die Sieben Säulen der Weisheit" erzählt von der arabischen Revolte gegen die Osmanen in den Jahren des ersten Weltkriegs, die von den Briten unterstützt wurde. Und spätestens seit dem Wüstenepos „Lawrence von Arabien" aus dem Jahr 1962, mit Peter O'Toole und Anthony Quinn, war ein Mythos geboren, der noch heute viele Touristen in die südlichste Ecke Jordaniens zieht.

In der Mittagssonne wurden die Gedanken an den Winter noch einmal ganz weit weg geschoben. Hitze. Schweiß tropfte von meinem Haupt. Nach einer Essenspause in Rum Village studierte ich im Schatten eines Getränkeautomaten die Karten. In das Wadi Rum führte nur eine Straße, und zwar die, auf der ich gekommen war. Theoretisch gab es jedoch noch einen Ausgang im Südwesten.

Allerdings schien es unmöglich, mit dem Carrix die rund 35 Kilometer dorthin zu gelangen. Beim Antesten des Untergrunds blieb ich im tiefen roten Sand jäh stecken. Meine „geniale" Idee, mit einer aufgeschnittenen und leicht modifizierten Pepsiflasche eine Art Schlitten zu basteln, floppte leider – trotz Schweizer Taschenmesser und MacGyver'scher Improvisation.

Ich überlegte meine Optionen und haderte mit dem Gedanken an die lange Rückkehr auf den ungemütlichen Desert Highway. Meine Antwort kam im zweiten Vater-Sohn-Gespann des Tages, den Beduinen Saud und Ad. Sie machten mir ein Angebot, mich in ihrem ramponierten Nissan vorbei an den Sehenswürdigkeiten durch die Wüste zu kutschieren und mich im letzten Dorf vor der saudi-arabischen Grenze abzusetzen. Dort würde ich auf einen Weg treffen und könnte auf kleineren Straßen weiter nach Aqaba laufen. Für mich schien dies der beste Weg, meinen Ausflug im zeitlichen Rahmen zu halten, als auch die grandiose Landschaft des Wadi Rums zu genießen. Ich sprang in den Jeep und dieser fuhr zunächst nicht in die Wüste. Saud fuhr nach Hause, um sein uraltes Gewehr zu holen. Auf meinen etwas besorgten Blick hin antwortete er: „Robbits“. Ich schaute ihn fragend an. Zweimal wiederholte er „Robbits“, bevor sein Sohn übersetzte: „Rabbits“. Ah. Hasen. Ich verstand. Meine touristische Überfahrt wurde also kombiniert mit einer Safari im Nebenerwerb.

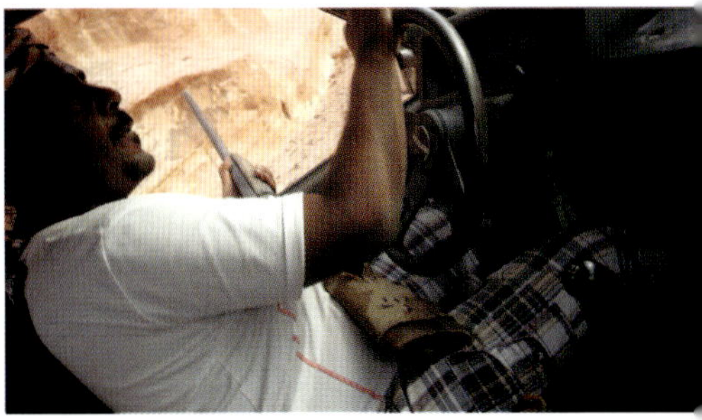

Wir brausten los über den roten Sand. Großartige Felsformationen leuchteten in der Abendsonne. Dann, in den einsameren Regionen, begann sich Ad aus dem Fenster zu lehnen. Plötzlich rief er, doch sein Vater hatte die Beute im gleichen Augenblick gesehen. Nicht Hasen, sondern Wachteln. Saud ließ den Motor des Jeeps über die Dünen aufheulen, doch die Vögel fanden Schlupflöcher zwischen den Steinen. Nach der erfolglosen Jagd fuhr Saud etwas enttäuscht weiter nach Südwesten. Nach einer knappen Stunde holpriger Fahrt wurde ich am anderen Ende des Naturparks abgesetzt. Hinter den Bergen im Süden lag das saudische Königreich. Und während Vater und Sohn auf dem Rückweg mit neu erwachter Jagdlust hofften, in der Dämmerung (auf) Hasen zu treffen, ging ich mein stilles Tal hinunter und umarmte mit weit geöffnetem Herzen die Landschaft im goldenen Sonnenlicht.

Eine Stunde später bog ich in der Dämmerung von der Straße ab und querte das breite, ausgetrocknete Wadi bis zu einer kleinen Felsinsel. An ihrem Fuß, etwas erhoben, aber flach, lag eine kleine Bucht. Hier liege ich nun im offenen Zelt und lausche, wie Wüstenschiffe über die kleinen, sandigen Wellen gleiten.

Tag 210 – 36km (7388 km): Schnorcheln, bis es runzelt

Es war eine stille Nacht. Einmal das Knicken einer Pflanze. Einmal ein Stein, der sich löste. Ich genoss die erfüllte und erfüllende Ruhe und packte im ersten Licht des neuen Tages zufrieden meine Sachen. Im trockenen Flussbett querte

ich die Kamelspuren des gestrigen Tages – darunter auch die Abdrücke eines kleinen Kamelfohlens. Babykamele sind mit Sicherheit der Albtraum für die Katzenbaby-Mafia, die schon seit Jahren das Internet mit Bildern von Mini-Mietzen überflutet. Gäbe es mehr Babykamelvideos, wer wollte dann noch Katzenkinder sehen?

Nach fünf Kilometern durch wilde, bergige Wüstenromantik bog ich um ein felsiges Eck und starrte völlig unvorbereitet auf zwei Schlote, die das weitere Tal in dicke Wolken von Gasen hüllten. Baumaschinenlärm kam aus der Ferne. Damit war der schöne Abschnitt jäh beendet. Und bis ich in die nächste Straße abbog, humpelte ich auf meinen durchgelaufenen Sandalen über spitze, weiße Kieselsteine, die von den Ladeflächen der LKWs gefallen waren. Es gibt diesen Barfußtrend im Laufen und gegen Ende der kurzen Lebensspanne meiner Sandalen huldige ich dieser Modeerscheinung immer höchst ungewollt.

Am Ausgang des Tals war eine Polizeisperre mit freundlicher Passkontrolle. Ich versicherte, keinen Kies, außer dem, der im Fußbett meines löchrigen Schuhwerks steckte, entwendet zu haben und begann fröhlich auf einer frisch geteerten Straße den langen Anstieg. Hoch ging es auf der linken Spur – und zwar ohne Gegenverkehr. Der Grund dafür war eine Straßensperre, die ich 16 gemütliche Kilometer später passierte. Dort, am Ende meiner autolosen Einbahn, kletterte ich über eine Absperrung und zerriss durch ein hervorstehendes Metallstück meine Hosen. Kein echtes Drama, aber man entwickelt doch eine gewisse Bindung an seine Ausrüstung. Seit Wien hatten sie mich begleitet.

Nun waren es noch acht Kilometer bis ins Beduin Garden Camp. Als ich dort ankam, war alles „hey, man“, „chill, man“ und „dude“. Offensichtlich war das übliche Zielpublikum der Anlage um zwei Dekaden jünger als ich. Aber ich hielt mich nicht lange mit fist-bumps auf, sondern mietete Schnorchelausrüstung und „lustwandelte“ im „Japanischen Garten“, einem schönen Unterwasserrevier direkt vor der Unterkunft, bis meine Haut voller Runzeln war.

Tag 211 – 31 km (7419 km): Happy Chanukka!

Nach meinem Frühstück mit Meeresblick an dem Aqaba South Beach ging es ein Stück des Weges von gestern zurück und dann vorbei am Containerhafen bis ins Zentrum der südlichsten jordanischen Großstadt. Man mag es beim heutigen Anblick des modernen Aqaba kaum glauben, aber auch hier begegnet man alten Spuren. Eloth hieß die Stadt in der Bibel, wo König Salomo seine Flotte bauen ließ; die Griechen nannten sie Berenice; die Römer Ayla. Unter den antiken Ruinen befindet sich ein Kirchenbau aus dem 3. Jahrhundert.

Ich hielt mich dennoch nicht lange in Aqaba mit seiner langen Geschichte und seinen netten Gewürz- und Gemüsegärten auf, sondern machte mich auf den Weg zum Grenzübergang. Kamele liefen durch die militärische Sperrzone. Mir selbst jedoch wurde der Weiterweg verwehrt. „Durchgang zu Fuß verboten", hieß es bei einem Kontrollposten. Ein Taxi, so bestimmte man, solle mich die letzten drei Kilometer bis zur Grenze bringen.

Bei der Ausreise aus Jordanien war die Prozedur kurz und schmerzlos. Dann ging es zur israelischen Seite. Ich kam zunächst zum Sicherheitscheck. Meine Ausrüstung wurde durchleuchtet und nochmals per Hand inspiziert. Es ging weiter zur Passkontrolle, wo eine sehr freundliche und lächelnde junge Frau mit langen schwarzen Locken Fragen stellte. Ich reichte ihr den Reisepass durch die kleine Öffnung im Glas. Sie blätterte und tippte etwas in den Computer. „Herr Schwarz, wo ist ihr zweiter Reisepass?" „Einen Moment", antwortete ich und kramte das Reisedokument aus dem Rucksack hervor. Im Vorfeld meiner Reise hatte ich einen zweiten Pass beantragt. Dies war nicht nur vorteilhaft für den Fall, dass einer verloren ging, sondern auch praktisch bei langwierigen Visa-Verfahren und Problemen dort, wo man zwei verfeindete Nationen besuchen wollte. Ich schob also den zweiten Pass über den Tisch. Die Frau blätterte, stoppte und blätterte zurück. Ich wusste, welche Seite sie nun studierte. „Sie waren im Iran?" Sie rief eine Vorgesetzte und bat mich höflich, Platz zu nehmen. Dann begann die erste von insgesamt vier Befragungen zu meiner Pilgerreise und meinem Leben ganz generell.

1786 begann Matthias Claudius sein Gedicht „Urians Reise um die Welt" mit den bekannten Worten „Wenn einer eine Reise tut, so kann er was verzählen."

Auch ich „verzählte". Wieder. Und wieder. Und noch einmal. Alle Beamten waren korrekt und höflich, aber es gab Momente, da sah ich mich schon meine Memoiren mit dem Titel schreiben: „Pilgerreise bis zum Stacheldraht."

Umso erleichterter war ich, als man mir endlich die Einreiseerlaubnis gab und ich Richtung אילת (Eilat) aufbrechen konnte. Es dämmerte. Die jordanischen Berge, die glühend in der Abendsonne geleuchtet hatten, verblassten hinter einem wässrigen Blau, das nur von den funkelnden Lichtern der Häuser und Siedlungen unterbrochen war. Ich marschierte vorbei an Einkaufszentren und begann zu realisieren, dass ich nach sechs Monaten erstmals wieder im kulturellen „Westen" war. Meine Erinnerungen durchstreiften die Länder des Ostens. Es war irgendwie bizarr. Gedankenversunken erreichte ich einen Kreisverkehr und war völlig verwirrt, als dort ein Auto hielt. Instinktiv dachte ich an einen Motorschaden und wollte helfen, das Auto von der Fahrbahn zu schieben. Aber nein. Höflichkeit am Zebrastreifen! Euphorisch spazierte ich anschließend durch die Straßen, querte wiederholt die Fahrbahn, um jedesmal erneut ungläubig in der zuvorkommenden Geste des Bremsens und Anhaltens „zu baden".

So kam ich zu meinem Hotel, wo man mir einen Marmeladekrapfen reichte und „Happy Chanukka!" wünschte. Ich war am ersten Abend des achttägigen jüdischen Lichtfests in Israel angekommen. Man feiert dabei die Säuberung und Neuweihe des zweiten Tempels in Jerusalem und das Ölwunder, das sich damals zur Zeit der Makkabäer ereignet hat. Ich biss in den weichen Hefeteig, verteilte den Staubzucker in meinem Bart und antwortete lachend: „Happy Chanukka!"

Tag 214 – 45 km (7464 km): Die Säulen des Salomon

Im Morgengrauen verließ ich das Hotel, trat hinaus in die warme Novemberluft und stapfte Richtung Nordosten.

Gestern und vorgestern hatte ich Ruhetage eingelegt, um den Weg durch die trockene Negev Wüste zu studieren. Es gab einen markierten Weitwanderweg, den שביל ישראל (Schwil Israel), der von hier in den Norden führte. Aber für gewöhnlich wurde diese Strecke nur nach einigen logistischen Vorbereitungen begangen. Wasser war in Israels heißester Region das Problem. Ich hatte hin und her überlegt und beschlossen, meine Ausrüstung drastisch zu reduzieren und, statt teurer und kurzfristig kaum organisierbarer Wasserlieferungen, selbst bis zu zwölf Liter

Wasser aufzuladen. Zudem würde ich die im Wanderführer vorgesehenen kurzen Tagesetappen um einiges ausdehnen, um die Zeit zwischen den Wasserstellen zu verkürzen. Die körperliche Fitness hatte ich nun zweifellos und auch an das Wüstenklima war ich durch Jordanien gewöhnt. Ein neues Gefühl war, dass ich den Carrix nicht mehr hinter mir herzog. Ich hatte ihn und einen Teil der anderen Ausrüstung bei Assaf, einem israelischen „Couchsurfing-Host" in Eilat, untergebracht.

Mein kleiner 45-Liter Rucksack war mit Essen für fünf Tage und neun Litern Wasser beladen. Die außen angebundenen Ausrüstungsgegenstände bewegten sich rhythmisch mit meinen Schritten durch die Vororte. Würde der Rucksack diese Belastung aushalten? Würden die Wanderschuhe, die ich am Vortag für das Klettern in der Felswüste gekauft hatte, ihren Komfort verlieren?

Die ersten Kilometer nach der Stadtgrenze führten über steinige Wege und sanfte, trockene Hügel. Im Rücken lag der Golf von Aqaba mit den jordanischen Grenzbergen, über deren dunkler Silhouette sich nun die Sonne hob und die israelische Seite in Honigfarben tauchte. Die schimmernde Nachtbeleuchtung Eilats verblasste langsam im Licht des neuen Tages.

Ich erreichte das erste enge Wadi und spätestens hier wurde deutlich, warum die Trennung vom Carrix für diesen Abschnitt die richtige Entscheidung gewesen war. Bei einem trockenen Wasserfall ging es mit Kletterei über Eisengriffe die rosa Sandsteinwand des Canyon hoch. Keine technische Schwierigkeit, aber, mit zwei Wasserflaschen in den Händen, doch eine Herausforderung.

Die Wegmarkierungen waren hervorragend und Open Street Map hatte ein ziemlich vollständiges Abbild der Trails. Das vereinfachte die Navigation, bis ich nach etwa drei Stunden bei den Säulen des Amram auf die erste Markierung

der Hauptroute des Schwil Israel stieß: orange- blau-weiß für Wüste, Meer und den 2.800 Meter hohen Gipfel des Hermon im Norden. Von hier an war der Weg so deutlich gekennzeichnet, dass man auch ohne Navi gehen konnte.

Die Aussichten beim Anstieg auf den Amram waren großartig und zeigten vegetationslose Gebirgszüge und Steinformationen in Schattierungen von Weiß, Gelb, Rot und Schwarz. Ein kräftiger Wind milderte die steigenden Temperaturen des Vormittags. Nach dem Übergang, beim ersten längeren Abstieg, ließen die Schuhe durchscheinen, dass sie vorhatten, den kommenden Tagen einen höchst pönitenzialen Stempel aufzudrücken. Bei jedem Schritt mit schwerem Gepäck stießen sich die Zehen. Als es wenig später über große Felsbrocken und trockene Wasserläufe mit Kletterei und mutigen Sprüngen steil abwärts ging, wurden die Schmerzen akut. Zum ersten Mal musste ich an die Geschichten von Wanderern denken, die – für mich bis dahin völlig unverständlich – vom Verlust ihrer Zehennägel berichteten. Mein Problem war übrigens weniger die Schuhgröße, die eigentlich gut hätte passen müssen, sondern die mangelnde Fixierung im Knöchelbereich. Dadurch wurden meine Zehen unter Volllast und bei entsprechendem Gelände gegen die steifen Lederkappen gedrückt.

Als sich das Wadi weitete, zog ich im Schatten einer Akazie die Schuhe aus und massierte meine lädierten Füße. Eine halbe Stunde Mittagspause. Dann wanderte ich weiter in den Timna Park. Hier wurde bis in die 1980er Jahre Kupfer abgebaut. Nach dem Preisverfall des Erzes wurden die Minen stillgelegt und erst kürzlich aufgrund der steigenden Rohstoffpreise wieder von einer mexikanischen Firma gekauft. Als ich die Zäune der Förderanlage passierte, fand ich allerdings keine Arbeiter, sondern nur die seltsame Szene dreier ausgestopfter Vogelscheuchen in Arbeitskleidung. „Eine Strohfirma?", murmelte ich grinsend.

Das Areal wurde in der Vergangenheit jedoch nicht nur von mexikanischen Strohpuppen bearbeitet. Gravuren in den Felswänden zeigen ein Relief von Pharaoh Ramses III (ca. 1.200 v. Chr.) und die Präsenz von Ägyptern und Midianitern ist gesichert. Vermutlich hatte auch König Salomon hier nach Erzen schürfen lassen, der heute ein paar imposanten Steinformationen seinen Namen leiht.

Am Visitor Center gab es Wasser, aber keine Falafel. Heute war Sabbat und damit mussten die Fritteusen ruhen. Nach jüdischer Gesetzestradition darf am wöchentlichen Ruhetag kein Feuer entzündet werden. Ultraorthodoxe Juden machen deswegen auch kein Licht an und schalten in ihren Vierteln die Ampelanlagen aus. Letzteres führt allerdings nicht zu Chaos, denn schon

das Starten eines Autos (Zündfunke) wäre ja Gesetzesbruch. So nahm ich einen Teller חומוס (Hummus) zu mir, der kalt gegessen wird.

In den letzten zwei Stunden Sonnenlicht besuchte ich die „Säulen des Salomon" und begann den steilen Anstieg auf den Mount Timna, einen Tafelberg mit grandiosen Aussichten. Dann ging es über einen „Geologenpfad" vorbei an großartigen Steingebilden, die vom Wind geschliffen worden waren, zurück in die Ebene. Beim Staunen über die „Pilze" aus Stein wäre ich beinahe auf eine Schlange getreten. Instinktives Einfrieren in der Bewegung, ließ dem glatten Tier jedoch genug Zeit, sich aus dem Staub zu machen.

Ich traf auf die nördliche Zufahrtsstraße des Timna Parks und hatte nun noch drei Kilometer bis zum Kaktus-Kibbuz אליפז (Elifaz). Dort bekam ich in einem

Großraumzelt für Wanderer ein Nachtlager. Müde streckte ich mich als einziger Gast auf die Matratze. Ich war körperlich erschöpft; spürte meine Schultern und vor allem meine Zehen. Aber ich war zufrieden. Der Wanderführer hatte 13 Kilometer als Einstiegsetappe empfohlen – auch aufgrund der vielen Steigungen. Ich hingegen hatte mit meinen 45 Kilometern und etlichen Höhenmetern bereits zwei Tage herausgeholt. Ich konnte es schaffen. Weihnachten in Bethlehem und Jerusalem schien nun wirklich greifbar.

31. Sonntag – Das Leben vor dem Tod

„Wie sieht das Leben nach dem Tod eigentlich aus? Wie soll man sich das Paradies vorstellen?"

Christen glauben zunächst an ein Leben vor dem Tod. Das ewige Leben beginnt nämlich schon hier auf Erden. In der Taufe erhalten wir die heiligmachende Gnade, und durch die heiligmachende Gnade haben wir bereits jetzt Anteil am Leben Gottes. Das Leben nach dem Tod ist kein Neubeginn, sondern Vollendung. Worin besteht nun diese Vollendung?

In manchen Religionen klingt der Himmel wie ein irdisches Paradies. Es wird so sein, wie hier auf der Erde, nur „viel besser". Man kann saufen an der Tafel Odins. Oder man erhält als Belohnung viele Jungfrauen – mit denen man vermutlich Federball spielt.

Im christlichen Glauben ist der Himmel etwas anderes. Auch hier gibt es das Bild von einem himmlischen Mahl. Aber es geht dabei nicht um die Erfüllung aller irdischen Wünsche. Es geht nicht um den Bauch, sondern das Mahl ist ein Ausdruck inniger Gemeinschaft. Das Bild, das Jesus zeichnet, ist das eines Hochzeitsmahls, einer Vermählung. Die menschliche Seele trifft im Himmel auf ihren Geliebten, auf ihren himmlischen Bräutigam. Wir werden Gott sehen, wie er ist. Das nennt man die Gottesschau. Das ist etwas Kontemplatives; etwas Intellektuelles; ein geistiger Akt. Wir werden Gott erkennen und wir werden alles andere in Gott erkennen. Und mit der vollkommenen Erkenntnis ist auch die Liebe vollendet.

Das klingt schön, aber wahrscheinlich auch ziemlich abstrakt. Vielleicht kann dieses Beispiel helfen: Wenn man schon eine ganze Weile vor einem mathematischen Problem sitzt und man es einfach nicht kapiert, dann hat man Falten im Gesicht – bis einem das sprichwörtliche Licht aufgeht. Plötzlich sieht man durch das Problem hindurch. Man versteht es. Erkenntnis: Das ist ein Moment des Glücks und der Freude.

Und so ähnlich ist es mit dem Glück des Himmels. Nur erkennt man nicht ein mathematisches Problem, sondern Ursache und Ziel allen Seins. Dies schöpft man nicht in zwei Minuten aus. Die Freude darüber füllt die ganze Ewigkeit.

Tag 215 – 42 km (7506 km): Der Jam im Badezimmer

Nach nächtlichem Hundebesuch – Notitz: Thunfisch-Couscous hinterlässt Geruchsspuren – trat ich heute um 5.15 Uhr in den Waschraum. Aus einer der Toilettenkabinen plärrte ein indisches Sitar-Solo aus einem Pocketradio und mischte sich mit dem Krähen der Hähne vor der Tür. Morgentoilette kann eine halbverschlafene Pflichtübung sein, muss sie aber nicht.

Immer noch mit einem Schmunzeln und kleinen Bollywood-Tanzbewegungen wanderte ich wenig später die drei Kilometer retour zum Trail und marschierte nach Norden. Die Sonne, die über Jordanien aufging und für kurze Zeit ein Loch in der Wolkendecke fand, entflammte die 500 Meter hohen Felswände, die ich schon wenig später erklimmen sollte. Von den 6.000 Bildern, die ich bislang auf meiner Reise geknipst habe, zeigen vermutlich 1.000 die Sonnenscheibe beim Steigen oder Sinken, aber mich erfasst immer ein euphorischer Schauer, wenn das warme Licht die nackte Landschaft so prächtig kleidet.

Nach zwei weiteren Kilometern kam ich zu einem der designierten Night-Camps, in dem dutzende Jugendliche in Gruppen auf ihren Abmarsch warteten.

Wie ich später erfahren sollte, waren über die Schulferien zu Chanukka fast 8.000 Jugendliche einer Pfadfinderbewegung in der Negev unterwegs.

Für mich ging es von hier auf einem steilen, schmalen Sattel mit Abgründen auf beiden Seiten den Ma'ale Milhan hoch. Stolpern sollte man auf dieser Strecke nicht, so wie ich es später oben auf dem Plateau tat, als mir ein Stein das Bein stellte. Es muss lustig ausgesehen haben, als ich mit dem schweren Rucksack Gleichgewicht suchte, keines fand und zur Seite purzelte. Aber die Gruppe von Teenagern, die mir wenig später entgegen kam, verpasste den Anblick. Eine halbe Stunde beantwortete ich ihre Fragen zu meinem langen Weg und erzählte ein paar der lustigsten Geschichten.

Weil nun im Winter die Tage kurz sind, habe ich aber bei den zahlreichen späteren Begegnungen nur mehr kurz angebunden gegrüßt und war schnell weiter marschiert. Vorbei ging es nun an versteinerten Vorfahren des Nautilus (Ammoniten) und nach zahlreichen Geländewellen kam ich zu einem schönen Aussichtspunkt. Mittagessen. Auf dem Speiseplan stand „C4" – mein selbstkreiertes kalorienreiches CoCosCousCous. Couscous mit Salz und Zucker und einer Schicht Kokosraspeln im kalten Wasser quellen lassen. Voilà. Eine „Haube" gäbe es dafür vermutlich keine, aber diese wäre in der Wüste ohnehin sehr unpraktisch.

Gestärkt ging es dann auf und ab nach שַׁחֲרוּת (Shaharut). Die Strecke bis zu dem 150-Einwohner-Dorf zog sich, aber schließlich stand ich vor einer Baracke, auf deren Dach ein rastergelockter junger Herr zu Reggae-Rhythmen den Hammer schwang. „Buffalo Soldier" Isaak rüstete gerade seine Behausung für den Winter und ließ mich nach einer Warnung vor dem „schwarzen Wasser" in seiner Hütte meine Flaschen füllen. Was mit dem „schwarzen Wasser" gemeint war, verstand ich, als ich an das volle Waschbecken trat. Bei der Topfreinigung schien Isaak auf Zeit zu setzen und wartete, bis sich Kannen und Pfannen samt dem Schmutz einfach wegoxidiert hatten. Das Resultat war ein Abwaschbecken, in dessen dickflüssiger, schwarzer Masse rostende Kochutensilien versanken.

Das Wasser aus der Leitung war glücklicherweise klar; dem Geschmack nach zu urteilen, jedoch chemisch gereinigt. Für mich als Quellwasserfreund und ausgewiesenen Vieltrinker war diese Abfüllung der Vorgeschmack auf den bevorstehenden „Augen-zu-und-durch-runterschluck-Wüstenwasser-Marathon."

Nach Shaharut ging ich einen Irrweg, weil ich kurz unaufmerksam war. Der Versuch, dann zum eigentlichen Weg abzukürzen, wurde aufgrund von tiefen Schluchten zu einer weiteren Verlängerung, die mich erst nach 20 Minuten in einem schönen Kreis zurück zur übersehenen Abzweigung führte. Nach dem Abstieg durch eines der vielen kleinen Wadis kam ich zu einer schmalen Straße, die ich bald wieder verließ und eine glatte Überflutungsfläche entlangwanderte. An ihrem Ende steuerte ich auf einen weiteren Graben zu. Dieser führte mich schließlich über einen letzten Hügel hinunter in ein breites Tal, wo von einem Militärstützpunkt samt Flughafen eine Straße Richtung Norden führte. Ich folgte ihr für ein paar Kilometer bis zur Kasui Sanddüne, wo mein Ziel für die Nacht lag.

Kurz bevor ich dort ankam, wurde ich von einer Militärstreife angehalten. Man ließ mich nach kurzer Befragung weiterziehen, drehte jedoch 200 Meter weiter vorne wieder um und beschloss, mich nun doch genauer zu untersuchen. Vorgesetzte gaben Anweisungen via Telefon und man bat mich um Geduld. Ich sah besorgt das letzte Licht des Abends schwinden und als ich endlich weiter durfte, war es praktisch finster. Mein Zelt musste ich im Dunkeln aufbauen und tat dies auf dem in den Karten vermerkten Zeltplatz. Der war direkt neben der Straße und ich murrte etwas über die Planer dieses Night-Camps. Schließlich müssten sich, etwas weiter von der Fahrbahn entfernt, auch ganz ruhige Plätzchen finden lassen.

Gähnend lag ich im Zelt. Müdigkeit nach einem weiteren anstrengenden Tag. Ich hatte tagsüber die Einlagen aus den Schuhen genommen, um etwas mehr Platz für die Zehen zu bekommen, aber das Resultat war gewiss kein komfortables Gehgefühl. Auch die Schultern schmerzten von der ungewohnten Last.

Autos rauschen. Flugzeuge dröhnten. Erholung lautet die Herausforderung für die nächsten Stunden. Ein hippes Sitar-Solo würde dabei sicher helfen.

Tag 216 – 41 km (7547 km): „I need it more than you!"

Der Tag begann mit kaltem Haferschleim. Es ist eine meiner Stärken, dass ich, trotz der hervorragenden Küche am mütterlichen Esstisch, Nahrung nicht nur als poetisch kulinarisches Gedicht, sondern auch als notwendige, schlimmstenfalls geschmacklose Kalorienzufuhr betrachten kann. Das hilft an solchen Tagen. Vielleicht war ich auch einfach noch zu müde, um das Gesicht zu verziehen.

Meine Schultern fühlten sich besser und für eine weitere Entspannung konnte ich heute die Wasserlast reduzieren. Zwei Nachfüllstationen befanden sich auf meinem Weg. Für die Füße hingegen beschloss ich – etwas gewagt – einfach den vorderen Teil der Einlagen abzuschneiden. So gab ich der Ferse mehr Dämpfung und den Zehen mehr Raum. Rechts gelang dieses Experiment ganz gut. Links hingegen entstand mit dem Eingriff im weiteren Tagesverlauf eine neue schmerzliche Problemzone am Ballen.

Mein erster Weg führte hinter die Kasui Sanddüne und vorbei an vier wunderschönen, ruhigen Campingplätzen, die auf meiner Karte nicht vermerkt gewesen waren. Ich fühlte mich betrogen und meine Stimmung sollte sich den ganzen Tag über nicht wirklich heben. Mehr als 40 Straßenkilometer standen auf dem Programm mit Warntafeln rechts und links, die beide Seiten als militärische Übungsplätze (Firing Area) auswiesen. Aber vor allem die schmerzenden Füße sorgten für einen emotionalen Tiefpunkt. Ich war Jerusalem nun so nahe, aber der Bußcharakter rückte wirklich wieder in den Vordergrund. Das mag zwar für die weihnachtliche Vorbereitungszeit theologisch passend sein, aber es erforderte Willenskraft, die Sache geduldig und gleichmütig auszuhalten. Wie schon zuvor auf meinem Weg misslang mir dies am heutigen Tag.

Nach zwölf Kilometern gab es ein „Roadhouse," das, als Außenvertretung des Künstler-Kibbuz נְאוֹת סְמָדַר (Neot Smadar), gesundes Essen vertrieb. Ich hätte an diesem Punkt meinen Körper – ganz im Geist leibfeindlicher Kasteiung – gerne mit Cola zugemüllt, aber stattdessen gab es italienisches Mineralwasser und organischen Mangosaft. Auf dem Etikett, das ich nicht lesen konnte, stand gewiss, dass die Früchte noch vor einigen Wochen am Baum einzeln mit kabbalistischmystischen Vornamen angesprochen und während der Wachstumsphase von einem eigenen Persönlichkeitsbildner begleitet worden waren. Auf einer Bank vor dem Gebäude zog ich die Schuhe aus und bewegte die Zehen. Ich bekam Besuch von einer Katze, die für Streicheltherapie und Mentalcoaching miauend Stücke von meinem belegten 20-Schekel-Jausenbrot verlangte.

Vom „Roadhouse" war es eine lange Gerade bis zum nächsten Wasserplatz.

Das schwül-heiße Klima ließ mich auf halber Strecke die Füße hochlegen. Ich blickte von meiner schattenspendenden Bushaltestelle hinüber zum israelischen Panzer auf der anderen Straßenseite. Wäre das die Ukraine, hätte ich ein Mitfahrangebot bekommen.

Dann ging es zehn Kilometer weiter bis zum Shittim Ashram. Die Wüste hatte einst Mönche angezogen. Heute waren es vor allem alternative Kommunen, die in der äußeren Leere ihre utopischen Versionen vom erfüllten Leben errichteten. Aussteiger, Suchende und psychisch Kranke folgten dem Ruf dieser Stätten – und Pilger, die ihre Wasserflaschen füllen wollten.

Es war Essenszeit, als ich zwischen Heilsuchenden über den Rasen zum Wasserspender schlenderte. Dank der tröpfelnden Wasserbefüllung, die gewiss als meditative Geduldsübung konzipiert war, verbrachte ich eine Weile in der Schlange vor dem Wasserhahn und konnte die Blicke der Bewohner des Ashram entgegennehmen. Diese waren überwiegend von abfälligem Mitleid geprägt. Als verweltlicht und unerleuchtet musste der gelten, der, dem Besitz

verhaftet, einen schweren Rucksack trug. Keiner hatte ein Lächeln; keiner ein Wort. Man erwiderte noch nicht einmal meinen freundlichen Hundeblick. Vielleicht waren aber die gehobenen Nasen ja nur ein Zeichen dafür, dass ich verschwitzter Pilger tatsächlich nicht nach Räucherstäbchen roch.

Es gab zwar ein paar schöne Schattenplätze im Ashram, aber mangels freundlicher Aufnahme ging ich auf die Straße zurück und setzte mich unter das Dach einer Bushaltestelle. Und während ich an meinen Keksen nibbelte, kamen laute Schreie aus dem Ashram.

Nun kenne ich als ehemaliger Vertrauter esoterischen Lebenswandels das Schreien als alternative Therapieform. Aber das weibliche „I need it more than you!!", mit der entsprechenden harschen, männlichen Replik konnte ich nicht in einen mir bekannten Spiritualisierungsprozess einordnen. Als dann noch der nächste Bus eine junge Dame an meiner Haltestelle auslud, die in den nächsten fünf Minuten versuchte, ihre Zigarettenpackung leer zu rauchen, bevor sie jenseits der Straße das Projekt „Bewusstseinserweiterung" in Angriff nehmen wollte, packte ich meine Sachen und ging segnend als armer Sünder nordwärts.

Es war bereits wieder fast dunkel, als ich den designierten Zeltplatz erreichte. Auch dieser Flecken war wieder – für mich etwas unerklärlich – in unmittelbarer Nähe einer frequentierten Straße. Ich ging ein Stück zurück und tastete unter einem Baum den Boden ab. Dornige, dürre Akazienzweige stachen mir in die Finger. Kein guter Zeltplatz. Meiner aufblasbaren Unterlage zuliebe siedelte ich in ein trockenes Bachbett um. Stark regnen sollte es nun bitte nicht. Nach dem Wetterbericht war dies auch keine akute Gefahr, aber vielleicht tanzte man in Shittim ja gerade trommelnd einen Regentanz und revanchierte sich für die stilisierten Charakterisierungen in diesem Eintrag. Höre ich da eine Frauenstimme kreischen: „Karma's a bitch"? Nein, das war wohl nur der Wind.

Tag 217 – 35 km (7582 km): Talel

Der gestrige Straßentag meiner Negev-Durchquerung war zugegebenermaßen ein kleiner emotionaler Tiefpunkt. Heute hingegen erwarteten mich zwei spektakuläre Canyons; beides Höhepunkte des Schwil Israel. Als ich in der Früh vor das Zelt trat, waren meine Schultern entspannt und die Füße

irgendwie eingelaufen. Zwar waren die großen Zehennägel nun sichtbar violett bis blau, aber die Schmerzen hatten über Nacht nachgelassen.

So querte ich, neu motiviert, die Straße und folgte einem Wadi nach Norden, das immer enger wurde, bevor es im breiten Nahal Faran mündete. Einmal mehr sorgte die Morgensonne für eine stimmungsvolle Beleuchtung der Klippen. Als ich zum Eingang des Vardit Canyon kam, passierten mich zwei Jeeps, die Ausflügler in das populäre Wandergebiet brachten. Einer der Fahrer hielt auf dem Rückweg und schenkte mir eine zusätzliche Wasserration. Damit machte ich mich auf den Weg in die Rosen-Schlucht. Ich musste zunächst ein paar schlammige Wasserbecken umklettern, die sich bei einem lokalen Schauer vor zwei Wochen gebildet hatten. Eiserne Steighilfen halfen, in die obere Region des Canyons zu gelangen. Hier stand ich nun vor einer Entscheidung. Das nächste mit Wasser gefüllte Steinbecken ließ keine Umgehung mehr zu. Durchschwimmen? Und der Rucksack? Und wie viele Wasserlöcher kamen dann noch? Von weiter oben hörte ich Schreie, plantschen und lautes, hektisches Atmen – Hinweise auf mehr kaltes Wasser. Ich beschloss schließlich, meiner Ausrüstung zuliebe, zurückzugehen und die Umgehungsroute zu wählen.

So kam ich wenig später auf einen Hügel oberhalb des Canyons. Während ich mich nach Wegmarkierungen umsah, entdeckte ich einen weißen Jeep.

Sein Fahrer, der im Kofferraum etwas suchte, drehte sich um: „Tee? Wasser?", fragte er auf Englisch. Ich nickte. Eine Wasserration durfte man in der Wüste nicht ausschlagen. Offer, so hieß mein Gastgeber, bat mich in den Schatten seines Fahrzeugs, aus dem in diesem Moment zwei junge Frauen traten. Talel und Noam.

Die nächste halbe Stunde erzählte ich im Tausch für Tee Geschichten meiner Reise. Prompt bekam ich meinen zweiten (scherzhaften) Heiratsantrag, der das Gespräch auf mein priesterliches Leben lenkte – eine fremde und unbekannte Welt für alle drei. Bevor ich mich wieder auf den Weg machte, zauberte Offer noch von irgendwo eiskaltes Bier herbei und Talel fragte mich spontan, ob sie mich ein, zwei Tage begleiten dürfe. Ich blickte sie an und musste lachen: „Bier und Mittagshitze sind wohl keine gute Kombination. Bist du sicher?" Aber ein paar Minuten später war ich erstmals seit dem Abschied von Artur an der ukrainisch-rumänischen Grenze wieder zu zweit unterwegs – Hunde ausgenommen.

Talel (hebr. „Tau“) war die Jüngste von vier Geschwistern und stammte aus Timrat in der Nähe von Nazareth. Sie leistete gerade die Verlängerung ihres Militärdienstes. Die Wehrdienstzeit bei der Israeli Defense Force beträgt drei Jahre für Männer und zwei für Frauen. Diese lange Dienstzeit, erklärte mir Tal, sei einer der Gründe, warum sich in Israel praktisch alle kennen würden. Und wenn doch einmal zwei aufeinanderträfen, die sich noch nie begegnet wären, könnten sie wenigstens einen gemeinsamen Bekannten finden. Wie wahr dies alles tatsächlich war, sollte sich am Abend herausstellen.

Als wir nach langen Gesprächen über Moraltheologie, Ethik und die Gottesfrage in פָּארָן (Pharan) ankamen, hielt dort beim Eingangstor des Moshav ein Wagen. Talel hatte schon scherzhaft angekündigt, dass sie hier jemanden kenne, aber dass ihr Bekannter ausgerechnet in jenem Augenblick an uns vorüber fuhr, war … nun ja, „israelisch“. Lustigerweise war es auch Amnon gewesen, der Tal vom Auto aus erkannt hatte, und nicht sie ihn. Ganz selbstverständlich quartierte er uns für die Nacht bei sich und Hundedame Maschma ein.

Dankbar für die nette Begleitung dieses Tages schloss ich die Augen. Tal hatte mich meine Füße vergessen lassen. Nur mein Mund tat jetzt vom vielen Reden weh.

Tag 218 – 34 km (7616 km): Gesetz und Gemeinschaft

Als heute die Sonne über dem Moshav aufging, wanderten Talel und ich bereits wieder durch die Paprika-Gewächshausreihen Richtung צוֹפָר (Zofar). Es war eine mutige Entscheidung meiner Begleiterin. Denn war die heutige Strecke auch nicht schwer, ging Tal sie mit großen Blasen an den Füßen. Als ich das herausfand, fühlte ich mich ein wenig schuldig, aber mit 21 Jahren war sie natürlich viel zu „tough" gewesen, sich die Sache beim Abmarsch anmerken zu lassen.

Durch die Felswüste ging es steinige Pfade entlang. Nur wenig dorniges Gestrüpp wuchs in der kargen Umgebung. In Gespräche vertieft, ließen wir Kilometer um Kilometer hinter uns und nahmen eine Reihe weiterer theologischer Themen durch. Tal war in einem säkularen Haus aufgewachsen. Viel von dem, was sie über den jüdischen Glauben wusste, stammte aus einer längeren Beziehung mit einem religiösen Freund. In ihrer persönlichen Wahrnehmung bestand das Judentum vor allem aus einem umfangreichen Gesetzeskatalog, der bei unterschiedlichen Gruppierungen unterschiedlich lang war oder mit unterschiedlichem Eifer befolgt wurde.

Man ist als Christ mit dieser Vorstellung von Gesetz und Gerechtigkeit vertraut – nicht nur durch die Kritik des Evangeliums, sondern auch im eigenen religiösen Leben. Denn wenn wir ehrlich sind, ist uns ein Gesetzeskatalog meist die liebste Form der Moral. Das muss man tun; das und das; das noch und dieses. Dann ist man gut. Dann ist man gerecht. Die Worte Christi hingegen, der aus den Zehn Geboten keine Hundertschaften machte, sondern sie auf ihre Mitte – die Gottesliebe und die daraus fließende Nächstenliebe – zurückführte, rufen zu einem radikal anderen und sehr anstrengenden Weg. Denn ein Gesetzeskatalog kommt mit Minimalismus aus. Die Liebe hingegen fordert alles. Wer Dinge tut, weil sie ein Gesetz vorschreibt, wird dem Buchstaben des Gesetzes folgen und öfter noch versuchen, die Gesetze zu biegen. In diesem Sinn erzählt man sich, dass so mancher gewitzte Mönch in alter Zeit eine findige Weise hatte, das Fastengebot zu beachten. Ihm war als Nahrung nur gestattet, was im Wasser schwamm. So warf er einfach ein Schwein in den Brunnen, um es dann froh als seltsam grunzenden „Fisch" aus dem Loch zu ziehen. Damit mag er den Buchstaben des Gebots beachtet haben, seinen Inhalt jedoch nicht. Er hatte sich das Gebot zurechtgebogen, wie wir es selbst so gerne tun.

Wer nun Dinge tut, weil er Gott liebt, wird nicht nur die minimale Forderung des Gesetzes beachten, sondern es in Fülle verwirklichen, darüber hinausgehen, es übertreffen, weil er zu dem vordringt, auf was das Gesetz verweist. Darin liegt der viel zu selten gelebte Kern der christlichen Moral und der Sinn des radikalen (und leicht missverstandenen) augustinischen Ausspruchs: „Liebe und tu, was du willst!“ Die Satzungen des Gesetzes sind weise und kein Iota wird nach den Worten Christi davon vergehen, aber wahrhaft erfüllen wird sie nur der, der sie aus Liebe heraus befolgt. Darin muss die „größere Gerechtigkeit“ liegen, die Christus von seinen Jüngern einfordert. Das ist die Herausforderung für jene, die seinen Namen tragen.

Diese Gedanken begleiteten unseren Weg bis zum Schatten einer Klippe, wo ich nun erstmals mein C4 (CoCosCousCous) der Öffentlichkeit präsentierte. Tal aß brav und höflich davon. Die Antwort auf die Frage, ob sie diese geschmackliche Sensation als Rezept-Tipp an ihre marokkanische Großmutter weitergeben werde, verbarg sie hinter einem lauten Lachen.

Am Nachmittag führte unser Weg vorbei an den Ruinen der Nabatäerstadt Moa. Sie war einst eine der Stationen auf der Gewürzstraße von Petra nach Gaza und laut der Hinweistafel machten die Menschen hier einen netten Profit. Die regionale Luftfeuchtigkeit ließ die Gewürze schwerer werden. Auch hier finden sich also Spuren der allzu menschlichen Auslegung von Gesetz und Gerechtigkeit.

Von Moa gingen wir nach Nordosten, vorbei an einem weiteren Wüsten-Ashram, den eine buddhistische Gemeinschaft von einem Star-Architekten gemietet hatte, und kamen nach Zofar. Auf der Hauptstraße des Ortes sprangen wir spontan auf die Ladefläche eines Traktoranhängers, auf dem eine Gruppe Thais gerade von der Dattelernte heimkehrte. Wie in Pharan hatten die Männer für guten Lohn ihr Land verlassen, um sich hier bis zu fünf Jahre als Gastarbeiter zu verdingen.

Wir hüpften ein paar hundert Meter weiter wieder vom Wagen und gingen in den Laden der Siedlung. Ich ließ mir von Talel die kalorienreichsten Lebensmittel zeigen und stockte meine Vorräte für die nächsten Tage auf. Im Park davor setzten wir uns an einen Tisch, genossen einen Liter Eis und wohnten der Entzündung der letzten Chanukkakerze bei. Dann brachen wir zu unserer Unterkunft auf. Am Weg dorthin begegnete uns natürlich noch eine alte Freundin von Tal, denn wie ich ja gestern gelernt hatte, war das in Israel einfach so.

Tag 219 – 33 km (7649 km): Hörst du die Regenwürmer husten?

Etwas später als üblich brach ich am heutigen Morgen auf. Talel musste zurück in den Norden, in ihre Kaserne. Für mich ging es hingegen nach dem Frühstück und der Verabschiedung von meiner „kleinen Schwester" westwärts. Nach der gemütlichen Flachetappe am Vortag warteten heute wieder Anstiege und Aussichten. Beim ersten längeren Stück bergauf traf ich mit Dima den ersten Thru-Hiker – also jemanden, der den Schwil Israel, auf dem ich mich seit Eilat befand, von Nord nach Süd oder Süd nach Nord, in einem Stück zu gehen versucht. Gemeinsam mit anderen, die mir im Laufe des Tages entgegenkamen, war er bereits einen Monat unterwegs. Er sagte mir auch, dass ich gegenwärtig

der Einzige sei, der in die andere Richtung unterwegs war. Er hatte die letzten Wochen über niemanden mehr getroffen, der nach Norden gegangen wäre.

Eran und Ram waren die nächsten Thru-Hikers, die ich traf. Sie gesellten sich zu mir in den Schatten einer großen Akazie, wo ich nach 19 Kilometern eine erste Pause machte. Eran werde ich vielleicht in Jerusalem wiedersehen. Er war dabei, seine geologische Abschlussarbeit zu schreiben. Zuhause half er Wanderern als „Trail Angel" – ein weiteres Lehnwort aus der amerikanischen Weitwandererszene.

Nach der Pause bot der Weg monumentale Steinformationen und einen steilen Anstieg auf den Mount Yahav, von dem aus man, 200 vertikale Meter hinunter, in ein riesiges Wadi blicken konnte. Dort hinab führte der Pfad bis zum offiziellen Nachtlager bei Gev Holit. Für mich war es noch zu früh, um Halt zu machen und aufgrund meines Plans für die Wasserversorgung wollte ich den Weg zur nächsten Abfüllstation am morgigen Tag noch kürzen. Deshalb stieg ich in den Abendstunden nochmals 300 Höhenmeter in die Berge, vorbei an jungen Steinböcken, die auf einer Akazie turnten und einem Wasserloch, bei dem ich vorsichtshalber eine nicht ganz geschmacksneutrale Notration Wasser filterte. Im Fall des Falls war diese leicht grünliche Flüssigkeit nämlich besser als nichts.

Nach leichter Kletterei und einer weiteren Steinbockherde kam ich über einen Pass und blickte auf die umliegenden Berge. Im Westen leuchtete ein dünnes Lichtband unter schwarzen Wolken. Die Dämmerung legte sich über die Wüstenlandschaft.

Am Weg in das Tal des Nahal Maok kam ich bei einer Naturhöhle vorbei und hätte dort übernachtet, wenn ihr Boden etwas waagrechter und größer gewesen wäre. So setzte ich meinen Weg in einem trockenen Flussbett fort. Ich fand eine „unbenutzte" Mandarine, die ich als geschenkte Vitamin- und Flüssigkeitsration sogleich verzehrte. Dem leicht fermentierten Geschmack nach zu urteilen, lag sie wohl schon eine Weile am Wegrand. Ein paar hundert Meter weiter fielen die ersten schweren Tropfen. Der wenige Regen, den die Wüste im Süden Israels abbekommt, fällt in den Wintermonaten und dann bisweilen sehr heftig. Ich blickte auf das ausgetrocknete Bachbett, in dem der Weg wohl noch für eine Weile verlief, und beschloss, nicht weiterzugehen. Auf einer kleinen, steinigen Kuppe stellte ich in Eile mein Zelt auf und beschloss den Tag nach nur knapp 33 Kilometern.

Lange dauerte der Regen nicht. Die Wolken zogen vorüber, der Sturm schlief ein und im Verlauf der nächsten Stunden klarte der Himmel auf. Über mir leuchtete ein unfassbares Sternenmeer. Hier oben war kein Wind. Hier waren keine sich wiegenden Bäume, raschelndes Laub, knisterndes Gras, kein rauschender Bach, keine zirpenden Insekten, kein Tier, kein Laut. Aber ich schwöre, ich konnte die Stille hören. Ich kann dieses überwältigende Gefühl in dieser menschenlosen Weite kaum beschreiben. Denn es war nicht einfach die Abwesenheit von Geräuschen und Lärm. Es war wahrnehmbar still. Diese

Erfahrung, die ich schon mehrmals, aber kaum so ausgeprägt wie heute, erleben durfte, gehört zu den unvergesslichsten Geschenken der Wüste. Ich liebe diese Stille. Diese Stille ist erfüllt. In dieser Stille spricht Gott!

Tag 220 – 36 km (7685 km): Hahnenkammrennen

Wüstenwilli fokussierte sein Facettenauge, den Blick nach unten gerichtet, wo der behäbige Riesenschatten über den sandigen Boden glitt ... i n Z e i t l u p e. Seitenruder. Check. Flugmuskulatur. Check. „One last try, guys. Tower, I´m going in! Give me cover." Und damit riss Willi die Flügel rum schmierte nach rechts ab und nahm Geschwindigkeit auf. „So viele hatten es bereits versucht", dachte er, als die Vibrationen am Rumpf stärker und das Rauschen des Windes immer lauter wurde. Bilder von gescheiterten Missionen drängten sich in seine Gedanken. All die legendären Flieger ... sein eigener Vater, den er nie gekannt hatte. Konzentration, Willi! Konzentration. Und dann war sie plötzlich da, die innere Ruhe. So lange hatte er auf diesen Moment hin trainiert und nun erschien ihm alles wie ein Traum. Der Weg war gleichsam vorgezeichnet. Willi leitete das Abschlussmanöver ein, Seitenruder nach rechts, die Schubumkehr auf 4 und die Flügelstellung exakt auf 13 Grad. ZuuuUUUMM. Bop. Unglaublich. Willi, die Wüstenfliege, hatte es geschafft. Es war finster hier. Und haarig.

Sekunden später wurde Willi durch einen Luftstoß aus meinem Nasenloch ins Freie katapultiert. Er taumelte orientierungslos der Erde zu, bevor er die Kontrolle über sein Flügelsystem zurückgewann und den Absturz um Nasenhaaresbreite vermied. Wäre Willi nicht in der israelischen Wüste, sondern in einer Mühlviertler Stube beheimatet gewesen, dann hätte er vielleicht verstanden, was ich nach seiner Punktlandung vernehmen ließ: „Geeeh. Des geht oba net, du bleds Gfrast!" (frei wiedergegeben: Verzeih' Geschöpf, dein Verhalten ist höchst misslich).

Fliegen, ihre waghalsigen Manöver und ihr oft schrecklich früher Tod, waren jedoch erst ab Mittag ein Thema. Nach der großartigen stillen, ja heiligen Nacht, gehörten die ersten Stunden des heutigen Tages zu den vielleicht schönsten des gesamten Weges. So großartig waren Landschaft, Licht und Stimmung, dass ich kindsköpfig und euphorisch mit einem permanenten Gloria auf den Lippen über die steinigen Wüstenberge sprang. „Cantare amantis est" (frei: Den Liebenden drängt es zu singen), sagte Augustinus nicht von ungefähr.

Der Karbolet (hebr. Hahnenkamm), den ich am frühen Vormittag erreichte, war eine besonders eindrückliche Formation am Rande des riesigen Ramon Kraters. Atemberaubende Aussichten über die morgendlichen Licht- und Schattenspiele tief unten im Kessel.

Nach dem steilen Abstieg suchte ich den Weg nach Be'erot Khan, einem Wüstencamp mit Wasserstelle. Dort angekommen, gab es eine gediegene Pause und ein sehr frühes, aber herzhaftes Mittagessen – schließlich würde ich in der Kleinstadt מצפה רמון (Mizpe Ramon) am Abend meine Vorräte auffrischen können.

Als ich am späten Vormittag wieder aufbrach, zeigte die Sonne noch einmal ihre Kraft. In der Hitze und im Staub vorbeirasender Wochenendausflügler im 4x4 kehrte ich zur Hauptroute des Schwil zurück.

Beim letzten Anstieg des Tages, 300 Höhenmeter die fast senkrechten Wände des Kraters hoch, traf ich drei junge Leute aus der alternativen Szene. „Priester? Was ist das?" fragten sie mich nach ein paar gewechselten Sätzen. Im Versuch, in bekannten Kategorien zu sprechen, antwortete ich: „Ein bisschen so wie ein katholischer Rabbi?" „Ah", sagte eine Frau und lud mich zu einer „alternativen" Sabbatfeier am Abend ein. Ja, die Sache wäre mit meiner Beteiligung gewiss noch „alternativer" geworden. Ich lehnte dankend ab. Ich hatte noch keine Messe gefeiert und gegenwärtig sehr weltliche Sorgen: die Ladenschlusszeiten am Sabbat. Ich musste heute noch Proviant für die nächsten zwei Tage finden.

Oben in Mizpe Ramon angekommen, folgte ich den Wegweisungen eines freundlichen Touristen bis zum Supermarkt im Zentrum, der allerdings schon vor der genannten Uhrzeit (16.00 Uhr) geschlossen hatte. Einige Soldaten der IDF schickten mich weiter zu einer Tankstelle, wo ich tatsächlich ein paar essbare Dinge fand. Mit diesen marschierte ich für die Nacht zum Silent Arrow Night Camp. Im Khan (Großraumzelt) war kein Platz mehr für mich. Wochenende. Aber ich bekam in der hintersten Ecke einen Zeltplatz.

Einen Teil des Abends verbrachte ich im gemütlichen Gruppenzelt, wo rund um den Holzofen nicht nur virtuose Russen die Laute zupften, sondern sich alsbald die anderen Campbewohner zum Kochen einfanden. Zu mir an den Tisch setzten sich M&M (Matthias und Mandy), Israelreisende aus Deutschland, und später noch Liat und Sam aus den Vereinigten Staaten. Sam studierte jüdische Theologie in Chicago, war aber Liat für ein Jahr nach Israel gefolgt, weil sie hier als Medienkünstlerin eine Entfaltungsmöglichkeit bekommen hatte. Ich wurde von beiden auf ein Linsengericht eingeladen, das nach Sams kurzem Sabbat-Ritual mit Wein und geflochtenem Brot im Teller vor mir dampfte. Es war um so viel besser als meine Tankstellencracker. Der gemütliche Abend drohte lang zu werden und als ich mich endlich losriss und in meinen Schlafsack kroch, schnarchte ein paar Meter weiter im großen Zelt bereits ein echter Profi.

Tag 221 – 37 km (7722 km): Verurteilung vor dem Linsengericht

Der Erholungswert der vergangenen Nacht lag irgendwo zwischen Kieferorthopädie und einem achtstündigen Besuch auf einem Kreissägen-Testgelände. Als die nächtlichen Stimmen langsam leiser wurden, beschlossen die Wochenendler um 3.00 Uhr dann doch noch, ein letztes Lied zu grölen. Die Bassnoten dafür kamen von den älteren Herren, die nebenan im großen Beduinenzelt beeindruckend unbeeindruckt schnarchten.

Wenigstens war das Wetter am Morgen besser als angekündigt – bedeckt, aber kein Regen. Kühl war es dennoch, als ich in der Dämmerung durch die menschenleeren Straßen der 5.000 Einwohner zählenden Kleinstadt hinaus in die Wüste schlenderte. Menschenleer will nicht heißen, dass dort nichts und niemand gewesen wäre. Ein kapitaler, lahmender, alter Steinbock ignorierte die Straßenverkehrsordnung, wanderte entspannt auf der linken Spur und kaute ein Stück Plastikmüll.

Die ersten 17 Kilometer ging es den nördlichen Rand des Ramon Kraters entlang. Es gab schöne Aussichten, aber im Unterschied zu gestern brachte das fahle Licht keine Farben und Kontraste hervor. Nach der ersten Stunde am Weg ohne Menschen forderte mein Verdauungstrakt sehr plötzlich einen dringenden Halt. Die zwei Teller Linsensuppe vom Vorabend hatten sich nicht gerade konstipativ ausgewirkt und dass der Rucksackgurt auf den Darm drückte, half wenig. Ich verließ den Weg und sah mich um. Versteckte Orte und Sichtschutz gab es auf dem leicht gewellten Plateau nicht. So lief ich ein paar hundert Meter in die steinerne Wildnis hinaus. Dann, nach ausreichend Abstand zum Weg, blickte ich mich zufrieden um. Jetzt ... Moment. „Das gibt es ja nicht!“, zischte ich zwischen den Zähnen hervor und starrte ungläubig zum gut sichtbaren Weg. Zwei Läufer kamen aus dem Nirgendwo. „Schneller! Schneller!“, feuerte ich die Jogger in Gedanken an, während die krampfenden Signale zwischen den Hüften schmerzhaft wurden. Nur langsam verschwanden sie hinter der nächsten Bodenwelle. Ich will meine Leser nicht mit der Beschreibung von Körperfunktionen an der frischen Luft quälen, auch wenn sie Teil des Pilgerlebens sind, aber heute war es einfach zu bizarr. Ich war also endlich dabei alles „Geschäftliche“ zu regeln und abzuschließen, als mich plötzlich näherkommende Stimmen zu rasanter Eile drängten. Mir entfuhr das zweite „Das gibt es ja nicht!“ Schluss. Fertig. Und dann holperte schon einer von fünf Mountainbikern direkt neben mir querfeldein über die Steine.

Die beiden Läufer und die Biker waren die Einzigen, die mir den ganzen Vormittag über begegnen sollten – und zwar just in jenen drei Minuten, in denen ich eine nicht verschiebbare Sitzung anberaumt hatte. Das gibt es ja eigentlich nicht, oder?

Als der Weg den Kraterrand verließ, setzte ich mich in den schmalen Schatten eines Felsens und entnahm meinem Tankstellen-Versorgungspaket Salzcracker und die israelische Billigversion eines Schokoladenaufstrichs. Seltsame Kombination, aber mit 1.200 Kalorien ein akzeptables Mittagessen.

Dann wanderte ich weiter auf dem staubigen Weg, der nunmehr in einer absolut geraden Linie über radikale Steigungen und Kuppen führte. Warum man so konsequent auf Kurven und Serpentinen verzichtet hatte, blieb mir verhüllt.

Es war noch früher Nachmittag, als ich beim eigentlichen Nachtquartier ankam und so nutzte ich die verbleibenden hellen Stunden, um bei gutem Wetter noch mehr Kilometer ins Trockene zu bringen. So ging es weiter kerzengerade über das Hochland. Die letzte Rampe des Tages, hinunter in die Ebene, schlug dann an Steilheit alles, was ich je für Fahrzeuge – ukrainische Panzer ausgenommen – konzipiert gesehen hatte. In einer 20 Zentimeter hohen Pulverschicht von zermahlenem Gestein ging ich vorsichtig hinunter. Nicht vorsichtig genug, denn auf halbem Weg lag ich plötzlich in einer dicken Puderwolke. Wie Autos hier hochkamen – und Spuren gab es tatsächlich – war mir ein Rätsel, selbst wenn sie bereit waren, auf den kolossalen, vom Staub verdeckten Felsstufen Teile ihres Unterbodens zurückzulassen.

Irgendwann war ich, den feinen Staub in jeder Gewebefaser, unten angekommen. Eine halbe Stunde wanderte ich weiter und schlug dann auf einem designierten Zeltplatz mein Lager auf. Ich rieb mir die schmerzenden

Zehen, während die Sonne den Kessel auch hier in herrliche Farben kleidete. Über die Kuppe kamen von der Oase nebenan leise Vogelstimmen. Klischeehaft und wie aus einem Malbuch für Kinder standen dort, zwischen Sand und Fels, ein paar prächtige Palmen, Binsen und Büsche.

Für morgen erwarte ich einen entspannten Tag in מדרשת בן גוריון (Midreshet Ben Gurion). Der Wetterbericht wird dann die weitere Route diktieren. Aber ich zähle nun schon ein bisschen die verbleibenden Kilometer. 190 sind es noch bis Jerusalem, würde man auf der Straße gehen. Das wären vier bis fünf Tage. Ich merke, dass die Aufregung wächst. Ich freue mich auf die Ankunft und die baldige Winterpause. Vielleicht nicht gerade, wenn ich so wie hier eine herrliche Abendstimmung genieße, aber umso mehr, wenn der Wüstenwilli mit seinen lästigen Freunden in meine Nasenlöcher fliegt.

32. Sonntag – Mythos und Geschichte

„Man muss in den Religionen auf die tieferen Wahrheiten blicken, die sie gemeinsam haben, dann überwinden wir sie und finden zu einer kosmischen Spiritualität."

Dieser Gedanke ist modern, schön und falsch. Denn er geht davon aus, dass alle Religionen nichts Weiteres sind als das Streben des Menschen nach der höchsten Wahrheit. Es gibt wohl Religionen, die so entstanden sind. Sie wurden geformt, um die seltsamen Kräfte der Natur zu erklären, zu besänftigen und durch Riten in den Dienst zu nehmen. Manche sind vielleicht komplexer und philosophischer aufgebaut. Sie versuchen, aus der Beobachtung und Erfahrung das Geschehen in der Welt und der Ewigkeit zu deuten. Sie entwerfen Systeme, Lehren, sammeln universelle Weisheiten, schreiben Mythen, die eine zeitlose Wirklichkeit beschreiben wollen. Aber alle diese Arten von Religion sind „Theologien von unten" – also Versuche des Menschen, das Unerklärliche, das Göttliche vom Irdischen her zu begreifen. Wären damit alle Kapitel der Religionsgeschichte geschrieben, man könnte den Ausgangsgedanken stehen lassen und immer neu nach jener unerforschlichen, tiefen, alles verbindenden Wahrheit suchen.

Aber die Religionsgeschichte ist mit diesen Entwürfen von unten eben nicht zu Ende. Es gibt einen Zweig der Religionen, der oben beginnt: Hier ist es Gott, welcher der Suche des Menschen entgegenkommt, der sich mitteilt und so Einblicke in die ganze Wirklichkeit offenbart. Das Christentum wie auch das Judentum, aus dem es hervorging, sind eine solche Offenbarungsreligion. Gott teilt sich mit: durch Abraham, Moses, die Propheten und schließlich in Jesus selbst. Im Kern dieser Religion steht ein die Welt übersteigender, transzendenter Gott, der in der Geschichte handelt.

Damit steht und fällt das Christentum. Alles, was es lehrt, fußt darauf, dass Gott tatsächlich und historisch in Jesus Mensch geworden ist; dass er für uns gekreuzigt wurde; dass sein Akt der Liebe uns in seinem Blut erlöst hat, dass er auferstanden ist und sein Geist ausgegossen ist über uns. Ohne die konkrete Geschichtlichkeit dieser Dinge verliert das Christentum alle Kraft. „Ist aber Christus nicht auferweckt worden, dann ist unsere Verkündigung leer und euer Glaube sinnlos"(1 Kor 15,14), sagt Paulus.

Deshalb kann man aus dem christlichen Glauben keine Sammlung von Weisheitssprüchen über die Liebe und ein gutes Leben machen. Das Christentum tastet nicht den Rüssel eines kosmischen Elefanten ab, um dann „seine" Teilwahrheiten zur „Symphonie der Religionen" beizusteuern. Nein, es verkündet den Eintritt Gottes in die Geschichte. Alles, was es lehrt, folgt aus dieser Konkretheit des Handelns eines persönlichen Gottes. Wer meint, er könne die „Essenz" des Christentums herauspicken und dabei seine Geschichtlichkeit zurücklassen, entstellt es bis zur Unkenntlichkeit. Denn es ist kein zeitloser Mythos, sondern historisches, weltverwandelndes Epos.

Tag 222 – 43 km (7765 km): Über kurz oder ein längeres lang

Etappen kann man planen. Und wenn man sie kurz plant, kann man spät aufstehen. Aber „Pläne" reimt sich immer schon auf „Hobelspäne" und viel mehr waren die meinigen heute nicht wert.

Ich lag in der Früh eine Weile mit verschränkten Händen hinter dem Kopf im Schlafsack und blickte in die morgendliche Wüste hinaus. Das Moskitonetz flatterte im Wind. Erst, als das Geflattere immer heftiger wurde, beschloss ich, aufzustehen und packte zwischen heftigen Windböen meine Sachen und mein Zelt zusammen. Es würde ein kurzer Tag werden. Zwölf Kilometer, vielleicht ein bisschen mehr, waren es bis Midreshet Ben Gurion. Der Ort lag gleich neben jenem Kibbuz, wo sich der erste israelische Premierminister David Ben Gurion nach seiner politischen Karriere niedergelassen hatte, um „die Wüste zum Blühen zu bringen".

Dort angekommen, fand ich im Zentrum zwischen dreisten, handzahmen Steinböcken einen Supermarkt und konnte wertvolle Nahrung erwerben, darunter einen Becher „Chocolate Chip Cookie Dough Eiscreme". Mit der erhofften Unterkunft für einen halben Ruhetag sah es nicht so gut aus. Die Einzige, die ich finden konnte, war viel zu teuer. Ich beschloss, nicht zu bleiben. Nun war die Frage, in welche Richtung ich weitergehen sollte. Der Schwil Israel machte hier eine Schleife in den Osten und führte dabei durch schwieriges, einsames Gelände. Nun waren jedoch schon für morgen heftige Regenfälle prognostiziert. Unter diesen Bedingungen in einem Wadi herumzuwandern, wäre wohl mittig einzuordnen auf der Skala zwischen unvorsichtig und dumm. Wenn ich hingegen direkt nach Norden weiterginge, würde ich dem ungefährlichen, aber unschöneren Straßenverlauf nach באר שבע (Be'er Sheva) folgen – einer Stadt mit abrahamitischem Bezug (vgl. Gen 21, 22-34). Ich rang kurz und entschied mich für den Weg nach Norden.

Ich war dabei, den letzten Löffel Eis in den Mund zu schieben, als eine Frau neben mir auf der Betonbank Platz nahm. Sie blickte mich eine Weile schief an und konstatierte dann auf Englisch: „Du bist nicht aus dieser Gegend, oder?" Ich bestätigte ihre treffende Observation. In der folgenden halben Stunde erzählte sie mir ihre Geschichte, die über eine erfolgreiche Theaterkarriere in Amsterdam, jede Menge Hanf, dann LSD, die Geburt ihres Sohnes, die Kinderbetreuung in einer alternativen, esoterischen Kommune und andere Stationen schließlich über die Klippen des Ramon Kraters, 25 Meter in die Tiefe, geführt hatte. „Die sagen, ich sei gesprungen", erklärte sie fassungslos. Die vierte Zigarette zitterte in ihrer Hand. „Ich kann nicht schlafen. Ich gehe rastlos die ganze Nacht umher. Es sind die Zigaretten", fügte sie hinzu. Ich hörte ihrer Erzählung zu. Letztlich blieb mir nichts weiter, als sie zu segnen und ihr mein Gebet zu versichern. „Du bist Priester?" Ihr Gesicht hellte sich auf. „Ich bin noch nie einem Priester begegnet", sagte sie und bedankte sich wiederholt. Bevor sie auf dem Heimweg um die Ecke bog, drehte sie sich ein letztes Mal um und winkte mit Tränen in den Augen.

Auch ich brach auf, Essen und Gebetsanliegen im Gepäck. Nach einem Stück auf der Straße wanderte ich auf schönen Pfaden durch die kargen Hügel und kam nach zwei Stunden zu einer Übernachtungsmöglichkeit. Am Gartentor hing ein Zettel mit Telefonnummer. Wenig später hatte ich den Besitzer am Apparat. Aber auch hier wollte man viel zu viel Geld. Am Ende der erfolglosen Verhandlung erwähnte ich, dass meine Wasservorräte bald zu Ende wären. Das implizierte eine Bitte. „Acht Kilometer südlich gibt es einen Supermarkt", kam es zurück. „Ja, von dem bin ich gerade gekommen. Zu Fuß." Keine Reaktion. „Danke", sagte ich und legte auf. Nicht ohne Grimm stiefelte ich zwölf Kilometer weiter zum nächsten Ort mit Unterkunft.

„Natürlich haben wir auf unserem Bauernhof im Khan noch einen Platz. Wasser? Selbstverständlich. Das wären … 120 Euro." Und schon war ich zurück auf der Straße. Natürlich hatte ich mein Zelt, aber beim angekündigten Regen und den hohen Windgeschwindigkeiten hätte ich gerne ein anderes Dach über dem Kopf gehabt.

Wie hatte der Mann gesagt? Ich könne im übernächsten Kibbuz fragen. Vielleicht sei es da günstiger. Ein paar Kilometer weiter kam ich zu einer Siedlung und betrat das Stacheldraht-umkränzte Dorf durch den Haupteingang. Hier gab es kein Quartier, aber laut meiner Karte konnte ich über eine Verbindungsstraße zum nächsten Kibbuz gelangen und das lange Eck der Hauptstraße abkürzen. Vorbei ging es an Fleckvieh in großen, offenen Ställen.

Nach fünfzehn Minuten stand ich vor einem gelben Eisentor mit Stacheldraht. Geschlossen. Auf der anderen Seite? Meine Straße. „Gibt´s nicht! Gibt´s nicht!", haderte ich. „Gibt´s doch!", musste ich schließlich eingestehen. Ich machte mich auf den Rückweg. Fünf Zentimeter Metall bedeuteten fünf zusätzliche Kilometer.

Nach 200 Metern, als ich gerade die örtliche Sickergrube passiert hatte, kam mir ein Auto entgegen und fuhr Richtung Tor. Ahnungsvoll drehte ich mich um. Selbstverständlich. Das Tor öffnete sich. Und während ich noch überlegte, mit wehendem Bart dem Auto hinterher zu sprinten – auf die Gefahr hin, als potentieller Angreifer von einem Wachturm aus niedergestreckt zu werden – deutete ein Warnlicht auch schon wieder den Schließvorgang des Gatters an. Ich ließ den Kopf hängen und stapfte mürrisch in die Dämmerung.

Es war fast finster, als ich ein paar Kilometer weiter an einer Tankstelle vorbeikam. Ein Hotel mit Spa war angeschrieben, aber das Internet verriet dreistellige Zimmerpreise. „Nein!", murrte ich trotzig, „und wenn ich im Dunkeln im militärischen Übungsgebiet neben der Straße zelten muss …"

In מַשְׁאַבֵּי שָׂדֶה (Mash'abei Sadeh), dem letzten Ort, den ich nach fast 43 Kilometern in der finsteren Nacht ansteuerte, wies mir ein Holzfäller den Weg zu einer Unterkunft. Billig waren die uralten Baracken auch hier nicht, aber gerade noch bezahlbar – und sie waren trocken, als eine Stunde später der erste Platzregen auf das Dach prasselte.

Ich feierte die Messe mangels Tisch am Boden kniend. Nicht länger klagte ich, dass aus dem kurzen Tag ein langer geworden war. Ich schlug mir an die Brust für meine geringe Leidensfähigkeit und Ungeduld. „Confiteor Deo omnipotenti, beatae Mariae semper Virgini, beato Michaeli Archangelo, beato Joanni Baptistae, sanctis Apostolis Petro et Paulo, omnibus Sanctis, et vobis fratres …"

Tag 223 – 42 km (7807 km): I have a dream …

Als ich heute in den kühlen Morgen hinaustrat, gab ich mich der naiven Hoffnung hin, der Regen hätte das Seinige in der Nacht getan. Ein Flecken blauer Himmel war über mir zu sehen, während zwischen den Wüstenhügeln noch die Schlechtwetterfront hing. Ich weiß nicht, warum ich dachte, sie

würde mich nicht treffen. Vielleicht war es wegen des Windes, der aus der anderen Richtung zu kommen schien. Aber bald war klar, dass die schwarzen Wolken nicht fortzogen, sondern über mich hinwegrollen würden. Ich würde nass werden – sehr nass. Ich stapfte auf einem ramponierten Weg dem Unausweichlichen entgegen. Dann verbot mir eine militärische Sperrzone das Weitergehen und ich musste für ein längeres Stück auf die Straße. Genussfaktor? Gering. Sprühregen vorbeifahrender LKWs bei Temperaturen im einstelligen Bereich.

Ich war froh, als nach ein paar Kilometern die alte, schmale Straße zwischen Sanddünen zum Vorschein kam. Sie führte mich bis zu einem Industriekomplex, von dem ein – bei diesem Wetter völlig verwaister – neuer Radweg in den Norden führte. Bedroht von neuen dunklen Wolkenbergen kam ich so an den Rand der Negevwüste. Blechverschläge von Beduinen, Kamelherden und Industrieanlagen begannen den Straßenrand zu säumen, bis ich schließlich die ersten Ausläufer von Israels fünftgrößter Stadt Be'er Sheva erreichte.

Mein Quartier lag im Norden in einem Studentensilo, den ich gegen 14.00 Uhr erreichte. Ich war aufgeregt. Ich wollte mir am Nachmittag einen Traum erfüllen; einen Traum, den ich über die letzte Woche oft geträumt hatte. Ich ließ mein Gepäck im Zimmer und trat wieder hinaus in den Regen …

Tag 224 – 33 km (7840 km): William Big Toe Wallace

Herbst 1996. Der Polsterbezug der ausrangierten Couch, auf der ich saß, hatte jene chaotische Marmorierung, mit der die Möbelhäuser in den 80er Jahren versucht hatten, die Gesellschaft zu destabilisieren. Ich rieb mir den steifen Nacken. 177 Minuten hatte ich mit Andi auf den halb-portablen Fernseher gestarrt – den Kassettenwechsel der Doppel-VHS-Edition von „Braveheart" nicht eingerechnet. Dass die epischen Schlachten von Mel Gibsons blutigem Historiendrama auf einer Bildschirmdiagonale von gefühlten 30 Zentimetern irgendwie verniedlicht wirkten, hatten wir in Kauf nehmen müssen. Schließlich gab es hier den weit und breit einzigen Multiformat-Videorecorder, der Andis US-Import abspielen konnte. Das „Freeedooom" der vorletzten Szene klingt mir noch heute im Ohr und ist der Grund, warum diese belanglose biographische Episode aus meiner Jugend am Anfang des heutigen Eintrags steht. Denn könnten sich meine Zehen besser artikulieren, würden sie heute, wie einst William Wallace, „Freiheit" schreien – triumphierend am Ende ihrer Pein. Meine Zehen waren nach zwei Wochen in geschlossenen, zu engen Schuhen genauso blau wie das bemalte Gesicht des Filmhelden. Aber nun sind sie wieder frei. Darf ich vorstellen, Sandalenpaar Nummer sechs: Ruben und Levi, die Erfüllung meines gestrigen „Traums."

Es war auch allein die längst überfällige „Befreiung", die mich heute in Sandalen gehen ließ, denn die Luft war eigentlich zu kalt. Frei, aber frierend marschierte ich so mit meinen Zehen nach Norden und ließ bald die Vororte von Be'er Sheva hinter mir. Die Landschaft veränderte sich. Bäume, gepflanzt in großen Begrünungsaktionen vor einem halben Jahrhundert, säumten meinen Weg – bis ich nach ein paar Kilometern plötzlich vor einem Abgrund stand.

Im tiefen Graben unter mir bewegte sich eilig der Frühverkehr einer neuen Autobahn. Man musste sie kürzlich durch den Hügel gegraben haben. Ungläubige Blicke auf mein Kartenmaterial halfen nichts. Ich musste also ein Stück zurück und über die Flanke des Berges zur Straße hinabsteigen. Auf diesem Weg verstummte das jubelnde Freiheitsgeschrei meiner Zehen. Disteln und Dornen forderten Blut.

Nachdem ich mich in einer gewagten Aktion über die Straße geschwindelt hatte, stieg ich auf der anderen Seite in die vegetationslosen Hügel auf und passierte ein kleines arabisches Dorf, hinter dem eine Kamelherde weidete. Vor dem Hintergrund der kargen Berge sah das sehr idyllisch aus. Ein gebrauchtes Kamel, ohne Lackschäden und Rost, kostet, nach einer Auskunft von vor zwei Wochen, ungefähr 1.000 bis 1.300 Euro auf dem jordanischen Markt. Über aktuelle Angebote aus Israel verfüge ich nicht. Und während ich mich noch mit dem Gedanken trug, in die Kamelhaltung einzusteigen, kamen mir zwei israelische Soldaten entgegen. Ich grüßte. Sie grüßten zurück. Die nächste Stunde über folgten im Abstand von zwei Minuten dutzende Soldatenpärchen. Eine Übung, allem Anschein nach. Ganz allgemein hatte ich die letzten paar Tage oft den Eindruck, durch ein großes Trainingsmanöver zu spazieren. Soldaten, Schüsse, Helikopter, Düsenjäger. Ich gestehe, dass es für mich, der ich aus einem Land komme, in dem die gefährlichste Waffe abgelaufene Schulmilch ist, irgendwie beunruhigend war, zwischen Teenagern mit Maschinengewehren zu wandern. Bei jeder Detonation, die von einem Übungsplatz her kam, zuckte ich zusammen. Aber so war das in Israel. Ewige Alarmbereitschaft.

Nach dem „Wald an Soldaten" kam ich zu einem Friedenswald, gepflanzt mit Unterstützung deutscher Städte und christlicher Zionisten. Dahinter neuerlich Soldaten. Hier kehrte ich auf die offizielle Route des Schwil Israel zurück, den ich vorgestern bei Midreshet Ben Gurion verlassen hatte.

Der Weg folgte zunächst einem trockenen Flussbett. Felder lagen brach an seinem Rand. Die Stimmung am Himmel war düster und der stürmische Wind peitschte aus dem Osten bald pechschwarze Wolken in meine Richtung. Vor dieser dramatischen Kulisse erreichte ich eine Brücke, die sich über den Graben der Eisenbahnlinie spannte. Verkehr über den Pfeilern gab es nicht.

Das Konstrukt diente nur der Erreichbarkeit der Felder. Als ich vorüberging fielen die ersten schweren Tropfen und ich beschloss, mich unterzustellen.

In den folgenden Minuten inspizierte ich den steilen Hang und die Betonnische am Ansatz der Brücke. Sie schien gerade genug Platz zu bieten, um ausgestreckt, trocken und windgeschützt liegen zu können. Ich blickte hinaus zum grauen, fallenden Vorhang des Regens, dann zu den zwei Spatzen und der Taube im Gebälk. Ich entschied mich, zu bleiben. Nach all den heimatlosen Monaten war ich nun tatsächlich unter der Brücke gelandet.

Tag 225 – 21 km (7861 km): Erschöpfung und Abbruch

In der Nacht drehte der Wind. Eiskalt pfiff er mir nun um die Ohren. Ich lag in voller Montur im Sommerschlafsack, zog die Daunenjacke enger, die Mütze ins Gesicht und zitterte. Und dann waren da natürlich die Züge, die etwa zwei- bis dreimal die Stunde vorbeirasten. Das Fazit am Morgen: Ich war trocken, aber ausgeschlafen war ich nicht. Ich kletterte von meinem kalten Sims, packte mich warm ein und stapfte los. Eine blasse Erinnerung waren die heißen Wüstentage vor einer Woche. Ich war im feuchtkalten Winter Israels angekommen.

Mehrmals in der Nacht waren heftige Schauer niedergegangen und hatten den Boden zwischen den Feldern aufgeweicht. Es war mühsam, durch den klebrigen Schlick zu gehen, aber es war noch kein Vergleich zu dem, was nach etwa einer Stunde kommen sollte. Ich war auf starken Regen vorbereitet, aber nicht auf das, was dann vom Himmel kam.

Schleusen taten sich auf. Fluten ergossen sich. Dabei hatte ich zunächst noch Glück. Der Regen kam seitlich oder von hinten. Ich kämpfte mich acht unendlich zähe Kilometer über den schlammigen Ackerboden. Mit jedem Schritt klebte mehr rote Erde auf den Sandalen, bis ich mit unförmigen Klötzen durch die sich auflösende Landschaft schritt.

Dann änderte sich meine Richtung und damit auch die Richtung, aus der der Regen kam. Der böige Sturm peitschte ihn nun in mein Gesicht. Den nächsten Kilometer über wurde manche verzweifelnde und bisweilen grollende Unmutsäußerung vom Wind verschluckt – oder 50 Kilometer weiter in die nächste Stadt getragen. Ich kämpfte, rutschte, verrenkte mich und stand schließlich auf einem kleinen Hügel. Fassungslos starrte ich auf einen Betonklotz mit den

vertrauten Worten: „Military Area – Entrance forbidden." Ich wiederhole hier nicht, was mir dort entfuhr. Es ist wenig erbaulich und der einzige Nutzen, den ich aus dem Andenken ziehen kann, ist die läuternde Gewissheit über meine bestehende Unvollkommenheit. Es half nichts. Ich musste zurück. Mehr noch. Ich musste bei diesem Wetter einen langen Umweg in Kauf nehmen.

Rutschend ging es zur letzten Wegkreuzung zurück und dann in eine andere Richtung. Es gibt verständlicherweise wenig Bilder vom nächsten Abschnitt und auch sonst bin ich versucht, die folgenden Kilometer aus dem Gedächtnis zu streichen. Sie waren kalt, nass, schlammig, unmenschlich. Von all den Untergründen der letzten Wochen war ich nun, da mich diese Flut erreichte, auf dem absolut ungünstigsten Terrain: nacktem Ackerboden. Bei einer der vielen Pirouetten ohne Eleganz riss zunächst ein, dann ein zweiter Rucksackgurt. Grimmig war ich. Trotzig. Und ich stapfte durch den Schlamm und die knietiefen, eiskalten Bäche und Pfützen, die sich in den Vertiefungen sammelten.

Nach zwanzig Kilometern kam ich schlotternd und ausgelaugt zu den Weinbergen des Kibbuz לכיש (Lakhish). Wegen der Zäune musste ich die Siedlung erst einmal umrunden, bevor ich zum Eingangstor gelangte. Von dort suchte ich mit Anzeichen einer Unterkühlung den örtlichen Supermarkt. Tropfend stand ich etwas später in der Tür desselben. Das Personal blickte mitleidig auf meine Sandalen und aufgeweichten Füße und empfing mich freundlich. Man brachte mir einen Stuhl, Kuchen und Tee, suchte einen Platz nahe der Warmluftzufuhr und telefonierte, um für mich eine private Unterkunft zu erfragen. Zitternd saß ich da und wartete auf die Antwort einer Wohngemeinschaft. Antwort kam keine. Man hatte zuerst alle Mitbewohner befragen wollen und war wohl irgendwo im Prozess stecken geblieben.

So wurde ich etwas später von Nadi, einem Enddreißiger, zu sich nach Hause eingeladen. Das Wort „Suppe“ hatte gereicht, um mich in seinen Pick-up zu locken. Würde sich die Wohngemeinschaft noch melden, dann konnte ich ihnen auch aus Nadis Küche antworten.

Wir fuhren zu seinen Eltern – die Mutter iranische Jüdin, der jiddisch sprechende Vater ursprünglich aus Rumänien. Nach der wärmenden Kost gingen wir zu seinem Haus auf der anderen Seite des Grundstücks und suchten die nächste

Stunde über glücklos nach „Trail Angels" oder nahen Quartieren am Schwil Israel. Schließlich erreichten wir Aydel. Sie lebte in קִרְיַת גַּת (Kirjat Gat), zehn Kilometer zurück in die Richtung, aus der ich gekommen war. Ich seufzte. Ich war 225 Tage und über 7.860 Kilometer unterwegs gewesen. Lediglich etwas mehr als 70 Kilometer – zwei Tage – trennten mich nun von Jerusalem. Und doch schien es mir unmöglich, die Heilige Stadt bei diesem Wetter zu erreichen. Ich nahm Aydels Angebot an und beschloss, meinen Weg an dieser Stelle abzubrechen. Erst nach der Wetterbesserung, die laut Meteorologen frühestens in drei Tagen zu erwarten war, würde ich meinen Weg von hier aus fortsetzen. Ich sprang in Nadis Wagen und er brachte mich nach Kirjat Gat.

Der Besuch bei Aydel war in mancher Hinsicht etwas Besonderes. Ich betrat ein Zweizimmer-Garagen-Appartement, das bis auf einen schmalen Gang zwischen Möbeln und Umzugskisten kaum navigierbar war. Sie selbst war erst vor zwei Wochen hier eingezogen, konnte aber wegen des akuten Wasserschadens an der Decke nicht mit dem Auspacken ihrer Möbel und Habseligkeiten beginnen. Eimer versuchten an verschiedenen Stellen, der tropfenden Lage Herr zu werden. Ich war Aydel dankbar, mich unter diesen widrigen Umständen aufgenommen zu haben, aber mehr noch für die erhellenden abendlichen Gespräche. Aydel stammte ursprünglich aus New York, war in Israel als ultraorthodoxe Jüdin aufgewachsen, hatte in diesen Kreisen geheiratet und vier Kinder großgezogen. Dann war ihr dieses Leben und die „Scheinheiligkeit" ihres Mannes unerträglich geworden. Ihre Ehe scheiterte und es folgte der Bruch mit der Familie. Ihre Kinder und Enkelkinder hatte sie seither nicht wiedergesehen. Die Familie wollte keinen Kontakt. In zweiter Ehe lebte sie die letzten Jahre mit einem konservativen, aber nicht ultraorthodoxen Rabbi, der ihr ein anderes Bild vom Judentum vermittelte. Er war vor zehn Wochen gestorben. Sie hatte das gemeinsame Haus verlassen und sich mit diesem Umzug verkleinert.

Nach Gesprächen über Gott, die vielen Schattierungen des Judentums und die Welt rollte ich zwischen den Kartons meine Matte aus. Ich schloss meine Gastgeberin ins Gebet ein. Was war schon das bisschen Regen im Vergleich zu ihrer Bürde. Misericordia.

Tag 226 bis 228 – Ruhetage: Karaboom

In der Morgendämmerung wanderte mein Blick über die Zimmerdecke und ich sah neue nasse Flecken. Die ganze Nacht hatte es heftig geregnet. In der Früh waren Blitz und Donner hinzugekommen. Zwischen dem Katastrophenwetter, meiner aktuellen Lage und Problemen mit meinem Smartphone, das gestern trotz Schutzbeutel nass geworden war, reifte der Entschluss, bis zu einer Wetterbesserung in einem günstigen Hotel in Tel Aviv abzusteigen.

So brachte mich Aydel zum Bahnhof, wo ich nach gründlicher Sicherheitskontrolle und Befragung in den Zug steigen konnte. Ich kam um 9.00 Uhr an der Küste an. Nach einem heftigen Regenschauer; einem vorbeifahrenden Bus, der meine linke Seite von der Zehe bis zum Ohr „stark befeuchtete“; und ein paar Kilometern zu Fuß Richtung Zentrum, kam ich zu meinem Hotel. Nun war das Glück auf meiner Seite. Das Zimmer war bereits einige Stunden vor der Check-in Zeit bezugsfertig. Ich streckte mich auf das Bett und holte den fehlenden Schlaf nach. Das war gut, denn am Abend begann die laute Musik eines Nachtclubs unter meinem Hotel und der Lärm grölender Besucher, durch die dünne Balkontür zu dringen. Es war egal. Ich hatte morgen nichts vor. Oder übermorgen.

33. Sonntag – Alles ist wichtig, außer ... Alles

„Ich glaube, man sollte Religion nicht so wichtig nehmen. Eine Religion darf man schon haben, aber sie ist Privatsache.“

Als ein hohes Gut unserer Gesellschaft wird heute die Meinungsfreiheit erkannt. Darum soll der gebildete, gut informierte Mensch auch eine Meinung haben. Er ist gefragt in der Politik, in Bildungsthemen, in Kultur. Er soll sich im Sport auskennen, Kunst von Krempel unterscheiden und zu allem, was die Welt zwischen Facebook und Twitter bewegt, Auskunft geben können. Er muss dialogfähig und diskussionsfreudig sein. Nur zu einem Thema soll er in der Öffentlichkeit besser schweigen. Darüber spricht man nicht. Das gehört sich nicht. Das ist Privatsache. Es ist die Frage nach Gott, nach der Religion, nach dem großen Entwurf, der das Universum zu erklären versucht und unseren Platz zwischen den Sternen. Wenn er dazu den Mund öffnet, dann sollte er wenigstens den Anstand haben, rot zu werden und sich zu entschuldigen. Es scheint, als sei heute alles wichtig, außer ... Alles.

Doch was nützt es, wenn wir von Fortschritt reden, aber die Frage übergehen, wohin die Reise führt. Wie können wir über die Wichtigkeit von Bildung diskutieren, wenn wir uns weigern, der menschlichen Existenz einen konkreten Sinn zu geben? Was hilft es, zu sagen, unser Strafvollzug sei höchst effizient, wenn wir nicht sicher sind, ob Recht und Unrecht einen unverrückbaren Grund haben?

Auf eine Weise ist der vulgäre Atheismus, der heute die Religion kämpferisch auslöschen will, viel erfrischender und erfreulicher als der „gute Geschmack" einer Gesellschaft, die Religion in das Reich der Privatsphäre verbannt. Religion ist keine Privatsache. Sie ist das Öffentlichste überhaupt. Jede umfassende Ideologie, jede welterklärende Philosophie, jede Religion muss in den Kern und ins Zentrum aller Fragen der Gesellschaft rücken und mit anderen Entwürfen ringen. Nur im Kontext einer Antwort auf die Welt und was sie im Innersten zusammenhält, kann man Fortschritt, den Wert der Bildung oder Effizienz überhaupt verstehen oder messen. Denn welche Expedition käme auf die Idee zu sagen: „Wir wissen nicht, in welche Richtung wir wollen, aber die Hauptsache ist doch, dass wir uns schnell bewegen" ?

Tag 229 – 44 km (7905 km): Einkaufsäcke voller Schnee

Es war kaum zu glauben, aber heute war ein helles, blendendes Licht am Himmel, das so gar nichts mit den gezwirbelten Energiesparlampen meines Hotels gemeinsam hatte. Die Sonne war in einen klaren, blauen Himmel zurückgekehrt und mit ihr die Hoffnung, Jerusalem nun bald zu erreichen. Ich machte mich auf den Weg zum Bahnhof; stieg in einen verspäteten, mit Soldaten völlig überfüllten Zug; ließ mich von lässig geschulterten Maschinenpistolen anderer Fahrgäste in die Seite piksen; nahm von Kirjat Gat ein Taxi zurück nach Lakhish; und setzte meine Wallfahrt dort fort, wo ich sie am Mittwoch unterbrochen hatte.

Nach ein paar Straßenkilometern, die ich der Schlammschlacht am weichen Ackerboden der eigentlichen Route vorzog, änderte sich die Bodenbeschaffenheit. Es wurde steiniger und damit auch wieder abseits des Asphalts begehbar. Es ging langsam in die judäischen Berge, deren Panorama schon am Beginn des Tages einen schneebedeckten Kamm präsentierte. Ich genoss es, nach drei Tagen

im engen Hotelzimmer, wieder unterwegs zu sein. Die Luft war klar. Es gab Fernsicht bis zur Küste, von der ich am Morgen gekommen war.

Meine gute Stimmung hielt bis zum Nachmittag. Dann hätte ich gerne mein Wasser in einem Kibbuz aufgefüllt, aber weil der Wanderweg „im Rücken" der Siedlung lag, versperrte mir natürlich ein Zaun den weiteren Weg. Das Dorf zu betreten, hätte einen kilometerlangen Umweg zur Folge gehabt und so beschloss ich, mich bis zu einem anderen Dorf durchzubeißen. Diese Entscheidung bedeutete auch, dass ich die Nacht in höheren Lagen als ursprünglich geplant verbringen würde. Als der Anstieg in die Berge begann, folgte ich zunächst einem kleinen Steig und dann – um nicht wieder auf der unzugänglichen Rückseite eines Kibbuz zu landen – der Straße. Dort wurde die Fahrbahn zunehmend enger, was bei der Kurventechnik der meisten israelischen Fahrer eine beachtliche Anhebung des Adrenalinspiegels bedeutete. Die gefährlichen Situationen nahmen aber eine halbe Stunde später mit einem breiten, langsamen Panzertransport ein Ende. Er verwandelte die Fahrbahn in einen kilometerlangen, kriechenden Parkplatz. Daneben konnte man nun bequem und sicher gehen.

Bei einbrechender Dunkelheit erreichte ich den Kibbuz, wo ich meine Wasserreserven auffüllen wollte. Dank einer Frau fand ich den Laden, der allerdings geschlossen war. Auf meine Frage, ob ich hier sonst irgendwo meine Flaschen füllen könnte, überlegte sie kurz und meinte dann, dass es ein paar Kilometer weiter ein größeres Dorf gebe. „Ein paar Kilometer", murmelte ich leise und hoffte, in der kurzen Stille, die nun folgte, würde der Dame ein anderer Einfall kommen, wie zum Beispiel: „Da drüben ist mein Haus. Ich fülle gerne deine leeren Flaschen." Doch ein solcher Gedankengang schien sich nicht anzubahnen. Ich dankte ihr und stapfte in der Dunkelheit am Straßenrand in die Berge hoch. Es begann mit einer dünnen Decke Pulverschnee; bald schon jedoch gruben sich die Sandalen mit jedem Höhenmeter tiefer in die weiße Pracht.

Oben auf dem Berg beim nächsten Dorf angekommen, musste ich mir zunächst einen Weg durch eine Unzahl geparkter Fahrzeuge und Taxis bahnen. Überall liefen aufgeregte Flachlandisraelis im Jahrhundertschnee herum, bauten Figuren, warfen Schneebälle oder sammelten säckeweise Schneevorräte, die später in den Tiefkühltruhen des Landes (für nachfolgende Generationen?)

gehütet werden sollten. Das brachte ein Lächeln zurück auf meine trockenen Lippen; es erfror jedoch sogleich, als ich nach langer Suche vor dem geschlossenen Supermarkt stand.

Die Hinweise aus der Bevölkerung zu einem alternativen Laden waren widersprüchlich und ungenau. Schließlich wurde ich ein letztes Mal von jemandem mit einer Handbewegung zu einem Haus am Straßenende geschickt. Hier könne ich einkaufen, hieß es. Als ich die Tür öffnete, war klar: Ja, hier konnte ich einkaufen ... Bio-Hundefutter, Gummiknochen und therapeutische Hamsterlaufräder. Es war kein Supermarkt, sondern eine Tierklinik. Ich stand mit langen Gesichtszügen in der Tür, winselte ein wenig – und bekam vielleicht deshalb problemlos Wasser.

Umständlich musste ich den umzäunten Ort wieder über das Haupttor verlassen und begann dann, in der Dunkelheit nach einem Schlafplatz zu suchen. Eine halbe Stunde später, unweit einer Tankstelle, ließ ich meinen Rucksack zu Boden sinken. Ich trampelte eine ebene Fläche in den Schnee und errichtete mit gefrorenen Händen mein Zelt. Zitternd zog ich alle verfügbaren Kleidungsschichten an, wickelte mich in meinen Schlafsack und blickte meinem Atem nach, der in dichten Wolken zur dünnen Plastikhaut über meinem Kopf aufstieg.

Der Kreis schloss sich. In Schnee, Kälte und Regen hatte ich vor 33 Wochen meinen Weg begonnen. In Regen, Kälte und Schnee lag ich nun einen Tag vor Jerusalem im Zelt. Ich schüttelte meinen Körper, klapperte mit den Zähnen und zog den Schlafsack über den Kopf.

Tag 230 – 32 km (7937 km): Heimkommen

Die Nacht war überstanden. Schlafsack, Unterlagsmatte und alles aus Stoff, was ich besaß, hatten im kleinen Eiskristalluniversum meines Zelts gute Dienste geleistet. Innen und außen war das Kondenswasser gefroren. Eine Märchenwelt – eine eiskalte. Unter diesen Bedingungen das Zelt und die anderen Sachen einzupacken war eine Übung mit vielen Unterbrechungen. Hände raus. Etwas anfassen. Hände in die Taschen. Hände raus. Etwas anfassen. Hände in die Taschen.

Eine halbe Stunde später stapfte ich im hart gefrorenen Schnee zurück auf die Straße. Zurück auf dem Asphalt: Glatteis. Die nächsten zwei Stunden rutschte ich, ohne die Schuhsohlen vom Boden zu heben, langsam über die Fahrbahn, Bethlehem entgegen.

Nach dem Kontrollposten, an dem ich in das palästinensisch verwaltete Westjordanland hinüberwechselte, war die Straße wegen des Wintereinbruchs immer noch gesperrt. Warum, wurde nach ein paar gefährlichen Steigungen und dem Passieren von unbeholfenen Baumaschinen bei Schneeräumungsarbeiten deutlich. Nach einem Moment der Unvorsichtigkeit fand ich mich in der Horizontalen wieder. Der linke Ellenbogen hatte die Wucht des Aufpralls auf der Eisplatte abbekommen und

sandte eindeutige Signale an den Scheitellappen im Gehirn. „So nicht, mein Freund“, war die unmissverständliche Botschaft. Meine schmerzverzerrten Lippen widersprachen nicht.

Zurück auf den Beinen, wurde mein Fortschritt noch einmal um einiges langsamer und vorsichtiger. Ich tastete mich schrittweise durch die ungewöhnliche Winterlandschaft.

Am Fuß des nächsten Hügels angekommen, betrat ich بيت جالا, (Bait Dschala) und damit Bethlehems unmittelbaren Nachbarort. Die ersten Palästinenser begrüßten mich mit der üblichen arabischen Gastfreundschaft. „Merry Christmas“, wünschte mir ein Mann und lud mich zu sich nach Hause zum

Tee ein. Aber ich schlug die freundliche und so typische Einladung aus – nun, da ich meinem ersten großen Tagesziel so nahe war. Ich wanderte durch das Chaos arabischer Straßen, vorbei an Händlern und schneebedeckten Polstermöbeln, die niemand vor dem Wintereinbruch unter Dach gebracht hatte. Ich spähte nach Kirchtürmen, bog um Ecken, kletterte Stufen hoch. Und dann stand ich plötzlich auf dem Krippenplatz vor der Geburtskirche.

Ich trat durch das brusthohe Portal in die Kirche ein. Nur wer sich demütig beugt, kommt in den 1.700 Jahre alten Bau. Er war fast menschenleer und still. Ich ging nach vorne, die Stufen hinunter zur Geburtsgrotte.

Und nun kam ein Moment, den ich mir in keiner Weise so emotional vorgestellt hätte. Es wurde mir geschenkt, nach all diesen Monaten, nach all diesen

Kilometern, nach allen Um- und Irrwegen, für fünf unglaubliche Minuten allein an diesem heiligen Ort zu weilen. Ich war fast ein wenig überwältigt; hatte Tränen in den Augen; meine Stirn gegen den Marmor und den Silberstern gepresst. Heimat und Dankbarkeit – anders kann ich das Gefühl, das mich erfasste, nicht beschreiben.

Mit einem großen Frieden im Herzen brach ich nach einer Weile wieder auf. Zehn Kilometer waren es von hier nach Jerusalem.

Ich kam zur großen Trennmauer, sichtbar klaffende Wunde eines bitteren Konflikts; Zeichen einer beklemmenden Ohnmacht. Durch aufwendige

Sicherheitskontrollen gelangte ich nachdenklich zurück nach Israel. Vor einer Stunde noch hatte ich für einen Moment das Gefühl von Geborgenheit

und Heimat. Nun war ich zwischen Absperrungen, Beton und Stacheldraht angekommen in der komplizierten Lebenswirklichkeit der Menschen. Jerusalem. Heilige Stadt für Milliarden. Streitpunkt. Konfliktherd. Es war fast bezeichnend, dass mein Weg von der Krippe nun zum Kreuz hin führte.

Dabei ist die Grabeskirche selbst ein Ort, an dem geschrien und gestritten wird – unter christlichen Konfessionen.

Wenn Pilgern bedeutet, zu lernen, Schwieriges auszuhalten; zu ertragen; es in Verbindung mit Christus liebend aufzuopfern; und in all dem das Ziel nicht aus dem Blick zu verlieren, dann hatte ich mit Jerusalem nicht einen Ruheort erreicht, an dem ich, vor meinem langen Weg zurück in die Heimat, überwintern konnte. Nicht eine Pause, eine Rast erwartete mich, sondern in Wahrheit ein vielleicht besonders schwieriger Abschnitt meiner Reise. „Jerusalem auszuhalten“, seine Vergangenheit, seine Zukunft, seine Religionen, seine Gottlosigkeit, seine Konflikte, Freud, Leid, Vergebung, Vergeltung, Wunden und Heil, kurz: Seine Menschen, von denen ein jeder seine ganz eigene Geschichte durch die alten, sandsteinfarbenen Gassen trägt, das wird die Herausforderung der nächsten zehn Wochen sein. Meine Pilgerreise setzt sich nun ohne Wanderschuhe, Zeltplätze und Hunde fort.

Mit diesen Gedanken trat ich über die Schwelle der heiligsten christlichen Stätte. In einem Gewusel von Menschen kniete ich auf Golgotha; bei mir die Kreuzreliquie, die mir mein Erzbischof vor mehr als sieben Monaten mit diesem Auftrag anvertraut hatte. Und ich erlebte inmitten von betenden Pilgern, singenden Mönchen, staunenden Besuchern und den lärmenden, telefonierenden, ahnungslosen Touristen auch hier einen tiefen, emotionalen Moment. Heimat in der Fremde. Heimat bei Gott.

Kein Nachwort, sondern Zwischenwort

Als der Schnee im türkischen Taurusgebirge langsam zu tauen begann, warf ich einen letzten Blick über Jerusalems Dächer, über die Türme und Kuppeln dieser faszinierenden Stadt. Ich hätte nicht gedacht, wie vertraut mir ihre heiligen Stätten, ihre bunten Gassen, und ihre Katzen(!) in den zehn Wochen meines Verweilens dort werden würden. Mit ein wenig Schwermut ging ich deshalb ein letztes Mal durch das Damaskustor. Dann richtete ich meine Schritte in den Westen und begann den 6.000 Kilometer langen Weg in die Heimat. Auch hiervon gibt es Geschichten, die der so geneigte Leser im zweiten Band dieser Aufzeichnungen finden kann.

* * *

Tag 409 – 11922 km: Zehn Zentimeter (Auszug)

Ich stand am Straßenrand, blickte hinunter auf mein aufgeschürftes linkes Knie, wo sich ein schmaler blutiger Wurm durch meine Beinbehaarung nach unten kämpfte. Rote Flecken zierten das hochgekrempelte Hosenbein. Ich ballte und öffnete meine rechte Hand und bewegte den Arm auf und ab. Sie schmerzte wie der Ellbogen. Auch hier hing die Haut in Fetzen. Hyperbolisch – also in stilistischen Übertreibungen – habe ich den nahen Tod schon öfters in meine Berichte vom Pilgern unter Hirtenhunden oder dem unseligen Wandern auf Autobahnen eingeflochten. Aber was sich eben zugetragen hatte, war anders – keine rhetorische Figur, sondern eine gute Tonne Wirklichkeit in Form eines grauen Kombis, der beinahe mein Leben ausgeknipst hätte. Alles war so schnell gegangen …

Möge Gott es vergelten!

Nach Santiago de Compostela brach ich 1998 ohne Geld auf. Mein Ziel war es damals gewesen, das Vertrauen in Gott zu üben.

Auf dem Weg nach Jerusalem standen für mich andere Dinge im Vordergrund. Es gab neue Herausforderungen und Zielsetzungen, die es nicht weise erschienen ließen, „arm" in den Osten zu gehen. Ich wollte die Vorsehung deshalb in die andere Richtung wirken lassen und auf dieser Reise etwas „zurückgeben". Der Umfang, in dem dies schließlich möglich wurde, ist allein der Großzügigkeit der Menschen der Pfarrgemeinde St. Joseph in Triesenberg zu verdanken. Sie schickten mich mit mehr als 30.000 Schweizer Franken auf den Weg, die ich unterwegs verteilen durfte.

Neben vielen kleinen Geschenken, die ich machen konnte, wurden mit dem Geld die folgenden fünf Projekte unterstützt:

Ukraine (Tag 57): Nehrovets. Einbau einer Zentralheizung in das Pfarrhaus und ein Beitrag zur Ikonostase der neuen Dorfkirche: 2.800 CHF

Rumänien (Tag 61): Cluj. Fundația Familia Sfântă – Kostenlose Klinik für Bedürftige. Stützung des Jahresbudgets: 7.500 CHF

Georgien (Tag 130): Arali. Das regionale Behindertenprogramm der Pfarrei: 7.500 CHF

Armenien (Tag 135): Ashotsk. Redemptoris Mater Hospital. Beitrag zu den laufenden Kosten: 5.000 CHF

Israel (Tag 307): I'billin. Mar Elias Educational Institutions. Eine Schule der Versöhnung, deren Lehrkörper und Schülerschaft sich aus Juden, Christen, Muslimen und Drusen zusammensetzt. Unterstützung von Stipendiaten: 6.200 CHF

Meinen Wohltätern

Zahllos sind die Menschen, die mir auf meinem Weg mit Wort, Trost, Nähe, Zeit, Gemeinschaft, Freundschaft, Äpfeln, Weintrauben und vielen anderen (essbaren) Dingen begegnet sind. Gott allein kennt alle ihre Namen und so bitte ich:

Göttlicher Heiland,

Du hast gesagt: "Selig sind die Barmherzigen,
denn sie werden Barmherzigkeit erlangen".
Im Vertrauen auf diese Verheißung bitte ich Dich:
Schenke allen, die mir auf dieser Reise Gutes
erwiesen haben, Deine milde Barmherzigkeit.
Verleihe ihnen Deine Gnade, Dein Licht und
reichen Segen. Und wenn am Ende der irdischen
Pilgerschaft das Zelt ihres Leibes abgebrochen
wird, sei Du, Vergelter alles Guten, selbst ihr
Lohn.

Amen.

Über die Bilder in diesem Buch

Die meisten Fotos in diesem Buch wurden unterwegs mit einem Smartphone gemacht. Die Systemkamera, die ich vorwiegend für Filmaufnahmen mitgenommen hatte, half mir allerdings, auch ohne zweiten Fotografen meinen Alltag darzustellen. Die Bilder, die mich „im Einsatz" zeigen, sind also meist Standbilder dieser Filmaufnahmen.

„Dorthin, wo Gott wohnt" - Der Film zur Reise

Fast schon in der Form einer Meditation dokumentiert der Film „Dorthin, wo Gott wohnt“ die ungewöhnliche Pilgerreise von Johannes Maria Schwarz. In kurzen, stimmungsvollen Sequenzen werden für den Betrachter Fenster in das Pilgerleben zwischen Liechtenstein und Israel aufgestoßen; in eine Welt, die sich erst in der Stille eröffnet, welche die Bilder bis zum Ende hin begleitet. Es ist kein Film über die Logistik des Pilgerns oder das Abenteuer eines Einzelnen. Es gibt keine Kommentare oder Reflexionen zu Gefühlszuständen. Die Kraft dieses Werks liegt nicht in der Bereitstellung von Information, sondern in seinem Bemühen, den Zuseher mitten in das Geschehen hineinzustellen.

Dauer 60 Minuten.

Über die Verfügbarkeit des Films informiert: www.4kmh.com

Mehr vom Autor

Johannes Maria Schwarz hat einige katechetische Werke zum katholischen Glauben veröffentlicht. Dazu zählen die Video-Reihe „Mein Gott & Walter“ (24 Folgen auf 4 DVDs) und die überaus erfolgreiche Trickfilmserie „3 Minuten Katechismus“ (3MC). In 72 Episoden erklärt der 3MC humorvoll und in aller Kürze das katholische Glaubensbekenntnis . Einige Gedanken daraus werden dem Leser des vorliegenden Buches seltsam vertraut erscheinen.

Mehr zu „Mein Gott und Walter“ auf: www.meingottundwalter.com

Mehr über den „3 Minuten Katechismus“ auf: www.3mc.me